신 민사집행법

강 대 성

탑 북 스

머리말

기존의 교과서가 한 학기 강의용으로는 양이 너무 벅차서 이번에 내용을 대폭 줄이기로 했다. 대학생에게는 민사집행절차가 어떤 원리로 어떻게 진행되는지, 그리고 각각의 제도가 가지는 기본취지가 무엇인지를 이해하도록 하면 족하다는 생각에서 이러한 작업을 하기로 마음을 먹었던 것이다. 장황한 학설의 소개나 입법론에 해당하는 내용 등은 될 수 있으면 삭제했다. 민사집행법 및 관련법의 개정내용을 반영하고 오래된 판례는 삭제하는 대신 새 판례를 보충했다. 아울러 도표를 몇 개 만들어서 이해를 돕도록 했다. 욕심 같아서는 더욱 과감하게 줄이고 싶었으나, 작업을 하는 도중에 기존의 내용을 버리기 아까운 마음이 작용해서 그러지 못한 부분도 있을 것이다. 다음 번 기회가 주어지면 더 줄이도록 할 예정이다. 사실 말이나 글은 짧을수록 좋다고 생각하지만, 이를 실천하기가 그리 쉬운 일이 아니었음을 고백한다. 아무튼 지난 판에 비해 내용이 거의 반 정도로 줄어들었다. 무더운 여름 날 책이 제 때 나오도록 애써주신 탑북스 관계자 여러분의 노고에 감사드린다.

2014. 7. 18.

저 자

차 례

제1편 총 칙

제1장 민사집행의 개념

제 2 장 집행권원

제 3 장 집행문

제 4 장 민사집행의 주체 및 책임재산

제7장 집행비용과 담보 등

제2편 강제집행

제1장 금전채권에 기초한 강제집행

제2장 금전채권 외의 채권에 기초한 강제집행

제3편 담보권실행 등을 위한 경매

제1장 부동산경매

제2장 그 밖의 재산에 대한 담보경매

제4편 보전처분

제1장 총 설

제2장 가압류

제3장 가처분

제1편 총 칙

제1장 민사집행의 개념

제1절 민사집행의 의의

Ⅰ. 민사집행의 개념

1. 좁은 의미로 민사집행이란 용어는 강제집행, 담보권실행을 위한 경매, 민법·상법 그 밖의 법률의 규정에 의한 경매, 이들 세 종류의 절차를 총칭하는 말이다. 그러나 민사집행법은 이들 절차 외에 보전처분절차까지를 합하여 규정하고 있다(제1조). 담보권실행을 위한 경매절차를 임의경매라는 용어로 부르기도 하지만, 이는 법전상의 용어가 아닐 뿐만 아니라, '임의'가 의미하는 바도 분명하지 못하다는 점에서 사견으로는 담보경매라는 용어로 부르기로 한다. 민법·상법 그 밖의 법률의 규정에 의한 경매를 소위 형식적 경매라고 하는데, 담보경매와 형식적 경매에 관해서는 특별한 규정이 없으면 강제집행절차를 준용하므로(제268조, 269조, 270조, 272조, 275조 등), 강제집행절차가 민사집행절차에서 중심이 되는 절차이다.

2. 강제집행이란 집행기관이 채권자의 신청에 따라 집행권원에 표시되어 있는 사법상의 이행청구권을 강제적으로 실현시키는 절차이다. 강제집행은 '사법상'의 청구권을 실현시키는 절차이므로, 공무원이 기재나 등기를 해야 할 의무[1]를 강제

1) 가족관계등록부의 기재를 정정할 때(가족등록 제106조), 회사설립무효의 판결에 따른 등기촉탁을 할 때(비송 제98조) 등에 공무원이 기재나 등기를 해야 할 의무를 예로 들 수 있다.

적으로 실현시키는 데 관련한 절차는 본래적 의미의 강제집행절차는 아니지만, 넓은 의미의 강제집행절차라고 부르기도 한다. 강제집행은 사법상의 '이행청구권'을 강제적으로 실현시키는 절차이므로 형성판결이나 확인판결의 경우에는 강제집행의 여지가 없다.

3. 판결절차와 대비해서 강제집행절차를 보면 먼저, 판결절차는 사법상의 권리를 관념적으로 형성하는 절차다. 즉, 판결절차는 실체법상 어떠한 권리와 의무가 존재하는지를 가려주는 절차이다. 만약 원고가 승소판결을 받았다고 하면, 지금까지 원·피고가 권리의 존재에 대해 다투어 왔던 것을 관념적으로 확정지었다는 의미이다. 따라서 원고승소판결에 피고가 복종하여 스스로 의무를 이행하면 원고는 권리의 구제를 받게 된다. 하지만 패소한 피고가 의무를 스스로 이행하지 않으면, 자력구제가 허용되지 않는 현행법상으로는 승소한 원고가 사실상 권리를 구제받을 수 있는 제도적 장치가 별도로 필요하다. 강제집행절차는 이와 같이 권리를 사실상 형성하는 절차이다. 사견으로는 강제집행절차의 법적 성질을 비송사건으로 본다.

4. 시간적으로는 판결절차가 있고 난 다음, 이에 기초하여 강제집행절차가 뒤따르는 것이 일반적이겠으나, 양자는 서로 독립된 절차이기 때문에 반드시 그래야 할 필요는 없다. 모든 강제집행절차에 언제나 판결절차가 앞서는 것은 아니라는 말이다. 판결절차를 거치지 않고 바로 강제집행할 수 있는 경우도 있고,[1] 강제집행절차가 판결절차와 병행하여 실시되는 경우도 있다.[2]

5. 판결절차에서는 당사자가 서로 대등한 지위에서 소송을 수행하도록 한다(당사자평등주의 혹은 무기대등원칙). 그러나 민사집행절차에서는 채무자에 비해 채권자[3]에게 우월한 지위가 인정된다. 원래 민사집행절차란 채무자가 채무를 성실하

1) 집행증서(제56조 4호), 집행권원인 각종의 조서(민소 제220조, 민조 제29조, 가소 제49조), 과태료재판에 관한 검사의 명령(제60조)이 있는 경우 등이 그러한 예이다.
2) 항소심에서 판결절차가 계속 중이더라도 가집행선고 있는 제1심의 종국판결을 가지고 강제집행을 신청할 수도 있다(제24조).
3) 민사집행절차상 당사자를 채권자·채무자, 혹은 신청인·피신청인이라 부르는데, 이는

게 이행하지 않거나 못해서 마련되어 있는 절차인 만큼, 채권자에게 우월한 지위를 인정해 준다. 하지만 사회공익과의 조화라는 점에서 채권자와 채무자의 이익을 조화시켜야 한다는 중요한 문제가 별도로 대두하게 된다.

6. 민사집행절차와 비슷한 절차로서 도산절차, 조세의 체납처분절차, 이행확보제도 등이 있다. 이들 절차도 국가의 권력을 가지고 채무자의 재산에 강제력을 행사하는 절차라는 점에서 민사집행절차와 비슷한 점이 있다. 도산절차는 「채무자 회생 및 파산에 관한 법률」(채무자회생법으로 약칭함)에서 정하고 있는데, 경제적 파탄에 빠진 채무자의 총재산을 채권자에게 공평하게 분배하는 절차와 채무자의 갱생을 위한 절차 등으로 짜여 있다. 국세나 지방세 그 밖의 공과금에 대한 체납처분절차도 국가권력의 행사이지만, 조세채권은 다른 채권에 비해 우선권이 인정되고, 납기 이전이라도 납세의무자에 대한 민사집행절차가 진행되면 징수할 수 있다는 점 등에서 민사집행절차와 차이가 있다. 그리고 이행확보제도는 가사소송절차에서 확정된 이행청구권을 민사집행절차에 따르지 않고 별도로 실현시킬 수 있는 제도인데, 대체로 가사채무는 소액이고 정기금채무가 많으며, 그 실현을 위해 비용이 오히려 과다하게 들 염려도 있으며, 채권자가 사회적·경제적으로 약자라 할 수 있는 여성인 경우가 많다는 점 등을 고려해서 두고 있는 절차이다.

Ⅱ. 민사집행의 이념

1. 신속·경제적인 처리

민사집행은 먼저 채권자를 위한 절차이므로 신속하고 경제적인 처리를 그 첫 번째 이념으로 삼아야 한다. 민사집행절차는 사권의 종국적인 실현절차이므로 여기에서 요구되는 신속의 이념은 민사소송절차에서 요구되는 신속의 이념보다 오

판결절차상 원고·피고에 해당하는 개념이다. 따라서 민사집행법상 당사자인 채권자·채무자에게는 공법상의 권능이나 의무가 부여된다는 점에서 실체법상 채권자·채무자와 의미가 다르다.

히려 더욱 절실한 측면이 있다. 집행기관분리·독립의 원칙, 집행권원제도(제24조, 제56조), 집행문부여제도(제29조 이하), 즉시항고의 집행정지효력 배제 및 항고남용에 대한 제한(제15조 3항, 6항, 7항), 부동산매각허가결정에 대한 항고이유제한 및 공탁제도(제130조 1항, 3항, 6항), 보전처분절차(제276조 이하) 등은 신속한 민사집행을 구현하기 위한 제도이고, 민사집행비용에 대한 소송구조제도(민소 제128조)는 경제적인 민사집행을 위한 제도의 예이다.

2. 인도적 보호와 사회공익과의 조화

민사집행이 채권자를 위한 제도라 하더라도 이로 말미암아 채무자의 인격이 침해된다든지, 인간다운 생활에 지장이 생긴다면 이 또한 문제이다. 이는 한 사람의 만족을 위해 다른 사람을 벌거벗게 만드는 일일 터인데, 사회복지를 지향하는 현대국가가 채택할 바 아니다. 그리고 민사집행으로 말미암아 채무자의 신체와 자유에 불필요한 희생이 생겨서도 안 되고, 채무자나 그 가족의 최소한의 생활은 보장되어야 한다. "법에도 인정이 있다"는 말은 이를 두고 하는 표현이다. 민사집행의 방법·정도 등을 엄격히 정하고 있다든지, 공휴일·야간의 집행제한(제8조), 압류금지물건(제195조), 압류금지채권(제246조) 등의 규정은 채무자의 인도적 보호를 위한 조치들이다.

그리고 민사집행이 채권자에게는 별 도움이 되지 않으면서 집행의 대상이 된 재산의 경제적 효용이나 가치를 크게 떨어뜨리는 결과가 되어서도 안된다. 이는 채무자에게 가혹할 뿐만 아니라, 사회경제적으로도 불리한 일이 되고, 문화발전을 저해하는 빌미가 될 수도 있어 허용할 수 없다. 부동산의 종물이나 기업재단 등에 대한 개별적 압류의 금지,[1] 잉여주의 및 무익한 집행의 배제(제102조, 제188조 2항, 3항), 강제관리제도(제163조 이하) 등은 이를 고려한 제도라 할 수 있다. 그러니까 민사집행은 채권자에게는 최대한의 만족을, 채무자에게는 최소한의 희생

---

1) 등기부상 경매목적물인 건물이 건립된 것으로 기재되어 있을 때는 물론이고, 그렇지 않더라도 공장저당법 제5조, 제10조에 의하여 일괄경매를 하여야 하는 기계가 설치된 공장의 부지로 사용되고 있는 것으로 사회통념상 인정될 수 있는 경우에는, 건물이 서 있는 토지와 마찬가지로 보아서, 건물과 그에 설치된 기계를 분리하여 경매할 수 없다(대결, 1969.11.28. 69마908). 동지: 대결, 2003.2.19. 2001마785.

을 주도록 실시되어야 한다.

3. 평등주의

강제집행절차에서 채권자가 경합하는 경우, 이들 채권자들을 취급하는 방법으로 크게 평등주의, 우선주의, 군단우선주의의 세 가지 원칙이 있다. 평등주의는 말 그대로 경합하는 채권자들을 평등하게 취급하는 주의이고, 우선주의는 시간적으로 먼저 집행에 참가한 채권자를 우선적으로 배려하는 주의이다. 군단우선주의는 채권자들을 집행에 참가한 시간의 순서에 따라 그룹(군단)으로 나누어서, 앞선 군단에 우선권을 주되, 같은 군단 내의 채권자들은 평등하게 취급하는 주의이다. 이 주의는 평등주의와 우선주의의 절충적인 모습이라 할 수 있다. 우리 민사집행법은 평등주의를 채택하고 있다. 그런데 평등주의는 권리의 실현에 적극적인 채권자와 그렇지 않은 채권자를 평등하게 취급하므로, 채무자가 허위의 채권자와 통모하여 채권자의 권리실현을 방해할 여지가 많다는 점이 문제로 지적되고 있다.

제 2 절 민사집행의 종류

Ⅰ. 집행대상에 따른 분류

집행대상이 사람이면 인적 집행, 물건이나 권리이면 물적 집행이라 한다. 인적 집행은 고대사회에서는 허용되기도 했지만, 현대사회에서는 원칙적으로 허용되지 않는다. 물적 집행은 다시 그 대상을 개별적인 재산으로 하여 집행하느냐, 대상인 재산을 일체로 파악하여(마치 재단과 비슷하게 취급해서) 집행하느냐에 따라, 개별집행과 일반집행(포괄집행이라고도 함)으로 나누어 볼 수 있다. 민사집행은 개별집행을, 파산절차는 일반집행을 채택하고 있다.

Ⅱ. 집행방법에 따른 분류

원래의 의무내용대로 집행하는 방법을 원물집행(본래적 집행이라고도 함)이라 하고, 원래의 의무 대신에 금전으로 집행하는 방법을 대상집행(代償執行)이라 한다. 민사집행은 원물집행을, 파산절차는 대상집행을 채택하고 있다. 또한 집행방법에 따라 직접강제, 간접강제, 대체집행으로 나누어 볼 수 있다. 직접강제란 채무자의 의사에 상관없이 집행기관이 직접 권리의 내용을 실현하는 집행방법이다. 간접강제란 채무자에게 심리적 압박을 가함으로써 채무자가 스스로 이행하도록 하는 집행방법이다. 간접강제는 부대체적 작위·부작위의무의 집행에 어울리는 집행방법이지만, 채무자의 신체나 자유에 대한 압박을 수반한다는 점에서 집행방법으로는 가장 마지막에 고려되는 집행방법이다. 대체집행이란 대체적 작위·부작위의무의 집행방법으로서, 채권자나 제3자가 채무자에 갈음하여 이행하도록 해서 그 목적을 달성하게 하고, 나중에 채무자로부터 이행에 관한 비용을 금전으로 추심하는 방법이다.

Ⅲ. 집행의 효력에 따른 분류

채권자에게 종국적인 만족을 주는 집행을 본집행 혹은 종국집행이라 한다. 그리고 장래에 있을 본집행의 장애를 예방하기 위해 현재의 권리 내지 법률관계 및 사실상태를 보전하기 위해 하는 집행을 보전집행이라 한다. 보전집행에는 가압류집행과 가처분집행이 있다.

Ⅳ. 금전채권집행과 비금전채권집행

금전채권집행이란 일정한 금전의 지급을 목적으로 하는 금전채권에 기초해서 하는 집행을 말한다. 이에 비해 금전채권 이외의 채권에 기초한 강제집행을 비금전채권집행이라 한다.[1] 민사집행법은 금전채권집행을 위주로 규정하고 있고, 비금전채권집행에 관해서는 7개의 조문만으로 규정하고 있다. 금전채권집행은 그 대상이 무엇이냐에 따라 부동산집행, 선박집행, 동산집행, 채권집행 등으로 나누어진다.

제3절 민사집행권과 민사집행청구권

Ⅰ. 민사집행권

민사집행을 할 수 있는 법적 지위를 민사집행권이라 한다. 재판권에 대응하는 개념이다. 민사집행권은 국가에 속한다.

Ⅱ. 민사집행청구권

민사집행청구권이란 채권자가 집행권원에 표시되어 있는 실체법상 청구권의 종국적인 만족을 위해, 국가에 대하여 민사집행권의 발동을 요구할 수 있는 권리이다(줄여서 집행청구권이라고도 함). 민사집행절차 중 특히 강제집행절차에서 문제가 되는 개념이다. 집행청구권은 판결절차의 소권에 상응하는 공권으로서, 이 권리의 행사를 국가는 거절할 수 없다. 사법상 청구권이 집행권원으로 만들어지면 집행청구권이 발생한다. 그런데 사법상 청구권의 존재가 집행청구권의 전제요건 내지 존속요건인가에 관해 학설은 크게 구체적 집행청구권설과 추상적 집행청구권설로 나누어진다.[2]

---

1) 금전채권집행과 비금전채권집행이란 용어를 그냥 금전집행, 비금전집행이라 부르는 용례도 보이는데, 이는 적절한 용어사용이 아니라고 생각한다.
2) 민사집행청구권에 관한 논의는 뒤에서 보는 바와 같이 집행권원의 법적 성질을 어떻게

1. 구체적 집행청구권설

사법상 청구권의 존재를 집행청구권의 원인인 동시에 그 존재조건으로 보는 학설이다. 따라서 사법상 청구권이 소멸하면 집행을 할 이유나 필요도 없어지므로 집행청구권도 소멸하는 것으로 해석한다. 그리고 집행청구권이 인정되기 위해서는 집행권원이라고 하는 형식적인 존재도 있어야 하지만, 그 집행권원이 실체법적으로도 이유가 있을 것을 요하며, 일단 성립된 집행청구권이라 하더라도 그 실질적 요건인 사법상 청구권이 소멸하면 그에 따라 집행청구권도 소멸한다고 설명한다. 소권론에 있어서 사법적 소권론과 논리적으로 맥락을 같이 하는 견해이다.

2. 추상적 집행청구권설

사법상 청구권의 존재와 집행청구권의 존재를 별개의 개념으로 파악하는 학설이다. 집행청구권은 사법상 청구권이 전제되지 않고서는 성립할 수 없지만, 일단 집행권원이 만들어져서 집행청구권이 성립된 이상, 이제는 집행청구권은 그를 낳아 준 사법상 청구권과 인연을 끊고 독립적으로 존재하는 별개의 개념으로 파악한다. 따라서 집행청구권이 성립되고 난 이후에 비록 그 발생의 기초가 되었던 사법상 청구권이 소멸하거나 불성립으로 확정되더라도, 한번 성립한 집행청구권은 집행이 종료되지 않는 이상 그대로 존속하는 것이고, 따라서 이에 따른 집행도 위법한 집행이 아니라고 본다. 소권론에 있어서 공법적 소권론과 맥락을 같이 하는 견해이다.

3. 검토

구체적 집행청구권설은 대체로 실체상 청구권의 존재에 더 비중을 두려는 견해로, 일견 우리의 소박한 법률감정과 일치하는 듯하다. 그러나 국가가 일정한 목적에서 집행권원제도를 창설하고, 설사 사법상 청구권이 결여된 집행권원이라 하여

볼 것인가 하는 문제와 밀접한 관련을 맺고 있다. 또한 소권론, 민사소송제도 목적론과도 논리적으로 연결되는 중요한 문제이다.

도 그것을 기초로 한 강제집행을 적법하다고 보는 현상을 설명하기에는 부족한 점이 있다. 사견으로는 추상적 집행청구권설을 따른다. 추상적 집행청구권설이 주장하는 바와 같이, 사법상 청구권과 무관하게 집행권원만 있으면, 그것에 의한 집행을 적법하다고 보는 것은 지나치지 않느냐 하는 지적도 있을 수 있다. 그러나 집행과정에서 일어날 수 있는 이러한 문제에 대해서는, 집행에 관한 이의신청(제16조), 청구이의의 소(제44조), 제3자이의의 소(제48조), 집행문부여에 대한 이의의 소(제45조) 등의 구제방법으로 보완하면 될 것이다.

제2장 집 행 권 원

제1절 집행권원의 의의와 유형

Ⅰ. 집행권원의 의의

집행권원이란 공적인 기관이 일정한 사법상 이행청구권의 존재와 범위를 표시하고 집행력을 부여한 공증문서를 말한다. 그러니까 집행권원은 사법상 이행청구권의 존재와 범위에 대해 공적인 기관이 객관적으로 판단을 표시한 것이다. 실체법상의 권리의무가 집행권원으로 표창되면, 채권자는 국가에 대해 민사집행권의 발동을 청구할 수 있으며, 채무자는 국가의 민사집행권행사에 복종해야 할 의무를 지게 된다. 민사집행법상 집행권원제도를 두고 있는 가장 중요한 이유는, 신속한 분쟁해결을 위해서이다. 즉, 집행절차를 판결절차로부터 분리·독립한 절차로 하고, 담당기관도 별개로 하여, 각각 그 담당업무에 전력할 수 있도록 하는 데 집행권원제도의 존재의의가 있다.

Ⅱ. 집행권원의 유형

집행권원은 ① 종국적 집행권원과 일시적 집행권원, ② 본집행의 집행권원과 보전적 집행권원, ③ 기판력 있는 집행권원과 그렇지 않은 집행권원, ④ 조건부 집행권원과 기한부 집행권원 등 관점에 따라 여러 가지 유형으로 나누어 볼 수 있다. 그리고 실질적 의의의 민사집행법에는 다양한 명칭의 집행권원에 관한 규정들이 있다. 아래에서는 민사집행법의 집행권원에 관한 규정을 중심으로 소개하되, 그 밖의 집행권원들에 대해서는 특히 주의해야 할 몇 가지 집행권원에 대해 간단하게 언급해 둔다.

1. 확정된 종국판결

확정된 종국판결은 집행권원 중에서 가장 전형적인 것으로서, 집행권원의 여왕이라고도 한다(제24조). 다른 집행권원에 관해 특별한 규정이 없으면 확정된 종국판결에 관한 규정이 준용된다. 여기에서 말하는 확정된 종국판결이라 함은 국내법원에 의한 판결을 말하며, 외국법원의 판결에 대해서는 후술한다. '확정'이라 함은 당해심급에서는 더 이상 판결에 불복할 수 없다는 의미의 형식적 확정을 말한다. 종국판결은 ① 당사자가 상소기간을 넘긴 경우, ② 불상소합의, ③ 상소취하, ④ 상소각하 내지 기각, ⑤ 상소권포기 등의 사유가 있으면 형식적으로 확정된다.

종국판결인 이상 심급에 관계없으며 전부판결, 일부판결, 추가판결의 구별도 없다. 확인판결이나 형성판결은 그 성질에 비추어 보아 집행권원이 될 수 없고, 이행판결만이 집행권원이 될 수 있다. 그러나 이행판결 중에서도 부부의 동거의무나 예술가의 창작의무 등을 내용으로 하는 이행판결은, 성질상 강제집행을 하기 적당하지 않으므로 집행권원이 될 수 없다.[1)]

2. 가집행선고 있는 종국판결

이행소송에서 패소한 당사자가 집행을 지연시킬 나쁜 목적으로 상소를 하면, 승소당사자는 상급심에서 판결이 확정될 동안 권리실현을 거부당하고 만다. 이런 폐단을 시정하기 위해 가집행선고제도를 두고 있다. 가집행선고제도는 상소심이 계속 중일 때에도 하급심에서 내려진 종국판결에 가집행선고가 붙어 있으면, 이를 집행권원으로 하여 강제집행을 할 수 있도록 하는 제도이다.

---

1) 채무자의 인격이나 자유에 대한 침해가 예견되거나, 의무의 성질이 집행의 본래 취지에 적합하지 않으면 집행권원이 될 수 없다.

가집행선고 있는 종국판결에 따른 강제집행도 확정된 종국판결에 따른 강제집행과 같이 본집행이다. 다만, 가집행에 따른 채무변제의 효력이 확정적이지 않다는 점과, 뒤에 가서 본안판결이나 가집행선고가 취소 혹은 변경되지 않을 것을 해제조건으로 한다는 점에서 통상의 종국판결에 따른 강제집행과 차이가 있다.[1)]

1) 요건

(1) 재산권의 청구일 것

재산권의 청구에 관한 판결에 한해서 가집행선고를 할 수 있다. 비재산권의 청구 및 의사표시를 할 의무에 관한 이행판결에는 가집행선고를 붙이지 못한다.[2)] 재산권의 청구에 한해 가집행선고를 붙일 수 있도록 제한하는 취지는, 나중에 그 가집행이 부당한 것으로 판명되어 손해가 발생하더라도, 원상회복이나 손해배상이 비교적 쉽기 때문이다. 재산권의 청구에 대한 판결이라 하더라도, 확인판결이나 형성판결은 집행권원이 아니므로 원칙적으로 가집행을 붙일 수 없다.[3)] 예를 들어, 공유물분할판결은 실체법상 권리관계의 변동을 가져오는 형성판결이지만 가집행선고를 붙일 수 없다. 그리고 재판상 이혼청구와 함께 재산분할을 명하는 판결은, 그 자체 협의의 집행에 적합할지라도 이혼판결의 확정을 전제로 하는 판결이기 때문에 역시 가집행선고를 붙일 수 없다.[4)]

---

1) 가집행의 효력이 종국적이라는 말은 그 효과로 인한 변제의 효과도 종국적이라는 뜻은 아니다. 왜냐하면, 만일 가집행으로 인한 집행 때문에 변제의 효과까지 종국적으로 발생한다면, 원고는 그 본안청구에 관하여 승소의 종국판결을 얻을 길이 두절되고 말 것이요, 오히려 원고는 소송을 통하여 변제를 받았으면서도 그 본안판결에서는 패소한다는 이상한 결과가 되기 때문이다. 그러므로 가집행으로 인한 변제의 효력은 아직 확정적인 것이 아니라, 어디까지나 상소심에서 그 가집행선고나 또는 그 본안판결이 취소되지 않을 것을 해제조건으로 하여 그 효력이 발생한다(대판, 1963.7.11. 63다252). 동지; 대판, 1982.1.19. 80다2626.

2) 그러나 의사표시를 명하는 판결(第263조)이라도 재산권상의 소에 관한 한 가집행선고를 붙일 수 있다는 견해도 있다. 김홍규·강태원, 민사소송법(삼영사, 2008), 640면. 한편, 신분법상의 청구에도 가집행선고를 붙일 수 없는 것이 원칙이지만, 부양청구권에 따른 재산권의 청구에는 가집행선고를 붙일 수 있다.

3) 대판, 1966.1.25. 65다2374. 다만, 확인판결과 형성판결에도 넓은 의미의 집행력을 부여할 필요가 있다는 이유로 가집행선고를 할 수 있다는 견해로는 이시윤, 신민사집행법(박영사, 2005), 105면.

4) 민법상 재산분할청구권은 이혼을 한 당사자의 일방이 다른 일방에 대하여 재산분할을 청구할 수 있는 권리로서, 이혼이 성립한 때에 그 법적 효과로서 비로소 발생하는 것이

그러나 강제집행의 정지나 취소결정에 대한 허가나 변경판결 등은 형성판결이지만 이들에 대해서는 가집행선고를 직권으로 붙여야 함(제47조 2항, 제48조 3항)을 유의해야 한다. 이는 청구이의의 소나 제3자이의의 소, 집행문부여에 대한 이의의 소 등에서 인정되는 잠정처분의 의의를 살리기 위해 직권으로 가집행을 선고하도록 규정하고 있는 것이다. 그리고 뒤에서 설명하는 바와 같이 사견으로는 외국재판에 대한 집행판결의 법적 성질을 형성판결로 보는데, 집행판결이 확정되기 전에 집행력을 부여할 필요가 있으면 역시 가집행을 붙일 수 있다고 본다. 또한 소송비용의 재판은 본안이 가집행에 친하지 않은 경우에도 이것만 독립해서 가집행선고를 붙일 수 있다.

(2) 강제집행이 가능할 것

현재의 재산권 청구에 가집행을 붙일 수 있는 것은 당연하지만, 장래의 이행판결에는 성질상 가집행을 붙일 수 없다. 장래의 이행판결에 가집행을 붙이더라도 아직 이행기가 도래하지 않았으므로 즉시 강제집행을 할 수 없으며, 또 대부분의 경우 이행기가 도래했을 때에는 장래의 이행판결도 확정되어 있을 것이고, 그것에 따른 강제집행이 가능하기 때문이다.[1)]

2) 가집행선고의 효력

가집행에 따른 강제집행도 본집행의 일종이지만, 가집행의 면제선고(민소 제213조 2항)와 같은 약간의 절차상 특칙이 있다. 가집행은 그 선고나 본안판결의 변경으로(민소 제215조) 실효되지 않을 것을 해제조건으로 한다는 점에서, 채권자가 얻는 만족이 확정적·종국적이 아니다. 따라서 가집행에 기한 강제집행이 종료된 뒤에 가집행선고가 실효된 경우에는, 채권자는 채무자로부터 받은 급부를 반환해야 한다. 그러나 이 경우에도 이미 완료된 집행행위가 소급해서 소멸되지는 않는다.[2)] 다만, 이때에는 부당이득의 반환이나 불법행위에 기한 손해배상이 문제가

므로, 당사자가 이혼이 성립하기 전에 이혼소송과 병합하여 재산분할의 청구를 하고, 법원이 이혼과 동시에 재산분할을 명하는 판결을 하는 경우에도, 이혼판결은 확정되지 아니한 상태이므로, 그 시점에서 가집행을 허용할 수는 없다(대판, 1998.11.13. 98므1193). 동지; 대판, 2001. 9.25. 2001므725, 732.

1) 김홍규·강태원, 639면.

2) 방순원·김광년, 민사소송법(하) (사법행정학회, 1993), 67면; 박두환, 민사집행법(법률

된다(민소 제215조 2항). 이 경우 손해배상은 무과실책임으로서, 법원은 피고의 신청에 따라 당연히 가집행으로 인한 손해배상을 원고에게 명해야 한다.

그리고 가집행선고 있는 종국판결은 취소의 가능성이 있는 집행권원이기 때문에, 이것을 가지고 재산명시신청(제61조 1항 단서), 채무불이행자명부등재신청(제70조 1항 1호 단서), 재산조회신청(제74조 이하) 등을 할 수 없다.

한편, 가집행에 기한 강제집행으로 채무자가 입을 염려가 있는 손해를 방지할 필요에서, 통상적인 강제집행의 일시정지제도(49조 참조)와 달리, 가집행에 기한 강제집행의 일시정지제도를 별도로 두고 있다(민소 제501조 및 제500조).

3. 외국재판

외국법원의 판결 또는 이와 동일한 효력이 인정되는 재판(이하 외국재판이라 함)[1]을 가지고 우리나라에서 집행하기 위해서는 제26조와 제27조에 따라 집행판결을 얻어야 한다. 이 집행판결로 부터 외국재판이 우리나라에서 원시적으로 집행력을 가지게 되므로, 이 판결은 형성판결로 해석한다. 집행판결에 기해 강제집행을 할 때에도 집행문을 별도로 부여받아야 하고, 집행판결이 확정되기 전에 집행력을 부여할 필요가 있으면 가집행선고도 할 수 있음은 앞에서 이미 본 바와 같다.[2]

집행판결소송은 채무자의 보통재판적이 있는 곳의 지방법원이 관할한다(제26조 2항). 집행판결은 재판의 옳고 그름을 조사하지 않고 한다(제27조 1항). 이를 형식적 심사주의라 한다.[3]

서원, 2003), 116면; 이시윤, 108면; 김상수, 민사집행법(법우사, 2005), 67면; 오시영, 민사집행법(학현사, 2007), 50면; 김홍엽, 민사집행법(박영사, 2011), 51면. 가집행선고가 실효되더라도 가집행의 일환으로 이루어진 경매절차에서, 제3자가 매수인으로서 취득한 경매목적물의 소유권은 아무런 영향을 받지 않고 그대로 유효하다(대판, 1981.5.26. 80다2591).

1) 우리나라는 외국중재판정의 승인 및 집행에 관한 협약(United Nations Convention on the Recognition and Enforcement of Foreign Arbitral Awards 1958; 일명 뉴욕협약이라 함)에 1973년 가입하였으므로, 외국중재판정은 외국판결과 동일한 효력이 있다. 그리고 2014.5.20. 민사집행법의 개정으로 외국의 화해조서, 조정조서, 인낙조서에 대해서도 집행판결을 받을 수 있게 되었다.

2) 동지: 박두환, 117면; 이시윤, 110면.

3) 이에 비하여 실질적 심사주의는 국내법원이 외국재판의 당부에 대해 심사할 수 있다고 하는 입장이다.

4. 집행증서

1) 의의

집행증서란 일정한 금액의 지급이나 대체물 또는 유가증권의 일정한 수량의 급여를 목적으로 하는 청구에 관해, 공증인이 작성한 공정증서 중에서 채무자가 강제집행을 승낙한 취지가 적혀 있는 문서를 말한다.

집행증서가 있으면 채권자의 입장에서는 소송을 제기할 필요 없이 바로 강제집행을 실시할 수 있으므로 실무상 널리 이용하고 있다. 반대로 채무자측에서 보면, 집행증서를 이용해서 금융을 보다 쉽게 얻을 수 있다는 장점이 있다. 그러나 이러한 장점에도 불구하고 실무적으로는 집행증서가 남용 내지 악용되는 폐단도 있다고 한다.

2) 집행증서의 요건

(1) 집행증서의 작성

집행증서는 채권자와 채무자의 공동촉탁에 따라 공증인이 그 권한 내에서 지정된 방식으로 작성해야 한다.

(가) 공증촉탁행위

채권자와 채무자는 합의된 계약의 내용을 공증인의 면전에서 진술하면서 이를 공정증서에 기재해 달라는 공증촉탁행위를 하고, 채무자는 채무를 이행하지 않을 때에는 즉시 강제집행을 받아도 좋다는 집행승낙의 의사표시를 해야 한다. 공증촉탁행위는 공증인이라는 공적인 기관에 대해 하는 공법상 행위의 일종이다. 공증촉탁행위는 원칙적으로 당사자가 공동으로 해야 한다(공증인법 제2조 참조).[1] 어음 및 수표행위는 이론상 단독행위이지만, 이들을 공정증서로 할 때에는 관련인이 공동으로 공증촉탁을 하도록 특칙을 두고 있다(동법 제56조의2 1항, 2항). 공증촉탁이 있으면 공증인은 촉탁인을 확인한 다음 공정증서를 작성해야 한다(동법 제27조, 제30조).[2] 확인절차를 거치지 않고 작성된 공정증서는, 설사 그것이 실체관계

---

1) 공증촉탁도 물론 대리할 수 있다.
2) 대리촉탁의 경우에는 대리인을 엄격하게 확인해야 한다(동법 제30조).

와 부합하는 것일지라도 무효인 공정증서로서 공증력이 없다.

(나) 공정증서작성행위

공증인은 공무원의 지위에서 공증업무를 수행한다. 따라서 공정증서작성행위는 행정행위의 일종이고, 공증인은 정당한 이유 없이 촉탁을 거절하지 못한다. 만약 거절할 때에는 촉탁인 또는 그 대리인에게 거절이유를 알려야 할 의무가 있다(동법 제4조). 이러한 의무를 촉탁인수의무라 한다.

공정증서는 엄격한 방식에 따라 작성해야 한다(동법 제26조 이하, 제34조 이하). 그리고 집행증서는 당사자본인 혹은 그 대리인의 촉탁에 따라 공증인이 스스로 작성한 증서, 즉 자서증서(自署證書)라야 한다. 따라서 채무자가 작성하여 공증인이 인증한 소위 사서증서(私署證書)는 집행증서가 아니다.

(2) 집행증서의 대상

(가) 대상의 한정

집행증서는 원칙적으로 금전이나 대체물 또는 유가증권의 일정한 수량의 급여를 목적으로 하는 청구에 한해서 작성할 수 있다.[1] 다만, 예외적으로 물건인도청구를 위해 집행증서의 작성을 허용하는 경우가 있다(동법 제56조의3).[2] 집행증서의 대상을 이와 같이 한정하는 이유는 첫째로, 대상을 정형화시켜서 집행을 쉽게 할 수 있도록 하기 위해서이다. 둘째로 만약 집행증서에 따른 집행으로 말미암아 손해배상문제가 생기더라도 금전배상이 쉽기 때문이다.

청구권은 구체적으로 명확하게 적어서 특정해야 한다(식별설). 청구권이 특정될 수 있는 경우에는 그 발생원인을 적지 않아도 무방하다.[3] 그리고 청구권은 기존

---

1) 당사자의 합의를 바탕으로 하는 집행권원이라는 점에서, 집행증서는 화해조서나 조정조서와 비슷하다. 그러나 화해조서나 조정조서는 그 대상에 제한이 없다는 점에서 집행증서와 차이가 있다.
2) 2013년 공증인법의 개정으로 건물·토지·특정동산의 인도를 위한 집행증서를 작성할 수 있게 되었다. 다만, 임차건물의 인도나 반환을 위한 공정증서는 일정한 경우에만 작성할 수 있는 제한이 있다.
3) 가령, 당사자가 체결한 일정한 매매계약에 따른 대금채권, 혹은 소비대차계약에 따른 반환의무 등을 기재하면 되고, 구체적인 매매계약이나 소비대차계약의 구성요건을 모두 적을 필요는 없다.

의 채무를 승인하는 것이라도 상관없고, 집행증서에 적혀 있는 사실이 객관적 사실에 일치하는지의 여부[1])도 집행권원으로서의 효력과는 상관없는 일이다.[2]) 그리고 실체상 존재하지 않는 청구권에 관해 작성된 집행증서라도 청구이의의 소의 대상이 될 뿐이지 집행증서로서는 유효하다.

(나) 금액 또는 수량의 일정성

집행증서는 법원이 관여하지 않은 채 만들어진 집행권원이므로, 집행기관이 집행증서만으로 청구권의 범위를 신속하고 정확하게 파악할 수 있도록 할 필요가 있다. 따라서 이행할 의무의 금액이나 수량을 일정하게 하도록 요구하고 있다. 여기서 '일정'이라 함은 금액이나 수량이 집행증서의 기재만으로 확정할 수 있어야 한다는 뜻이다. 따라서 집행증서 이외의 자료가 있어야만 액수를 확정할 수 있는 경우는 집행권원이 될 수 없다.[3]) 다만, 이자채권의 경우 이율과 기한이 집행증서상에 확정되어 있으면, 일정성을 확보한 것으로 보아 집행권원으로 삼을 수 있다. 일정성과 관련하여 특히 문제가 되는 몇 가지 경우를 보도록 한다.

㉠ **장래에 발생할 청구권 :** 청구권이 기한부 내지 조건부이거나 반대이행에 걸려 있어서 장래에 발생할 경우에도, 집행증서를 작성할 때 당사자 사이에 현존하는 법률관계가 확정되어 있고, 급여해야 할 금액이나 수량이 증서 위에 명백하게 정해져 있는 이상, 집행권원으로 되는데 지장은 없다. 기한의 도래나 조건의 성취, 반대이행의 여부 등은 집행문부여 또는 집행개시요건의 문제로 처리하면 족하기 때문이다. 선택채권도 증서를 작성할 때 그 금액이나 수량이 명백하게 정

1) 예컨대, 금전을 주고받은 일이 없는데도 있다고 기재한 경우.

2) 판례도 "실제채무액보다 더 많은 액수의 어음을 발행하여 공증을 하였다고 하더라도 그 공정증서에 표시되어 있는 채권자와 채무자의 촉탁에 의하여 그 공정증서가 작성된 것이 확실하다면 그 공정증서에 의한 강제집행인 전부명령을 무효라고 하기 어렵고 제3채무자로서는 채무자에 대하여 부담하고 있는 채무액의 한도에서 그것을 전부 채권자에게 변제하면 완전히 면책된다."라 하여 같은 취지이다(대판, 1989.9.12. 88다카34117). 동지; 대판, 2004.5.28. 2004다6542.

3) 예컨대 일정한 양의 현미를 인도하되, 인도불능시 시가로 환산한 금액을 지급하기로 집행증서에 기재한 경우, 현미의 인도부분은 집행권원이 된다. 그러나 인도불능시 현미의 시가는, 그 금액이 집행증서에 명기되었거나 또는 증서기재 자체에 의하여 알 수 있는 경우에 해당하지 아니하므로, 현미의 시가에 따른 금전채권은 청구권의 일정성에 흠결이 있어서 집행권원으로 인정할 수 없다. 강병섭, 주석 강제집행법(Ⅰ) (김상원 등 편, 1993 이하 주석 Ⅰ, Ⅱ, Ⅲ 등으로 표시함), 439면 참조.

해져 있는 이상 일정성을 확보하고 있다고 본다. 그러나 취소권・해제권・환매권 등의 행사로 발생할 채권, 연대채무자・보증인・물상보증인 등이 장래 취득할 구상권 등과 같이, 현재의 법률관계를 기초로 하여 장래에 성립할 채권을 집행증서로 기재한 경우에는 일정성을 구비했다고 보기 어렵다. 이들 경우는 아직 청구권이 성립하지 않았기 때문이다.

㉡ **여신계약에 기한 채권** : 당좌대월계약이나 근저당권부금전소비대차계약 등 거래금액의 최고한도금 범위 안에서 소비대차하기로 하는 여신계약과 관련해서 집행증서가 작성된 경우, 채무액은 거래가 종료된 때에 확정되는 것이고, 증서작성시에는 채무액이 확정되지 않은 상태이므로, 일정성에 흠이 있어서 그러한 집행증서는 무효이다. 또한 거래가 종료된 뒤에 발생한 채권을 증명하는 일도, 청구 자체에 붙여진 조건을 증명하는 것이 아니라 단순히 일정한 금액을 증명하는데 불과하다는 점에서도 무효이다.

㉢ **백지어음의 경우** : 어음요건을 흠결한 약속어음은 일정한 경우를 제외하고는 무효이므로(어음법 제76조), 무효인 어음에 대하여 집행증서를 작성했다 하더라도, 그러한 집행증서 또한 무효이다. 그러나 흠결된 어음요건에 보충권이 예정되어 있는 경우에는, 그 어음은 요건흠결을 이유로 무효가 되지 않으므로(어음법 제10조), 이러한 백지어음에 대해 작성된 집행증서는 문제가 있다. 경우를 나누어서, 액면금액, 발행일, 수취인 등의 기재가 없는 경우는 어음상의 권리가 발생하지 않으므로 이들에 대해 작성된 집행증서는 무효이다. 그러나 만기, 지급지, 발행지의 기재가 없는 약속어음의 경우는 일정한 사항으로 간주되므로(어음법 제76조) 유효한 것으로 본다.

㉣ **집행증서의 유용** : 특정한 청구를 위해 작성된 집행증서는 다른 권리를 위한 집행증서로 유용할 수 없다. 집행증서의 집행력의 존부나 범위는 그에 표시된 특정의 청구만을 표준으로 결정해야 하며, 증서에 적혀 있는 특정한 청구가 객관적 사실에 부합하느냐의 여부는, 집행증서의 효력에 영향을 주지 않는다. 그러나 기재된 청구가 객관적 사실과 부합하지 않으면, 실체상 존재하지 않는 청구에 관한 집행권원으로서 청구이의의 소의 사유가 될 수 있다.

(3) 집행승낙의사표시

(가) 의의

집행증서에 채무자가 강제집행을 승낙하는 취지의 집행승낙의사표시가 적혀 있어야 한다(제56조 4호, 공증인법 제56조의2 1항). 집행승낙의사표시는 채무자가 소송이나 지급명령 등의 절차를 거치지 않고 강제집행을 받더라도 이의를 하지 않겠다는 의사표시이다. 따라서 이 의사표시는 당사자 사이에서 하는 것이 아니라, 공증촉탁행위와 마찬가지로 공증인에 대해 하는 의사표시이다.

(나) 법적 성질

집행승낙의사표시를 사법상의 집행수인의무를 발생시키는 사법행위로 보는 견해가 옛날에는 있었지만, 요즈음에는 집행법상의 효과를 발생시키는 단독행위로 보는 집행행위설[1]이 판례 및 통설[2]이고 사견으로도 이에 따른다. 뒤에서 보는 바와 같이 집행승낙의사표시의 법적 성질을 어떻게 파악하느냐에 따라 그 의사표시에 흠이 있는 경우의 처리방법에 차이가 생긴다. 즉, 사법행위설에 따르면 민법 총칙규정의 적용이나 준용을 적극적으로 인정하는데 대하여, 집행행위설에 따르면 제한적으로 인정한다.

(다) 집행승낙능력

집행승낙의사표시를 집행행위로 보는 이상, 미성년자는 원칙적으로 집행승낙의사표시를 할 수 없다. 미성년자의 집행승낙의사표시가 있은 뒤, 법정대리인이나 집행능력이 보정된 당사자가 추인을 하면, 집행승낙의사표시가 있었던 때에 소급하여 유효하게 된다(민소 제60조). 이때 추인의 의사표시도 역시 공증인에 대해 해야 한다. 그리고 집행승낙의사표시는 재판상 행위가 아니므로 변호사 아닌 자도 대리할 수 있다(민소 제87조). 피성년후견인은 대체로 미성년자와 같이 취급하고,

---

1) 민사집행법상 당사자의 법률행위를 소송행위라 부르기도 한다. 이는 2002년 이전에 민사집행절차가 민사소송법의 일부로 규정되고 있었던 점에서 기인한 것이다. 하지만 사견으로는 민사집행절차란 대체로 민사소송절차와 그 법적 성질을 달리하는 비송절차로 보고 있고, 또 민사집행법상의 행위라는 점에서 집행행위라 부르는 것이 타당하다고 생각한다.

2) 방순원・김광년, 77면; 박두환, 126면; 이시윤, 119면; 대판, 2006.3.24. 2006다2803

피한정후견인은 원칙적으로 집행능력을 가지는 것으로 취급한다.

(라) 민법총칙규정의 준용문제

집행승낙을 집행행위로 보면 이에는 원칙적으로 민법총칙규정이 적용되지 않는다. 그러나 집행승낙의사표시는 일반적인 소송행위와 달리, 법원 외에서 이해관계가 대립하는 당사자 사이에, 사법상 의무부담행위와 관련하여 이루어진 집행행위이므로, 민법총칙규정의 준용여부는 경우를 나누어서 살펴 볼 필요가 있다.

㉠ **제한능력자의 속임수** : 제한능력자가 속임수로써 자기를 능력자로 믿게 하거나, 미성년자나 피한정후견인이 속임수로써 법정대리인의 동의가 있는 것으로 믿게 하여 집행승낙의사표시를 한 경우, 민법 제17조의 적용 내지 준용에 의해 그러한 의사표시를 취소할 수 있는지 문제로 된다. 집행승낙의사표시를 집행행위로 보는 이상, 집행행위의 유・무효는 문제가 될지언정 취소할 수 있는지는 문제가 되지 않으므로, 그러한 집행승낙의사표시는 당초부터 무효이고 민법 제17조의 적용이나 준용은 허용되지 않는다고 본다.

㉡ **착오・사기・강박** : 일반적으로 소송행위는 소송절차의 안정성과 획일성을 위해, 표시주의 내지 외관주의가 적용되는 것이 원칙이고, 집행행위의 경우도 마찬가지이다. 그렇다면 일단 외관상 표시된 집행행위에 착오・사기・강박 등의 사유가 있었다고 하더라도 그 효력에는 영향을 주지 않는다고 해석하는 것이 좋을 듯이 보인다.[1] 하지만 집행승낙행위는 소송절차상의 일반적인 소송행위와 달리, 실체상의 법률행위와 밀접한 관련을 가지고 행해지는 것이므로, 표시주의나 외관주의를 완화하더라도 법적 안정성을 해할 염려가 크지 않다고 본다. 따라서 사견으로는 집행승낙의사표시에 착오나 사기・강박이 있었다면 결론적으로 이에 관한 민법총칙규정이 준용된다고 본다.

㉢ **자기계약・쌍방대리** : 대리인은 원칙적으로 자기계약이나 쌍방대리를 할 수 없다(민법 제124조). 그런데 당사자가 실체법상 계약을 체결했지만 단지 집행증서로 작성하지 않은 단계에서, 대리인이 단순히 집행증서 작성만 대리한 경우에는 민법 제124조의 취지에 반하지 않는 것으로 보아서, 그 대리인이 집행승낙의

---

1) 다만 민소법 제451조 1항 5호에 해당하여 재심사유로 될 때는 그러하지 아니하다.

사표시를 대리했더라도 유효한 집행증서로 인정할 수 있다고 본다.[1] 다만, 변호사가 당사자 일방의 대리인으로서 상대방과 협의하여 계약을 성립시킨 다음, 상대방의 대리인으로서 성립된 계약조항과 같은 취지로 집행증서를 작성했다면, 이는 「변호사법」 제31조 1항 1호 규정의 위반으로서 그러한 집행증서는 무효로 본다.[2] 그러나 상대방 당사자가 무효인 사실을 알았거나 알 수 있었음에도 이의를 제기하지 아니하여 집행이 종료되었다면 집행증서의 무효를 주장할 수 없다고 본다.[3] 신의칙에 반하기 때문이다.

㉣ **표현대리** : 집행승낙의사표시에 표현대리에 관한 민법 제125조, 제126조, 제129조 규정의 적용 내지 준용은 부정하는 것이 통설 및 판례이다.[4] 채무자가 집행승낙의사표시를 하지 않았음에도 불구하고 겉모양만 보고 집행승낙의사표시가 있다고 의제하는 것은 곤란하다고 본다. 왜냐 하면 예외적인 집행권원인 집행증서에서는 채무자의 의사가 무엇보다 중요하기 때문이다. 따라서 사견으로도 부정설을 따른다.

3) 집행증서의 효력

(1) 집행증서의 집행력

집행증서의 집행력은 집행증서에 표시되어 있는 청구권에 관해서만 생긴다.[5] 그런데 집행증서에는 기판력이 인정되지 않기 때문에, 집행증서에 적혀 있는 청구권이 처음부터 성립되지 않았다면 청구이의의 소로써 다툴 수 있다. 이때 시적 제한이 없으므로 변론종결전에 생긴 사유로도 청구이의의 소를 제기할 수 있다(제59조 3항). 그리고 채무자가 집행증서 위의 청구권에 대해 다투면 채권자는 이행

---

1) 통설 및 판례임. 대판, 1975.5.13. 72다1183(전원합의체 판결)
2) 김상영, "한국공증제도에 관한 연구", 부산대박사학위논문(1995), 162면.
3) 판결절차에서 변호사법 제31조를 위반한 사건수임이 있어서 무효인 소송행위라 하더라도, 상대방 당사자가 그와 같은 사실을 알았거나 알 수 있었음에도 불구하고 사실심 변론종결시까지 아무런 이의를 제기하지 아니하였다면, 그 소송행위는 소송법상 완전한 효력이 생긴다고 한 판례(대판, 2003.5.30. 2003다15556)도 참고할 수 있겠다.
4) 김상영, 앞의 글, 165면; 이진성, "집행증서, 강제집행 · 임의경매에 관한 제문제", 재판자료 제35집(1987), 66면; 대판, 2008.9.25. 2008다42195.
5) 집행력 있는 공정증서정본상 차용원금채권 및 이에 대한 그 변제기까지의 이자 이외에, 변제기 이후 다 갚을 때까지의 지연손해금채권에 대하여는 아무런 표시가 되어 있지 않는 한, 그 지연손해금채권에 대하여는 강제집행을 청구할 수 없다(대결, 1994.5.13. 94마542).

의 소나 확인의 소를 제기할 수도 있다.

(2) 집행증서의 무효

집행증서의 무효는 그 원인에 따라 형식적 무효와 실체적 무효로 나누어 볼 수 있다. 형식적 무효는 집행증서가 구비해야 할 형식적 요건에 흠이 있는 경우의 무효로서 다음과 같은 경우이다. 단독촉탁으로 집행증서가 작성된 때, 제척사유가 있는 공증인이 집행증서를 작성한 때, 공증인이 직무집행구역 외에서 집행증서를 작성한 때, 집행승낙의사표시가 기재되지 않은 때, 촉탁인의 서명날인이 흠결된 때, 금액이나 수량이 일정하게 정해지지 않은 때, 미성년자나 피성년후견인 자신이 집행승낙의사표시를 한 때 등이다. 형식적 무효에 대해서는 대체로 집행문부여에 대한 이의신청(제34조)으로써 다툴 수 있다.

실체적 무효는 집행증서에 표시된 청구권이 처음부터 성립되지 않았거나 존재하지 않은 경우, 청구권의 발생원인인 법률행위가 무효이거나 취소되어서, 집행증서에 적혀 있는 사실과 객관적 사실이 부합하지 않아서 무효가 된 경우 등이다. 집행증서가 실체적 무효라도 형식적 요건을 갖추고 있으면 집행력을 가진다. 이에 대해서는 청구이의의 소(제44조)로써 다툴 수 있다.

그런데 무권대리인의 촉탁에 따라 작성된 집행증서는 집행승낙의사표시에 흠이 있는 형식적 무효이면서, 동시에 집행증서에 표시된 청구권의 발생원인인 법률행위에도 흠이 있는 실체적 무효이기도 하다. 이와 같이 형식적 무효사유와 실체적 무효사유가 동시에 있을 때에는 단순히 집행문부여에 대한 이의신청으로써 따질 것이 아니라, 변론을 거쳐야 하는 청구이의의 소로써 다루어야 한다고 본다.[1)]

5. 그 밖의 집행권원

1) 서언

어느 정도 사법상 청구권의 존재가 확인되면, 집행권원으로서 강제집행을 할

---

1) 집행증서상의 명의를 모용당하였다고 주장하는 채무자는 위 집행증서에 채무자 본인의 집행촉탁 및 집행수락의 의사가 결여되었음을 내세워 집행문 부여에 대한 이의로써 무효인 집행증서에 대하여 부여된 집행문의 취소를 구하는 것도 가능하다(대결, 1999. 6.23. 99그20)는 판례가 있다.

수 있도록 할 필요가 있다. 제56조에서 그 밖의 주요한 집행권원에 관해 규정하고 있는데, 이들 중 지급명령과 집행증서 이외의 것들에 관해서는 일반적인 집행권원에 적용되는 제28조 내지 제55조의 규정이 준용된다(제57조). 이하에서는 집행증서 이외에 제56조 및 제60조에서 규정하고 있는 집행권원과, 그 밖에 각각의 단행법에서 규정하고 있는 주요한 집행권원에 관해 간단하게 소개한다.

2) 항고로만 불복할 수 있는 재판(제56조 1호)

항고로만 불복할 수 있는 재판이므로, 재판의 형식은 결정이나 명령이다. 결정이나 명령의 내용이 이행을 명하고 있음에도 이행을 하지 않으면, 역시 강제집행으로 실현시켜야 할 필요가 있으므로 집행권원으로 인정하는 것이다. 결정이나 명령의 내용이 좁은 의미의 집행력 있는 재판일 경우 여기의 집행권원에 해당한다. 절차법상의 재판으로서 이행을 명하는 경우는 대부분 여기의 집행권원이 된다.[1)]

항고로만 불복할 수 있는 재판에 따른 강제집행에 있어서, 집행의 정지와 관련해 주의할 점이 있다. 즉, 강제집행절차상의 결정에 대해 명문의 규정이 있으면 즉시항고가 가능하지만, 이러한 즉시항고에는 집행정지의 효력이 없다(제15조 6항). 따라서 집행정지를 위해서는 민사소송법 제448조에 의한 집행정지결정을 받아서 집행기관에 제출해야 집행이 정지된다(제49조 2호).[2)]

3) 가집행의 선고가 내려진 재판(제56조 2호)

가집행의 선고가 내려진 재판을 집행권원으로 하고 있는 제56조 2호는 불필요한 규정으로서 삭제되어야 할 것으로 본다. 그 이유는 다음과 같다. 제24조가 가집행선고가 있는 '종국판결'을 집행권원으로 하고 있으므로, 제56조 2호에서 말하는 '재판'이란 가집행선고가 내려진 '결정'이나 '명령'을 의미함이 분명하다. 그러나 현행법상으로 가집행선고가 내려진 결정이나 명령은 그 예가 없다. 1990년

---

1) 집행비용의 변상결정(제53조), 압류된 유체동산을 제3자가 점유하게 된 경우 그 제3자에 대한 압류물인도명령(제193조), 부동산인도명령(제136조, 제268조), 소송비용액확정결정(민소 제110조, 제112조) 등은 여기에서 말하는 집행권원의 예이다. 이 밖에도 여기의 집행권원에 해당하는 여러 가지가 있다.

2) 강제집행정지결정이 있으면 결정이 되는 즉시로 당연히 집행정지의 효력이 있는 것이 아니고, 그 결정정본을 집행기관에 제출함으로써 정지의 효력이 발생하는 것이다(대결, 1966.8.12. 65마1059), 동지; 대결, 2010.1.28. 2009마1918.

민사소송법이 개정되기 전에는 지급명령에 가집행을 붙일 수 있도록 하고 있었으므로, 당시에는 가집행선고가 있는 재판이라 함은 가집행선고가 내려진 지급명령을 의미하는 것으로서 존재의의가 있었다. 하지만 가집행선고가 있는 지급명령이란 제도가 불필요하여 폐지한 이상, 이 집행권원도 마땅히 삭제했어야 함에도 아직 명문으로 두고 있는 것이다. 제56조 2호는 입법상 오류이다.

4) 확정된 지급명령(제56조 3호)

채무자가 지급명령을 송달받은 날부터 2주일 내에 이의신청을 하지 아니하거나, 이의신청을 취하하거나, 각하결정이 확정된 때에는 지급명령은 확정판결과 같은 효력이 생기고(민소 제474조, 제470조), 따라서 집행권원이 된다. 지급명령은 신속한 처리가 생명이므로 법원은 채무자를 심문하지 아니하고 지급명령을 내려준다(민소 제467조). 지급명령은 원래 기판력이 없는 재판이므로 집행문을 부여받아서 집행할 수 있도록 하는 것이 올바른 방법이라고 생각된다. 그러나 현행법상으로는 조건이나 승계가 있는 경우 및 여러 통의 지급명령으로 강제집행을 할 때를 제외하고는 지급명령에 따른 강제집행에 집행문을 부여받지 않아도 되게 하였다(제58조 1항, 2항). 지급명령에 따른 강제집행에는 특히 신속함이 요구된다는 취지에서 이러한 입법조치를 하였지만, 이론적으로는 문제가 없지 않다. 그리고 확정된 지급명령은 기판력이 없으므로, 이에 대해 청구이의의 소로써 따질 때에는 시적 제한이 없다(제58조 3항).

5) 각종 조서

(1) 화해조서

(가) 의의

소송상 화해나 제소전 화해가 조서에 기재되면, 확정판결과 동일한 효력을 가지며 집행권원이 된다(제56조 5호, 민소 제220조). 그런데 화해란 당사자가 서로 양보하여 분쟁을 자주적으로 해결하는 방식이라는 점에서, 법원의 공권력으로 분쟁을 해결하는 방식인 확정판결과 다른 특성이 있다. 이 점은 집행권원으로서의 화해조서를 해석할 때에도 고려할 필요가 있다. 제소전 화해조서에 대해서는 소송상 화해조서에 관한 내용이 대체로 적용된다.

(나) 화해조서의 성립

소송상 화해는 보통 판결절차에서 성립하는 경우가 많겠지만, 증거보전절차 · 소송비용액확정절차 · 강제집행절차 · 보전소송절차 등에서도 당사자쌍방이 변론기일에 출석하는 한 소송상 화해를 할 수 있다.[1] 다만, 변론이 허용되지 않는 경우에는 소송상 화해는 성립할 여지가 없다. 또 소송상 화해는 소송이 계속 중일 것을 요하지만(민소 제225조 1항), 판결이 선고된 뒤 상소기간 중에는 원심법원이 직권으로 소송상 화해를 강요할 수는 없다고 본다. 그러나 이때에도 당사자의 신청에 의해, 법원이 스스로 혹은 수명법관으로 하여금 새로운 기일을 지정하면, 소송상 화해를 할 수 있다고 본다.

화해조서가 집행권원이 되기 위해서는 특정한 이행청구권에 관한 것이어야 함은 물론이다. 그런데 경우에 따라서는 이행청구권에 관한 조서의 기재내용이 애매할 때가 있다. 그럴 때에는 조서의 기재내용에 엄격히 구속될 필요는 없겠지만, 그렇다고 해서 사법상의 법률행위의 해석에 적용되는 일반원칙이 그대로 적용된다고도 말할 수 없다. 왜냐하면 화해조서는 기판력과 집행력을 가지는 집행권원이 되기 때문에[2] 특별한 사정이 없는 한 조서의 기재내용은 존중되어야 하고, 이와 다르게 해석하는 것은 허용되지 않는다고 보아야 한다.

(다) 화해조서의 대상

화해조서에는 소장이나 준비서면의 등본이나 사본을 조서의 일부분으로 첨부하여 화해의 대상을 명확히 할 필요가 있다. 대상이 되는 이행청구권에 별도의 제한이 없다. 당사자가 처분권을 가지고 있는 한, 이를 대상으로 소송상 화해를 할 수 있으며, 작위 · 부작위를 불문한다. 이행청구권에 조건이나 기한이 달려 있는 경우에도 이를 대상으로 화해가 가능하다. 그런데 화해조서의 성립 자체를 조건부

---

1) 판례는 보전소송절차에서의 화해를 인정하지 않는다(대결, 1958.4.3. 57민재항121).

2) 다수설 및 판례는 화해조서의 기판력을 인정한다. 김용욱, 민사소송법(1988), 429면; 김홍규 · 강태원, 567면. 제소전 화해조서의 기판력을 인정하는 판례로 대판, 2008.9.25. 2007다1364; 대판, 2000.7.6. 2000다11584 등이 있다. 한편, 화해조서의 기판력을 부정하거나 제한적으로 기판력을 인정하는 견해도 있다.

로 할 수 있는가에 대해서는 해제조건이나 정지조건을 불문하고 가능하다는 견해와 해제조건만 가능하다는 견해로 나누어진다.

생각건대 소송상 화해의 법적 성질에 관하여 사법행위설의 입장에 서면, 실체법상의 법률관계가 허용하는 한 정지조건・해제조건 모두 붙일 수 있다고 하겠지만, 소송행위설의 입장에서 볼 때에는 곤란한 점이 있다. 즉, 해제조건부의 경우 소송상 화해는 즉시 효력을 발생하여 확정판결과 동일한 효력이 생기고 집행권원으로 되는데 지장이 없다. 그러나 정지조건부의 경우에는 조건이 성취되지 않은 동안은 소송상 화해도 효력을 발생하지 않으므로 집행권원으로 삼을 수 없다. 정지조건부의 소송상 화해를 인정할 경우 생기는 이러한 의문점은, 해제조건부의 소송상 화해의 경우에는 문제가 되지 아니하므로 해제조건부가능설이 타당하다고 본다.[1)]

(라) 화해조서의 기재

화해조서를 작성할 때에는 당사자는 물론 법원도 어떤 내용이나 범위의 이행청구권에 관한 집행권원으로 할 것인가를 충분히 검토하여 정확하게 표현해야 한다. 만약 기재내용 중에 빠진 부분이 있다든지 명백한 오류가 있으면, 판결의 경정에 준하여 경정결정으로써 바로 잡으면 될 것이다(민소 제211조 참조). 그러나 집행권원의 해석에 의해 집행력의 내용이 보완될 수 있으면 따로 경정결정을 거칠 필요는 없다. 다만 경정결정의 신청이 각하된 때에는 집행기관의 해석으로써 보완할 수 없다. 경정결정이 있음에도 불구하고 화해조서의 내용이 보완되지 않고 해석에 의해서도 보완할 수 없으면 그러한 화해조서는 무효이다.

그리고 화해조서를 작성할 때에는 변론조서의 형식적 기재사항에 준하여, 사건의 표시, 법관 및 법원사무관 등의 성명, 출석한 당사자나 대리인의 성명, 화해의 날짜 및 장소 등을 적은 뒤 재판장과 법원사무관 등이 기명날인해야 한다(민소 제

1) 판례도 해제조건부가능설을 취한다. 즉, 재판상의 화해가 성립되면 그것은 확정판결과 같은 효력이 있는 것이므로 그것을 취소변경하려면 재심의 소에 의해서만 가능하다 할 것이나 재판상의 화해의 내용은 당사자의 합의에 따라 자유로 정할 수 있는 것이므로 화해조항 자체로서 특정한 제3자의 이의가 있을 때에는 화해의 효력을 실효시키기로 하는 내용의 재판상의 화해가 성립되었다면 그 조건의 성취로써 화해의 효력은 당연히 소멸된다 할 것이고 그 실효의 효력은 언제라도 주장할 수 있다(대판, 1988.8.9. 88다카2332). 동지; 대판, 1965.3. 2. 64다1514.

153조, 제220조 참조). 형식적 기재사항에 위반한 화해조서는 무효로서 이에 따른 강제집행에는 집행에 관한 이의 및 집행문부여에 대한 이의(제16조, 제34조)로 따질 수 있다.

(마) 불복방법

화해조서에 따른 강제집행에 대해서도 청구이의의 소로써 다툴 수 있고, 이때에는 화해조서를 작성한 법원이 전속관할한다. 그리고 화해조서의 기판력을 인정하는 이상 시적 제한을 받아서, 청구이의의 사유는 화해조서가 성립되고 난 이후의 사유라야 한다(제44조 1항 및 2항의 준용).[1)]

(2) 인낙조서

청구의 인낙은 소송물인 법률관계의 존부에 관한 원고의 주장을 피고가 이유 있다고 인정하는 법원에 대한 소송상의 진술이다. 이러한 진술을 변론이나 준비절차에서 하여 조서에 기재하면, 인낙조서는 확정판결과 동일한 효력이 있는 집행권원으로 된다(제56조 5호, 민소 제220조). 청구의 인낙이 유효하기 위해서는 소송물 자체에 대하여 피고가 실체법상의 처분권을 가지고 있어야 한다. 따라서 피고가 그러한 처분권을 가지고 있지 않으면, 소송물에 대한 인낙을 조서에 기재하더라도 무효이고, 소송종료의 효과도 생기지 않으며, 유효한 집행권원이 될 수도 없다.

(3) 조정조서

조정은 조정기관이 분쟁당사자의 상호양해를 통해 조리를 바탕으로 분쟁을 해결하도록 하는 제도이다(민조 제1조). 조정이 성립하여 조서로 기재되면 재판상 화해와 마찬가지로 확정판결과 같은 효력이 있으므로(동법 제29조), 그 조정조서의 내용이 집행에 적합하면 집행권원으로 된다. 조정은 그 본질이 화해와 유사하기 때문에, 집행권원으로서의 화해조서에 관한 내용은 조정조서의 경우에도 거의 통용된다.

---

1) 따라서 실체법상 부존재이거나 무효인 이행청구권을 대상으로 화해조서가 성립하였고, 이를 기초로 강제집행이 실시되는 경우에는 청구이의의 소로써 다툴 수 없게 된다.

6) 검사의 집행명령

법원이 과태료의 재판을 하였으나 당사자가 임의로 이를 납부하지 않으면, 검사의 집행명령으로 강제집행을 할 수 있다. 이를 과태료의 집행이라 한다(제60조 1항). 이 검사의 집행명령은 '집행력 있는 집행권원'과 동일한 효력이 있다(제60조 2항). 따라서 따로 집행문이 필요 없으며 형사소송법이나 비송사건절차법 등 다른 법률에서 규정하는 벌금・과료・몰수・추징・과태료 등의 재판에도 그대로 적용된다.

7) 가사심판 등

가사소송법상 금전의 지급, 물건의 인도, 등기, 그 밖에 의무의 이행을 명하는 심판은 집행권원이 된다(가소 제41조). 그런데 이들 심판에는 비송사건절차법이 준용되고(동법 제34조), 비송사건은 그 성질상 재판의 취소나 변경이 자유롭고, 법원의 후견적 역할이 강조된다는 점 등을 고려해 보면, 여기의 심판은 기판력이 없다.

그리고 소액사건심판법상 이행권고결정(소심 제5조의3 이하), 민사소송법상 화해권고결정(민소 제225조 이하), 민사조정법상 조정에 갈음하는 결정(민조 제30조 이하) 등을 송달받은 날부터 2주일 이내에 이의신청을 하지 않으면 확정판결과 동일한 효력이 있으므로, 역시 집행권원이 된다. 이때 이행권고결정에 따른 강제집행은 원칙적으로 집행문을 부여받을 필요 없이 할 수 있다는 특칙이 있다(소심 제5조의8). 또한 통합 도산법상 회생채권자표, 회생담보권자표(동법 제168조), 파산채권자표(동법 제460조) 등도 확정판결과 동일한 효력이 있는 집행권원이 된다. 그리고 특허법상 심판비용액 또는 특허법에 의한 대가(對價)와 보상금액에 관해 확정된 결정은 집행력 있는 집행권원과 동일한 효력이 있다(특허법 제166조).

제 3 장 집행문

제1절 제도적 의의와 부여요건

I. 집행문의 의의

집행문이라 함은 법원사무관이나 공증인 등과 같은 공증공무원이, 집행권원이 존재한다는 사실, 그리고 그것으로써 강제집행을 하기에 적합하다는 취지를 집행권원 정본의 끝에 덧붙여 적은 공증문언을 말한다. 원칙적으로 강제집행을 신청하기 위해서는 집행문이 부여되어 있는 집행권원의 정본이 있어야 하는데, 이러한 정본을 집행력 있는 정본 혹은 간단히 집행정본이라고 한다.

집행권원의 내용인 사법상 청구권은 시간이 경과함에 따라 그 내용이 변경될 수 있기 때문에, 집행권원만을 집행력 발생의 유일한 요건으로 하는 것이 부당할 때가 있다.[1] 이런 경우에 집행기관이 오로지 집행권원에만 의거하여 강제집행을 하도록 하면, 결과적으로 부당한 집행이 될 염려도 있다. 따라서 집행권원이 즉시 집행력을 발생할 수 있는지 심사하는 기관을 별도로 두어서, 집행문을 부여하도록 하고 있는 것이다. 집행기관으로서는 집행정본에 의한 집행신청이 있으면 별도의 심사를 할 필요 없이 바로 강제집행에 들어 갈 수 있고 신속한 강제집행에

1) 예컨대, 가집행선고 있는 종국판결이 상급심에서 변경되면 가집행선고는 변경의 한도에서 효력을 잃게 되기도 하고, 확정된 종국판결이 있은 뒤에도 특정승계나 포괄승계로 당사자가 변경될 수도 있으며, 집행권원에 적혀 있는 청구권의 내용이 자연채무라서 강제집행이 불가능한 경우도 있을 수 있다.

유리할 것이다. 집행문제도의 존재의의가 여기에 있다.

집행문부여를 담당하는 기관을 집행문부여기관이라 한다. 민사집행법상 원칙적인 집행문부여기관은 제1심 법원의 법원사무관 등이다. 집행기관이 집행정본에 의해 강제집행을 한 이상, 집행권원의 내용인 사법상 청구권이 처음부터 존재하지 않았거나 사후에 소멸한 경우에도 그 집행은 적법하다.

Ⅱ. 집행문의 필요

집행문에 관한 규정은 강행규정이다. 따라서 집행문의 유무에 관하여 설사 당사자가 합의를 하더라도 그러한 합의는 무효이고, 집행문 없이 한 집행 역시 무효다. 그러나 예외적으로 집행문 없이 집행권원만으로 강제집행이 가능한 경우가 있다. 즉, 간이·신속한 집행을 요하는 경우[1]와, 강제집행절차 중의 재판에 따라 하는 부수적 집행의 경우[2] 등에는 집행문 없이 집행할 수 있다. 그리고 법률에 의해 집행정본과 동일한 효력이 있다고 규정한 경우[3]에도 집행문을 부여할 필요가 없다.

집행정본 자체가 없는 강제집행은 무효이다.[4] 따라서 집행기관이 그러한 흠을 알았을 때에는 더 이상 집행을 속행해서는 안 되며, 이미 행한 집행처분은 직권으로 취소해야 한다.

---

1) 지급명령의 경우 원칙적으로 집행문을 요하지 않는다(제58조 1항). 보전처분은 채권자나 채무자가 승계를 한 경우를 제외하고는 집행문을 부여할 필요가 없다(제292조 1항의 반대해석, 제301조).
2) 채권압류명령에 기한 채권증서의 인도집행(제234조), 강제관리개시결정에 따른 부동산의 점유집행(제166조 2항), 대체집행에 있어서의 수권결정의 집행(제260조 1항) 등의 경우.
3) 제60조 2항, 형사소송법 제477조 2항, 비송사건절차법 제249조, 특허법 제166조, 디자인보호법 제30조, 상표법 제77조, 실용신안법 제33조, 공증인법 제87조, 법무사법 제48조 3항 등.
4) 방순원·김광년, 84면.

Ⅲ. 집행문부여요건

1. 집행문부여기관

집행문은 원칙적으로 제1심 법원의 법원사무관 등이 내어 주지만(제28조 2항), 집행권원의 종류에 따라 집행문부여기관이 다를 수도 있다. 뒤에서 보는 바와 같이 일정한 경우에는 사법보좌관의 명령에 따라 집행문을 부여하는데, 이 경우에도 부여기관은 법원사무관 등이다.

판결의 경우 제1심 법원의 법원사무관 등을 집행문부여기관으로 하고 있는 이유는 다음과 같다. 판결이 확정되고 나면 「재판서·사건기록 등의 보존에 관한 재판예규」에 따라 소송기록을 제1심에서 보관하므로, 그 법원의 법원사무관 등이 판결이 성립되기까지의 사정을 가장 정확하고 신속하게 알 수 있기 때문이다. 따라서 상소심에 소송이 계속 중이면, 그 상소법원의 법원사무관 등이 판결 중에서 확정된 부분, 또는 가집행선고 있는 부분에 대하여 집행문을 부여한다(제28조 2항). 판결 이외의 재판, 예컨대 항고로만 불복할 수 있는 재판, 승계가 있을 때의 가압류·가처분명령 등에 대해서도, 그 소송기록이 있는 법원의 법원사무관 등이 부여하고, 화해조서나 인낙조서가 작성된 경우에는 그 조서작성에 관여한 법원의 법원사무관 등이 집행문을 내어 준다. 그러나 집행증서의 경우 그 증서를 보관하는 공증인이 부여기관이 되고, 특허법 제166조에 따라 집행권원으로 보는 결정에 대해서는 특허심판원의 공무원이 부여기관이 된다.

2. 집행문부여요건

집행문부여기관은 집행권원이 집행력을 갖추고 있는지를 조사하는 기관이므로, 실체법상의 청구권의 존부에 대해서는 조사할 권한도 의무도 없다. 집행문을 부여하는 절차는 뒤에서 보는 바와 같이 통상부여절차와 특별부여절차의 두 가지로 나누어지는데, 여기에서는 어느 절차든 불문하고 일반적으로 집행문을 부여받기 위해 갖추어야 할 요건을 살펴본다.

1) 집행권원의 형식성

확정판결이나 집행증서 등 집행권원이 그 형식적 요건을 갖추고 있어야 한다. 즉, 판결의 경우는 적법하게 성립되었는지, 성립된 뒤 소의 취하・소송상 화해・상소・재심에 의한 취소 등 판결의 실효사유가 없는지 등을 판단하여, 적법한 판결이 형식적으로 존재하고 있는지 조사한다. 집행증서의 경우는 공정증서의 방식을 구비하고 있는지 조사한다.

2) 유효한 집행권원의 존재

집행권원의 집행력이 유효하게 발생하고 있어야 한다. 즉, 가집행선고의 취소나 청구이의의 소의 확정판결 등에 의해 집행력이 배제되지 않아야 한다. 단지, 확정판결에 대해 재심의 소가 제기되었다든지, 상소의 추후보완신청이 있었다든지, 가집행선고 있는 판결에 대해 상소가 제기되었다든지 하여 집행에 대한 일시정지명령(민소 제500조, 제501조)이 내려진 경우에는, 그것으로 집행행위를 일시정지시킬 수는 있지만, 집행문부여를 막지는 못한다.

3) 집행가능한 집행권원의 존재

집행권원의 내용이 집행가능한 것이어야 한다. 따라서 부부의 동거의무나 예술가의 창작의무 등을 내용으로 하는 집행권원에 대해서는 집행문을 부여할 수 없다.

4) 당사자의 특정

집행권원에 표시된 당사자와 집행문부여를 신청한 당사자는 원칙적으로 일치되어야 한다. 단, 집행권원에 적혀 있는 당사자 이외의 자를 위해 또는 그 자에 대해 집행문부여를 신청할 때에는, 그들에게 집행적격이 있는지 조사한다.

3. 집행문부여방식

집행문은 집행권원정본의 끝에 덧붙여 적는다. 그 방식은 법정하고 있다(제29조 1항, 2항).

제2절 집행문부여절차

Ⅰ. 통상부여절차

집행문은 집행권원에 표시되어 있는 채권자나 승계인의 신청에 따라 내어준다. 신청은 말로 할 수 있다(제28조 3항). 대부분의 경우 원고가 채권자로 되겠지만 언제나 그런 것은 아니다. 즉, 소송비용액에 관해서는 피고가 채권자로 될 수도 있고, 화해조서의 경우에는 피고나 이해관계인이 채권자로 될 수도 있다. 채권자가 여러 개의 집행권원을 가지고 집행문부여를 신청할 때에는, 어느 집행권원에 대해 집행문을 신청하는지 밝혀야 한다.

채권자가 집행적격을 증명할 필요가 있는 때에는 가족관계증명서나 기본증명서(가족등록 제15조), 채권양도증서 등 관련 증명서를 제출해야 한다. 집행문부여기관은 그의 책임 아래 독자적으로 집행문을 내어 줄 필요성이 있는지, 부여할 조건을 갖추었는지 등을 신청인이 제출한 자료나 소송기록 등을 기초로 조사한다.

Ⅱ. 특별부여절차

집행문부여기관이 단독으로 집행문을 부여하는 것이 적당하지 않을 경우의 부여절차이다. 이에는 사법보좌관의 명령이 필요한 경우(제30조 2항, 제31조, 제32조, 제35조, 사보규 제2조 1항 4호)와 집행문부여의 소(제33조)에 의한 경우 두 종류가 있다.

1. 사법보좌관의 명령이 필요한 경우

소송기록 기타의 자료에 대한 단순한 조사만으로 집행문을 부여하는 것이 적당하지 않거나, 여러 통의 집행문을 부여해야 하는 경우, 그리고 전에 내어 준 집행문을 돌려 받지 않고 다시 집행문을 내어주는 경우에는 사법보좌관의 명령이 있어야 한다. 이때 사법보좌관의 명령은 법원사무관 등에 대한 내부적 감독에 불과하므로,[1] 집행문부여기관은 어디까지나 법원사무관 등이다.

1) 조건성취집행문

(1) 의의

판결을 집행하는데 조건이 붙어 있어 그 조건이 성취되었음을 채권자가 증명해야 하는 때에는 이를 증명하는 서류를 제출해야 하고, 이에 대해 사법보좌관의 명령이 있어야 집행문을 내어 준다(제30조 2항, 제32조 1항, 사보규 제2조 1항 4호). 사법보좌관은 명령을 내리기 앞서 서면이나 말로 채무자를 심문할 수 있고(제32조 2항), 명령을 내려 준 때에는 집행문에 이를 적어야 한다(동조 3항).

여기에서의 조건은 민법에서 말하는 엄밀한 의미의 조건뿐만 아니라 불확정기한도 포함하는 개념이다.[2] 예컨대, 집행이 특정인의 사망(불확정기한임)에 달려있는 경우에도, 사법보좌관의 명령이 있어야 집행문을 부여할 수 있다.[3]

조건성취집행문은 화해조서나 조정조서, 집행증서 등이 집행권원인 때에 많이 볼 수 있고, 판결의 경우는 그 예가 드물다. 아래에서는 여기의 조건에 해당하는지 문제가 되는 몇 가지 사항들을 검토하기로 한다.

(2) 실권약관

예컨대 할부금의 지급을 한번이라도 늦춘 때에는 기한의 이익을 상실한다는 등의 소위 실권약관이 있을 때, 할부금을 연체하고 있다는 사실이 여기에서의 조건에 해당하는지 의문이 있다. 제30조 2항은 그 자체가 채권자에게 입증책임을 전환한 규정이 아니고, 입증책임을 누가 부담하느냐 하는 것은 일반적인 원칙에 따

1) 대결, 1979.8.25. 78마249.
2) 통설임. 방순원·김광년, 88면; 박두환, 163면. 확정기한은 강제집행개시의 요건으로 처리하면 되기 때문에 여기의 조건에 포함되지 않는다.
3) 집행이 담보제공에 달려 있는 경우에는 채권자가 법원으로부터 담보제공증명서를 받아서(민소 제502조 2항) 제출하면 담보제공사실을 쉽게 증명할 수 있으므로, 이 경우는 여기에서 말하는 조건으로 취급하지 않고(제30조 2항 단서) 단순히 강제집행개시요건으로 취급한다.

라 정해질 문제이다. 따라서 일반적으로 채권자는 채무자의 채무불이행을 입증할 필요가 없고, 위의 실권약관에서도 할부금의 연체라는 채무불이행에 대해 채권자가 입증책임을 지는 것은 아니다. 따라서 사견으로는 실권약관은 여기의 조건에 해당하지 않는 것으로 해석한다.[1] 다만, 이 경우 계약해지의 의사표시가 있었다는 사실은 제30조 2항의 조건에 해당되므로, 그 사실만은 채권자가 이를 증명해야 한다.

그런데 실권약관의 조건이 채무자의 채무불이행 이외의 사실일 때에는 사정이 다르다. 즉, 조건이 '타인으로부터 강제집행 · 가압류 · 가처분 등을 받았을 때', '영업을 폐지한 때', '담보물을 훼손한 때' 등과 같은 경우에는, 이러한 사실들은 집행력발생의 정지조건이므로, 채권자가 이를 증명해야 한다.

(3) 상환급부판결

상환급부판결에 따라 강제집행을 할 때 채권자가 해야 할 이행 또는 이행의 제공, 채무자의 수령지체 등의 증명은 제30조 2항에서 말하는 조건이 아니다. 만약 집행문을 부여할 때에 채권자가 이를 증명해야 한다면, 이는 채권자에게 미리 이행을 강요하는 결과가 되고, 채권자의 동시이행의 이익을 침해하기 때문이다.

(4) 예비적 급부판결

예비적 급부를 명한 판결에 따라 강제집행을 하는 경우에, 주된 급부에 따른 집행이 불능으로 되었다는 사실은 제30조 2항의 조건에 해당하지 않는다. 이는 강제집행절차의 과정에서 집행기관이 처음으로 인식할 수 있는 사실이기 때문에, 마치 시일의 도래와 같이(제40조 1항), 집행개시요건이지 집행문부여요건이 아니다.

(5) 선택권의 행사

채권의 목적이 당사자나 제3자가 선택권을 행사하는 데에 달려있는 경우, 채권자는 선택권의 행사 혹은 불행사에 대해 증명해야 한다. 이 경우는 제30조 2항의 조건에 해당한다.

---

1) 동지; 방순원 · 김광년, 90면; 이시윤, 132면.

2) 승계집행문

집행문은 집행권원에 적혀 있는 채권자를 위해 또 채무자에 대해 내려주는 것이 원칙이다(제29조 2항 참조). 그러나 채권자의 승계인을 위해, 혹은 채무자의 승계인에 대해 집행문을 내려주는 경우가 있는데, 이때 부여되는 집행문을 승계집행문이라고 한다(제31조). 승계사실을 증명서로 증명하지 못한 경우에는 증인이나 검증 등의 증거방법은 허용되지 않으며, 집행문부여의 소(제33조)에 의해야 한다. 포괄승계의 경우에 소송대리인이 있어서 소송절차를 중단하지 않고 피승계인명의로 판결이 내려진 경우, 승계집행문을 부여하여 처리할 수 있다.[1)]

부여기관이 사법보좌관으로부터 부여명령을 받은 때에는, 다른 부여요건을 구비한 이상 집행문을 내어주어야 한다. 만약 사법보좌관의 명령을 얻지 못하면, 이는 부여요건에 흠결이 있는 경우에 해당하므로, 부여기관은 채권자의 부여신청을 각하한다. 그리고 당사자는 사법보좌관의 명령에 대해 직접 불복신청을 할 수는 없고, 법원사무관 등이 사법보좌관의 명령에 따라서 집행문을 부여하거나 부여를 거절한 처분에 대해 다툴 수밖에 없다. 다만, 공증인이 부여기관인 때에는 승계의 유무에 대한 판단은 공증인 자신이 하므로 사법보좌관의 명령은 필요 없다.

3) 여러 통을 부여하거나 다시 부여하는 경우

하나의 집행권원에는 하나의 집행문을 내어주는 것이 원칙이다. 그러나 집행대상인 재산이 여러 지역에 흩어져 있거나 종류가 다양해서, 하나의 방법으로 집행하기 곤란할 때에는 여러 통의 집행문이 있어야 집행이 가능하다. 그리고 이미 부여한 집행문이 멸실·훼손되었을 때에는, 전에 부여한 집행문을 반환하지 않고 다시 집행문을 부여받을 필요도 있다. 하지만 이러한 경우에는 중복집행의 위험이 있으므로, 사법보좌관의 명령이 있는 때에 한해서 집행문을 부여하도록 하고 있다(제35조 1항).

사법보좌관은 부여명령을 내리기 전에 서면이나 말로 채무자를 심문할 수 있다. 만약 상대방을 심문하지 않고 여러 통의 집행문을 내어 주거나 다시 집행문을

---

1) 방순원·김광년, 91면; 박두환, 165면; 이시윤, 133면.

내어준 때에는, 상대방에게 그 사유를 통지해야 한다(제35조 2항). 이때의 통지규정은 훈시규정이다.[1)]

2. 집행문부여의 소

1) 의의

채권자가 집행문을 부여받기 위해서 조건성취나 승계사실 등을 증명할 수 없거나 그러한 사실이 법원에 현저하지 않을 때, 채권자는 집행문부여의 소로써 집행문을 부여받을 수 있다(제33조). 이 소는 집행문을 받지 못하고 있는 채권자를 구제해 주는 기능을 하면서 동시에 집행문의 특별부여절차의 하나이기도 하다.

따라서 집행문의 부여가 조건성취나 승계사실의 증명에 달려있는 때에는, 채권자는 집행문부여신청(제28조)을 하지 않고 바로 이 소를 제기할 수도 있다. 그리고 집행문부여에 증명을 요하는 경우, 채권자가 집행문부여를 신청했지만 거절되었다든지, 법원사무관 등의 처분에 이의신청을 하였으나 거절되었다든지 하는 경우에도 이 소를 제기할 수 있다.[2)] 한편, 필요로 하는 증명이 쉬워서 집행문을 쉽게 부여받을 수 있는 경우에도 채권자는 이 소를 제기할 수 있다고 본다. 이러한 해석은 소송경제에 반한다는 지적이 있을 수 있겠으나, 채권자가 집행문부여가 거절되리라 우려하여 이 소를 제기하는 것을 굳이 막을 필요는 없기 때문이다. 이때 소송비용은 당연히 채권자가 부담한다.

2) 소의 성질

이 소의 법적 성질에 관해 약간의 다툼이 있지만, 집행문부여의 요건이 구비되어 집행력이 존재한다는 확인을 구하는 소라고 보는 확인소송설[3)]을 따르도록 한다.

---

1) 박두환, 167면; 대결, 1980.10.8. 80마394.
2) 박두환, 174면.
3) 방순원 · 김광년, 93면; 이영섭, 78면; 이시윤, 138면. 확인소송과 형성소송의 성질을 동시에 가지고 있는 특수한 소송이라는 견해로는 김상수, 98면.

3) 소송절차

(1) 관할

판결에 대해서는 제1심 법원이 전속관할한다(제33조, 제21조). 지급명령에 대해서는 지급명령을 내린 지방법원이 전속관할한다(제58조 4항). 집행증서의 경우에는 채무자의 보통재판적이 있는 곳의 법원이 관할하지만, 그러한 법원이 없는 때에는 민사소송법 제11조의 규정에 따라 채무자에게 소를 제기할 수 있는 법원이 관할한다(제59조 4항). 집행권원이 화해조서, 인낙조서인 때에는 조서작성에 관여한 법원사무관 등이 소속한 지방법원이 전속관할한다.

(2) 당사자적격

원고는 채권자 및 그 승계인이고, 피고는 채무자 및 그 승계인이다. 집행문부여기관인 법원사무관 등이나 공증인 등은 피고적격이 없다. 왜냐하면 집행문부여기관은 집행력의 존부에 대해서 판단할 뿐이고, 집행문부여에 관한 실질적인 이해의 대립은 채권자와 채무자 사이에 존재하기 때문이다.

(3) 심리 및 재판

심리는 보통의 판결절차에 따른다. 채무자는 채권자가 주장하는 조건의 성취나 승계사실 등의 흠은 물론, 집행문부여를 위법하게 하는 형식적 요건의 흠도 주장할 수 있다. 만약 채무자가 형식적 요건의 흠을 주장하지 않고 패소했다면, 기판력에 따라 집행권원에 집행력이 존재한다는 사실이 확정되어 버려서, 채무자는 집행권원의 집행력에 대해 더 이상 다툴 수 없게 되는 모순이 생기게 되는데, 이를 해결하기 위해서도 채무자는 형식적 요건의 흠을 이 소에서 주장할 수 있다.

한편, 채무자는 청구이의의 소(제44조)에 해당하는 실체적 사유, 예를 들어서 청구권의 변경・소멸과 같은 사항도 이 소에서 주장할 수 있는지 문제가 있다. 소송경제의 차원에서 이를 허용하자는 적극설[1]과 양소의 독자성을 인정하여 허용하지 말자는 소극설[2]의 다툼이 있는데, 사견으로는 소극설을 따른다.

---

1) 이영섭, 79면; 방순원・김광년, 94면.
2) 박두환, 178면; 이시윤, 139면; 김상수, 100면.

제3절 구제제도

Ⅰ. 공평한 구제수단

집행문부여절차에서 채권자 및 채무자에게는 공평한 구제수단이 인정되고 있다. 먼저 채권자에게는 통상부여절차에서 집행문을 부여할 요건을 갖추었는데도 왜 부여해 주지 않느냐고 따지는 수단이 있다. 부여거절처분에 대한 이의신청(제34조 1항)이 그것이다. 그리고 특별부여절차에서는 조건성취나 승계사실에 관해 증명하지 못한 경우 집행문부여의 소를 통해 구제받을 수 있다.

채무자에게도 같은 비중의 그리고 같은 기능을 하는 구제수단이 공평하게 주어져 있다. 통상부여절차에서는 집행문을 부여하지 말아야 하는데 왜 부여했냐고 따지는 방법이 마련되어 있다. 집행문부여에 대한 이의신청(제34조 2항)이 그것이다. 그리고 특별부여절차에서 조건의 성취나 승계사실에 대한 증명이 제대로 되지 않았음을 이유로 집행문부여판결의 집행력을 따지는 방법이 있다. 집행문부여에 대한 이의의 소(제45조)가 바로 그것이다. 그런데 위 네 가지 구제수단 중에서 집행문부여의 소는 특별부여절차의 일환으로 이미 살펴보았으므로, 아래에서는 나머지 세 가지 구제수단에 대해 차례로 보도록 한다.

Ⅱ. 부여거절처분에 대한 이의신청

1. 의의

법원사무관 등이 집행문부여거절처분을 하면, 채권자는 그 법원사무관 등이 속한 법원에 이의신청을 할 수 있다(제34조 1항). 사법보좌관의 명령으로 집행문을 내어 주지 않는 경우에도, 부여기관은 법원사무관 등이므로, 부여거절처분에 대

한 이의신청을 할 수 있지, 사법보좌관의 명령에 대해 항고로써 불복할 수는 없다.[1]

2. 이의사유

집행문을 부여해야 한다고 주장하는 모든 경우를 이의사유로 할 수 있다. 따라서 집행에 조건이나 승계가 있어서 집행문부여의 소를 제기할 수 있는 경우에도 부여의 소를 제기하기 전에 부여거절처분에 대한 이의신청을 할 수 있다.

3. 이의의 절차

1) 관할

법원사무관 등이 속한 법원이 전속관할한다(제34조 1항, 제21조). 집행문을 내어주지 않은 법원사무관 등이 전근이나 퇴임을 하더라도 마찬가지이다. 이의는 집행문부여기관으로서의 처분에 대해 따지는 것이고, 법원사무관 등 개인의 잘못을 따지는 것이 아니기 때문이다.

2) 재판

이의신청을 할 이익이 있으면 기간에 구애받지 않고 언제든지 이의신청을 할 수 있고, 결정으로 재판한다(민소 제223조 참조). 이의를 인용하는 결정에 따라 집행문이 부여되면 채무자는 집행문부여에 대한 이의로써 다툴 수 있다. 이의를 배척하는 결정에 대해서는 채권자가 항고로 다툴 수 있다. 이때의 항고는 통상항고이지 즉시항고가 아니다. 왜냐하면 아직 집행문이 부여되어 있지 않은 이상 집행절차라고 볼 수 없기 때문에 그렇다(제15조의 반대해석). 이의가 이유 있다는 결정이 있으면 법원사무관 등은 집행문을 부여해야 한다.

1) 대결, 1967.10.13. 67마530; 대결, 1977.11.23. 77마348; 대결, 1985.7.23. 85마353.

Ⅲ. 집행문부여에 대한 이의신청

1. 의의

집행문이 부여되면 채무자는 그 부여의 위법함을 주장하여 집행문부여에 대한 이의를 신청할 수 있다(제34조 2항). 채권자를 위한 구제수단인 부여거절처분에 대한 이의신청에 대립되는 제도이다. 그리고 이는 집행문부여에 대한 이의의 소(제45조)와 함께 채무자를 위한 구제수단이다.

2. 이의사유

집행문부여기관의 조사사항에 속하는 모든 요건의 흠결이 이의사유로 되는데, 이는 다시 형식상의 요건흠결과 실체상의 요건흠결로 나누어 볼 수 있다. 형식상의 요건흠결 사항으로는 예컨대, 집행권원이 유효하게 존재하지 않는다거나, 집행권원이 성립된 뒤에 소의 취하나 화해로 집행권원이 실효된 경우, 판결의 미확정 등으로 집행력이 아직 발생하지 아니하거나 청구이의의 소 등에 의해 집행력이 소멸된 경우, 요건을 흠결하여 여러 통의 집행문을 부여한 경우, 집행문의 방식에 위반하여 집행문을 부여한 경우 등을 들 수 있다. 실체상의 요건흠결 사항으로는 조건의 불성취 또는 승계사실의 부존재(제30조 2항, 제31조 참조) 등을 들 수 있다. 실체상의 요건흠결이 있을 때에는 집행문부여에 대한 이의의 소로써 주장할 수도 있지만, 이들은 집행문부여기관의 조사사항인 이상 여기의 이의신청을 할 수 있다(제45조 단서). 그러나 집행권원에 표시된 청구권 자체에 관한 실체상의 이의사유, 예를 들어서 채권의 소멸이나 변경 등의 사유에 대해서는, 집행문부여기관이 조사권한을 가지고 있지 않으므로, 청구이의의 소로써 주장해야 하고 집행문부여에 대한 이의신청을 할 수는 없다.

주의할 것은 채권자의 집행문부여의 소(제33조)나 채무자의 집행문부여에 대한 이의의 소(제45조)를 심리한 결과, 집행문부여가 타당하다고 확정되었을 때에는, 그 판결의 기판력에 의해 이제는 집행문부여에 대한 이의신청을 할 수 없다는 점이다. 그리고 이의사유의 존부에 대한 판단시점은 집행문이 부여된 때가 아니라,

실제로 이의를 판단하는 때를 기준으로 해야 하므로, 집행문이 설사 적법하게 부여되었더라도 그 뒤에 이의사유가 발생하면 이의신청을 할 수 있다. 반대로 집행문을 부여할 때에는 위법했으나 이의신청에 대한 판단을 할 때에 적법한 상태로 되었다면 이의신청은 이유 없는 것으로 된다.

3. 이의신청의 절차

1) 신청의 시기

집행문이 부여되어 있으면 집행이 완료되지 않은 이상 언제든지 이의신청을 할 수 있다. 그리고 집행이 개시되었는지 아닌지를 불문한다.

2) 관할

집행문을 부여한 법원사무관 등의 소속법원이다(제34조 1항). 집행증서의 경우는 공증인의 사무소 소재지를 관할하는 지방법원단독판사이며(제59조 2항), 이들은 모두 전속관할이다(제21조).

3) 방식 및 심리

이의신청은 말로써도 할 수 있고, 결정으로 재판한다. 이의신청을 인용할 때에는 집행문을 취소하고, 그 집행정본에 의한 집행을 허가하지 아니한다는 결정을 한다.

4) 불복신청

이의신청의 재판에 대해 채권자나 채무자는 즉시항고로써 불복을 할 수 없다. 그러나 채무자는 이의를 배척하는 결정에 대해, 채권자는 이의를 인용하는 결정에 대해 각각 특별항고로 다툴 수 있다(민소 제449조).[1]

---

1) 대결, 1995.5.13. 94마2132; 대결, 1997.6.20. 97마250.

4. 잠정처분

채무자의 이의신청이 있었다고 해서 강제집행의 개시나 속행에 바로 영향을 미치는 것은 아니고, 이의를 인용하는 재판정본을 집행기관에 제시해야 집행을 정지 내지 취소시킬 수 있다(제49조 1호, 제50조). 따라서 이의신청에 대한 재판이 계속 중에 집행정본에 의한 강제집행이 완료되어 버리더라도 집행은 유효할 것이므로, 법원은 그 재판을 하기 전에 잠정처분을 명할 수 있다(제34조 2항). 이 잠정처분은 성질상 민사소송법 제500조 1항의 재판과 같으므로, 동조 3항을 유추하여 잠정처분명령에 대하여 불복을 신청할 수 없다.[1)]

Ⅳ. 집행문부여에 대한 이의의 소

1. 의의

조건성취집행문이나 승계집행문을 부여한 경우에 채무자가 그 조건의 성취 또는 승계 등을 다투어 강제집행을 저지하기 위한 구제수단이다(제45조). 채권자에게 집행문부여의 소를 인정한 것에 상응하는 구제수단이다.

2. 이의사유

집행문부여요건 중에서 조건의 성취나 승계사실의 존재 등 실체적 요건의 흠이 있는 경우에 여기의 소를 제기할 수 있다. 이에 반해 집행력 있는 집행권원의 존재, 집행문의 방식 등 형식적 요건에 흠이 있는 경우에는, 채무자는 집행문부여에 대한 이의신청으로 따질 수 있지만, 이 소에서 그러한 형식적 요건의 흠결을 동시에 주장할 수 있을 것인지 문제가 있다. 적극설은 실제상의 편의를 위해서, 또 집행문부여의 소에서 형식적 요건의 흠을 주장할 수 있는 것과 형평을 맞추기 위해서도 이를 허용해야 한다고 한다.[2)] 이론상으로는 적극설에 의문이 없는 것은 아

---

1) 방순원 · 김광년, 98면; 대판, 1959.9.7. 4290민재항172.

니지만, 사견으로도 적극설을 따른다. 다만, 집행문부여에 대한 이의의 소에는 청구에 관한 이의의 소의 규정이 준용되므로 여러 개의 이의이유가 있을 때에는 동시에 주장해야 한다.

3. 소의 성질

견해의 대립이 있지만, 집행문부여요건에 흠이 있음을 확인하는 확인의 소로 보는 것이 좋겠다.

4. 당사자적격

이 소는 보통 집행문에 표시되어 있는 채무자가 원고이고, 채권자가 피고이다. 제3자는 원칙적으로 이 소를 제기할 수 없지만, 채권자대위권에 의해 원고로 될 수는 있다.

5. 소송절차

청구이의의 소의 규정이 준용된다(제45조). 심리절차는 통상의 소송절차에 의하므로, 법원은 변론을 열고 이의사유의 존부에 대해 심리한다. 주의할 것은 이 소로서 조건의 성취나 승계사실의 존재에 관한 입증책임이 채무자에게로 전환되는 것은 아니므로, 채권자가 부담하는 입증책임은 그대로 채권자가 부담한다. 이의사유의 존재여부는 변론종결시를 표준으로 판단한다. 따라서 조건이 성취되기 전에 부여된 집행문이더라도, 변론종결시에 조건이 성취되면, 그 흠은 치유되고 집행문부여를 취소할 수 없다. 그리고 이 소에도 잠정처분이 허용되는데(제46조, 제47조), 청구이의의 소에서 인정되는 잠정처분과 그 성질이 같으므로 여기에서는 설명을 생략한다.

2) 방순원 · 김광년, 99면; 이영섭, 83면; 김상원, 앞의 주석(Ⅰ), 233면.

6. 청구이의의 소와의 관계

실체상의 사유 예컨대, 조건성취나 승계 등에 흠이 있음을 이유로 이 소를 제기하는 경우, 청구이의의 소와의 관계가 문제로 된다. 왜냐 하면 그러한 사유로 말미암아 청구권이 소멸되었다면 이는 청구이의의 소를 제기할 수 있는 실체상의 사유이기도 하기 때문이다. 이러한 양자의 관계에 대해 소권경합설, 법조경합설, 절충설 등으로 견해가 나누어진다. 사견으로는 소권경합설에 따른다. 즉, 청구이의의 소는 '집행권원 자체'의 집행력을 배제하는 수단인데 대해, 이 소는 '집행문의 부여'를 다투어 강제집행을 저지하는 수단으로서, 양자는 소송물을 달리하는 별개의 제도로 본다. 따라서 청구이의의 소의 이의사유와 이 소의 이의사유가 병존할 경우에, 하나의 소송에서 양자를 동시에 주장하기 위해서는 소의 병합이 있어야 한다.[1]

● **집행문부여절차에서의 구제수단**

구분	통상부여절차	특별부여절차
채권자	집행문부여거절처분에 대한 이의신청 (§ 34 ①)	집행문부여의 소 (§ 33)
채무자	집행문부여에 대한 이의신청 (§ 34 ①)	집행문부여에 대한 이의의 소(§ 45)

1) 방순원 · 김광년, 101면; 박두환, 183면. 절충설; 이시윤, 140면.

제4장 민사집행의 주체 및 책임재산

제1절 집행기관

I. 서언

강제집행권을 행사하는 국가기관을 집행기관이라 한다. 근대국가에서는 효율적인 강제집행을 위해 집행기관을 판결기관(법원)과 분리하고 있는데(이를 기관분리의 원칙이라고 함), 우리나라도 마찬가지다. 현행법상 집행기관은 엄연한 사법기관의 일종이지만, 입법정책상으로는 강제집행을 사법기관이 아닌 기관에 맡길 수도 있다.[1] 현행법상 집행기관에는 집행관(제2조), 집행법원(제3조), 제1심 법원(제55조, 제260조, 제261조)의 세 종류가 있고, 그 밖에 공조기관이 있다. 법원의 사무 중 부동산집행에 관한 대부분의 사무를 포함하여 일정한 사무는 사법보좌관이 담당한다(사보규 제2조).

현행법상 집행기관들 사이는 서로 배타적인 관계가 아니라 집행절차 진행 중에 서로 공조하도록 하고 있다. 예컨대, 집행법원이 집행기관인 절차가 진행 중에 사실상의 실력적 행위가 요구되면 집행관이 이를 담당하도록 하기도 하고(제82조, 제107조, 제112조 이하, 제268조 등), 반대로 집행관이 집행기관인 절차라도, 신중한 법률적 판단이 요구될 때에는 집행법원이 개입하기도 한다(제196조).

1) 형사재판의 집행을 행정기관에 맡기고 있는 것과 같은 이치다.

Ⅱ. 집행관

1. 의의

집행관은 법령이 정하는 바에 따라 재판의 집행, 서류의 송달, 그 밖에 법령에 따른 사무에 종사하는 독립된 사법기관이고(법조 제55조, 집행관법 제2조), 실질적 의의의 공무원이다. 집행관도 소속법원장의 일반적인 지휘나 감독을 받는 법원조직의 하나지만, 입법론적으로는 집행관을 행정기관의 일종으로 할 수도 있다.

2. 집행관의 지위

1) 공무원으로서의 집행관

집행관은 10년 이상 법원주사보, 등기주사보, 검찰주사보 또는 마약수사주사보 이상의 직급으로 근무했던 사람 중에서 소속지방법원장이 임명하되(법조 제55조 1항, 집행관법 제3조, 제7조), 집행관은 그 직무를 성실히 수행할 것을 보증하기 위하여 소속지방법원에 보증금을 납부해야 한다(법조 제55조 3항).

집행관은 소속지방법원의 관할구역 안에서 지방법원장 또는 지원장이 지정한 곳에 사무소를 설치해야 하며, 사무소 소재지에 주거를 정해야 한다(집행관법 제8조 1항, 제12조). 집행관에게 제척원인이 있으면 그 직무를 행할 수 없다(동법 제13조). 집행관은 공무원이긴 하나 봉급이 없으며, 수수료를 받아서 자기의 수입으로 한다(동법 제19조).

2) 집행기관으로서의 집행관

집행관은 집행기관으로서 스스로의 판단과 책임으로 집행을 실시한다. 민사집행법과 집행관법 등에 '위임'이라는 용어를 사용했다고 해서(제16조 3항, 제43조 1항, 집행관법 제5조 등), 채권자와 집행관의 관계를 사법상의 위임계약이나 이와 비슷한 법률관계로 볼 것은 아니다. 집행위임은 소송법상의 신청과 마찬가지로 공법상의 행위다. 따라서 적법한 집행신청이 있으면 집행관은 스스로의 판단에 기초해서 법정절차에 따른 권한을 행사할 따름이다.

집행관은 필요한 경우 강제력을 행사할 수 있다(제5조). 집행관이 직무를 집행할 때에는 신분증을 휴대해야 하며(집행관법 제17조), 관계인의 요청이 있으면 그 자격을 증명하기 위해 집행정본을 내보여야 한다(제43조 2항).

3. 집행관의 관할

1) 토지관할

집행관은 다른 법령에 정해진 경우를 제외하고는, 임명받은 지방법원 본원 또는 지원의 관할구역 밖에서는 직무를 행할 수 없다. 관할구역 밖에서 집행관이 한 직무집행은 위법하기는 하지만 절대무효는 아니고, 집행이의(제16조)로써 다툴 수 있을 뿐이다.[1)]

2) 직무관할

집행관은 집행행위 중에서 주로 단순한 사실적 처분을 담당한다. 직무관할은 집행관이 집행기관으로서 독립적으로 수행하는 집행행위와, 다른 집행기관의 직무에 속하는 집행행위를 공조하는 부수적인 집행행위로 나누어 볼 수 있다.

(1) 독립적 집행행위

① 유체동산에 대한 강제집행(제189조 이하), ② 동산인도청구집행(제257조), ③ 부동산 · 선박의 인도청구집행(제258조), ④ 동산담보경매(제271조, 272조), ⑤ 동산가압류집행(제296조) 등이 있다.

(2) 부수적 집행행위

① 부동산강제경매 및 담보경매에 있어서 부동산현황조사(제85조, 제268조), ② 경매 또는 입찰의 실시(제107조, 제112조, 제113조, 제115조, 제118조, 제268조), ③ 부동산인도명령의 집행(제136조 6항), ④ 강제관리인의 부동산점유에 관한 참여(제166조 2항), ⑤ 선박 및 항공기경매에 있어서 선박국적증서의 수취(제174조) 및 감

---

1) 통설임.

수 · 보존처분의 실시(제178조, 규칙 제103조 1항), ⑥ 지시채권의 압류(제233조), 채권증서의 인도(제234조), ⑦ 유체동산청구권의 압류에 있어서 목적물의 수령 및 현금화(제243조), ⑧ 자동차 · 건설기계경매에 있어서 자동차 등의 인도의 수령 · 보관 · 이전 및 경매(규칙 제113조, 제115조, 제118조, 제130조, 제197조, 제198조) 등이 있다.

4. 집행관의 권한과 집행실시

1) 권한

(1) 법정권한

채권자가 집행관에게 집행정본을 교부하고 강제집행을 위임한 때에는, 집행관은 특별수권이 없더라도 지급이나 그 밖의 이행을 받고 그에 대한 영수증서를 작성 · 교부할 수 있고, 채무자가 그 의무를 완전히 이행한 때에는 집행정본을 채무자에게 교부해야 한다(제42조 1항). 채무자가 일부변제한 때에는 집행관은 집행정본에 그 사유를 덧붙여 적고 영수증서를 채무자에게 교부해야 한다(동조 2항).

(2) 특별수권에 따른 권한

채권자로부터 특별수권을 받으면 집행관은 화해, 기한의 유예, 대물변제의 수령 등을 할 수 있다. 채권자를 위해 실시하는 강제집행절차에서, 채권자가 자기에게 불리할 수도 있는 행위를 스스로 집행관에게 위임한다면, 이를 굳이 금지할 필요가 없을 것이다. 이 경우 집행관은 채권자의 임의대리인으로서의 지위에 있다.

(3) 강제력사용권

집행관이 강제집행을 원활하게 실시하기 위해서는 집행대상이 존재하고 있어야 하며, 또한 집행관의 집행행위에 저항이 없어야 할 것이다. 따라서 집행관이 집행현장에서 집행대상을 발견하기 곤란할 경우에는 이를 수색할 권한이 있고, 집행행위에 대한 저항이 있을 때에는 실력으로써 이를 배제할 수 있는 권한이 있다. 집행관은 필요한 경우에 채무자의 주거 · 창고와 기타 장소를 수색하고, 잠근 문과 기구를 여는 등 적절한 조치를 할 수 있으며(제5조 1항), 만약 저항을 받을 때에는 경찰 또는 국군의 원조를 요청할 수 있다(동조 2항). 다만, 국군의 원조는 이를 법원에 신청해야 한다. 집행관의 강제력사용권은 강제집행에 필요한 한도에서 인정되는 것이기 때문에, 이 범위를 넘는 강제력사용에 대해 채무자는 집행이의(제16조)로써 다툴 수 있다.

2) 집행관의 집행실시

(1) 집행위임

집행관은 서면에 의한 채권자의 집행신청이 있어야 집행을 실시할 수 있다(제4조). 그리고 집행에 착수한 뒤에라도 채권자가 집행신청을 철회하면 집행을 취소해야 한다. 제소를 하지 않으면 민사소송이 개시되지 않고, 소의 취하로 소송절차가 종료되는 것과 같은 이치다. 그리고 집행관은 정당한 이유 없이 집행위임을 거절하지 못한다(집행관법 제14조). 집행을 신청할 때에는 채권자는 집행에 필요한 비용으로서 법원이 정하는 금액을 미리 내야 한다(제18조 1항).

(2) 집행일시의 지정 · 통지

집행신청을 받은 집행관은 지체없이 집행을 개시할 일시를 지정하여 신청인에게 통지해야 한다. 다만, 신청인이 통지를 요하지 않는다는 취지의 신고를 한 때에는 통지하지 않아도 된다. 그리고 집행을 개시할 일시는 특별한 사정이 없는 한 신청을 받은 날로부터 1주일 이내로 정해야 한다(규칙 제3조).

(3) 공휴일과 야간의 집행

공휴일과 야간에는 법원의 허가가 있어야 집행행위를 할 수 있고(제8조 1항), 법원의 허가명령은 집행을 실시할 때에 내보여야 한다(동조 2항). 공휴일 및 야간의 집행은 채무자의 생활에 심각한 지장을 초래할 염려가 있기 때문이다. 허가명령 없이 한 집행행위는 집행이의(제16조)로 다툴 수 있고, 당사자가 다투지 않으면 흠은 치유된다.

(4) 집행조서의 작성 · 열람 · 등본의 교부

집행관은 일정한 사항을 적은 집행조서를 작성해야 한다(제10조). 집행에 착수한 이상 그 행위가 정지되었거나 불능이 되어도 집행조서를 작성해야 한다. 집행행위의 내용을 기록으로 남겨서 집행행위의 적법성과 공정성을 확실히 해두기 위함이다. 집행조서나 그 밖의 집행에 관한 서류는 편철하여 집행기록으로 보존해야 하며, 집행관은 이해관계 있는 사람이 신청하면 집행기록을 볼 수 있도록 허가하고, 기록에 있는 서류의 등본을 교부해야 한다(제9조). 그리고 집행조서의 기재는 집행행위에 관한 공적인 증명서로서 가장 중요한 증거방법이긴 하나, 변론조서(민소 제158조)와는 달리 집행절차에 관한 유일한 증거방법은 아니므로, 다른 증거방법에 의한 반대증명이 허용된다고 본다.[1]

(5) 집행행위에 속하는 최고 그 밖의 통지

집행행위에 속하는 최고란 민사집행법상의 효과를 발생시키는 최고를 말하는데, 대표적인 예로서 매각기일에 하는 매수가격신고의 최고(제112조)가 여기에 해당한다. 통지란 일정한 사항을 이해관계인에게 알리는 것을 말하는데, 압류의 통지(제189조 3항), 배당요구의 통지(제219조) 등이 여기에 해당한다. 최고나 통지에 관한 규정은 대부분 훈시규정으로서, 이러한 최고나 통지에 흠이 있더라도 집행행위의 효력에는 관계가 없다.[2] 그리고 채무자의 소재지가 분명하지 않거나 외국에 있는 때에는, 이러한 최고나 통지를 하지 않아도 된다(제12조). 집행행위에 속하는 최고나 통지는 집행관이 말로 하고 조서에 적어야 한다(제11조 1항).

(6) 증인의 참여

집행관이 집행하는 데 저항을 받거나, 채무자의 주거에서 실시하는 집행에서 채무자나 사리를 분별할 지능이 있는 친족이나 고용인을 만나지 못한 때에는, 성년 두 사람이나 일정한 공무원을 증인으로 참여하게 해야 한다(제6조). 강제집행의 공정여부를 감시하게 하고, 집행의 증거를 남기기 위해서다.

---

1) 박두환, 38면. 그러나 판례는 경매기일의 절차가 적법하게 행해졌는지는 경매조서의 기재에 의해서만 증명할 수 있다고 한다(대결, 1994.8.22. 94마1121).
2) 박두환, 39면.

Ⅲ. 집행법원

1. 의의

집행법원이라 함은 강제집행을 실시하거나, 집행관의 집행처분에 대해 협력·감독하는 법원을 말한다. 현행법상으로는 집행관이 원칙적인 집행기관이지만(제2조), 보다 신중한 실체적 판단이 요구되는 집행행위나, 관념적인 명령으로 실시하는 집행처분 등에 대해서는 집행법원을 집행기관으로 하고 있다. 원칙적으로 지방법원단독판사를 집행법원으로 하고 있다(제3조, 법조 제7조 4항). 다만, 채권 및 부동산에 대한 가압류·가처분명령의 집행은 특히 신속을 요하므로 원칙적으로 가압류·가처분명령을 내린 법원이 집행법원이 된다(제293조 2항, 제296조 2항, 제301조). 그리고 제3자이의의 소에 있어서 소송물이 단독판사의 관할에 속하지 않을 때에는, 집행법원의 소재지를 관할하는 법원의 합의부가 관할권을 가진다(제48조 2항).

그런데 2005년에 도입된 사법보좌관제도에 따라 집행법원의 업무중 상당부분이 사법보좌관의 업무로 이관되었다(법조 제54조 2항 2호, 사보규 제2조). 사법보좌관은 대체로 실질적 쟁송사건에 해당하지 않는 업무들을 맡고, 실질적 쟁송사건은 여전히 법원이 맡도록 함으로써, 헌법상 보장되어 있는 재판을 받을 권리를 보장하고 있다.

2. 집행법원의 관할

원칙적으로 지방법원단독판사가 집행법원이기 때문에 사물관할은 문제될 게 없다. 그러나 집행기관에는 집행법원 외에도 집행관과 제1심 법원이 있으므로, 이들 집행기관 사이에 집행사무를 배분할 필요가 있고, 또 같은 종류의 집행법원 사이에도 업무를 분장할 필요가 있으므로 토지관할과 직무관할은 정할 필요가 있다.

민사집행절차상 관할은 모두 전속관할이다(제21조). 그런데 민사집행법상 전속관할은 민사소송법상 전속관할과 달리 합의관할이나 관련재판적, 소송의 이송이 허용되는 경우가 있음을 주의해야 한다.[1] 실제의 필요 때문에 민사집행절차상 전속관할에 이러한 예외를 두고 있다. 상세한 내용은 관련항목에서 보도록 한다.

1) 토지관할

법률에서 특히 법원을 지정하지 않은 경우에는 집행절차를 실시할 곳이나 실시한 곳을 관할하는 지방법원단독판사가 집행법원이 된다(제3조, 법조 제7조 4항). 법률에 특히 법원을 지정한 경우로는 예컨대, 부동산집행에 있어서 부동산소재지(제79조 1항), 선박집행에 있어서 정박지(제173조), 채권집행에 있어서 채무자나 제3채무자의 보통재판적소재지 혹은 물건소재지(제224조 2항) 등을 관할하는 지방법원을 들 수 있다.

2) 직무관할

(1) 집행처분행위

집행법원의 직무 중 상당부분은 사법보좌관이 맡을 업무이나 다음의 직무는 지방법원 단독판사가 맡는다. 즉, ① 재산명시절차, ② 부동산강제경매개시결정에 대한 이의신청사건과 부동산인도명령・관리명령(사보규 제2조 1항 7호 가나목), ② 선박・항공기에 대한 집행절차, ③ 강제관리절차, ④ 가압류・가처분절차(단, 그 취소절차는 제외됨. 사보규 제2조 1항 16호) 등이다.

(2) 사법보좌관 및 집행관의 집행행위에 대한 협력 및 감독

① 국군원조에 대한 협력(제5조 3항), ② 공휴일・야간 집행의 허가(제8조 1항), ③ 집행이의에 있어서의 감독(제16조), ④ 부동산인도집행 중 목적물이 아닌 동산의 매각에 대한 허가(제258조 6항), ⑤ 사법보좌관의 처분에 대한 이의신청재판(법조 제54조 3항, 사보규 제3조 2호, 4조, 5조) 등이 있다.

---

1) 부동산에 대한 강제집행의 경우 소송의 이송을 인정하고(제79조 2항), 일괄매각이나 배당이의의 소에서는 관련재판적을 인정하며(제100조, 제156조 2항), 가압류에 대한 이의신청사건에 대해서도 소송의 이송을 허용한다(제284조). 그리고 배당이의의 소에서는 합의관할을 인정하기도 한다(제156조 3항).

(3) 기 타

① 급박한 경우 집행의 정지·속행·취소처분(제46조 4항, 제48조 3항), ② 집행개시 후 특별대리인의 선임(제52조 2항) 등이 있다.

3) 시·군법원의 관할에 관한 특례

강제집행에 관한 시·군법원과 지방법원 사이의 관할에 대해서는 명문의 규정으로 해결을 보고 있다(제22조).

3. 집행법원의 재판

집행법원의 재판은 변론 없이 할 수 있고(제3조 2항), 변론 없이 할 수 있는 재판에서 법원은 당사자, 이해관계인, 그 밖의 참고인을 심문할 수 있으므로(민소 제134조 2항 참조), 집행법원은 재량으로 이해관계인 기타 참고인을 심문할 수 있다. 그러나 필수적으로 심문을 해야 하는 경우가 있는가 하면, 반대로 심문을 금지하는 경우도 있다. 즉, 부동산강제관리인의 해임(제167조 3항), 추심명령에 있어서 압류액을 제한하는 재판(제232조 1항 단서), 채권추심에 갈음할 특별현금화명령(제241조 2항)의 경우는 필수적 심문사항으로 하고 있다. 그러나 채권압류명령의 경우는 제3채무자와 채무자에 대한 심문을 오히려 금지하고 있다(제226조).

집행법원의 사무 중 사법보좌관이 한 처분으로서 즉시항고를 할 수 없는 것은 집행이의신청(제16조)으로써 불복할 수 있다. 그러나 사법보좌관의 처분 중 판사가 처리하는 경우 항고·즉시항고 또는 특별항고의 대상이 되는 처분에 대해서는, 이들 항고에 앞서 이의신청을 할 수 있다(사보규 제4조).

Ⅳ. 제1심 법원

강제집행방법을 결정하는데 신중한 판단이 요구되는 작위·부작위청구에 대한 집행은 제1심 법원이 집행법원이 된다. 예컨대, 제1심 법원은 비금전채권집행에 있어서 대체집행(제260조)과 간접강제(제261조)에 관한 집행법원이 된다. 제1심 법원은 집행문부여의 소(제33조), 청구이의의 소(제44조), 집행문부여에 대한 이의의 소(제45조)에 관해서도 관할권을 가지는데, 이들 절차는 강제집행에서 파생된 절차이긴 하지만 집행절차 그 자체는 아니다. 따라서 이들 경우에 제1심 법원은 판결기관으로서 관할권을 가지는 것이지, 집행기관으로서 관할권을 행사하는 것은 아니다.

제1심 법원의 재판은 결정의 형식으로 한다. 변론을 거치지 않고 결정의 재판을 할 수 있지만, 대체집행과 간접강제에 관한 결정을 할 때에는 결정을 내리기 전에 반드시 채무자를 심문해야 한다(제262조).

V. 공조기관

공조기관이란 집행기관은 아니지만, 법률이나 조약에 따라 집행에 협력하는 공공기관이나 공무원을 말한다. 예컨대, 법원사무관 등(제28조), 경찰(제5조 2항, 제6조), 국군(제5조 2항), 시·구·읍·면·동직원(제6조), 공공기관(제20조), 군판사 또는 부대장이나 선장(제54조), 외국공공기관(제55조 1항), 외국주재 대한민국영사(제55조 2항), 공증인(제59조), 등기관(제94조, 제141조, 제144조, 제163조, 제268조, 제293조, 제305조 3항) 등이 여기에 해당한다.

제2절 집행당사자

I. 총 설

민사집행을 구하는 능동적 당사자를 채권자라 하고, 집행을 당하는 수동적 당사자를 채무자라고 한다.[1] 판결절차의 원고 및 피고가 언제나 집행절차에서 채권

1) 집행당사자로서의 채권자 및 채무자라는 개념은 실체법상의 채권자 및 채무자라는 개념

자, 채무자로 되는 것은 아니다. 예컨대, 소송비용을 원고가 부담할 때(민소 제98조 이하), 그 비용에 대한 집행절차에서는 원고가 채무자로 되며, 원·피고측에 승계가 있는 경우에는(제31조) 승계인이 집행당사자가 되기도 한다. 뿐만 아니라 벌금이나 과료 등을 부과한 형사재판이나 과태료재판의 집행에서는 검사가 채권자의 지위에 서게 된다(제60조, 형사소송법 제477조 내지 제479조).

금전채권집행에서 다수인이 공동으로 혹은 개별적으로 동일한 채무자의 동일한 재산에 대하여 집행을 신청한 때에는, 집행은 원칙적으로 하나의 절차로서 진행되기 때문에, 그 다수인은 공동집행채권자로 된다. 그리고 다수인의 공동재산에 대해 집행을 신청한 경우에는 그 다수인은 공동집행채무자가 된다. 집행당사자 아닌 자는 실체관계의 이해유무에 상관없이 모두 제3자이다.

Ⅱ. 집행당사자의 확정 및 능력

1. 집행당사자의 확정

당해집행절차에서 누가 채권자이고 채무자이냐는 집행권원과 집행문의 기재에 의해 정해진다(제39조). 대개의 경우 집행권원에 적힌 대로 집행당사자가 확정되겠지만, 승계가 있는 경우에는 집행문의 기재에 의해 확정된다. 강제집행은 집행정본이 있어야 할 수 있으므로(제28조), 집행문이 부여되기 전에는 집행당사자는 확정되지 않으며, 반대로 집행문이 부여된 이상 강제집행이 개시되지 않더라도 집행당사자는 확정된다.

그리고 집행정본에 적혀 있지 않은 제3자에게 집행문이 부여되면, 그가 실체관계의 당사자가 아니어서 부당하더라도 집행당사자가 된다. 집행기관은 집행을 실시할 때 집행당사자의 동일성여부를 조사해야 한다. 만약 채무자로 오인되어 집행을 당한 제3자는 집행이의(제16조)나 제3자이의의 소(제48조)로써 그 집행을 배

과 다르다. 민사집행법상 채권자 및 채무자란 용어는 집행법상의 공격자와 방어자를 나타내는 용어로서, 제1심 소송절차의 원고 및 피고에 대응하는 공법상 개념이다. 그리고 집행권원에 나타나 있는 청구권이 채권인 경우는 물론, 물권적 청구권이나 신분법상 청구권의 경우에도 그대로 사용된다.

제할 수 있고, 그러한 집행으로 말미암아 손해를 입었다면 국가배상법 제2조에 따라 손해배상을 청구할 수 있다.

2. 집행당사자의 능력

1) 당사자능력

강제집행절차에서 주체가 될 수 있는 능력을 말한다. 민법상의 권리능력에 해당하는 개념이다. 판결절차와 마찬가지로 강제집행절차에서도 당사자는 당사자능력을 갖추고 있어야 한다. 따라서 자연인, 법인은 물론이고, 형식적 당사자능력자라고 하는 비법인사단이나 재단(민소 제52조)도 그 이름으로 강제집행의 당사자가 될 수 있다. 민법상 조합은 당사자능력이 인정되지 않으므로 조합재산인 청구권을 위해 강제집행을 할 때에는 조합원 전원이 공동집행채권자로 되고, 반대로 조합재산에 대해 강제집행을 실시할 때에는 조합원 전원이 공동집행채무자로 된다. 국가도 강제집행법상 당사자능력이 있음은 당연하고, 국가에 대한 강제집행은 국고금을 대상으로 한다(제192조).

집행기관은 당사자능력의 유무를 직권으로 조사해야 한다. 당사자능력이 없는 당사자를 위해, 또는 이에 대해 한 집행행위는 무효이다.

2) 집행능력

당사자가 민사집행법상 집행행위를 할 수 있는 능력을 말한다. 민법상 행위능력에 상응하는 개념이다. 집행능력이 없는 당사자를 보호해야 할 사정은 판결절차에 있어서와 다르지 않으므로, 강제집행절차에서도 당사자는 집행능력을 갖추고 있어야 한다. 그런데 집행절차에서의 집행능력 문제는 당사자에 따라 사정이 같지 않다.

첫째, 적극적으로 집행절차에 나서는 당사자인 채권자는 반드시 집행능력자이어야 한다. 제한능력자 중에서 미성년자와 피성년후견인이 채권자인 경우, 원칙적으로 집행행위는 법정대리인의 대리를 통해서만 가능하다. 물론 미성년자나 피성년후견인이 행위능력을 인정받고 있는 때에는(예, 민법 제8조 1항), 그들이 직접 집행행위를 할 수 있다. 반면에 제한능력자 중에서 피한정후견인과 피특정후견인의 경우는 행위능력이 제한받는 경우를 제외하고는 원칙적으로 집행행위도 혼자서 할 수 있다(민법 제13조 1항, 제14조의2 1항, 민소 제55조 참조).

둘째, 채무자는 대개의 경우 소극적으로 집행에 관여하는데 불과하므로, 원칙적으로 집행능력이 없어도 무방하다.[1] 그러나 채무자의 적극적인 협력이 요구된다든지, 채무자 자신의 이익을 위해 적극적인 관여가 필요할 때에는, 채무자에게도 역시 집행능력이 요구된다. 예를 들어, 채무자에게 송달할 것이 집행행위의 요건으로 되어 있는 경우(제83조 4항, 제163조, 제227조 2항), 채무자에 대한 심문이 요구되는 경우(제241조 2항, 제262조), 각종의 신청이나 소(제34조, 제44조, 제45조 등), 즉시항고(제15조) 등의 경우에는 채무자도 집행능력이 있어야 한다. 채무자에게 집행능력이 요구됨에도 불구하고 집행능력을 갖추고 있지 못할 때, 그러한 채무자에 대한 집행행위는 무효이다.

셋째, 제3자가 집행절차에 관여할 때에는 그도 집행능력을 갖추어야 한다(제15조, 제16조, 제223조 내지 제241조, 제259조).

3) 대리

집행행위도 대리에 친한 행위이다. 법정대리와 임의대리 모두 가능하다. 집행관이 관할하는 집행절차에서는 대리인의 자격에 제한이 없다. 그러나 집행법원이나 제1심 법원이 관할하는 집행절차에서 심문이나 변론을 할 때에는, 원칙적으로 변호사만이 대리인이 될 수 있고, 변호사 아닌 자는 법원의 허가를 얻어서 대리인이 될 수 있다(민소 제88조). 그 절차가 일반의 판결절차와 다르지 않기 때문이다.

판결절차에서 각 심급의 소송대리인은 특별수권 없이 집행절차에서도 당연히 대리권을 가지지만(민소 제90조 1항), 집행당사자는 특정의 집행사건에 한정해서 대리권을 수여할 수도 있다. 그리고 채권자의 대리인은 원칙적으로 임의변제의 수령권을 가지지만, 변호사가 아닌 대리인에 대해서는 변제수령권을 제한할 수 있다(민소 제91조).

---

1) 판결절차에서 소극적인 당사자인 피고도 소송능력을 갖추어야 하는 것과 비교해보면 차이가 있음을 알 수 있다.

Ⅲ. 집행적격

1. 의의

정당한 채권자 또는 채무자가 될 수 있는 자격을 집행당사자적격 혹은 집행적격이라 한다. 판결절차에서의 당사자적격에 상응하는 개념이다. 집행당사자는 앞에서 말한 바와 같이 집행문을 부여할 때에 확정되므로, 집행문부여기관은 집행문을 부여할 때 집행적격의 유무를 조사해야 한다.

2. 집행적격자

채권자적격자는 집행권원의 집행력이 자기를 위해 존재하는 자이고, 채무자적격자는 그 집행력이 자기에 대해 존재하는 자이다. 따라서 집행적격의 유무는 집행권원의 집행력이 미치는 주관적 범위의 문제에 다름 아니고, 기판력의 주관적 범위와 원칙적으로 일치한다. 즉, 승소당사자나 패소당사자에게 집행력이 인정되는 것은 물론이고, 판결이 당사자 이외의 자에 대해 효력이 있을 때에는, 그 자에 대해 또는 그 자를 위해서도 집행력이 있다(제25조).[1] 다만, 보조참가인에게 미치는 효력은 기판력이 아니라 참가적 효력이기 때문에(민소 제77조), 보조참가인에 대해서는 집행을 할 수 없다(제25조 1항 단서). 당사자 이외의 자로서 집행적격을 가지는 자를 열거하면 다음과 같다.

1) 변론종결후의 승계인

변론을 종결한 뒤(무변론판결의 경우에는 판결을 선고한 뒤)에 소송물인 청구권에 관해 당사자의 지위를 승계한 자를 말한다(제25조 1항, 제31조 1항, 민소 제218조 1항). 이행판결상의 채권의 양수인, 면책적 채무인수인 등을 예로 들 수 있다. 그 승계가 포괄승계든 특정승계든 묻지 않는다. 그리고 승계원인이 매매와 같은 법률행

---

1) 그러나 "채권자대위권에 기한 확정판결의 기판력이 비록 소외인인 채무자에게 미치는 경우가 있다 하더라도, 위 확정판결의 집행력만은 원・피고간에 생기는 것이고, 원고와 소외인 사이에는 생기지 아니한다."(대결, 1979.8.10. 79마232)는 판례가 있다.

위이든, 경매나 전부명령 등 집행행위이든, 상속과 같이 법률의 규정(민법 제997조 이하, 제399조)에 의하든 불문하고, 승계가 원고와 피고, 승소자와 패소자 어느 쪽에서 일어나더라도 상관없다.

화해조서, 인낙조서(민소 제220조)의 집행력과 가집행선고 있는 종국판결의 집행력도 확정판결의 경우에 준한다(민소 제218조 4항). 집행증서(제56조 4호)는 증서가 성립된 뒤의 승계인을 위해 또는 그에 대해 집행력이 있다(제57조, 31조의 준용).

그런데 소송물론에 따라 여기의 승계인에 해당하는지 여부가 달라짐을 유의해야 한다. 소송물을 실체법상의 권리 내지 법률관계로 파악하는 구이론에서는 대인적 효력이 있는 채권적 청구권의 승계가 있는 경우와, 대세적 효력이 있는 물권적 청구권의 승계가 있는 경우를 구별하여, 전자의 경우에는 승계인에 해당하지 않아서 집행력을 받지 않지만, 후자의 경우에는 승계인에 해당하여 집행력을 받는다고 한다. 따라서 구이론에서는 예를 들어, 임대차계약의 해지를 이유로 한 건물인도청구의 소에서, 피고적격은 계약서상의 차주에 한하므로, 건물의 점유승계인에 대해서는 집행력이 미치지 않는 반면에, 만약 소유권에 기한 목적물반환청구의 소에서 인도를 명한 판결은, 변론이 종결된 뒤에 피고로부터 건물의 점유를 승계한 자에게도 집행력이 미치는 것으로 처리한다.

한편, 실체법상의 권리와 관계없이 소송법상의 신청이나 사실관계만으로 소송물을 파악하는 신이론에서는 원고가 목적물인도청구를 주장하는 근거가 실체법상의 채권적 청구권이든 물권적 청구권이든 불문하고, 현재 목적물을 제3자가 점유하고 있으면, 분쟁의 일회적 해결이라는 측면에서 그 제3자는 여기의 승계인에 해당하여 집행력을 받는다고 한다. 이때 제3자가 선의취득의 요건을 갖추었다면, 승계집행문부여절차에서 이를 주장하여 보호받을 수 있을 것이다.

2) 청구목적물의 소지인

당사자 또는 승계인을 위해 청구목적물을 소지하고 있는 자에게도 집행적격이 인정된다. 이러한 자에 대해 집행적격을 인정하지 않으면, 채권자는 채무자의 소지인에 대한 인도청구권을 압류하는 우회적인 방법을 이용할 수밖에 없게 되는데, 이러한 불편을 해소하기 위해 집행력을 소지인에게 바로 미치게 하는 것이다. 소지는 변론종결의 전후를 묻지 아니하나, 반드시 당사자나 승계인을 위한 것이라야 한다. 따라서 임차인이나 질권자의 경우처럼 자신의 이익을 위해 소지하는 경우에는 여기의 소지인에 해당되지 않는다.

3) 제3자의 소송담당에 있어서 본인

선정당사자나 선장 등과 같이 다른 사람을 위해 원고나 피고가 된 사람에 대한 확정판결의 기판력과 집행력은 그 다른 사람에게도 미친다(민소 제218조 3항). 채권자대위판결의 '기판력'이 채무자에게 미치느냐에 관하여 학설의 다툼이 있지만, 판례는 채무자가 대위소송이 계속된 것을 알았을 경우에는 채무자에게 미친다고 한다.[1] 그러나 앞에서 본 바와 같이 대위판결의 '집행력'은 채무자에게 미치지 않는다는 것이 법원의 입장이다.[2]

4) 소송탈퇴자

독립당사자참가(민소 제79조)와 소송인수(민소 제82조)에 있어서, 종래의 당사자 일방이 소송에서 탈퇴하더라도, 남아 있는 당사자와 참가인에 대한 판결의 기판력 및 집행력은 탈퇴자에게 미친다(민소 제80조 단서, 제82조 3항).

3. 집행적격의 변동

1) 집행문부여 전의 변동

집행권원이 성립한 뒤 집행문이 부여되기 전에, 승계 기타의 원인에 의해 집행권원상의 당사자가 변동되면, 새로운 당사자를 위해 또는 그에 대해 집행문부여신청을 하여, 이들을 집행적격자로 해야 한다. 그리고 가압류·가처분명령과 같이 집행권원만으로 강제집행을 할 수 있는 경우에도, 보전재판이 있은 뒤 채권자나 채무자의 승계가 있으면 집행문을 덧붙여야 집행할 수 있다(제292조 1항, 제301조).

---

1) 대판, 1975.5.13. 74다1664; 대판, 1996.9.20. 93다20177,20184.
2) 대결, 1979.8.10. 79마232.

2) 집행문부여 후의 변동

(1) 원칙

집행문이 부여된 뒤 집행적격에 변동이 있는 경우, 원칙적으로 새로운 집행적격자를 위해 또는 그에 대해 새로운 집행문을 부여받아서 당사자를 변경하지 않으면, 집행을 개시하거나 속행할 수 없다. 집행절차는 언제나 당사자의 관여가 있어야 하는 것이 아니고, 대개의 집행행위는 집행기관이 직권으로 행하기 때문에, 판결절차와 달리 절차의 중단이나 수계제도는 없다. 그러나 통지나 송달(제62조 4항, 제83조 4항, 제189조 3항, 제219조 1항, 제227조 2항, 제241조 2항, 제255조 1항 등), 출석이나 선서(제64조 제1항, 제65조, 제68조 6항) 혹은 심문(제241조 2항, 제262조 등) 등 당사자가 관여해야 하는 집행행위의 경우에, 만약 당사자의 능력이 상실되어 있다면 그 뒤에는 집행행위를 할 수 없기 때문에 사실상 집행절차가 정지되는 경우가 있을 수 있다.

강제집행이 개시된 뒤에 채권자측에 승계가 있는 경우, 승계인이 자기를 위해 강제집행의 속행을 신청하는 때에는, 승계집행문이 부여된 집행권원의 정본을 제출해야 한다. 그 정본이 제출된 때에는 법원사무관 등 또는 집행관은 그 취지를 채무자에게 통지해야 한다. 이러한 절차는 집행채권자를 명확하게 하려는 취지이기 때문에, 승계인이 승계집행문이 있는 집행권원의 정본을 제출하지 않았더라도, 그 동안 속행된 집행처분의 효력에 영향이 있는 것은 아니다.[1)]

(2) 예외

포괄승계가 있는 때 혹은 신탁의 경우에는 위의 원칙에 다음의 예외가 있다.

① **채무자의 사망** : 강제집행이 개시된 뒤 채무자가 사망한 때에는 승계집행문을 받을 필요 없이 상속재산에 대해 강제집행을 계속 진행한다(제52조 1항). 만약 채무자에게 통지 내지 송달해야 할 집행행위를 실시할 경우에, 상속인이 없거나 상속인의 소재가 분명하지 않은 때에는, 집행법원은 채권자의 신청에 따라 상속재산 또는 상속인을 위해 특별대리인을 선임해야 한다(제52조 2항). 이미 실시된 채무자의 재산에 대한 압류의 효력을 유지시켜서 실효성 있는 강제집행을 확보하

1) 통설임. 방순원·김광년, 143면; 박두환, 72면.

기 위함이다.[1] 상속인이 상속을 승인하기 전이라도 마찬가지다.

② **회사 기타 법인의 소멸** : 민사집행법상 명문규정은 없으나 상속에 준하여 처리하면 될 것이다. 따라서 합병으로 소멸한 법인이 합병 당시에 가지고 있던 재산에 대해 집행을 속행할 수 있다고 본다.

③ **선박집행의 경우** : 선박집행에서 압류한 뒤에 소유자나 선장이 바뀌었더라도 집행절차는 영향을 받지 않고 그대로 진행된다(제179조 2항).

제3절 책임재산

Ⅰ. 책임재산의 의의

금전채권집행은 금전으로 환산할 수 있는 채무자의 총재산을 대상으로 진행된다. 특정물의 인도를 목적으로 하는 강제집행은 그 특정물의 인도가 이행불능으로 되어 손해배상의 문제로 변하면 역시 금전채권집행으로 전환되고 만다. 그리고 작위・부작위청구권의 강제집행은 대체집행이나 간접강제의 방법에 의해야 하므로, 결국은 채무자의 재산을 강제집행의 대상으로 삼을 수밖에 없다. 환언하면, 원칙적으로 강제집행의 대상은 집행개시 당시에 채무자에게 속하는 재산으로서, 이를 책임재산이라고 한다. 책임재산이라는 개념은 금전채권집행에 있어서 특히 중요한 의의가 있다.[2]

---

1) 이 경우 현실로 이미 압류한 재산에 대한 집행은 물론, 다른 재산에 집행을 확장하는 것도 무방하다는 견해가 있다(박두환, 72면). 민사집행법은 '상속재산'에 대해 강제집행을 속행할 수 있도록 하고 있기 때문에, 그러한 해석이 가능하다고 본다. 그러나 입법론적으로는 사망 당시에 개시되었던 강제집행에 한해서 속행을 허용하는 것이 좋을 듯싶다. 반대: 이시윤, 76면.

2) 특정물인도청구권집행은 특정물을 집행대상으로 삼고, 그 특정물의 동일성여부가 주로 문제된다. 따라서 금전채권집행에서 논란거리가 되는 책임재산의 범위 등의 문제는, 특정물인도청구권집행에서는 문제될 게 없다.

Ⅱ. 책임재산의 범위

1. 물적 범위

원칙적으로 현금화할 수 있는 채무자의 모든 재산을 대상으로 한다. 말하자면 금전적 가치를 가지고 있는 일체의 권리와 물건을 말한다. 물권, 채권, 무체재산권, 동산, 부동산을 묻지 않는다. 다만, 채무자의 재산이더라도 법률상 금전으로 환산할 수 없는 재산(불융통물), 채무자의 인격이나 신분에 전속하는 권리(생명권, 성명권 등), 독립하여 재산적 가치를 가지지 않는 권리(취소권, 해제권 등), 압류가 금지 내지 제한된 재산(제195조, 제246조), 가처분에 의해 양도가 금지된 재산 등은 책임재산에서 제외된다.[1)]

강제집행은 채무자의 개별적인 재산을 대상으로 하지만, 공장재단(공장 및 광업재단저당법 제14조), 광업재단(동법 제54조)과 같이, 기업에 속하는 특정한 재산의 집단이 집행대상으로 되는 경우도 있다. 그리고 책임재산 가운데 어떤 재산에 대해 먼저 집행하는가는 따로 법에서 정하지 않고 순전히 채권자의 선택에 맡기고 있다.

2. 시적 범위

책임재산은 집행개시 당시 채무자의 재산이어야 하므로, 과거의 재산이나 장래의 재산은 원칙적으로 책임재산에서 제외된다. 재산명시절차에서 채무자는 명시명령이 송달되기 전 1년 혹은 2년 안에 한 유상·무상양도를 명시하도록 하고 있는데(제64조 2항), 이는 채무자의 재산을 밝히기 위함이지, 그러한 과거의 재산을 책임재산으로 삼겠다는 의미는 아니다. 그리고 이행기가 도래하기 전의 청구권이나, 집행개시 당시 적어도 기대권으로 인정할 만한 재산, 채권자대위권을 행사해서 귀속된 재산[2)] 등은 책임재산에 포함시킬 수 있다.

---

1) 그러나 당사자의 특약에 따른 양도금지재산은 책임재산에 포함된다.
2) 채무자가 법률행위를 취소하거나, 계약해제나 해지를 하면 재산을 취득할 수 있음에도 채무자가 이들 권리를 행사하지 않으면, 채권자는 이들 권리를 대위행사하여 제3채무자로부터 재산을 수령하여 이를 강제집행의 대상으로 삼을 수 있다.

3. 책임재산의 귀속에 관한 조사

구체적인 집행절차에서 집행기관이 책임재산의 귀속에 대해 엄격하게 조사하도록 하면 오히려 집행이 지연될 염려가 있다. 따라서 집행절차에서는 책임재산으로 인정할만한 외관이나 징표가 있으면 집행을 해도 무방한 것으로 처리하고 있다. 만약 뒤에 가서 제3자의 재산이 집행대상에 포함되었음이 밝혀지면 제3자는 집행이의신청(제16조)이나 제3자이의의 소(제48조)를 통해 구제받을 수 있다. 재산을 나누어서 살펴본다.

유체동산집행에서는 목적물의 소지여부가 판단기준이 된다. 따라서 채무자가 목적물을 외관상・사실상 지배하고 있으면, 그것이 제3자 소유물이라도 압류할 수 있다(제189조). 반대로 채무자의 소유물을 제3자가 소지하고 있을 때, 소지자가 이를 제출하지 않으면 압류할 수 없다(제191조).

부동산・선박・자동차・건설기계・항공기에 대한 집행에서는 등기부 또는 등록부등본으로 판단한다. 미등기・미등록의 재산은 즉시 채무자의 명의로 등기 내지 등록할 수 있다는 것을 증명할 서류를 제출하면 책임재산으로 인정한다. 다만, 그 부동산이 등기되지 않은 건물이면, 그것이 채무자소유임을 증명할 서류, 건물의 지번, 구조, 면적을 증명할 서류 및 건축허가 또는 건축신고를 증명할 서류를 제출하면 된다(제81조 1항 1호·2호, 제172조, 제187조).

채권과 그 밖의 재산권에 대한 집행을 할 때에는 채권자의 압류명령신청이 있으면 채무자에게 귀속한 것으로 인정하여 압류명령을 발할 수 있다(제225조, 제226조).

Ⅲ. 유한책임

1. 의의

원칙적으로 채무자의 총재산이 강제집행의 대상이 되지만, 집행의 대상이 특정한 재산 또는 일정한 범위의 재산으로 한정되는 경우가 있다. 이를 유한책임이라 한다. 유한책임은 집행의 대상이 일정한 재산으로 제한되는 물적 유한책임과, 일정한 금액으로 한정되는 인적 유한책임으로 나누어진다. 후자는 책임이 일정금액에 한정된다는 의미에서 금액유한책임이라고도 한다.

1) 물적 유한책임

채무자가 특정재산만으로 강제집행을 당하는 경우이다. 채권자가 그 특정재산으로부터 만족을 얻지 못하더라도, 채무자의 다른 재산에 대해 강제집행을 할 수 없다. 물적 유한책임은 채권자의 채무자재산에 대한 집행가능성이 제한되는 현상이라고 설명할 수 있다. 구체적으로는 다음과 같은 경우이다.

① 한정승인이 있으면 상속재산이라는 일정한 범위의 재산에 책임이 한정된다. 따라서 상속인의 고유재산은 책임재산에서 제외된다.

② 유언집행자, 상속재산관리인, 파산관재인, 신탁재산의 수탁자와 같이 어떤 재산의 관리인이 그 자격에 의해 집행채무자로 되는 경우에는, 그가 관리하는 재산만이 책임재산이 된다.

2) 인적 유한책임

책임이 일정금액으로 한정되는 경우이다. 집행대상이 되는 재산에는 제한이 없으므로 채무자의 총재산이 집행의 대상으로 되지만, 단지 책임액에 제한이 있는 경우이다. 주주의 유한책임(상법 제331조)이 대표적인 예이다.[1] 인적 유한책임의 경우는 물적 유한책임의 경우와는 달리 채무자의 총재산에 대해 집행이 실시되므로, 보통의 강제집행과 다를 바 없다.

2. 유한책임에 대한 민사집행법상의 처리

유한책임은 채권의 속성으로서 실체법상의 문제이기 때문에, 집행기관이 심사할 사항은 아니다. 보통은 채권자의 이행소송에서 채무자가 유한책임의 주장을 항변으로 제출할 것이다. 이러한 항변이 이유 있으면, 법원은 '상속재산의 한도에

---

1) 이 외에도 합자회사의 유한책임사원의 책임(상법 제279조), 주주의 유한책임(동법 제331조), 유한회사의 사원의 책임(동법 제553조), 선박소유자의 일정한 채무에 대한 책임(동법 제770조), 공동해손분담자의 유한책임(동법 제868조), 해난구조보수액의 한도(동법 제884조) 등을 예로 들 수 있다.

서 지급하라'라든가, '무슨 무슨 물건으로 지급하라' 등의 유보를 판결주문 중에 적어준다. 만약 항변이 없어서 유한책임의 유보를 밝히지 않은 이상, 집행기관이 이를 고려하지 않고 유보되지 않은 재산에 대해 집행을 하더라도 위법하지 않다.[1)]

그런데 채무자가 판결절차에서 유한책임의 항변을 제출하지 않아서, 집행권원이나 집행문에 유한책임의 유보가 명시되지 않은 경우, 채무자는 이후에 유한책임을 주장할 수 있는가. 있다면 어떠한 방법에 의할 것인가가 문제로 된다. 소극설은 변론종결 전에 제출할 수 있었음에도 불구하고 이를 주장하지 아니하였다면, 이후에는 기판력의 차단효에 의해 다시 주장할 수 없다고 한다.[2)] 이에 비해 적극설은, 유한책임의 항변은 마치 상계의 항변과 같이 패소를 전제로 하는 항변이고, 집행절차에서 이를 주장할 수 있도록 하는 것이 법률감정에도 어울리고, 청구이의의 소로써 주장할 수 있다고 한다.[3)] 사견으로도 적극설을 따른다.

---

1) 다만, 파산관재인과 같은 직무상의 당사자가, 그 자격에 따라 집행채무자로 되어 있는 경우에는, 유보가 명시되어 있지 않더라도, 집행대상은 당연히 직무상 관리하는 재산에 한정된다. 그리고 직무상의 당사자가 책임재산 이외의 고유재산에 대한 집행을 받은 때에는 제3자이의의 소를 제기할 수 있다. 유한책임의 유보가 밝혀져 있음에도 불구하고 책임재산 이외의 재산에 대해 집행이 실시되면, 채무자는 집행이의나 제3자이의의 소를 제기하여 이를 배제할 수 있다.

2) 이시윤, 86면; 김상수, 83면.

3) 다수설이다. 방순원・김광년, 151면; 박두환, 81면; 오시영, 182면.

제 5 장 강제집행의 진행

제1절 강제집행개시요건

I. 총설

집행력 있는 정본에 따라 집행기관이 실제로 강제집행을 개시하기 위해 갖추어야 할 요건을 강제집행개시요건 혹은 줄여서 집행개시요건이라고 한다. 이 요건은 크게 두 가지로 나누어 볼 수 있다. 하나는 적극적으로 있어야 할 요건이고, 다른 하나는 소극적으로 있어서 안 되는 요건이다. 전자를 본래적 의미의 집행개시요건이라 하고, 후자를 집행장애라 한다. 전자는 다시 각종의 집행에 공통적으로 요구되는 일반요건과, 특정한 집행에만 요구되는 특별요건으로 나누어 볼 수 있다.

집행기관은 스스로의 책임으로 집행개시요건을 조사해야 한다. 집행개시요건에 흠이 있음에도 착수한 집행행위는 위법하다. 하지만 이도 당연무효는 아니고 나중에 흠이 보정되면 유효로 처리한다.

집행개시요건은 집행을 개시할 때에 존재해야지만, 만약 집행절차 중에 흠이 발생하면 속행을 위해 다시 요건을 갖추어야 한다. 예를 들어, 집행절차 중에 채권자가 변경되면 새로운 채권자를 위해 승계집행문을 부여하고, 이를 송달해야 집행을 속행할 수 있다(제39조 2항). 아래에서 집행개시요건을 하나하나 살펴본다.

Ⅱ. 일반요건

1. 집행당사자의 표시

집행기관은 집행정본 이외의 자료를 이용하여 집행적격의 유무를 판정할 권한은 없다. 따라서 집행당사자의 성명을 집행권원이나 집행문에 표시하도록 하고, 집행기관이 이를 판정하도록 하고 있다(제39조 1항). 집행당사자 이외의 자를 위해, 또는 그 자에 대해 한 집행행위는 당연무효이다. 단, 강제집행을 개시한 뒤에 채무자가 사망한 때에는 승계집행문을 받을 필요 없이 상속재산에 대해 집행을 계속할 수 있는 예외가 있음(제52조)은 이미 본 바와 같다.

집행당사자의 표시는 동일성을 인식할 수 있는 정도로 적으면 된다. 그러나 그 표시가 잘못되었거나 정확하지 않으면 동일성을 확인하고 집행을 해야 한다.[1] 만약 집행기관이 당사자의 동일성을 확인할 수 없다면 판결의 경정(민소 제211조)에 준해 집행정본을 경정해서 강제집행을 하면 된다.

2. 집행권원의 송달

집행을 당하는 채무자로서는 어떤 집행권원에 의해 어떻게 집행당할지를 집행이 개시되기 전에 알고 있어야 나름대로 집행에 대처할 수 있을 것이다. 이런 이유로 집행을 개시하기 전에 또는 적어도 집행을 개시하면서 동시에 집행권원을 채무자에게 송달하도록 하고 있다(제39조). 집행을 개시하면서 동시에 집행권원을 송달하는 소위 동시송달은 집행관이 집행기관이면서 동시에 송달기관인 유체동산 집행의 경우에만 가능하다. 부동산집행이나 채권집행의 경우처럼 법원의 결정에 의해 집행이 개시되는 경우는 동시송달을 할 여지가 없다.

한편 특히 신속성이 요구되는 가압류·가처분명령의 경우는 집행권원을 송달하기 전에도 집행할 수 있고(제292조 3항, 제301조), 그 밖에 집행하기 전의 송달을 요구하지 않는 경우도 있다(비송 제29조 2항 및 동 제249조 2항, 형소법 제477조 3항 참

1) 예컨대 신청인이 개명을 하여 현재의 이름과 집행권원 내지 집행문에 표시되어 있는 이름이 다를 경우에는 신청인이 동일인이라는 진술을 얻어서 집행을 해야 한다.

조). 집행증서의 경우에도 집행개시전 또는 집행개시와 동시에 채무자에게 이를 송달해야 하고(제57조에 따른 제39조의 준용),[1] 화해조서・인낙조서의 경우에도 같다.

집행권원을 송달하지 않고 한 집행행위의 효력에 관해서 크게 무효설과 취소설의 대립이 있다.[2] 우선주의를 채택하고 있는 독일법제에서는 사전송달을 흠결한 집행은 무효라고 해야 한다. 왜냐하면 이러한 집행에 터잡아 우선권을 취득한 채권자는 다른 채권자에게 손해를 주게 되기 때문이다. 그러나 평등주의를 채택하고 있는 우리의 법제에서는 이러한 우려가 없기 때문에 무효라고 볼 필요가 없고, 사견으로도 취소설을 따른다.[3] 판례는 무효설을 취하고 있다.[4]

Ⅲ. 특별요건

1. 집행문과 증명서등본의 송달

제30조 2항의 조건성취집행문, 제31조 1항의 승계집행문이 부여된 때에는 집행할 집행권원 외에 이에 덧붙인 집행문, 증명서의 등본을 채무자에게 송달해야 한다(제39조 2항, 3항). 증명서에 의해 집행문을 부여한 때에는, 그 당부에 대한 다툼이 생길 소지가 많다. 따라서 채무자가 집행문이 제대로 부여되었는지를 제 때에 조사하도록 하여, 이의신청할 수 있는 기회를 보장해주기 위해 두고 있는 조치다. 집행문은 집행권원과 같이 송달해도 되고, 별도로 송달해도 된다. 다만, 집행문을 별도로 송달할 때에는, 집행권원과의 관계가 명확하여서, 집행문만으로 집행권원의 존재를 알 수 있어야 한다. 집행문이나 증명서를 송달하지 않고 실시한

1) 판례는 공정증서의 경우 그 집행 전에 공정증서를 송달해야 할 법률상의 근거가 없다고 한다. 대결, 1980.3.12. 80마78.
2) 그 밖에 그러한 집행행위는 무효지만, 보충이나 보정에 의해 유효한 것으로 될 수 있다고 하는 절충설도 가능하다.
3) 박두환, 189면; 이시윤, 143면.
4) 채권압류 및 전부명령의 기초가 된 채무명의인 가집행선고부 판결정본이 상대방의 허위주소로 송달되었다면 그 송달은 부적법하여 무효이고 상대방은 아직도 판결정본의 송달을 받지 않은 상태에 있다 할 것이므로 그 판결정본에 기하여 행하여진 채권압류 및 전부명령은 집행개시의 요건으로서의 채무명의의 송달없이 이루어진 것으로서 무효라 할 것이다(대판, 1987.5.12. 86다카2070).

집행행위의 효력에 대해서는 집행권원을 송달하지 않고 실시한 경우와 마찬가지로 취급하면 된다.[1)]

2. 시일의 만료

집행을 받을 사람이 일정한 시일에 이르러야 그 채무를 이행하게 되어 있는 때에는 그 시일이 지난 뒤에 강제집행을 개시할 수 있다(제40조 1항). 시일의 만료여부는 실체상의 문제지만, 집행기관이 비교적 쉽게 판단할 수 있으므로, 이를 집행문부여요건이 아니라 집행개시요건으로 취급한다.[2)] 이행기 도래 전에 한 집행행위는 취소되지 않는 한 유효하고, 그 사이에 이행기가 도래하면 흠이 치유된다(취소설).

3. 담보제공증명서의 제출과 그 등본의 송달

집행이 채권자의 담보제공에 매인 때에는, 채권자는 담보를 제공한 증명서류를 제출해야 하고, 이 경우의 집행은 그 증명서의 등본을 채무자에게 이미 송달했거나 동시에 송달하는 때에만 개시할 수 있다(제40조 2항). 담보제공의 여부에 대한 조사는 비교적 쉬운 일이므로, 역시 집행문부여요건으로 하지 않고 집행개시요건으로 하고 있다. 담보제공 자체가 없는데도 집행을 하면 무효이다. 그러나 담보를 제공했으면서도 단순히 증명서등본을 송달하지 않고 한 집행은 당연무효가 아니라 취소할 수 있을 뿐이며, 취소되기 전에 송달을 하면 흠은 치유된다.[3)]

4. 반대의무의 이행

반대의무의 이행과 동시에 집행할 수 있다는 것을 내용으로 하는 집행권원[4)]의

---

1) 판례도 이 경우는 무효라고 하지 않고 취소할 수 있음을 간접적으로 밝히고 있다. 즉, 채무자의 승계인들에 대하여 집행문을 부여한 뜻을 부기한 화해조서 정본을 송달한 증명없이 화해조서 정본에 따른 강제집행에 의하여 소유권이전등기가 행하여졌다면 이는 위법이지만 이로써 곧 위 소유권이전등기가 무효라고는 할 수 없다(대판, 1980.5.27. 80다438).

2) 그러나 불확정기한은 집행문부여절차에서 조건의 일종으로 취급하고 있음은 이미 말한 바와 같다.

3) 방순원 · 김광년, 107면; 이영섭, 50면.

집행은 채권자가 반대의무의 이행이나 이행의 제공을 했음을 증명해야만 개시할 수 있다(제41조 1항). 여기서 반대의무의 이행 또는 이행의 제공은, 제30조 2항에서 말하는 조건의 일종인 듯이 보이고, 그렇다면 이들에 대한 증명은 집행문부여요건이라고 함이 옳지 않느냐 하는 의문이 생긴다. 하지만 이를 집행문부여요건으로 처리하면, 반대의무의 이행이나 이행의 제공이 증명된 뒤에 집행문을 부여해야 하고, 이는 반대의무가 미리 이행될 것을 강제하는 결과가 되어서, 동시이행의 취지에 어긋나게 된다. 따라서 반대의무의 이행 또는 이행의 제공을 집행개시요건으로 하고 있는 것이다.

그러나 주택임대차의 경우 주의할 점이 있다. 주택임차인이 임차주택에 대해 보증금반환청구소송의 확정판결 기타 이에 준하는 집행권원에 기한 경매를 신청하는 경우에는 제41조의 규정에 불구하고 반대의무의 이행 또는 이행의 제공을 집행개시의 요건으로 하지 않는다(주택 제3조의2 1항). 상가임대차보증금반환청구의 경우에도 사정은 같다(상가 제5조 1항). 임차인이 경매신청을 하기 위해 주택을 반환해야 한다면 대항력이나 우선변제권을 잃게 되어 임차인의 보호에 문제가 생기기 때문이다.

상계나 경개에 관한 사항은 실체적인 문제로서 집행개시요건이 될 수 없다. 그러나 집행채무자가 상계나 경개를 인정한다는 취지의 서면을 제출한 경우에는, 반대의무의 이행에 대한 증명이 있었다고 보아 집행을 개시해도 무방할 것이다. 이들에 대한 판단은 비교적 쉽게 할 수 있고, 또 집행을 개시하더라도 채무자가 손해 볼 일이 없기 때문이다. 반대의무의 이행이나 이행의 제공 없이 이루어진 집행행위는 무효이다.

의사표시의무의 집행에서, 반대의무의 이행이 있었는지를 판정할 때에는 특칙이 있다. 즉, 반대의무의 이행을 조건으로 의사표시를 진술할 의무에 관해서는, 채권자가 반대의무를 이행했음을 증명하여 집행문을 내어 준 때, 의사표시를 한 효력이 발생한다(제263조 2항, 제30조, 제32조). 결국 의사표시의무의 집행에서는, 판결이 확정되거나 조서가 성립하면 그것으로 이행이 되어 버려서 현실적인 집행을 할 기회가 없다는 특수한 성질 때문에, 반대의무이행여부를 집행문부여요건으로 처리하고 있다.

---

4) 상환급부판결을 예로 들 수 있다.

5. 대상집행의 경우

다른 의무의 집행이 불가능한 때에 그에 갈음하여 집행할 수 있다는 것을 내용으로 하는 집행권원의 집행은 채권자가 그 집행이 불가능하다는 것을 증명해야만 개시할 수 있다(제41조 2항). 이때 집행불능은 제30조 2항에서 말하는 조건과 비슷한 것처럼 보이기도 하나, 집행기관이 비교적 쉽게 판단할 수 있는 사항이므로 집행개시요건으로 하고 있다. 그런데 '이행불능'은 여기서 말하는 '집행불능'과 다르게 취급해야 한다. 이행불능여부는 집행기관이 판정하기가 쉽지 않으므로 이는 집행문부여요건으로 보아야 한다. 따라서 이행불능이라는 조건이 성취하였음을 증명서로 제출해야 집행문을 부여받을 수 있다.[1]

Ⅳ. 집행장애

강제집행을 개시하는데 있어서는 안 되는 요건을 말한다. 앞에서 살펴본 각종의 집행개시요건이 갖추어져 있더라도, 여기에서 말하는 집행장애사유가 있으면 역시 집행을 개시할 수 없다. 집행기관은 집행장애사유를 직권으로 조사해야 한다. 집행장애사유가 있으면 집행을 개시해서는 안 되고, 집행이 진행 중에 집행장애사유가 발생하면 집행을 계속 진행할 수 없다. 집행장애사유로는 ① 회생절차, 파산절차 등의 개시, ② 집행정지나 취소서면이 제출된 경우, ③ 집행채권에 대한 압류·가압류·가처분이 내려진 경우 등을 들 수 있다.

1) 가령 집행권원의 내용이 물건의 인도를 명하면서 만약 '집행불능'이면 돈 얼마를 지급하라는 식으로 되어 있는 경우, 집행기관이 집행을 실시하고자 하나 집행불능이 되었다면 이는 집행기관이 쉽게 알 수 있으므로 집행기관은 대상청구인 금전채권의 집행을 개시하면 된다. 그러나 집행권원의 내용이 물건인도를 명하면서 만약 '이행불능'이면 돈 얼마를 지급하라는 식으로 되어 있는 경우에는, 이행불능이라는 실체문제에 대해 집행기관이 판정하도록 하는 것은 적당하지 않다. 따라서 이는 집행문부여요건으로 처리한다는 뜻이다. 동지: 박두환, 194면.

제2절 강제집행의 개시 및 종료

Ⅰ. 강제집행의 개시

강제집행은 집행기관이 채무자에 대해 현실적으로 강제적인 행동에 착수한 때에 개시된다. 그런데 개별적인 강제집행절차에 따라 구체적인 개시의 모습이 다르다.

1. 집행관이 집행기관인 경우

집행관이 유체동산집행(제188조 이하)을 실시하거나, 특정동산 혹은 대체물의 일정수량의 인도청구권에 대한 집행(제257조)을 실시할 때에는, 집행관이 목적재산을 발견 · 점유하기 위해 닫힌 문을 열거나, 재산이 있는 장소를 수색하거나, 또는 목적재산을 몰수하는 등의 강제적 사실행위를 한 때에 강제집행은 개시된다.

부동산이나 사람이 거주하는 선박의 인도청구권에 대한 집행을 실시하는 경우에는, 퇴거를 거절하는 거주자나 그의 동거인에 대해 위력을 사용하여 물리치거나, 보관하고 있던 가재도구 등의 물품을 철거함으로써 강제집행은 개시된다. 이 경우 집행관이 채무자에게 임의이행을 촉구하거나 퇴거를 명하는 등의 조치만으로는 아직 집행의 개시라고 볼 수 없다.

2. 법원이 집행기관인 경우

채권자의 집행신청에 대한 재판이 성립한 때에 집행이 개시된다. 따라서 금전채권에 대한 강제집행을 할 때에는 압류명령(제227조)을 채권자 및 채무자에게 고지한 때(민소 제221조)에 집행이 개시된다.[1] 부동산의 경우에는 경매개시결정(제83

1) 압류명령을 채무자 및 제3채무자에게 송달한 때(제227조 2항)에 집행이 개시되는 것이 아니라는 점을 주의해야 한다.

조)이나 강제관리개시결정(제164조)이 채권자 및 채무자에게 고지된 때가 개시시기이다. 선박의 경우 집행 전의 신청에 의해 선박국적증서 등의 인도명령(제175조)이 있는 경우나, 감수·보존을 위해 필요한 처분(제178조)을 한 경우에는, 그러한 명령이나 처분이 있은 때에도 강제집행은 개시된다고 본다.

Ⅱ. 강제집행의 종료

강제집행의 종료는 두 가지의 의미로 나누어 볼 수 있다. 하나는 전체로서의 종료라는 의미이고, 다른 하나는 개별로서의 종료라는 의미이다. 전자는 집행권원에 표창된 실체법상의 청구권이 종국적으로 실현되었다는 차원에서의 집행종료이고, 후자는 개별적인 재산에 대한 집행이 종료되었다는 의미로서의 집행종료이다.

1. 전체로서의 종료

전체로서의 집행은 집행권원에 적혀 있는 청구권 및 집행비용에 대해 일회 또는 수회의 개별적인 집행을 실시한 결과 채권자가 완전한 만족을 얻으면 종료한다. 그리고 집행불능의 경우에도 집행의 목적을 달성할 수 없게 되었으므로 집행은 전체가 종료된다. 예컨대, 특정물인도청구권에 대한 집행을 할 때에 집행에 착수한 뒤 특정물이 멸실되어 버렸다면 집행은 전체가 종료되고 만다. 청구이의의 소(제44조)나 집행문부여에 대한 이의의 소(제45조)를 집행이 종료된 뒤에는 제기할 수 없다고 할 때의 종료의 의미는, 전체로서의 종료를 의미한다.

2. 개별로서의 종료

개별로서의 집행은 각 집행행위마다 법에서 정해 놓은 마지막 단계의 집행행위가 완료되면 종료되는데, 이를 개별로서의 종료라고 한다. 채권자가 완전한 만족을 얻었는지 여부와는 상관없다. 따라서 개별로서의 집행이 종료되더라도 채권자가 완전한 만족을 얻지 못하여, 이후 다시 집행을 신청해서 진행되는 강제집행은 별도의 새로운 강제집행이고 별도로 종료된다.

구체적으로 개별적인 집행절차가 언제 종료되는가는 집행기관 및 집행의 종류에 따라 다르다. 유체동산이나 부동산에 대한 집행은 채권자에게 매각대금을 교부 내지 배당한 때에 종료한다. 그리고 금전채권에 대한 집행에서 추심명령의 경우에는 채권자가 추심신고를 한 때에 종료하고(제236조), 전부명령의 경우에는 전부명령이 확정된 때에 종료한다(제231조). 그리고 개별적인 집행절차는 제49조 1, 3, 5, 6호의 사유에 따라 집행기관이 집행을 정지하거나 집행처분을 취소하면 그 한도에서 종료되기도 한다.

제3절 강제집행의 정지·제한·취소

I. 강제집행의 정지와 제한

강제집행의 정지란 법정사유가 있으면 강제집행을 개시나 속행하지 못하도록 하는 민사집행법상의 제도이다. 따라서 당사자나 집행기관의 사정에 의해 사실상 집행절차가 진행되지 않는 소위, 사실상의 정지[1]는 여기서 말하는 집행의 정지가 아니다. 집행절차의 일부정지를 집행의 제한이라고도 한다. 그리고 담보경매절차에서의 정지·취소제도는 별도로 마련되어 있다(제266조).

---

1) 단순히 집행기관의 재량에 의해서 혹은 집행당사자 자신의 부주의나 태만, 그 밖의 사정으로 말미암아 필요한 집행행위를 연기하거나 방치하여서, 결과적으로 강제집행절차가 사실상 속행되지 않는 사실상의 정지는 여기의 집행정지와 다르다. 예를 들어, 특별한 사정이 없음에도 불구하고 집행관이 매각대금을 공탁하지 않는다든지(제222조 1항 참조), 압류명령을 얻은 채권자가 채무자와 협의가 진행중이라는 이유로 전부명령이나 추심명령을 신청하지 않는 경우(제225조, 제229조 참조) 등은 사실상의 정지가 있는 예이다.

1. 집행정지의 사유

1) 법정서류의 제출(제49조)

(1) 상소나 재심 등의 재판정본(1호)

집행할 판결 또는 그 가집행을 취소하는 취지나, 강제집행을 허가하지 아니하거나 그 정지를 명하는 취지, 또는 집행처분의 취소를 명한 취지를 적은 집행력 있는 재판의 정본을 제출하면 강제집행은 정지된다. 여기의 재판의 정본은 다음의 다섯 가지로 나누어 볼 수 있다.

① 집행할 판결을 취소하는 취지를 적은 재판이라 함은 상소나 재심을 인용하는 재판을 말한다.

② 가집행을 취소하는 취지를 적은 재판이라 함은 본안판결에 앞서서 가집행선고만을 취소하는 상소심의 재판(민소 제215조 1항, 3항)을 말한다.

③ 강제집행을 허가하지 아니하는 취지를 적은 재판이라 함은 청구이의의 소, 제3자이의의 소에서 원고의 청구를 인용하는 판결, 집행문부여에 대한 이의신청, 즉시항고나 집행이의신청을 인용하는 결정 등을 말한다.

④ 강제집행의 정지를 명한 취지를 적은 재판이라 함은 강제집행을 허가하지 않는 ③의 재판 중에서 일시적으로 집행을 허가하지 아니함을 밝힌 재판을 말한다. 예컨대, 기한의 유예를 이유로 청구이의의 소를 인용한 판결, 시일이 만료되기 전에 개시된 집행에 대하여 집행이의를 하여서 이를 인용한 결정 등이 여기에 해당한다.

⑤ 집행처분의 취소를 명한 취지를 적은 재판이라 함은 청구이의의 소, 집행문부여에 대한 이의의 소, 제3자이의의 소 등에 대한 종국재판이 있기 전에 잠정처분으로서 집행의 취소를 명한 재판을 말한다.

(2) 일시정지의 재판정본(2호)

강제집행의 일시정지를 명한 취지를 적은 재판의 정본을 제출하면 집행은 정지된다. 제49조 1호에서 정하고 있는 집행의 종국적 정지를 명한 취지의 재판을 얻을 때까지 잠정처분으로 하는 재판의 정본을 말한다.[1)]

---

1) 제16조 2항, 제34조 2항, 제46조 2항 내지 4항, 제47조, 제48조 3항, 제196조 3항,

(3) 담보제공증명서(3호)

집행을 면하기 위해 담보를 제공한 증명서류이다. 재산권의 청구에 관한 판결을 하면서 담보를 제공하고 가집행을 면제받을 수 있음을 선고한 경우에(민소 제213조 2항), 그 담보를 제공한 증명서(제19조), 가압류해방금액을 공탁한 경우(제282조)의 증명서 등이 여기에 해당한다.

(4) 변제증서 및 의무유예증서(4호)

집행할 판결이 있은 뒤에 채권자가 변제를 받았거나 의무이행의 유예를 승낙한 취지를 기재한 증서가 제출되면 제2호의 서류가 제출된 경우와 마찬가지로 집행은 일시정지된다. 이들 서류가 제출되었음에도 집행행위나 집행처분이 그대로 진행된다면, 채무자는 청구이의의 소를 제기하여 집행을 종국적으로 저지시킬 수 있다.

법문에는 '집행할 판결이 있은 뒤에'라고 하여, 마치 집행권원을 판결에 한정하고 있는 것 같지만, 그렇게 좁게 해석할 필요는 없다. 따라서 집행증서나 각종 조서가 성립한 뒤에도 마찬가지로 집행을 정지시킬 수 있다. 그리고 같은 취지에서, 대물변제나 제3자의 변제를 수령한 취지의 증서, 채권자가 한 면제나 상계를 적은 서면 등도 무방하다. 뿐만 아니라 채권전액에 대해 내려진 전부명령의 정본도 여기의 증서에 해당한다고 본다. 다만, 채무자의 변제공탁을 증명하는 공탁증서는 아직 다툼이 남아 있으므로 여기의 증서에 해당하지 않는다고 본다.[1)]

한편, 집행지연을 우려해서 이들 서류의 제출로 말미암은 집행정지기간을 제한하고 있다. 즉, 변제증서의 경우에는 정지기간을 2월, 의무유예증서의 경우에는 정지기간을 2회에 한하며 통산 6월을 초과할 수 없도록 하였다(제51조).

(5) 소취하조서등본 등(5호)

집행할 판결, 그 밖의 재판이 소의 취하 등의 사유로 효력을 잃었다는 것을 증명하는 조서등본 또는 법원사무관 등이 작성한 증서를 제출하면 집행은 정지된다. 가집행선고 있는 판결이 선고되고 나서 상소심에서 소가 취하되면 그 판결은

민소 제448조, 민소 제500조, 민소 제501조 등의 잠정처분을 말한다.

1) 통설임.

효력을 잃게 되는데, 이때 소취하조서등본이나 소취하증명서를 제출하여 집행이 정지되는 경우를 예로 들 수 있다.

(6) 부집행화해조서 등의 정본(6호)

강제집행을 하지 않는다거나 강제집행의 신청이나 위임을 취하한다는 취지를 적은 화해조서의 정본 또는 공정증서의 정본을 제출해도 집행은 정지된다. 강제집행을 하지 않는다는 취지의 계약[1]이 있음에도 불구하고, 채권자가 집행을 신청하든가 종전의 집행이 그대로 진행된다면, 일반적으로 채무자는 제44조의 적용이나 준용에 따라 청구이의의 소를 제기할 수 있다고 한다.[2] 그런데 그러한 취지의 화해조서나 공정증서가 있으면, 채무자는 청구이의의 소라는 번거로운 방법에 의하지 않고, 이들 서면을 제출해서 바로 집행정지를 도모할 수 있도록 한 것이다. 강제집행의 신청이나 위임을 취하한다는 취지를 적은 경우에도 마찬가지다. 다수설은 조정조서도 화해조서에 준하여 취급한다.[3]

2) 법정사실의 발생

통합도산법에서 정하고 있는 회생절차개시신청이나 개시결정(동법 제44조, 제58조), 파산선고(동법 제348조), 개인회생절차개시신청이나 개시결정(동법 제593조, 600조) 등 법정사실이 있으면 집행기관은 직권으로 강제집행을 정지해야 한다.

2. 집행정지의 실시방법과 효력

1) 신청에 의한 정지와 직권정지

강제집행은 원칙적으로 채권자, 채무자 또는 제3자의 신청이 있어야 정지된다. 따라서 집행정지결정이 내려졌다고 해서 집행이 바로 정지되는 것은 아니고, 그 결정의 정본을 집행기관에 제출하여 집행정지를 신청해야 비로소 정지되는 것이다.

한편, 집행기관이 집행요건의 흠이나 집행장애를 발견하였을 때에는 직권으로

---

1) 이러한 계약을 보통 집행제한계약 또는 부집행합의라고 하는데, 다수설은 이 계약을 유효하다고 하나, 사견으로는 무효로 본다. 여기에서는 상론을 피한다.
2) 다수설임. 방순원 · 김광년, 161면; 박두환, 207면.
3) 방순원 · 김광년, 161면; 박두환, 207면; 김상수, 121면.

집행을 정지해야 한다. 즉, 집행정본에 흠이 있다거나, 통합도산법상 회생절차개시신청 등 법정사실(동법 제44조, 제58조, 제348조, 제593조, 제600조)이 발생하면, 집행기관은 직권으로 집행절차를 정지해야 한다. 민사소송법 제500조의 정지의 재판을 한 법원이 동시에 집행기관인 경우에도 직권으로 강제집행을 정지할 수 있다.

2) 집행정지의 실시방법

집행정지는 강제집행이 개시되기 전에도 가능하다. 집행정지는 집행을 장래에 실시할 집행기관이나, 현재 집행을 실시하고 있는 집행기관만이 이를 할 수 있다. 따라서 유체동산 집행의 경우와 같이 집행관이 집행기관일 경우에, 집행정지의 재판이 있더라도, 집행정지의 실시는 집행관만이 할 수 있다. 부동산·자동차·건설기계·소형선박·채권 및 그 밖의 재산권에 대한 경매절차에 있어서 집행의 정지 및 취소에 관한 사무는 사법보좌관이 맡는다(사보규 제2조 1항 14호).

집행정지를 구체적으로 실시하는 모습은 경우에 따라 다르다. 집행관이 집행기관일 경우에는, 압류나 경매를 사실상 피함으로써 집행을 정지한다. 집행법원이 집행기관일 경우에는 사법보좌관이 집행정지를 선언하는 재판을 하거나, 다음 단계의 집행행위를 구하는 채권자의 신청을 각하하거나, 이미 착수한 집행행위의 완결을 저지하는 조치 등을 한다. 예컨대, 추심명령에 대하여 추심금지나 지급금지의 통지를 한다든지, 부동산매각기일의 지정을 취소하거나, 매각불허가결정(제123조, 제124조)을 하는 등의 조치를 한다.

3) 집행정지의 효력

집행정지가 있으면 집행기관은 강제집행을 개시하거나 속행할 수 없다. 다만, 부동산경매절차에서 압류가 경합한 경우, 먼저 개시한 경매신청이 취하되거나 그 절차가 취소 또는 정지된 때에는, 사법보좌관은 일정한 한도 안에서 뒤의 경매개시결정에 따라서 절차를 속행해야 한다(제87조 2항, 사보규 제2조 1항 7호). 집행정지를 위반하면 즉시항고나 집행이의로써 따질 수 있다.

집행정지는 정지사유가 발생한 이후의 절차진행을 금지시키는 것을 목적으로 하는 제도이므로, 기존의 집행처분(예, 압류나 경매 등)은 취소명령 등으로 취소되지 않는 한 그대로 존속한다. 그러나 집행정지가 종국적 정지이면(제50조 1항 전단),

기존의 집행처분은 취소명령없이도 취소된다. 일시적 정지(제50조 1항 후단)이면 취소명령에 따라 집행기관이 취소함으로써 집행처분은 취소된다.

3. 정지된 집행의 개시와 속행

강제집행이 정지된 뒤에 정지사유가 소멸하면, 채권자는 정지사유의 소멸을 증명하여 집행의 개시나 속행을 신청할 수 있다. 종국적 정지(제49조 1, 3, 5, 6호)의 경우는 이미 행해진 집행행위나 집행처분은 취소되기 때문에(제50조 1항 전단), 개시 내지 속행을 위해서는 원칙적으로 정지사유의 소멸을 증명하여 새로이 강제집행을 신청해야 한다.[1] 따라서 집행문부여에 대한 이의신청(제34조)이나 집행문부여에 대한 이의의 소(제45조)에 따라 집행문이 취소된 뒤, 이의사유가 소멸했다면 다시 집행문을 부여받아서 집행을 개시해야 한다. 그러나 위 각호의 집행정지사유로 집행이 정지되었으나 아직 집행행위나 집행처분이 취소되지 않은 상태에서 정지사유가 소멸했다면, 새로운 집행문을 부여받을 필요 없이 종전의 집행권원으로 집행의 속행을 신청할 수 있다.

집행의 일시적 정지(제49조 2, 4호)의 경우에는 지금까지의 집행행위나 집행처분은 원칙적으로 유지되기 때문에(제50조 1항 후단), 채권자는 정지사유의 소멸을 증명하여 집행의 속행을 신청할 수 있다.[2] 그리고 강제집행의 정지가 기한부인 경우(제46조 5항)에는, 채권자는 기한이 도래한 뒤 강제집행의 속행을 신청할 수 있다. 변제증서나 변제유예증서에 의한 집행정지의 경우에는, 법정정지기간이 경과한 때에 채권자는 집행의 속행을 신청할 수 있다(제51조).

---

1) 엄밀하게 말하자면 이 경우는 집행의 속행이라기보다 새로운 집행의 신청이라고 할 수 있다.

2) 예를 들어, 집행정지재판에서 채권자가 담보를 제공하면 집행을 속행할 수 있다고 한 경우에는, 그 담보제공증명서(제19조 2항)를 제출하여 집행의 속행을 구할 수 있다.

Ⅱ. 강제집행의 취소

1. 의의

강제집행의 취소란 이미 행한 집행처분의 효력을 상실시키는 집행기관의 행위를 말한다. 이미 이루어진 집행처분에 대해서만 취소를 할 수 있기 때문에, 집행이 개시되기 전에는 집행처분의 취소란 있을 수 없다. 또한 집행이 종료된 뒤에는 집행처분의 취소란 무의미하고 불가능하다. 그런데 다수설[1]은 무효인 집행행위라고 하더라도 그것이 형식상으로 존재하고 있으면, 그러한 상태를 제거할 실제적인 필요가 있기 때문에 역시 집행취소를 할 수 있다고 한다. 하지만 사견으로는 무효인 집행행위에 대한 집행의 취소는 무의미하다고 본다.[2]

2. 취소의 사유

1) 집행취소서류의 제출

집행취소서류(예, 제49조 1, 3, 5, 6호)가 제출된 경우에는 집행기관은 집행정지와 동시에 집행처분을 취소해야 한다(제50조 1항). 원칙적으로 집행기관의 일반적인 집행취소처분에 대해서는 즉시항고로 따질 수 있지만(제17조), 집행취소서류의 제출에 따른 여기의 집행취소처분에 대해서는 즉시항고를 할 수 없다(제50조 2항).

2) 집행취소재판의 경우

재심 또는 상소추완신청에 의한 취소명령(민소 제500조 1항), 상소제기 또는 정기금변경의 소에 의한 취소명령(민소 제501조), 청구이의의 소와 집행문부여에 대한 이의의 소에서의 취소명령(제46조 2항, 제47조), 제3자이의의 소에 기한 취소명령(제48조 3항) 등이 있으면, 그 집행력 있는 재판의 정본을 집행기관에 제출함

1) 방순원・김광년, 172면; 박두환, 209면.
2) 가령 다수설은 동산압류가 무효라고 하더라도 압류의 봉인을 제거할 실제적인 필요가 있기 때문에 집행의 취소를 인정할 것이라고 한다. 하지만 사견으로는 이와 같은 경우 채무자가 그냥 압류의 봉인을 제거하면 되지 번거롭게 집행의 취소를 거쳐서 봉인을 제거할 필요는 없다고 본다.

으로써 집행은 취소된다.

3) 그 밖의 경우

중대한 요건의 흠결로 인해 집행행위나 집행처분이 당연무효로 될 경우에는 직권으로 집행을 취소시킨다. 그리고 채권자가 집행신청을 취하하거나, 집행처분이 완결되기 전에 채권자가 집행의 이익을 포기함으로써[1)]집행이 취소되는 경우도 있다. 그 밖에도 민사집행법에서 개별적인 취소사유를 규정한 경우도 있다.[2)]

3. 취소의 방법

집행기관은 채무자나 제3자의 신청에 의해 집행취소를 실시하지만, 당연무효인 강제집행에 대해서는 집행기관이 직권으로 취소할 수도 있다. 집행처분을 취소하는 구체적인 방법은 대상이 되는 집행처분의 종류에 따라 다르다. 예컨대, 유체동산집행을 취소할 때에는 압류물의 봉인을 제거하고 채무자에게 반환하는 사실행위를 하면 된다. 채권집행을 취소할 때에는 압류명령이나 추심명령 등을 취소하는 재판을 하고, 부동산집행처분을 취소할 때에는 경매개시결정을 취소하는 재판을 하거나 매각불허가결정(제123조)을 하는 등의 조치를 한다.

4. 취소의 효과

집행이 취소되면 원칙적으로 이미 실시한 집행행위나 집행처분은 실효된다. 따라서 채무자는 재산의 처분권을 회복하고, 채권집행의 경우에는 제3채무자에게 추심하여 유효하게 변제를 받을 수 있게 된다.

그러나 집행행위나 집행처분이 취소되었더라도, 집행절차 중에 '완결된' 집행처분의 효력에는 영향을 주지 않는다. 따라서 경매개시결정을 취소한 경우에도, 이미 매각대금을 완납하여 소유권이 이전되었다면, 이제는 더 이상 경매절차에 대해서는 다툴 수 없고, 배당절차를 취소할 수 있을 뿐이다.

---

1) 예컨대, 채권의 추심명령을 얻은 채권자가 집행이 완료되기 전에 스스로 추심권을 포기하면 집행처분은 취소된다.

2) 제18조 2항, 제102조 2항, 제171조 2항, 제181조 1항, 제207조 등.

● 제49조의 집행정지서류

구분	집행취소서류	일시정지서류
종류	1,3,5,6호 서류	2,4호 서류
효과	집행취소	일시 유지

제6장 구 제 제 도

제1절 위법집행과 부당집행

강제집행절차는 권리실현의 마지막 단계로서 엄격히 법정하고 있는데, 법규정에 위반한 강제집행을 위법집행이라 한다. 이에 대해 즉시항고(제15조)와 집행에 관한 이의신청(제16조)이라는 두 가지 구제수단이 있다.

한편, 집행이 위법하지는 않지만 정의관념에 반하는 경우가 있는데, 이를 부당집행이라 한다. 위법집행이 아닌 이상 집행기관은 그대로 집행할 수밖에 없지만, 이를 방치하면 결과적으로 정의관념에 반하는 집행이 부당집행이다.[1] 이에 대해 청구에 관한 이의의 소(제44조)와 제3자이의의 소(제48조)라는 두 가지 구제수단이 있다. 앞의 네 가지 구제수단은 강제집행 전반에 걸쳐서 당사자 및 제3자를 위한 일반적 구제수단이고, 이것 외에 각종의 개별 집행절차에 별도의 구제수단이 마련되어 있다.[2]

그런데 집행실무에서는 이 네 가지 구제수단의 남용이 문제로 되고 있다. 악의적인 채무자가 집행절차를 지연시키기 위해서, 혹은 집행을 면탈하기 위해서 이들 구제수단을 남용한다는 것이다. 사실 민사집행절차에서 골치 아픈 문제 중의 하나가 바로 집행지연이나 집행면탈을 시도하는 이들의 악의적인 술책을 어떻게 막아 내느냐 하는 것이다.

---

1) 집행기관인 집행관이 위법집행을 해서 채권자나 채무자 또는 제3자에게 손해를 입혔다면 국가배상의 문제가 생긴다(국가배상법 제2조). 강제집행도 공권력의 행사이기 때문이다. 그러나 집행기관이 부당집행을 한 경우에는 채권자와 채무자 및 제3자 사이에 손해배상이나 부당이득의 문제가 생길 뿐이지 국가배상의 문제는 생기지 않는다. 이 점에서도 위법집행과 부당집행은 구별되는 개념이다.

2) 예컨대, 경매개시결정에 대한 이의신청(제86조), 매각허가결정에 대한 이의신청(제121조) 등.

제2절 즉시항고

Ⅰ. 의의

집행절차에 관한 집행법원의 재판 중에서 형식적 · 절차적 흠이 있음을 이유로 따지는 수단의 하나인데, 특별한 규정이 있을 때에만 허용된다(제15조 1항). 집행실무상 종전에 악의적인 채무자가 즉시항고를 남용하는 경우가 많았는데, 이에 대한 대책으로 항고이유서제출을 강제하는 제도를 두고 있다(제15조 3항, 4항, 5항, 7항). 집행실무에서는 집행이의에 비해 즉시항고의 이용빈도가 높다고 한다.

Ⅱ. 즉시항고의 절차

1. 항고권자

집행법원의 재판으로 불이익을 받을 것을 주장하는 자이다. 채권자 및 채무자는 물론 제3자도[1] 즉시항고를 할 수 있다.

2. 항고장의 제출

항고인은 재판을 고지받은 날로부터 1주일의 불변기간 내에 항고장을 원심법원에 제출해야 한다(제15조 2항). 이때 1주일의 기산점은 재판을 고지 받아야 할 사람 전원이 고지받은 날로부터 진행한다(규칙 제12조). 집행이 종료된 뒤에는 물론 즉시항고를 할 실익이 없다.

---

1) 금전채권의 압류명령을 송달받은 제3채무자도 불이익을 주장하여 즉시항고를 할 수 있다(제227조 4항).

3. 항고이유서의 제출

항고는 형식적・절차적 흠을 이유로 해야 한다. 민사집행법에서는 항고장을 제출할 때에 반드시 항고이유를 적도록 하고, 만약 항고이유를 적지 않은 때에는 항고장을 제출한 날로부터 10일 내에 항고이유서를 원심법원에 제출하도록 하고 있다(제15조 3항). 항고이유는 대법원규칙이 정하는 바에 따라 적어야 하고(동조 4항), 항고인이 항고이유서를 제출하지 않거나 항고이유가 대법원규칙에서 정한 바에 어긋날 때, 또는 항고가 부적법하고 이를 보정할 수 없음이 분명한 때에는 원심법원은 결정으로 즉시항고를 각하해야 한다(동조 5항). 이 각하결정에 대해 다시 즉시항고를 할 수 있다(동조 8항). 즉시항고의 남용에 대한 대비책으로 항고이유서제출을 강제하는 입법을 하게 된 것이다.

4. 심리

항고법원은 항고장 또는 항고이유서에 적힌 이유에 대해서만 조사한다. 다만, 원심재판에 영향을 미칠 수 있는 법령위반 또는 사실오인이 있는지에 대해 직권으로 조사할 수 있다(제15조 7항). 항고심은 원래 속심이 원칙이지만, 집행절차상 즉시항고는 사후심적인 성격을 갖는 것으로 한 규정이다. 집행절차의 지연을 방지하기 위한 방책이라고는 하나, 통상항고와 그 법적 성질을 달리하는 조치는 이례적이다. 그 외의 심리절차는 원칙적으로 민사소송법상 즉시항고절차와 같다(제15조 10항). 따라서 항고장을 접수한 원심법원이 항고에 정당한 이유가 있다고 인정하는 때에는 그 재판을 경정해야 한다(민소 제446조). 반대로 항고가 이유 없다고 인정되면, 의견서를 첨부하여 사건을 항고법원에 송부하여 항고법원이 심리한다.

5. 잠정처분

민사소송법상 즉시항고는 집행정지의 효력이 있지만(민소 제447조), 집행절차상의 즉시항고는 집행정지의 효력이 없다(제15조 6항 본문). 다만, 항고법원(재판기록이 원심법원에 남아 있는 때에는 원심법원)은 항고에 대한 결정이 있을 때까지 담보를 제공하게 하거나 담보를 제공하게 하지 아니하고 원심재판의 집행을 정지하거나 집행절차의 전부 또는 일부를 정지하도록 명할 수 있고, 담보를 제공하게 하고 그 집행을 계속하도록 명할 수 있다(제15조 6항 단서). 즉시항고가 집행정지효를 가지지 않기 때문에 집행이 진행되어 재산상 불이익을 입을 수 있는 채무자가 잠정처분을 통해 집행을 일시정지시킬 수 있으며, 반대로 채권자로서도 담보를 제공해서 집행을 속행할 수 있도록 균형을 맞추었다. 이 잠정처분에 대해서는 불복할 수 없다(동조 9항).

제3절 집행에 관한 이의신청

Ⅰ. 의의

집행에 관한 이의(간단히 집행이의라고 함)신청은 집행법원의 집행절차에 관한 재판으로서 즉시항고를 할 수 없는 것과, 집행관의 집행처분, 그 밖에 집행관이 지킬 집행절차에 위법함이 있음을 이유로 하는 구제수단이다(제16조 1항).

Ⅱ. 이의의 사유

실체상의 이유로는 집행이의를 신청할 수 없다.[1] 그런데 집행관의 처분에 대한 집행이의는 집행관이 독립된 집행기관으로서 실시한 처분이 위법할 때 쓸 수 있는 수단이므로, 집행관이 단순히 집행법원의 보조기관으로서 직무행위를 한 경우에는[2] 집행이의로써 따질 수 없다. 집행관이 집행위임을 거부하거나 집행행위를

1) 집행에 관한 이의는 집행 또는 집행행위에 있어서의 형식적 절차상의 하자가 있는 경우에 할 수 있는 것이므로, 집행의 기본이 되는 집행권원 자체에 대한 실체권리관계에 관한 사유나, 그 집행권원의 성립과 소멸에 관한 절차상의 하자는 어느 것이나 집행에 관한 이의사유로 삼을 수 없다(대결, 1987.3.24. 86마카51).
2) 예컨대, 부동산매각기일에 집행관이 취한 위법한 조치를 생각해 볼 수 있다.

지체한 경우, 집행관의 수수료계산에 다툼이 있는 경우에도 집행이의를 신청할 수 있다(제16조 3항). 그리고 집행관이 집행기록의 열람을 거절하는 경우와 같이(제9조 참조) 집행처분에 부수하는 처분에 위반한 경우에도 집행이의를 신청할 수 있고, 사법보좌관의 처분에 대해서도 집행이의를 신청할 수 있다(사보규 제3조 2호).

Ⅲ. 이의의 절차

1. 관할법원

집행법원이 전속관할한다. 집행관의 집행행위에 대해서는 불복의 대상이 된 집행처분이나 집행행위를 한 곳, 또는 해야 할 곳을 관할하는 지방법원 또는 동 지원의 단독판사가 관할법원이다. 집행법원의 집행처분에 대하여는 그 집행처분을 한 집행법원이 관할법원이 된다. 이 경우에는 집행이의의 대상이 된 집행행위를 한 집행법원이 다시 집행이의신청에 대해서도 재판을 하는 결과가 된다. 집행행위를 한 법원이 자신이 한 집행행위에 대해 그 당부를 다시 재판하는 이상한 일이 벌어지는 셈이다. 하지만 이렇게 처리할 수밖에 달리 다른 도리가 없다. 이때 집행이의의 대상이 된 집행행위를 한 집행법원은 집행기관으로서 집행행위를 한 것이고, 집행이의신청에 대해 재판할 때의 집행법원은 집행기관의 입장이 아니라 민사소송법상 재판기관의 입장에서 그 당부를 심리하는 것으로 봐야 한다. 하나의 법원이 두 가지 기능을 담당하는 모습이다. 그리고 관할권위반의 이의신청에 대해서는 민사소송법의 관할이송규정을 유추적용할 수 있을 것이다(민소 제31조).

2. 이의신청권자

집행기관의 위법한 집행처분 등으로 불이익을 받을 채권자, 채무자 및 제3자는 집행이의를 신청할 수 있다. 그리고 집행이의를 신청할 수 있는 권리는 원칙적으로 포기할 수 있는데 가령, 채무자가 위법한 집행행위나 처분에 대해 이의를 하지 않고 이를 감수했다면, 그 이후에는 같은 이유를 가지고 집행이의를 신청할 수 없다. 이때 포기는 명시 또는 묵시의 방법으로 할 수 있다.

3. 이의신청의 방법과 시기

1) 이의신청의 방법

이의신청은 집행법원이 실시하는 기일에 출석해서 하는 경우가 아니면 서면으로 해야 한다(규칙 제15조 1항). 이의신청을 할 때에는 이의의 이유를 구체적으로 밝혀야 한다(동조 2항).

2) 이의신청의 시기

이의신청에는 즉시항고와 같은 기간의 제한은 없지만, 원칙적으로 위법한 집행절차나 처분이 성립한 뒤 집행절차가 종료하기 전 사이에만 이의를 신청할 수 있다.[1] 말하자면 이의신청으로 공격할 대상이 없으면 이의신청의 이익도 없는 것이다.[2] 그런데 집행행위가 실시되기 전이라도 위법한 집행처분이 확정적으로 예상되는 경우에는, 집행이의를 허용할 수 있다는 판례가 있다.[3]

4. 심리와 재판

이의신청에 대하여 변론을 열 것인지 말 것인지 법원이 결정하여 재판한다(제23조, 민소 제134조). 이의사유에 관해 다툼이 있을 때에는 소명만으로 안되고 증명을 해야 한다. 이의신청이 부적법하면 각하결정을, 이의신청의 이유가 없으면 기각결정을 한다. 이의신청이 이유 있으면 법원은 신청의 내용에 따라 집행행위를 취소하거나 집행관에게 집행을 명한다. 이의를 인용한 결정은 신청인과 상대방에게 고지해야 하지만, 이의신청을 각하하거나 기각한 결정은 신청인에게만 고지하면 된다.

---

1) 대결, 2008.2.5. 2007마1613.

2) 집행이의는 그 집행절차 중에서 위법함을 시정하기 위한 방법이지, 집행절차가 끝난 뒤 기왕에 소급하여 위법집행의 효과를 제거하는 구제방법이 아니다.

3) 강제집행방법에 대한 이의신청 시기에 대하여는 법에 특별한 제한을 정하고 있지 않지만, 그러나 그 이의가 집행처분에 대한 불복신청방법이라는 성질을 갖는 이상, 원칙적으로 집행처분이 있은 후부터 그 종료하기 이전까지 할 수 있다 할 것이며, 다만 특별한 사정하에 일정한 위법한 집행처분의 실시가 확정적으로 예상되는 예외적인 경우에는, 사전의 이의도 허용할 수 있다 함이 상당하다(대결, 1969.11.20. 64마579).

5. 불복방법

현행 민사집행법상으로는 신속한 집행절차를 위해 집행이의의 재판에 대한 불복수단을 없애버렸다.[1] 하지만 집행이의재판의 결과 집행절차를 취소하는 취지의 결정을 내렸다면, 그 결정에 대하여는 즉시항고를 할 수 있다(제17조 1항).

6. 잠정처분

즉시항고에서와 마찬가지 사정으로 잠정처분을 인정한다(제16조 2항). 이 잠정처분에 대해 불복할 수 있는지 명문규정이 없어서 문제이긴 하나, 그 법적 성질이나 기능은 즉시항고의 경우와 같다고 본다(제15조 6항 단서). 그렇다면 여기의 잠정처분에 대해서도 제15조 9항을 유추적용하여 불복을 할 수 없다고 본다.

7. 다른 구제수단과의 경합

집행절차에 실체적 흠과 절차적 흠이 동시에 있는 경우, 구제수단으로 청구이의의 소나 제3자이의의 소와 집행이의와의 관계가 문제된다. 이때는 양쪽의 구제수단을 경합적으로 인정해도 무방하다고 본다.

1) 집행이의와 청구이의의 소의 경합

예컨대, 채무자가 변제증서나 의무이행유예증서를 제출했음에도(제49조 4호) 집행기관이 집행을 정지하지 않은 경우에는, 채무자는 집행이의로 집행정지를 구할 수 있다. 동시에 청구권의 소멸이나 의무이행의 유예 등을 이유로 청구이의의 소를 제기해서, 종국적 내지 일시적인 집행의 불허를 구할 수도 있다.

2) 집행이의와 제3자이의의 소의 경합

예컨대, 제3자가 점유하고 있는 채무자소유의 유체동산에 대해 집행할 때, 제3자가 그 물건의 제출을 거부함에도 집행관이 압류한 경우에는, 제3자는 제191조

---

1) 집행이의재판에 대한 불복방법을 없앤 것은 신속한 집행절차를 위한 조치이긴 하나, 기본권인 재판을 받을 권리를 제한하는 것이 아닌지 의문이 있다.

의 위반을 이유로 집행이의를 신청할 수 있고, 동시에 점유권을 주장하여 제3자 이의의 소를 제기할 수도 있다.

Ⅳ. 사법보좌관의 처분에 대한 이의신청

1. 의의

사법보좌관의 집행처분에 대해 판사에게 이의신청을 할 수 있다(법조 제54조 3항, 사보규 제3조 2호, 제4조, 제5조). 법관에 의한 재판을 받을 권리인 헌법상 기본권을 보장하기 위해 두고 있는 제도이다. 사법보좌관규칙상으로 세 가지 유형이 있다.

2. 유형

1) 즉시항고를 할 수 없는 처분에 대한 이의신청(사보규 제3조 2호)

사법보좌관이 실시한 사무 가운데 집행법원의 집행절차에 관한 재판으로서 즉시항고를 할 수 없는 것에 대해 집행이의신청이 가능하다. 이때의 이의신청에는 집행이의에 관한 절차가 그대로 적용된다.

2) 즉시항고 등의 대상이 되는 처분에 대한 이의신청(사보규 제4조)

사법보좌관의 처분 중 판사가 처리하는 경우 항고, 즉시항고, 특별항고[1])의 대상이 되는 처분에 대해 이의신청이 허용된다. 여기의 항고와 특별항고의 대상이

1) 민사소송법이나 민사집행법에서는 불복할 수 없는 결정이나 명령에 대하여 헌법위반 등 중요한 사유가 있을 때에만 특별항고라는 유일한 불복방법이 인정된다(제23조, 민소 제449조). 그런데 만약 사법보좌관이 이러한 특별항고의 대상이 되는 처분을 한 경우에는 이에 대해 이의신청을 통하여 불복할 수 있도록 사법보좌관규칙에서 규정하고 있으니, 이제는 불복할 수 없는 결정이나 명령이란 무의미한 개념이 아닌가 하는 의문이 든다(황병하, 사법보좌관의 처분에 대한 불복과 이의신청, 법조 제56권 제3호(통권 제606호), (법조협회, 2007), 203면도 같은 취지임). 이는 결과적으로 사법보좌관'규칙'을 가지고 법률로 정하고 있는 특별항고제도의 골격을 흔드는 것으로서 납득하기가 어렵다. 앞으로 사법보좌관법의 제정이나 관련규정을 정비할 기회가 있으면 마땅히 개정되어야 할 것으로 본다.

되는 처분이란 민사소송법에서 규정하고 있는 처분으로 보면 된다(민소 제439조, 449조). 즉시항고의 대상이 되는 처분은 민사집행법상 즉시항고의 명문규정이 있는 경우를 말한다. 결국 민사집행법상 즉시항고를 할 수 있는 경우를 두 가지로 나누어서 첫째, 판사의 처분에 대해서는 바로 즉시항고를 할 수 있으나 둘째, 사법보좌관의 처분에 대해서는 즉시항고를 하기에 앞서서 여기의 이의신청절차를 거쳐야 하는 것으로 된다. 절차의 구체적인 내용은 다음과 같다.

① 이의신청은 이의신청대상이 되는 처분의 표시와 그 처분에 대한 이의신청의 취지를 밝혀 사법보좌관에게 해야 한다. 다만, 해당법률에서 서면으로 이의신청하도록 규정하고 있는 경우에는 그에 따라야 한다(사보규 제4조 2항). 이의신청을 할 때에는 대상인 처분을 고지받은 날로부터 7일 이내에 해야 하며, 이는 불변기간이다(동조 3항). 즉시항고를 할 수 없는 경우에 인정되는 보통의 이의신청에 별도의 신청기간이 정해져 있지 않은 것과 다름을 유의해야 한다. 이의신청에는 인지를 붙일 필요는 없다(동조 4항).

② 이의신청을 받은 사법보좌관은 이의신청사건을 지체없이 소속법원의 판사에게 송부해야 하고(동조 5항), 판사는 사법보좌관의 처분을 정지시키는 등 잠정처분을 할 수 있다(동조 6항).

③ 사건을 송부받은 판사는 다음과 같은 재판을 할 수 있다(동조 6항 각호). 첫째, 이의신청의 방식에 흠이 있을 때에는 보정명령 및 이에 따른 각하결정을 해야 한다(동항 1호, 2호). 둘째, 이의신청이 이유 있다고 인정되는 때에는 사법보좌관의 처분을 경정해야 한다(동항 3호). 셋째, 사법보좌관의 처분 중 판사가 처리하는 경우 특별항고의 대상이 되는 처분에 대한 이의신청이 이유 없다고 인정되는 때에는 각하결정을 해야 한다(동항 4호). 이때의 각하결정에 대해서는 불복할 수 없다(동조 8항). 넷째, 사법보좌관의 처분 중 판사가 처리하는 경우 항고 또는 즉시항고의 대상이 되는 처분에 대한 이의신청이 이유 없다고 인정되는 때에는, 사법보좌관의 처분을 인가하고 이의신청사건을 항고법원에 송부해야 한다. 이때에는 이의신청을 곧 항고나 즉시항고로 보는데(동조 9항, 6항 5호), 인지나 보증제공서류 등을 붙여야 한다(동조 6항 6호).

④ 위의 각하나 경정결정에 대해서는 해당법률에서 정한 절차에 따라 불복할 수 있지만, 특별항고의 대상이 되는 사법보좌관의 처분에 대한 이의신청에 대하

여 각하결정을 내린 경우에는 불복할 수 없다(동조 7항, 8항).

3) 배당표에 대한 이의신청(사보규 제5조)

사법보좌관이 작성한 배당표에 대해 채권자 및 채무자는 이의신청을 할 수 있다. 이의신청을 할 때에는 신청대상이 되는 처분의 표시와 그 처분에 대한 이의신청취지를 밝혀서 사법보좌관에게 해야 한다(동조 2항). 이의신청을 받은 사법보좌관은 민사집행법상 배당표에 대한 이의절차(제151조, 제152조)에 따라 절차를 진행해야 하지만, 만약 절차를 진행하지 못하는 경우에는 배당기일을 중지한 후 이의신청사건을 지체없이 소속법원의 판사에게 송부해야 한다(사보규 제5조 4항). 이의신청사건을 송부 받은 판사는 배당표를 작성하여 당해 기일 또는 속행기일에 배당기일을 실시해야 하고(동조 5항), 이때의 판사의 처분에 대해서는 해당법률에서 정한 절차에 따라 불복할 수 있다(동조 6항). 배당표에 대한 이의신청의 경우는 처음부터 판사가 관여하지 않는다는 점에서 앞의 두 가지 이의신청(사보규 제3조 2호, 제4조)과 다르다.

제4절 청구에 관한 이의의 소

Ⅰ. 의의

청구에 관한 이의의 소(간단히 청구이의의 소라 함)는 채무자가 집행권원에 표시되어 있는 실체법상 이행청구권의 소멸이나 이행의 유예를 주장하면서, 동시에 그 집행권원의 집행력배제를 구하는 소이다(제44조). 제3자이의의 소와 함께 부당집행에 대한 구제수단이다.

민사집행법상 기관분리의 원칙을 채택한 결과, 채권자가 집행정본을 가지고 강제집행을 신청한 이상, 집행기관으로서는 집행권원에 표시되어 있는 실체법상 청구권의 존재여부에 상관없이 집행절차를 개시 내지 진행시켜야 한다. 그런데 집행권원이 성립되고 나서 이에 따른 집행이 종료될 때까지는, 대개의 경우 상당한 시간이 걸리게 되어 있다. 그 사이에 만약 집행권원에 표시되어 있는 실체법상 청구권이 소멸했다든지, 의무이행이 유예되었다든지 하더라도, 집행권원에 따른 집행이 위법하다고 비난할 수는 없다. 왜냐하면 집행기관으로서는 오로지 집행권원에 따라 집행을 실시하면 되기 때문이다. 집행기관으로서는 청구권소멸 등의 사정에 대해 조사할 권한도 의무도 없다. 따라서 집행기관이 이러한 사실을 알았다고 하더라도, 집행권원이 형식상 유효하게 존재하는 한, 집행기관은 강제집행을 개시하거나 속행해야 한다. 이것이 현행법의 원칙이다. 그러한 집행도 위법하지는 않으므로 집행이의나 즉시항고로써 따질 수도 없다.

하지만 강제집행의 궁극적인 목적은 실체법상 청구권의 실현에 있고, 이 또한 법의 궁극의 목적인 정의관념을 비켜 갈 수는 없다. 그러한 집행을 위법집행이 아니라는 이유로 방치한다면, 정의관념에 반하는 부당한 결과로 된다. 청구이의의 소는 바로 이러한 부당집행을 구제하는 수단의 하나이다. 민사집행절차에서 규정하고 있는 소송 중에서 가장 전형적인 소송이다.

Ⅱ. 소의 성질

소의 성질에 관해 여러 가지 견해가 있다. 부당집행의 집행력배제를 위한 형성의 소로 보는 견해(형성소송설), 채권자가 집행을 하지 않도록 부작위를 구하는 이행의 소로 보거나, 이미 실시된 집행의 목적물(예, 압류물)을 부당이득으로서 채무자에게 반환할 것 등을 구하는 이행의 소로 보는 견해(이행소송설), 집행권원에 집행력이 존재하지 않음의 확인을 구하거나, 실체법상의 이행의무부존재의 확인을 구하는 소로 보는 견해(확인소송설), 집행권원이 표시하고 있는 실체법상 청구권의 부존재를 확인하는 효과와, 그 집행권원의 집행력배제라는 집행법상 형성의 효과를 동시에 목적으로 하는 특수한 소송이라고 하는 견해(구제소송설)의 대립이 있다. 사견으로는 구제소송설을 따른다.[1)]

---

1) 판례는 형성소송설이다. ① 청구이의의 소는 채무명의의 집행력자체의 배제를 구하는 것이므로 이미 집행된 개개의 집행행위의 불허를 구하는 것은 부적법하다(대판, 1971.

Ⅲ. 적용범위

청구이의의 소는 집행력배제 등을 목적으로 하므로, 집행권원 자체를 취소・변경시키기 위해서는 제기할 수 없다. 예를 들어, 가집행선고 있는 종국판결의 취소를 위해서는 상소를 제기해야 할 것이고, 확정판결의 취소를 위해서는 재심 등의 방법을 통해야지 이 소를 제기할 수 없다. 그리고 집행권원의 존재나 그 집행력의 발생을 다투는 경우에는 집행문부여에 대한 이의신청(제34조)으로 해야지 이 소를 제기할 수 없다. 또한 집행력발생의 원인이 되는 조건의 성취나 승계를 다툴 때에는 집행문부여에 대한 이의의 소(제45조)를 통해야지 역시 이 소를 통할 수는 없다. 이 소의 적용범위와 관련하여 문제가 되는 몇 가지 경우를 검토해 둔다.

1. 집행권원의 경합

동일한 청구권에 관해 복수의 집행권원이 경합하는 경우에는,[1] 신집행권원과 구집행권원 모두 유효하므로 어느 것에 의해서도 이 소를 제기할 수 있다고 본다.[2]

2. 부동산인도명령

부동산인도명령도 집행권원이므로 이에 대해 이 소를 제기할 수 있다(제136조 6항 참조). 다만, 부동산인도명령은 항고로만 불복할 수 있는 재판(제56조 1호)에 해당하여 기판력이 없으므로 이의사유의 시적 제한(제44조 2항)은 없다. 시적 제한에 대해서는 뒤에서 볼 것이다.

12.28. 71다1008).

② 확정판결 기타 유효한 채무명의에 표시된 청구권에 관한 실체상 사유를 주장하여 그 집행력을 저지하는 것은 민사소송법 제505조의 청구이의의 소로써 그 집행력을 배제하지 않는 한 할 수 없다고 할 것이므로 이 사건 재항고인들이 채무명의로 된 화해조서가 성립한 후 이 사건 건물의 공유자가 되었다는 사실만으로써는 위 채무명의의 집행력을 저지할 수 없다(대결, 1984.5.28. 84마202).

1) 가령, 실체법상 청구권이 집행증서로 이미 작성되어 있는데, 다시 이행의 소를 제기하여 승소판결을 받은 경우를 예로 들 수 있다.

2) 동지: 민일영, "청구이의의 소에 관한 실무상 문제점", 재판자료 제35집, 211면. 그러나 신집행권원만 유효하므로, 이에 기해서만 이 소를 제기할 수 있다는 견해도 있다(방순원・김광년, 63면).

3. 수권결정

대체적 작위·부작위의무의 집행을 위해 수권결정(授權決定)을 한 경우(제260조), 수권결정은 항고로만 불복을 신청할 수 있는 재판으로서 그 자체 집행권원이다. 하지만 수권결정의 집행력을 배제하기 위해서는 원칙적으로 청구이의의 소를 제기할 수 없다. 왜냐하면, 이들 수권결정은 원집행권원[1]에 기한 강제집행의 한 방법에 해당하는 단순한 집행행위로서의 성질을 가지는 데에 불과하기 때문이다.[2] 따라서 이러한 경우 집행을 배제시키려면 원집행권원에 대하여 청구이의의 소를 제기해야 한다. 그러나 위 수권결정에 따른 집행비용이나 배상금지급의무의 집행에 있어서는 수권결정 자체가 집행권원이 되므로, 이에 대해서는 이 소를 제기할 수 있다.

4. 담보경매

강제집행절차와 달리 집행권원을 전제로 하지 않는 담보경매절차에서도 저당권의 부존재 등 실체상 권리의 흠을 이유로, 청구이의의 소나 이를 준용한 소를 제기할 수 있는가. 담보권실행절차나 강제집행절차나 모두, 채권자의 입장에서는 실체법상 권리의 만족을 얻기 위한 절차이고, 채무자로서는 이들 절차가 완료되면 목적물에 대한 실체법상 권리를 잃게 된다는 공통성이 있다. 그리고 담보권실행절차에도 소위 기관분리의 원칙이 배제될 이유가 없고, 가능한 한 이 절차를 강제집행절차에 통합시킬 필요가 있으므로, 제44조의 준용에 따라(제275조) 청구이의의 소를 제기할 수 있다고 본다. 폐지되기 전의 경매법이 시행되던 당시에도, 판례가 담보경매절차에 제44조와 제48조에 해당하는 규정을 준용하여 채무이의의 소 또는 제3자이의의 소를 제기할 수 있다고 하였다.[3] 담보경매정지의 잠정처분을 구할 수 있다고 한 취지도 이러한 측면에서 이해할 수 있다.[4]

1) 예컨대, 건물철거를 명한 이행판결에 기하여 대체집행을 하는 경우 그 이행판결.
2) 동지: 박두환, 143면; 민일영, 앞의 글, 214면.
3) 대결, 1970.3.2. 69그23; 대결, 1971.11.25. 71그17; 대결, 1983.2.3. 82마869.
4) 이러한 판례의 입장은 경매법이 폐지된 이후에도 그대로 유지되고 있다. 임의경매를 신청할 수 있는 권리의 존부를 다투어 민사집행법 제275조에 의한 같은 법 제44조의 준용에 의해 채무에 관한 이의의 소를 제기한 경우에도 같은 법 제46조 제2항에 의한 강제집행정지명령을 받아 정지시킬 수 있을 뿐이고, 일반적인 가처분절차에 의하여 임의경매절차를 정지시킬 수는 없다(대결, 2004.8.17. 2004카기93).

5. 소송비용액확정결정

소송비용액확정절차는 소송비용의 상환의무가 있는지 여부를 판단하는 절차가 아니라, 본안판결에서 소송비용을 부담하는 자가 부담할 비용을 확정하는 절차에 그치기 때문에, 당사자는 이 절차에서 변제나 면제 등 실체상의 사유를 주장할 방법이 없다. 그러나 소송비용액확정결정을 집행권원으로 하는 강제집행에서는, 변제나 면제 등 실체상의 사유를 들어 청구이의의 소를 제기할 수 있음은 물론이다. 다만, 이의사유의 시적 제한(제44조 2항)은 없다.

6. 검사의 집행명령

검사의 집행명령은 집행력 있는 집행권원과 동일한 효력이 있고(제60조 2항), 그 집행에는 민사집행법의 집행에 관한 규정을 준용한다(형소 제477조). 검사의 집행명령에 대해 불복하고자 할 때에는 형사소송법 제489조, 제491조에 따라야 하고, 원칙적으로 청구이의의 소로써 따질 수는 없다. 다만, 검사의 집행명령 중에서 형사소송법상 특별규정이 없는 경우에는 민사집행법 제60조의 규정에 따라야 하고, 이때에는 검사의 집행명령에 대해 청구이의의 소를 제기할 수 있다.

7. 개별적 집행의 배제여부

청구이의의 소는 집행권원의 일반적인 집행력을 배제하려는데 주목적이 있다. 따라서 현실적으로 존재하는 개별적인 집행처분의 배제를 목적으로 이 소를 제기할 수는 없고, 이 소의 원고승소판결정본을 집행기관에 제출하여 개별적인 집행처분을 취소할 수도 없다.[1)]

1) 판례도 "청구이의의 소는 집행권원의 일반적인 집행력의 배제를 구하는 소로서, 이미 집행된 개개의 집행행위의 불허를 구하는 것은 부적법하다(대판, 1971.12.28. 71다1008)."라고 해서 같은 취지다.

8. 가압류 · 가처분

채무자는 가압류이유가 소멸하거나 그 밖에 사정이 바뀐 때, 법원이 정한 담보를 제공한 때 등 일정한 사유가 있으면 가압류가 인가된 뒤에도 그 취소를 신청할 수 있고(제288조 1항 1호, 2호), 특히 가압류가 집행된 뒤 3년간 본안의 소를 제기하지 아니한 때에는 이해관계인도 가압류취소를 신청할 수 있다(동조 1항 3호). 이상은 가처분의 경우에도 준용된다(제301조). 따라서 가압류 · 가처분의 집행배제를 위해 별도로 청구이의의 소를 인정할 필요는 없다.

Ⅳ. 이의이유

1. 의의

집행권원의 집행력을 소멸시키거나 제한시키는 일체의 사유가 있으면 이 소를 제기할 수 있다. 그러나 집행권원의 성립과정에서의 흠이나 집행권원 자체의 흠과 같은, 집행권원의 형식적인 흠으로는 이 소를 제기하지 못한다. 그리고 집행준비단계에서의 흠이나 집행절차상의 흠을 이유로도 이 소를 제기할 수 없다.

1) 청구권의 소멸

변제, 대물변제, 공탁, 상계, 경개, 면제, 포기, 화해, 취소, 해제, 소멸시효의 완성, 해제조건의 성취, 이행불능 등 청구권의 전부 또는 일부를 소멸시킬 사유는 모두 이의이유에 해당한다.

2) 청구권의 부존재

대리권의 흠결에 의한 청구권의 불성립이나, 공서양속위반, 통정허위표시에 의한 무효 등의 사유도 이의이유로 삼을 수 있다.

3) 집행적격의 상실

채권의 양도나 면책적 채무인수로 채권자나 채무자의 집행적격이 상실된 경우나, 채권자에 대한 파산선고, 집행채권의 압류나 질권설정으로 청구권에 대한 처분권이 상실된 경우에도 이 소를 제기할 수 있다.

2. 관련문제

1) 집행제한계약

채권자가 민사집행법의 규정과 상관없이 특정의 집행권원에 따른 강제집행을 하지 않는다든지, 연기한다든지 혹은 특정의 재산에 대해서만 집행한다든지 하는 합의를 채무자와 하는 경우가 있다. 이러한 합의를 소위 집행제한계약 혹은 부집행합의라고 한다. 집행제한계약이 화해조서나 공정증서로 적혀 있으면 이를 강제집행의 정지서류로 제출하여 집행을 정지시킬 수가 있음은 이미 본 바와 같다(제49조 6호 참조). 그런데 이 계약이 화해조서나 공정증서로 기재되어 있지 않는 경우 그 법적 성질은 무엇이고, 또 이에 위반하여 집행을 신청하거나 속행하는 경우 이에 대한 구제수단은 무엇인지 등에 관해 학설상 대립이 있다.

다수설 및 판례는 집행제한계약을 실체법상 계약이라 하고, 이를 위반한 집행에 대해 청구이의의 소를 유추 내지 준용할 수 있다고 한다.[1] 그러나 사견으로는 이 계약은 집행법상 계약으로서 무효이고, 따라서 이 계약을 위반하더라도 별도의 구제수단을 인정하기 어렵다고 본다. 여기에서는 상론을 피한다.

2) 한정승인

피상속인의 채권자가 상속인인 채무자의 재산에 대해 강제집행을 할 때, 한정승인을 한 상속인은 어떠한 구제수단을 가지는가 하는 문제이다. 먼저, 집행권원이 형성되는 과정에서 채무자가 한정승인의 항변을 하여 한정승인이 유보된 집행권원이 성립한 경우, 이를 기초로 채권자가 채무자의 고유재산에 강제집행을 한다면, 채무자는 한정승인에 의한 책임제한을 이유로 제3자이의의 소로써 구제를 받을 수 있고, 여기에는 의문이 없다.

---

1) 대판, 1996.7.26. 95다19072.

그런데 한정승인의 유보가 없는 집행권원에 따라서 강제집행이 실시되는 경우, 한정승인을 이유로 채무자가 강제집행을 저지시킬 수 있는 구제수단이 무엇인지는 의문이 있다. 경우를 두 가지로 나누어서 본다. 하나는 채무자인 피상속인에 대해 이행판결이 확정된 뒤에 상속인이 한정승인을 하고, 이를 강제집행절차에서 주장하는 경우이다. 다른 하나는 이미 한정승인을 한 상속인에 대해 상속채무에 관한 이행소송이 계속 중에, 상속인이 한정승인의 주장을 할 수 있었음에도 불구하고 이를 주장하지 않아서, 한정승인의 유보가 없이 이행판결이 확정된 경우이다. 이에 관하여 학설은 크게 네 가지로 나누어진다. ① 제1설은 전자의 경우에는 청구이의의 소, 후자의 경우에는 기판력 혹은 실권효에 의해 구제수단을 인정할 수 없다고 한다.[1] ② 제2설은 양자의 경우 청구이의의 소를 인정한다. ③ 제3설은 양자의 경우 집행문부여에 대한 이의나 이의의 소를 인정한다. ④ 제4설은 양자의 경우 제3자이의의 소를 인정한다.[2]

사견으로는 다음과 같은 이유에서 제2설에 찬동한다.[3] 전자의 경우는 집행권원에 표시되어 있는 실체상 청구에 관하여 채무자가 이의를 할 수 있는 경우이고(제44조 1항 참조), 이의이유가 변론이 종결된 뒤에 생긴 것이므로(동조 2항 참조) 청구이의의 소로써 구제를 받을 수 있는데 큰 문제는 없다. 그러나 후자의 경우에는 한정승인의 항변을 변론이 종결된 뒤에 하는 것으로서 이는 기판력의 차단효에 의해 더 이상 허용할 수 없지 않는가, 즉 제44조 2항의 시적 제한에 저촉되지 않는가 하는 의문이 있을 수 있다. 그러나 한정승인을 이유로 청구이의의 소를 제기하는 경우에는 제44조 2항의 시적 제한을 받지 않는다고 보아야 한다. 왜냐하면 채무자가 한정승인의 항변을 할 때에는 패소판결을 받을 것을 전제로 할 것이고, 따라서 패소판결이 확정되고 나서 강제집행단계에서도 한정승인의 항변을 할 수 있도록 길을 열어 주는 것이 우리의 법률감정에 어울린다고 본다. 이러한 해석론은 후술하는 상계권의 행사에 시적 제한을 인정하지 않는 것과 맥락을 같이 한다.

3) 권리남용의 문제

확정판결의 취득이나 이에 따른 강제집행이 신의칙에 위반하거나 권리남용에

1) 이시윤, 182면; 김상수, 83면.
2) 오시영, 271면.
3) 동지: 박두환, 148면.

해당하는 경우, 청구이의의 소를 제기함으로써 집행을 저지시킬 수 있다고 본다.[1] 강제집행절차에도 신의성실의 원칙이 준용되기 때문이다(제23조).

4) 실권약관

예컨대, 실권약관에서 할부금이나 차임을 연체하고 있다는 사실이 제30조 2항에서 말하는 조건에 해당하는지 여부에 관해 의문이 있다 함은 집행문부여절차에서 이미 본 바와 같다. 적극설은 그러한 사실이 조건에 해당하는 것으로 보아, 실권약관에 따른 강제집행에 대해 채무자는 집행문부여에 대한 이의의 소(제45조)로 구제받을 수 있다고 한다. 반면에 소극설은 그러한 사실은 조건에 해당하지 않는다고 보아, 채무자는 청구이의의 소로 구제받을 수 있다고 한다. 사견으로는 소극설을 따른다.

3. 시적 제한

1) 판결의 경우

판결에 대해 청구이의의 소를 제기할 때에는, 이의이유가 변론이 종결된 뒤(무변론판결의 경우에는 판결이 선고된 뒤)에 생긴 것이어야 한다(제44조 2항). 기판력의 차단효 때문이다. 그러나 시적 제한과 관련하여 다음의 경우는 약간의 검토가 필요하다.

(1) 취소권 · 해제권

변론종결전에 이미 취소권이 발생하고 있었지만, 변론종결후에 취소권을 행사하여 청구이의의 소를 제기할 수 있을까. 취소권행사는 소급효가 있으므로, 변론종결후에 취소권을 행사한 결과 실체상의 청구권이 무효로 되고, 따라서 확정판

---

1) 동지: 방순원 · 김광년, 190면; 박두환, 148면. 확정판결에 의한 권리라 하더라도 신의에 좇아 성실히 행사되어야 하고, 그 판결에 기한 집행이 권리남용이 되는 경우에는 허용되지 않는다 할 것이므로, 집행채무자는 청구이의의 소에 의하여 그 집행의 배제를 구할 수 있다는 판례로 대판, 1997. 9.12. 96다4862. 동지: 대판, 2007.5.31. 2006다85662. 그러나 채무자로서는 요건이 엄격한 재심의 방법에 의하지 않고 청구이의의 소에만 의지하려 할 것이므로, 결과적으로 재심제도가 유명무실해질 염려가 있다는 등의 이유로 의문을 제기하는 소극설도 있다. 민일영, 앞의 글, 224면.

결에 기한 강제집행을 저지시킬 수 있는가 하는 점이다. 만약 이를 인정한다면 확정판결의 기판력과 저촉되어 문제이다. 뿐만 아니라 취소권자가 언제 취소권을 행사하느냐에 따라 강제집행절차의 운명이 달라진다는 결과가 되는데, 이는 절차의 획일성을 중시하는 절차법의 기본원리에도 어긋나는 결론으로서 따르기 어렵다. 요컨대, 취소권을 이유로 이 소를 제기할 때에는, 취소의 의사표시가 가능한 시점, 즉 취소권발생시점을 이의사유의 발생시점으로 봐야지, 취소의 의사표시를 실제로 하는 시점 즉, 취소권행사시점을 이의사유의 발생시점으로 보면 안 된다. 따라서 취소권의 발생시점이 변론종결전이었다면 이 소를 제기해서 집행을 저지시킬 수 없다.[1] 해제권에 대해서도 같이 말할 수 있다.[2]

(2) 상계권

변론종결후에 채무자가 반대채권을 취득하거나 상계적상이 발생한 경우, 채무자가 상계권을 행사하여 청구이의의 소를 제기함에는 아무런 문제가 없다. 그런데 채무자가 변론종결전에 상계할 수 있었음에도 상계하지 않고 있다가, 변론종결후에 상계권을 행사하여 이 소를 제기할 수 있는지 문제가 있다.[3]

생각건대, 상계권의 경우는 취소권·해제권의 경우와 달리 취급할 필요가 있다. 이들 권리는 형성권이란 점에서는 같지만, 강제집행의 저지와 관련해서 보면 그 실질에 차이가 있다. 취소권이나 해제권은 청구권의 하자를 원인으로 인정되는 권리인데 대해, 상계권은 별도의 반대채권이 존재하는 것을 이유로 인정되는 권리로서, 이들을 행사하여 집행을 저지시키는 본래의 의미가 다르다는 뜻이다. 바꾸어 말하면 상계권 행사는 채권을 처분하는 행위라고도 할 수 있으며, 그 상계권의 행사여부나 시기는 상계권자에게 일임되어 있다. 뿐만 아니라 상계항변은 패소판결을 받을 것을 전제로 하는 항변일 것이고, 따라서 판결절차에서 상계항변을 하지 않았던 패소당사자더라도 그 뒤의 강제집행절차에서 상계항변을 할 수 있도록 길을 열어 주는 것이 법률감정에도 어울리는 해석이라고 할 것이다. 또한

1) 통설임. 이영섭, 82면; 방순원·김광년, 192면; 박두환, 150면.
2) 확정판결의 변론종결전에 해제사유가 존재하였음에도 불구하고, 그 후에 한 해제의 의사표시는 기판력에 저촉된다는 판례가 있다(대판, 1981.7.7. 80다2751).
3) 물론 이때에도 '채권자'가 상계의 의사표시를 해놓고도 집행을 실시한다면, 채무자는 상계에 의한 청구권의 소멸을 이유로 이 소를 제기할 수 있다.

그렇게 해석하더라도 집행채권자에게 아무런 손해를 입히는 것도 아니다.

결론적으로 채무자가 변론종결전에 상계적상이 있었음에도 상계하지 않았더라도, 강제집행절차에서 상계해서 이 소를 제기할 수 있다고 본다.[1] 이 점은 앞의 취소권・해제권의 경우와 다른 점이다.

2) 그 밖의 집행권원

확정판결과 동일한 효력이 있는 화해조서・인낙조서・조정조서 등에 대해서는 조서가 성립된 뒤에 생긴 사유에 한한다. 그러나 확정된 지급명령(제56조 3호), 집행증서(제56조 4호), 부동산인도명령(제136조), 형사배상명령(소촉법 제34조 4항) 등의 집행권원에는 기판력이 인정되지 않으므로 이의사유의 시적 제한이 없다.

4. 이의이유의 동시주장

이의이유가 여러 가지인 때에는 동시에 주장해야 한다(제44조 3항). 이때 만약 채무자가 순차적으로 청구이의의 소를 제기할 수 있다면, 절차의 지연이 문제로 될 것이다. 여기서 '동시주장'이란, 제출이 가능한 이의이유는 모두 하나의 청구이의의 소에 집중해야 한다는 뜻으로서 별소를 금지한다는 의미이지, 이의이유를 일괄하여 동시에 주장하라는 의미는 아니다. 따라서 이의이유를 소장에 한꺼번에 기재하지 않아도 된다. 나아가 같은 심급에서 한꺼번에 주장해야 한다는 취지도 아니다. 동일소송의 하급심에서 주장할 수 있는 이의이유를 상급심에서 제출해도 무방하다.

그러나 소를 제기한 뒤에 발생한 이의이유는 별소에서 주장할 수 있다. 다만, 이 경우에는 변론의 병합이 가능할 것이다. 그리고 소를 제기하기 전에 발생한 이의이유라 하더라도, 채무자가 책임질 수 없는 사유로 주장할 수 없었던 이유는 별소로서 주장할 수 있다고 본다.[2]

---

1) 동지, 방순원・김광년, 194면; 박두환, 150면. "채무자가 집행권원인 확정판결의 변론종결전에 상대방에 대하여 상계적상에 있는 채권을 가지고 있다 하여도, 변론종결후에 이르러 비로소 상계의 의사표시를 한 때에는, 민사소송법 제505조 2항에 규정하는 이의원인이 변론종결후에 생긴 때에 해당하는 것으로서, 당사자가 변론종결전에 상계적상에 있음을 알았는가 몰랐는가에 관계없이 적법한 청구이의의 사유가 된다고 할 것이다(대판, 1966.6.28. 66다780)." 동지; 대판, 1998.11.24. 98다25344.

2) 예컨대, 청구이의의 소를 제기할 때에 변제증서를 도난당하여 이를 이의사유로 주장하

V. 소송절차

원칙적으로 통상의 소송절차와 같지만, 이 소는 민사집행법상의 소로서 특히 신속이념이 요구되므로 약간의 특칙이 있다.

1. 소의 제기

청구이의의 소는 집행권원이 성립되어서 집행절차가 진행될 가능성이 있는 경우에도 제기할 수 있다. 집행문부여전이나 집행개시전이라도 상관없다. 그러나 집행종료후에는 이 소를 제기할 수 없고, 채무자는 부당이득반환이나 불법행위에 기한 손해배상을 청구할 수 있을 뿐이다. 개별적인 집행이 종료했더라도, 아직 전체로서의 집행이 종료되지 않은 이상 이 소를 제기할 수 있다. 따라서 압류된 물건이 경매되어 배당절차에서 청구에 대한 일부의 만족이 있을 따름이고, 동일한 집행권원에 따른 전체로서의 집행이 종료되기 전이라면 이 소를 제기할 수 있다.[1)]

통상의 소와 마찬가지로 소장을 제출해야 한다. 청구취지에는 집행권원에 따른 강제집행의 종국적 또는 일시적 배제를 구하는 취지를 적어야 한다. 종국적인 배제인가, 일시적인 배제인가는 이의이유의 내용에 따라 다르다. 청구권이 존재하지 않았다거나 소멸했음을 주장하는 경우에는 집행력의 종국적인 배제를 구하는 것이고, 의무이행유예를 이의이유로 할 때에는 집행력의 일시적인 배제를 구하는 것이다.

2. 관할

청구이의의 소의 관할은 모두 전속관할이다(제21조). 구체적으로는 대상이 되는 집행권원에 따라 관할법원이 다르다.

지 못하였는데, 그 뒤에 증서를 입수하였다면 별소에서 변제증서를 이유로 다시 청구이의의 소를 제기할 수 있을 것이다.

1) 강제집행절차에 있어서 경매 매득금으로 변제 또는 배당을 받을 때까지는, 아직 그 집행절차가 계속 중에 있다고 할 것이고, 설사 그 강제집행이 배당절차의 단계에 들어간 경우라도, 채무자는 기본채권의 소멸을 이유로 하여 청구에 관한 이의의 소를 제기할 수 있는 것이다(대판, 1965.1.26. 64다886).

1) 확정판결 등

청구이의의 소는 제1심 판결법원이 전속관할한다(제44조 1항). 제1심 법원에 집행권원에 관한 소송기록이 보관되어 있고(민소 제421조, 제425조), 실체상의 이의이유에 대한 재판에 편리하며 신속한 처리에도 적합하기 때문이다. 다만, 여기서 제1심 판결법원이란 전에 판결을 했던 그 단독판사나 합의부를 지칭하는 것이 아니라, 그 소속법원의 사무분배규정에 따라 사건을 분배 받은 법원을 말한다.

외국재판에 대한 집행판결의 경우는 집행판결을 한 제1심 판결법원이 관할한다. 확정판결과 동일한 효력이 있는 화해조서・인낙조서・조정조서 등에 대해서는 이들 조서를 성립시킨 법원을 말한다.

2) 지급명령

지급명령을 내린 지방법원이 관할한다(제58조 4항). 다만, 그 청구가 합의사건인 때에는 지방법원 합의부에서 재판한다(동조 5항).

3) 집행증서

채무자의 보통재판적이 있는 곳의 법원이 관할한다. 만약 그러한 법원이 없는 때에는, 민사소송법 제11조의 규정에 따라 채무자에 대해 소를 제기할 수 있는 법원이 관할한다(제59조 4항).

4) 가사심판서・가사조정조서

가사심판이나 가사조정은 가정법원의 전속관할에 속하고(가소 제2조 1항), 가사소송절차에 관해 가사소송법에 특별한 규정이 있는 경우를 제외하고는 민사소송법의 규정에 따르므로(가소 제12조), 가사심판서나 가사조정조서에 대한 청구이의의 소는 가정법원이 관할권을 가진다고 본다.[1] 다만, 이들에 대해 지방법원에 이 소를 제기한 경우에는 이를 각하할 것이 아니라 가정법원으로 이송할 것이다.[2]

---

1) 동지: 박두환, 153면.
2) 대결, 1980.11.25. 80마445.

3. 당사자적격

1) 원고적격

집행권원에 채무자로 표시된 자 또는 집행문에 채무자의 승계인이나 집행권원의 효력이 미치는 자로 표시된 자는 원고가 될 수 있다. 승계집행문이 없더라도 집행권원에 표시된 채무를 승계하여, 그 집행권원의 집행력을 받게 된 자도 원고가 될 수 있다. 제3자는 원칙적으로 원고적격이 없다. 따라서 집행권원에 표시된 채무승계를 다투어서 집행력배제를 구하려는 제3자는, 집행문부여에 대한 이의신청(제34조)이나 이의의 소(제45조)를 통해 다툴 수 있지 이 소를 제기할 수 없다. 원고적격자의 채권자는 민법 제404조의 채권자대위권에 따라 이 소의 원고가 될 수 있다.

2) 피고적격

집행권원에 채권자로 표시되어 있는 자 또는 집행문에 채권자의 승계인이나 집행권원의 효력이 미치는 자로 표시되어 있는 자이다. 승계집행문이 부여되기 전이라도, 집행권원에 표시된 청구권을 승계하여 강제집행을 할 수 있는 자는 피고적격이 있다.

4. 심리 및 재판

심리는 통상소송절차에 따라 진행하고, 재판은 변론을 거쳐서 판결로 해야 한다. 이의이유가 존재하는지는 변론종결시를 기준으로 판단한다. 한편, 이의이유의 일부만을 근거로 집행력의 일부배제를 허용할 수 있는지 본다.[1] 집행의 일체성을 강조하면 변제된 부분에 대한 집행배제를 구할 수 없겠지만, 통설 및 판례는 적극적으로 해석하여, 변제로 소멸된 청구권에 대해서는 집행불허의 판결을 할 수 있다고 한다.[2] 일부변제가 있었음에도 전체로서의 집행이 남아 있다는 이유로

1) 예컨대, 변제를 원인으로 한 청구이의의 소를 심리한 결과 일부변제가 인정된다면, 집행권원 중 변제된 부분에 대한 집행을 불허하는 판결을 할 수 있는가 하는 문제이다.
2) 박두환, 155면; 김상원, 앞의 주석(Ⅰ), 347면. 대판, 1963.6.20. 63다204. 동지: 대판, 1967.12.26. 67다2249.

소멸된 청구권에 대해서까지 강제집행을 허용한다면, 이는 부당집행이 되기 때문에 사견으로도 통설과 같이 적극적으로 해석한다.

5. 잠정처분

이 소가 제기되더라도 강제집행의 개시나 속행에는 영향이 없다(제46조 1항). 따라서 채무자가 이 소를 제기하여 승소판결을 받더라도, 그 전에 이미 강제집행이 종료되어 버렸다면, 채무자는 목적을 달성할 수 없게 되어 불합리하다. 이를 대비해 잠정처분제도를 두고 있다. 채무자가 이의를 주장한 사유가 법률상 정당한 이유가 있다고 인정되고, 사실에 대한 소명이 있을 때에는, 수소법원은 집행정지의 잠정처분을 명할 수 있고, 반대로 채권자를 위해서 집행속행의 잠정처분을 명할 수 있다(제46조 2항). 이 잠정처분의 결정에 대해서는 제15조 9항 및 민사소송법 제500조 3항을 유추적용하여 불복을 할 수 없다고 본다.[1)]

이 잠정처분은 청구이의의 소의 종국판결이 있을 때까지 임시로 내리는 처분이기 때문에, 종국판결이 있으면 당연히 그 효력을 잃게 된다. 수소법원이 종국판결을 할 때에는, 잠정처분이 있었는지에 관해 검토하여 새로운 잠정처분을 명할 수 있고, 이미 내린 잠정처분을 취소·변경 또는 인가할 수 있다(제47조 1항). 그리고 이때에는 즉시 넓은 의미의 집행력을 발생시킬 필요가 있으므로 직권으로 가집행 선고를 하도록 하고 있다(동조 2항). 이렇게 하지 않으면 종국판결이 확정되어야 비로소 잠정처분이 효력을 가지게 되어, 잠정처분제도를 무의미하게 할 염려가 있기 때문이다. 이 재판에는 불복하지 못한다(동조 3항).

Ⅵ. 집행문부여에 대한 이의의 소와의 관계

집행문부여에 대한 이의의 소의 이의이유는 조건의 성취, 승계 등 실체상의 사유이므로, 실체상의 사유를 이의이유로 하고 있는 청구이의의 소와의 관계가 문제된다. 양자는 별개의 독립된 제도인가, 아니면 둘 다 일정한 시점에서 채권자가

1) 대결, 1961.10.19. 61마327. 동지: 대결, 1967.2.20. 65마1119.

일정한 집행권원에 따른 강제집행청구권을 가지고 있지 않다는 것을 재판으로 확정하는 제도라는 점에서, 본질적으로 동일한 제도인가. 따라서 전자(집행문부여에 대한 이의의 소)는 후자의 한 변형 내지 아류에 불과한 것인가 하는 문제이다.

견해의 대립이 있지만, 사견으로는 양자는 적용영역을 달리하는 별개의 제도로 파악한다. 즉, 집행문부여에 대한 이의의 소는 집행문부여절차와 관련해서 채무자를 구제해 주는 제도인데 대해, 청구이의의 소는 집행절차 전반에 걸쳐서 채무자를 구제해 주는 제도로서, 양자는 서로 독자적으로 기능하는 제도로 본다(소권경합설). 따라서 한 쪽의 이의이유를 다른 쪽에서 주장할 수 없고, 하나의 소송에서 양쪽의 이의이유를 주장하기 위해서는 소의 병합이나 변경을 해야 하고, 상소도 따로 해야 한다.[1)]

제5절 제3자이의의 소

I. 의의

강제집행은 채무자의 책임재산을 대상으로 실시하지만, 현행법상 기관분리의 원칙에 따라 집행기관은 책임재산의 귀속여부에 대해 실질적 심사권을 가지고 있지 않다. 집행기관은 집행을 실시할 때 외관적 징표를 근거로 집행대상재산의 귀속여부를 판단하면 된다. 그러므로 압류재산이 동산인 때에는 점유에 의해(제189조, 191조), 채권 기타 재산권인 경우에는 채권자의 신청만으로서(제225조), 부동산인 경우에는 등기부 등의 일정한 증서(제81조)에 의해 책임재산의 귀속여부를 판단한다. 그 결과 외관적 징표와 실체상 권리관계가 서로 일치하지 않아서 제3자의 재산이나 채무자의 책임재산 이외의 재산에 대해 집행이 실시되는 경우가 발생하기도 한다. 이러한 집행이 부당집행이긴 하나 위법집행은 아니므로 집행이의나 즉시항고로 따질 수는 없다.

---

1) 방순원 · 김광년, 101면; 박두환, 182면; 김상원, 앞의 주석(Ⅰ), 353면.

이러한 부당집행에 대한 구제수단이 바로 제3자이의의 소이다(제48조). 제3자가 이 소의 원고가 된다는 뜻에서 이러한 명칭이 주어졌고, 제3자가 집행당사자간의 집행절차에 소로써 참가한다는 뜻에서 일명 집행참가의 소라고도 한다.

Ⅱ. 소의 성질

청구이의의 소의 법적 성질에서 본 바와 같이 이 소의 법적 성질에 대해서도 견해의 다툼이 있다. 사견으로 이 소는 집행대상재산이 채무자의 책임재산이 아니라는 실체적 권리관계의 확인작용과 함께, 외관적 징표에 의해 실시된 집행을 배제시킨다는 형성작용을 동시에 목적으로 하는 특수한 소송으로 본다(구제소송설). 청구이의의 소를 구제소송으로 보는 것과 같은 맥락이다.

Ⅲ. 적용범위

제3자이의의 소는 모든 재산집행에 적용된다. 따라서 물건인도청구의 집행에도 적용된다.[1] 집행권원이 무엇이든 불문한다. 본집행은 물론이고, 가압류나 가처분 등의 보전집행(제291조, 제301조)이나 담보경매절차(제275조)에서도 이 소를 제기할 수 있다. 집행기관의 종류나 집행의 대상이 무엇인가도 묻지 않는다. 그러나 제3자이의의 소는 민사집행을 전제로 하는 수단이기 때문에, 민사집행 이외의 절차에서 제3자의 재산이 매각되는 경우에는 이 소를 제기할 수 없다. 예컨대, 파산절차에서 제3자의 재산이 채무자의 재산으로 오인되어 파산관재인에 의해 매각된 경우에는 이 소를 제기할 수 없고, 환취권(통합도산 제407조 이하) 등 별도의 수단으로 구제받을 수 있다.

---

1) 등기청구권에 대하여 압류명령이 있은 경우에 집행채무자 아닌 제3자가 자신이 진정한 등기청구권의 귀속자로서 자신의 등기청구권의 행사에 있어 위 압류로 인하여 장애를 받는 경우에는 그 등기청구권이 자기에게 귀속함을 주장하여 집행채권자에 대하여 제3자이의의 소를 제기할 수 있다(대판, 1999.6.11. 98다52995).

Ⅳ. 이의이유

1. 서설

소유권이 있다고 주장하거나 목적물의 양도나 인도를 막을 수 있는 권리가 있다고 주장하는 때에 이 소를 제기할 수 있다(제48조 1항). 이의이유로서 '양도나 인도를 막을 수 있는 권리'란 결국 다음의 요건을 갖춘 권리라고 할 수 있다. ① 권리가 집행개시 당시에 제3자에게 귀속되어 있어야 한다. ② 그 권리가 집행에 의해 침해당할 수 있는 것이라야 한다. ③ 채권자에게 대항할 수 있는 권리라야 한다. 여기에서 대항할 수 있는 권리란 실체법상의 대항요건을 구비하고 있는 권리뿐만 아니라, 일반적으로 채권자에게 그 권리를 주장하여 대항할 수 있는 경우도 포함한다.[1] 그리고 대항여부는 그 권리가 집행당시에 이미 존재하고 있는 경우가 대부분이겠지만, 집행 이후의 권리자도 집행채권자에게 대항할 수 있으면 역시 제3자이의의 소를 제기할 수 있다.[2] 이하 중요한 이의이유가 되는 권리를 개별적으로 검토하기로 한다.

2. 소유권

소유권은 가장 대표적이고 중요한 이의이유이다. 따라서 집행 목적물이 부동산인 경우에는 소유권이전등기청구권을 가지고 있는 정도로는 부족하고 등기가 완료되어 있어야 한다. 그러나 제3자가 소유권자라도, 목적물에 대한 강제집행으로 소유권이 침해되지 않는 경우이면 이의이유가 안 된다. 예를 들어, 지상권에 기한 토지인도청구권에 대한 집행의 경우, 그 집행으로 토지소유권이 침해 받지는 않

1) 집행채무자가 자기가 소유하는 집행목적물을 임대한 경우 임차인은 집행채권자에게 임차권으로써 대항할 수 없으므로 그러한 임차인이 제3자이의의 소를 제기할 수 없는 것은 당연하다. 그러나 집행목적물의 소유권이 집행채무자가 아니라 제3자에게 속하는 경우에는, 그 목적물의 임차인이나 전차인이 가지는 임차권은 집행채권자에게 대항할 수 있으므로 이 소의 이의이유로 할 수 있다.

2) 집행후에 취득한 권리자도 특별히 권리자가 이로써 집행채권자에게 대항할 수 있는 경우라면, 그 권리자는 그 집행의 배제를 구하기 위하여 제3자이의의 소를 제기할 수 있다(대판, 1982.10.26. 82다카884). 동지: 대판, 1997.8.29. 96다14470.

으므로, 소유권자는 이 소를 제기할 수 없다. 소유권과 관련하여 특히 문제가 되는 경우를 보기로 한다.

1) 공유, 합유의 경우

공유자 1인에 대한 집행권원으로 공유물 전부에 대하여 집행을 실시하는 경우, 채무자 아닌 다른 공유자는 자기의 지분권에 입각하여 공유물 전부에 대한 집행배제를 위해 이 소를 제기할 수 있다. 일종의 보존행위이기 때문이다(민법 제265조 단서).[1] 그러나 채무자와 그 배우자의 공유로서 채무자가 점유하거나 그 배우자와 공동으로 점유하고 있는 유체동산은 공유물 전부에 대하여 압류할 수 있다(제190조). 부부공유 유체동산에 대한 집행에 있어서, 채무자 아닌 다른 일방이 지분권을 주장하여 이 소를 제기할 수 있다면, 채권자는 부부공유 유체동산에 대해 강제집행 할 수 있는 길이 사실상 막히게 될 것이므로 이러한 특칙을 두고 있는 것이다. 이 특칙은 부부공유 유체동산에 한하고, 부부공유 부동산에 대해서는 공유에 관한 일반적인 처리방식에 따른다. 그리고 합유자 중 1인을 채무자로 하는 집행권원에 기해 합유물 전부에 대한 집행을 하는 경우, 다른 합유자는 이 소를 제기하여 집행배제를 구할 수 있다.[2]

2) 소유권유보부매매의 경우

소유권유보부매매계약에서는 대금을 완납할 때까지 매도인이 목적물의 소유권을 유보하고 있으므로, 매수인이 대금을 완납하기 전에 그가 점유하는 목적물에 대하여 매수인의 채권자가 강제집행을 하면, 매도인은 소유권에 기하여 제3자이의의 소를 제기할 수 있다.

---

1) 그러나 집행이 성질상 가분적이고, 공유자의 지분에 대한 집행불허만으로 공유자의 권리가 확보되는 경우에는, 공유물 전부에 대한 집행불허는 구할 수 없다는 견해가 있다. 박두환, 89면.

2) 조합의 채권은 조합원 전원에게 합유적으로 귀속하는 것이어서, 특별한 사정이 없는 한 조합원 중 1인이 임의로 조합의 채무자에 대하여 출자지분의 비율에 따른 급부를 청구할 수 없으므로, 조합원 중 1인의 채권자가 그 조합원 개인을 집행채무자로 하여 조합의 채권에 대하여 강제집행하는 경우, 다른 조합원으로서는 보존행위로서 제3자이의의 소를 제기하여 그 강제집행의 불허를 구할 수 있다(대판, 1997.8.26. 97다4401).

3) 신탁의 경우

신탁재산은 강제집행이나 경매 등을 할 수 없다. 이를 위반한 강제집행이나 경매에 대해 위탁자나 그 상속인, 수익자 및 수탁자는 이 소를 제기할 수 있다(신탁법 제22조). 그러나 부동산명의신탁의 경우에는 등기명의자가 아닌 신탁자는 신탁을 이유로 제3자에게 소유권을 주장할 수 없고, 따라서 이 소를 제기할 수 없다.[1)]

4) 가등기의 경우

가등기권자는 가등기를 원인으로 이 소를 제기할 수 없고, 가등기에 기한 본등기를 마친 뒤에 소유권자로서 이 소를 제기할 수 있다. 그리고 가등기권자가 본등기를 마칠 것을 조건으로 이 소를 제기하는 것도 허용되지 않는다.

3. 점유권

제3자인 점유권자는 본권의 유무에 관계없이 원칙적으로 이 소를 제기할 수 있다.[2)] 다만, 점유권자가 점유를 유지할 수 없는 사정이 있는 경우에는 '인도를 막을 수 있는 권리'가 없으므로 이 소를 제기할 수 없다. 이 요건의 존부에 관한 판단은 변론종결시의 권리관계를 기준으로 한다.

1) 직접점유의 경우

제3자가 직접점유하고 있는 동산을 그의 승낙 없이 압류하면 제3자는 점유권침해를 이유로 이 소를 제기할 수 있다(제191조의 반대해석). 이 경우 집행절차상의 위법을 이유로 집행이의(제16조)를 신청할 수도 있다. 그러나 제3자가 점유하고 있는 부동산에 대해 집행하는 경우에는, 동산의 경우와 달리 점유권침해가 없으므로 이 소를 제기할 수 없다. 다만, 강제관리의 경우 관리인이 부동산을 점유하

---

1) 대판, 1974.6.25. 74다423. "부동산을 명의신탁한 경우에는 소유권이 대외적으로 수탁자에게 귀속하므로 명의신탁자는 신탁을 이유로 제3자에 대하여 그 소유권을 주장할 수 없고 특별한 사정이 없는 한 신탁자가 수탁자에 대해 가지는 명의신탁해지를 원인으로 한 소유권이전등기청구권은 집행채권자에게 대항할 수 있는 권리가 될 수 없으므로 결국 명의신탁자인 종중은 명의신탁된 부동산에 관하여 제3자이의의 소의 원인이 되는 권리를 가지고 있지 않다(대판, 2007.5.10. 2007다7409)."고 한 판례도 같은 취지이다.

2) 방순원・김광년, 206면; 박두환, 91면; 대판, 1955.2.17. 4287민상138; 대판, 1957.10.10. 4290민상524.

고자 할 때, 제3자가 강제관리를 막을 권리를 주장할 때에는 이 소를 제기할 수 있다(제168조, 제166조 2항).

2) 간접점유의 경우

가령, 채무자와 제3자 사이의 점유매개관계에 따라 제3자가 간접점유를 하고 있는 경우에, 채무자가 직접점유하고 있는 목적물에 대해 채권자가 강제집행을 한다고 가정해 보자. 이때 이를 방치하면 제3자의 간접점유가 침해되고, 그 침해를 수인할 의무가 없다면, 제3자는 이 소를 제기할 수 있는가. 간접점유자도 권리의 추정을 받으므로(민법 제200조), 굳이 본권을 주장할 필요가 없을 뿐만 아니라, 간접점유자에게도 점유보호청구권이 인정되므로(민법 제207조) 적극적으로 해석한다.[1]

4. 점유가 따르는 타물권

지상권 · 전세권 · 질권 · 유치권 등 물건의 점유를 그 내용으로 하는 타물권도 인도를 막을 수 있는 권리이므로, 이들 권리를 침해하는 집행에 대해 이 소를 제기할 수 있다. 그런데 부동산강제경매절차에서는 이들 권리를 이유로 이 소를 제기할 수 없다. 부동산강제경매로 부동산의 점유권을 침해하는 것은 아니기 때문이다(제83조 2항). 그리고 등기된 부동산임차권이나 주택임대차보호법 등에 의해 대항력을 갖춘 임차권도 위의 타물권과 같이 처리하면 된다. 다만, 강제관리는 목적물의 사용 · 수익을 목적으로 하는 집행이므로, 이에 대해서는 이들 권리가 이의이유가 된다.

5. 저당권

저당권은 목적물을 사용 · 수익할 권능이 없으므로, 이의이유가 되지 않는다. 다만, 저당부동산의 종물이나 공장재단에 속하는 동산 등이 부동산으로부터 분리되어 독립적으로 집행목적물이 되면, 저당권의 담보가치가 훼손되어 저당권이 침해될 위험이 있으므로, 이 경우에는 예외적으로 이의이유가 된다.

---

1) 통설임. 방순원 · 김광년, 206면; 박두환, 91면.

6. 양도담보권

양도담보권설정자의 채권자가 담보목적물에 대해 강제집행을 한 경우, 양도담보권자가 이 소를 제기할 수 있는가 하는 문제이다. 담보목적물이 부동산인 경우에는 등기명의가 담보권자에게 이전하므로 이를 압류할 수 없을 것이고, 따라서 담보권자가 이 소를 제기하는 일은 없을 것이다. 목적물이 동산인 경우에도 직접점유가 담보권자에게 이전되어 있는 경우에는, 담보권자가 목적물을 제출하지 않는 이상 압류를 할 수 없을 터이므로 역시 문제가 되지 않는다.

그러나 동산양도담보에 있어서 점유개정에 의해 채무자가 목적물을 직접점유하고 있는 상태에서 이에 대해 강제집행이 있는 경우, 양도담보권자가 이 소를 제기할 수 있는가에 관해서는 견해가 나누어진다. 판례는 목적물의 소유권이 담보권자에게 이전하였음을 이유로, 양도담보의 성질이 유질형이든 청산형이든 불문하고, 양도담보의 형식을 중시하여 제3자이의의 소를 제기할 수 있다고 한다.[1)]

생각건대, 양도담보에서 소유권이전의 형식을 취하는 것은 담보를 위한 수단에 불과하고, 양도담보의 실질은 어디까지나 담보권의 일종으로 보아야 한다. 그럼에도 불구하고 양도담보권자에게 집행의 전면적 배제를 목적으로 하는 제3자이의의 소를 허용하는 것은, 양도담보권자를 지나치게 보호하는 결과가 되어 채택하기 곤란하다. 그리고 가등기담보 등에 관한 법률에서는 양도담보에도 동법이 적용된다고 하고(동법 제2조), 가등기담보권을 경매에 있어서는 저당권으로 보고 있는데(동법 제12조 1항), 이는 가등기담보나 양도담보 등 소위 변칙적 담보권을 저당권에 준해 처리하려는 뜻이다. 그렇다면 양도담보권자에게 이 소를 인정할 필요는 없고, 단지 저당권처럼 배당절차에서 우선권을 주면 된다고 본다.

---

1) 원고가 본건 계쟁물건을 채권담보의 목적으로 매도인의 점유개정에 의하여 소유권을 취득하였음을 알 수 있고, 채권담보의 목적으로 동산에 대한 소유권을 취득한 경우에, 그 현실의 점유를 취득하였거나 또는 그 양도담보의 성질이 청산적인 것이거나 유질적인 것이거나를 구별할 필요없이, 양도담보에 의하여 소유권을 취득한 사람은 제3자에 대하여 소유권을 취득한 사실을 주장할 수 있다 할 것이니, 이른바 약한 의미(청산적)의 양도담보의 경우라 하더라도, 그 동산의 양수인은 그 물건을 다른 사람이 압류하였을 때, 제3자이의의 소를 제기할 수 있다고 해석함이 상당하다(대판, 1971.3.23. 71다225). 동지; 대판, 1994.8.26. 93다44739; 대판, 2004.12.24. 2004다45943.

7. 처분금지가처분의 경우

처분금지가처분의 대상부동산에 대해 강제집행이 실시된 경우, 가처분권자는 이 소를 제기할 수 있는지 하는 문제이다. 금지되는 처분에 강제집행도 포함되는가의 여부에 따라 결론이 달라진다. 생각건대, 처분금지가처분에 위반한 처분은 절대적 무효가 아니라, 가처분권자가 본안소송에서 승소하면 이에 대해 대항할 수 없다는 의미의 상대적 무효에 그치는 것이다. 따라서 부동산의 경우 처분금지가처분으로 다른 채권자의 강제집행을 배제할 수 있다고 하면, 이는 가처분권자를 지나치게 보호하는 결과가 되어 곤란하다. 결론적으로 이 소를 인정하기 어렵다고 본다.[1)]

그런데 이러한 해석론은 유체동산이나 채권에 대한 처분금지가처분의 경우에는 그대로 적용될 수 없다. 즉, 유체동산의 경우에는 경매절차에서 매수인이 선의취득을 할 수 있으며(민법 제249조), 채권집행의 경우에는 제3채무자가 추심명령이나 전부명령을 받은 사람에게 변제를 하여, 이것이 채권의 준점유자에 대한 변제가 되어(민법 제470조) 채권이 소멸된다든지 하는 경우가 생길 수 있다. 따라서 이런 경우에는 가처분권자에게 집행을 배제할 수 있는 지위를 인정할 필요가 있고, 따라서 이 소를 인정할 수 있다고 본다.

V. 소송절차

1. 제소의 시기

이 소는 강제집행을 전제로 하기 때문에 원칙적으로 강제집행이 개시된 뒤 종료되기 전에만 제기할 수 있다. 따라서 집행개시전이나 종료후의 소는 부적법 각하된다. 이 소가 계속 중에 강제집행이 종료되어도 소는 각하된다. 강제집행이 종료된 뒤에는 부당이득이나 불법행위의 문제로 될 뿐이다. 그러나 특정물인도청구집행(제257조, 제258조)의 경우, 강제집행은 개시된 직후에 종료될 것이므로, 이때

1) 동지; 박두환, 95면; 이시윤, 193면; 오시영, 300면; 김홍엽, 121면.

만은 예외적으로 집행개시전에 이 소를 제기할 수 있다.

2. 관할

토지관할은 집행법원의 전속관할이다(제48조 2항). 유체동산에 대한 강제집행의 경우, 압류와 경매가 서로 다른 장소에서 행해져서 집행법원이 복수가 되는 경우에는 이들이 모두 관할법원이 되고,[1] 이때에는 관련재판적 규정(민소 제25조)이 준용될 것이다.

부동산집행(제79조), 채권집행(제224조), 부동산가압류집행(제293조 2항), 채권가압류집행(제296조 2항), 가처분집행(제301조) 등의 경우에는, 법률규정에 의해 각각 그 집행을 한 법원이 관할법원이 된다. 사물관할은 소송물의 가액에 따라 결정한다. 소송물이 단독판사의 관할에 속하지 않을 때에는 집행법원 소재지를 관할하는 법원의 합의부가 관할한다(제48조 2항 단서).

3. 당사자적격

1) 원고적격

원고는 집행목적물에 대해 양도나 인도를 막을 수 있는 권리를 주장하는 제3자이다. 여기서 제3자라 함은 집행권원이나 집행문에서 채권자, 채무자 혹은 그 승계인으로 표시된 자 이외의 자를 말한다. 제3자가 집행목적물을 공유하는 때에는, 단독으로 이 소를 제기할 수 있다. 보존행위에 해당하기 때문이다(민법 제265조 단서). 제3자의 채권자는 제3자를 대위하여 이 소를 제기할 수 있다(민법 제404조).

채무자는 원칙적으로 원고적격이 없지만, 제3자의 지위를 인정할 만한 특별한 사정이 있는 경우에는 원고적격을 가진다. 예를 들어, 채권자가 한정승인을 한 채무자의 고유재산에 대해 강제집행을 하면, 채무자는 고유재산에 대한 관계에서는 제3자의 지위에 있으므로 이 소를 제기할 수 있다. 그러나 한정승인의 유보가 없는 집행권원으로 채무자의 고유재산에 대해 강제집행을 하면, 이미 말한 바와 같이 채무자는 한정승인을 이유로 청구이의의 소로써 대항할 수는 있겠으나 제3자

---

1) 박두환, 100면.

이의의 소로써는 대항할 수 없다. 그리고 특정물인도청구집행에 있어서 집행권원에 표시되지 않은 물건에 대해 압류가 된 경우에도, 채무자는 제3자의 지위를 가지므로 이 소를 제기할 수 있다. 물론 이러한 집행에 대해서는 목적물의 동일성을 잘못 판단했음을 이유로 집행이의신청도 가능하다.

2) 피고적격

집행채권자 및 승계채권자가 피고적격자이다. 집행채권의 양수인이더라도 승계집행문이 부여되기 전이면 피고적격이 없다. 집행기관도 피고가 될 수 없다. 그리고 이 소는 집행채권자에 대해 집행불허를 구하는 소송이므로 채무자는 원칙적으로 피고적격이 없다. 그러나 채무자가 이의를 다투는 때에는 채권자와 채무자를 공동피고로 할 수 있으며(제48조 1항 단서), 이때는 통상공동소송이 된다.[1)]

4. 심리 및 재판

심리는 소송 일반의 예에 따른다. 이의가 이유 없으면 청구기각의 판결을 한다. 이 판결로 집행목적물이 채무자의 책임재산에 속한다는 것과 이에 대한 집행이 정당하다는 것이 확정된다. 원고승소판결에는 가집행선고를 붙여야 한다(제48조 3항, 제47조 2항). 그리고 원고승소판결이 있다고 해서 집행이 자동적으로 실효되는 것은 아니고, 그 재판의 정본을 집행기관에 제출해야 집행이 정지 또는 취소된다.

5. 잠정처분

이 소의 제기로 집행이 바로 정지되지는 않는다. 따라서 이 소에도 잠정처분이 인정된다(제48조 3항). 이 잠정처분에는 청구이의의 소의 잠정처분에 관한 규정이 준용된다. 그러나 제3자이의의 소에서는 제3자가 원고가 되므로 청구이의의 소와는 달리 집행처분을 취소할 때에 담보를 제공하게 하지 않을 수 있다(제48조 3항 단서).

---

1) 통설임. 방순원·김광년, 213면; 박두환, 98면.

● 강제집행절차상 구제수단

구분	위법 집행	부당 집행	잠정처분 여부	이의사유	제기기간
즉시항고	○		○	절차상 흠	1주의 불변기간
집행이의	○		○	절차상 흠	집행처분시부터 집행종료시까지
청구이의의 소		○	○	변론종결후의 실체법상 사유	집행가능시(집행권원 성립시)부터 집행종료시까지
제3자이의의 소		○	○	소유권 등 인도저지 사유	집행개시시부터 집행종료시까지

제 7 장 집행비용과 담보 등

제1절 집행비용

Ⅰ. 집행비용의 범위와 부담

1. 의의

집행비용이라 함은 민사집행을 하는데 필요한 비용을 말한다(제18조 1항). 집행비용도 넓은 의미에서는 소송비용의 일종이므로, 소송비용에 관한 규정(민소 제98조 이하)이 원칙적으로 준용된다. 그러나 집행비용은 그 내용이나 부담자, 추심방법 등에서 소송비용과 다른 점이 많고, 따라서 준용되는 범위가 그리 넓지 않다.

2. 집행비용의 범위

구체적으로는 민사집행의 실시와 그 준비에 필요한 비용이다. 실시비용이란 집행관수수료, 체당금, 집행신청인지대, 압류물보존비용(제198조 2항), 대체집행신청비용(제260조), 각종 통지비용, 공고비용, 증인, 감정인, 관리인의 보수, 일당, 여비 등을 말한다. 준비비용이란 집행정본이나 집행문의 부여비용, 증명서교부비용, 집행권원의 송달비용, 집행문이나 각종 증명서의 송달비용 등을 말한다.

집행비용에는 등기비용과 같이 넓은 의미의 집행비용은 포함되지 않는다. 그리고 집행비용은 집행에 직접 관련한 비용에 한하므로, 간접비용은 포함되지 않는다. 예를 들어, 채권자가 조건성취를 위해 지출한 비용이나, 반대급부를 하는데 지출한 비용 등은 채권자가 지출해야 할 간접비용으로서 집행비용이 아니다. 청구이의의 소나 제3자이의의 소의 비용, 집행이의신청이나 즉시항고비용 등은 각각 독립된 절차의 비용으로서 역시 집행비용이 아니다.

3. 집행비용의 부담

집행비용은 원칙적으로 채무자가 부담한다(제53조 1항). 집행절차에서 채무자의 지위는 소송절차에서 패소당사자의 지위와 비슷하기 때문이다. 그러나 채권자의 부주의나 불필요한 집행으로 생긴 비용은 채권자가 부담한다. 예를 들어, 정당한 이유 없이 채권액을 세분하고, 그에 따라 강제집행을 반복함으로써 생긴 중복비용이나 불필요한 송달비용 등은 채권자가 부담한다.

Ⅱ. 집행비용의 예납·추심·변상

1. 비용의 예납

민사집행을 신청할 때에는 채권자는 집행에 필요한 비용으로서 법원이 정한 금액을 미리 내야 한다. 법원이 부족한 비용을 미리 내라고 명하는 때에도 또한 같다. 만약 채권자가 비용을 미리 내지 않으면 법원은 결정으로 신청을 각하하거나 집행절차를 취소할 수 있으며, 이 결정에 대해서는 즉시항고를 할 수 있다(제18조).

2. 비용의 추심

채권자가 예납한 비용은 종국에는 채무자로부터 추심한다. 금전채권집행에서는 별도의 집행권원 없이 배당절차에서 집행비용을 최우선으로 추심한다(제53조 1항). 그러나 배당절차에서 비용을 추심하지 못한 때에는 집행비용액확정결정의 별도 집행권원을 받아서 집행한다(규칙 제24조 1항). 비금전채권집행에서도 집행비용액확정결정을 집행권원으로 하여 집행한다.

3. 비용의 변상

강제집행의 기초가 된 판결이 파기된 때에는 집행권원은 소급적으로 실효되기 때문에 채권자는 변상받았던 집행비용을 채무자에게 다시 변상해야 한다(제53조 2항). 법문에는 '판결'이 파기된 경우만을 규정하고 있으나, 다른 집행권원에도 같이 적용된다. 예를 들어, 가집행선고 있는 종국판결이 상급심에서 취소나 파기된 경우, 확정판결이나 이에 준하는 조서가 재심에서 취소된 경우, 가압류・가처분 재판이 이의신청이나 상소에 의해 취소된 경우, 집행문부여가 이의신청이나 소에 의해 위법으로 확정된 경우 등에 그러하다.

가집행선고 있는 판결이 취소된 경우에는, 손해배상의 일종으로 보아서 채무자의 신청에 의해 법원이 명하면 되고(민소 제215조 2항), 그 밖의 경우에도 이에 준해서 법원이 집행비용의 변상을 명하도록 채무자가 신청할 수 있다고 본다.[1]

제2절 집행에 관한 담보·공탁·보증

담보제도는 위법집행이나 부당집행으로부터 야기되는 손해배상청구권의 실현을 담보하기 위한 제도이다. 그 중요한 예는 다음과 같다. 채권자는 집행을 하기 위해(제280조 2항, 제301조, 민소 제213조 1항), 또는 집행의 속행을 위해(제16조 2항, 제34조 2항, 제46조 2항, 제47조 1항, 제48조 3항, 민소 제500조 1항, 제501조 등) 담보를 제공하는 경우가 있다. 채무자는 집행을 면하기 위해(제288조 1항, 제307조, 민소 제213조 2항), 또는 집행의 정지나 취소를 구하기 위해(제16조 2항, 제34조 2항, 제46조 2항, 제47조 1항, 제48조 3항, 민소 제500조 1항) 담보를 제공하도록 하고 있다. 제3자도 집행의 정지나 취소를 구하기 위해(제16조 2항, 제46조 2항, 제48조 3항) 담보를 제공하는 경우가 있다.

공탁제도는 채무자나 제3채무자가 이행으로써 공탁을 하는 경우가 있고, 또 집

1) 동지: 방순원・김광년, 223면; 이시윤, 157면. 그러나 독립의 소를 제기해야 한다는 견해도 있다. 박두환, 219면.

행관이 압류목적물이나 그에 갈음하는 금전을 공탁하는 경우도 있다. 공탁제도는 손해의 담보라는 성질이 없는 점에서 위의 담보제도와 다르다. 중요한 경우는 다음과 같다. 채무자는 가압류집행을 정지 내지 취소시키기 위해 해방금액을 공탁하고(제282조), 제3채무자는 압류된 채권의 채무를 면하기 위해 채무금액을 공탁할 수 있다(제248조). 그 밖에 집행관의 매각대금공탁(제222조 1항), 채권자의 추심채권액공탁(제236조), 가압류한 금전이나 유체동산의 매각대금공탁(제296조 4항, 5항) 등이 있다.

보증제도는 집행절차, 그 중에서 특히 금전채권집행절차에 있어서, 매수신청인 등이 대금을 지급하도록 하기 위해 두고 있는 제도이다. 매수인 등이 대금을 지급하지 않으면, 지급한 보증금을 몰취하여 배당재단에 편입하도록 함으로써, 집행절차를 유지하자는데 목적이 있다. 다음과 같은 경우이다. 부동산・선박・자동차・건설기계・소형선박 및 항공기의 매수신청인은 대법원규칙이 정하는 바에 따라 집행법원이 정하는 금액과 방법에 맞는 보증을 집행관에게 제공해야 한다(제113조, 제172조, 제187조). 그리고 최저매각가격으로 잉여가 없을 경우의 보증(제102조 2항, 제104조 1항), 선박경매절차에 있어서 채무자가 집행정지서류의 제출과 함께 하는 보증(제181조) 등이 있다. 또한 매각허가결정에 대한 즉시항고의 남용을 방지하기 위해 항고인의 보증제도(제130조 3항, 6항)를 두고 있다.

[민사집행법의 구성]

- 강제집행
  - 금전채권집행
    - 재산명시절차
      - 명시명령
      - 채무불이행자명부
      - 재산조회
    - 부동산집행
      - 강제경매
      - 강제관리
    - 선박 등에 대한 집행 : 선박, 항공기, 건설기계, 자동차
    - 유체동산집행
    - 채권 그 밖의 재산권에 대한 집행
  - 비금전채권집행
    - 물건인도청구권의 집행
    - 작위·부작위채권의 집행
    - 의사표시의무의 집행
- 담보경매
- 형식적 경매
- 보전처분
  - 가압류 : 금전채권의 집행보전
  - 가처분
    - 다툼의 대상에 대한 가처분 : 비금전채권의 집행보전
    - 임시의 지위를 정하기 위한 가처분 : 다툼이 있는 권리관계에 대한 잠정조치

제2편 강제집행

제1장 금전채권에 기초한 강제집행

제1절 서 설

Ⅰ. 금전채권집행의 의의

금전채권에 기초한 강제집행이라 함은 금전채권을 강제적으로 실현하기 위한 강제집행절차를 말한다. 간단히 금전채권집행이라고도 한다. 이에 비해 물건의 인도청구권이나 작위·부작위청구권 등과 같은 금전채권 아닌 채권에 기초한 강제집행을 비금전채권집행(제2장 이하)이라 한다. 금전채권집행은 원칙적으로 부동산·동산·채권 등 채무자의 재산을 구성하는 일체의 재산들을 대상으로 하므로 모습이 다양하고 복잡하다. 그러나 채무자의 일신전속권이나 취소권·해제권 등과 같은 비독립적인 권리, 압류나 현금화가 금지되거나 제한된 재산 등은 금전채권집행의 대상에서 제외된다.

한편, 금전채권집행을 신청하려는 채권자로서는 먼저 채무자의 재산상태를 정확하게 파악하고 있어야 어떤 재산에 집행을 신청할 것인지를 정할 수 있을 것이다. 그런데 집행실무에서는 채무자의 재산은닉이나 도피 등으로 채권자가 집행신청에 어려움을 겪는 경우를 종종 볼 수 있다. 이를 대비해서 재산명시 및 채무불이행자명부제도를 두고 있다. 아무튼 금전채권집행은 강제집행사건의 대부분을 차지하는 가장 중요한 절차이다.

Ⅱ. 금전채권집행의 3단계

금전채권집행은 3단계로 진행된다. 첫째는 압류의 단계이다. 집행대상재산에 대한 채무자의 처분권을 제한함으로써 앞으로 진행될 집행절차를 유지하기 위한 단계이다. 둘째는 현금화의 단계이다. 압류된 재산을 금전으로 환산하는 절차이다. 셋째는 배당의 단계이다. 채권자가 1인이면, 현금화한 금액을 그에게 교부하여 집행절차를 종료시키면 되겠지만, 채권자가 복수이고 현금화한 금액으로 총채권액을 만족시킬 수 없을 때에는, 그 금액을 공평하게 나누는 배당절차가 필요하다. 금전채권집행절차는 배당절차가 종료함으로써 비로소 끝이 난다. 그런데 집행대상재산이 무엇이냐에 따라 각 단계의 구체적인 진행 모습에 차이가 있다.

Ⅲ. 평등주의, 우선주의, 군단우선주의

집행절차에 등장하는 복수의 채권자들을 취급하는 방법으로 평등주의와 우선주의가 대립하는 가운데, 절충적인 군단우선주의 세 가지 입법례가 있다. 평등주의는 우선변제권자를 제외한 일반채권자를 평등하게 취급하여, 현금화한 금액을 각 채권액에 비례해서 평등하게 배당하는 제도이다. 우리나라와 일본, 프랑스, 이태리 등의 국가에서 채택하고 있다. 우선주의는 집행에 참가한 시간을 기준으로 해서, 먼저 참가한 채권자를 뒤에 참가한 채권자에 우선시키는 제도이다. 독일법이나 영미법이 채택하고 있다. 군단우선주의는 집행에 참가한 시점을 기준으로 채권자단(군단)을 구성하여, 선순위군단에 배당하고 나머지가 있으면 후순위군단에 차례대로 배당하되, 같은 군단내의 채권자들은 평등하게 취급하는 입법주의이다. 평등주의와 우선주의의 절충식으로 스위스가 채택하고 있다.

평등주의는 실체법상 채권평등의 원칙에 어울리는 제도라는 장점이 있긴 하나, 집행절차가 복잡하여 집행지연을 초래할 수 있고, 특히 채무자가 가장채권자와 짜고 진정한 채권자의 권리실현을 방해하기 쉽다는 단점이 있다. 우선주의는 집행절차를 간명하게 처리한다는 장점이 있지만, 압류의 선후라는 우연한 사정을 권리실현의 기준으로 삼는 것은 문제라는 지적이 있다. 군단우선주의는 선순위채권자단을 정하는 시점을 앞당기면 당길수록 우선주의와 다를 바 없어지고, 뒤로 늦추면 늦출수록 평등주의와 다를 바 없어진다는 비판을 받는다. 우리나라는 평등주의를 원칙으로 하면서, 특별법의 제정이나 법의 개정으로 평등주의의 단점을 보완하고 있다.

제2절 재산명시절차 등

Ⅰ. 재산명시절차

재산명시제도란 채권자가 채무자의 책임재산을 찾기 어려운 경우, 채무자 스스로 자신의 재산관계를 밝히도록 하는 제도이다. 명시절차에 비협조적인 채무자에 대해 감치나 형벌을 가할 수 있고, 경우에 따라 채무불이행자명부에의 등재나 재산조회 등이 가능하므로, 이 제도는 채무자를 심리적으로 압박하는 간접강제의 기능을 수행하기도 한다.

1. 명시신청의 요건

1) 명시의 신청

명시절차는 집행개시요건을 갖춘 채권자가 서면으로 명시신청을 해야 진행된다(제4조, 제61조 1항 본문). 명시신청을 할 때에는 집행정본과 조건성취증명서나 승계증명서 등 강제집행을 개시하는데 필요한 문서를 붙여야 한다(제61조 2항).

2) 집행권원

금전지급을 목적으로 하는 집행권원에 기초하여 명시신청을 할 수 있다. 다만, 가집행선고가 붙은 판결이나 이에 준하는 집행권원의 경우에는 상급심에서 가집행이 취소나 변경될 수도 있는 유동적인 상태이므로, 명시신청을 할 수 없도록 제한을 하고 있다(제61조 1항 단서). 그러한 집행권원으로 간접강제의 의미가 있는 재산명시신청까지 허용한다면 이는 지나치게 채권자를 두둔하는 결과가 될 것이기 때문이다.

3) 신청의 이유

명시신청에 정당한 이유가 없거나 채무자의 재산을 쉽게 찾을 수 있다고 인정한 때에는 법원은 신청에 기각결정을 해야 한다(제62조 2항). 명시신청에 정당한 이유가 없는 경우란 신청의 형식적 요건에 흠이 있는 때를 말한다. 가집행선고 있는 판결이나 이에 준하는 집행권원으로 명시신청을 한 경우, 관할권 없는 법원에 신청한 경우, 청구권의 내용이 금전채무가 아닌 경우, 대리권에 흠이 있는 경우, 집행의 필수적 정지·취소사유가 있는 경우, 강제집행개시요건을 갖추지 못한 경우 등을 예로 들 수 있다.

재산을 쉽게 찾을 수 있다 함은 예컨대, 국가나 지방자치단체 또는 공공단체, 대기업 등이 채무자인 경우를 생각할 수 있다. 재산의 발견이 법원에 현저한 때도 마찬가지이다.[1)]

4) 집행능력

보통의 강제집행절차와 달리 명시절차에서는 채무자의 재산목록작성, 명시기일에의 출석, 선서 등 능동적인 집행행위가 예정되어 있으므로, 채무자도 집행능력을 갖추어야 한다. 다만, 채무자가 미성년자이면 법정대리인의 대리에 의한다.

2. 명시신청의 절차

1) 재판

채무자의 보통재판적이 있는 곳의 법원이 전속관할한다(제61조 1항). 명시신청에 정당한 이유가 있는 때에는 법원은 채무자에게 재산상태를 명시한 재산목록을 제출하도록 명할 수 있다(제62조 1항). 명시신청을 인용하거나 기각하는 결정은 채

1) 채무자가 다른 채권자의 명시신청에 의해 이미 재산목록을 법원에 제출한 경우에는 재산발견이 법원에 현저하다고 할 수 있다.

무자를 심문하지 않고 하며(동조 3항), 기각결정에 대해서는 즉시항고를 할 수 있지만(동조 8항), 명시명령에 대해서는 이의신청만 가능하다(제63조).

명시명령은 채권자와 채무자에게 송달해야 하고, 채무자에게 하는 송달에는 명시결정에 따르지 않을 경우 제68조에 규정된 제재를 받을 수 있다는 뜻을 함께 고지해야 한다(제62조 4항). 명시절차의 엄격성을 유지하기 위해 교부송달을 원칙으로 하며(민소 제178조), 우편송달이나 공시송달은 허용되지 않는다(제62조 5항). 그리고 명시결정이 채무자에게 송달되지 않은 때에는 법원은 채권자에게 상당한 기간을 정하여 그 기간 안에 채무자의 주소를 보정하도록 명해야 한다(동조 6항). 채권자가 보정명령에 따르지 않으면 법원은 명시명령을 취소하고 명시신청을 각하해야 하는데(동조 7항), 이 각하결정에 대해 채권자는 즉시항고를 할 수 있다(동조 8항). 그리고 채무자가 명시명령을 송달받은 뒤에 송달장소를 바꾼 때에는 그 취지를 법원에 바로 신고해야 하며, 만약 그 신고를 하지 않으면 종전의 송달장소에 송달해도 되고, 이때에는 발신주의가 적용된다(동조 9항, 민소 제185조 2항, 제189조). 명시신청이 기각·각하된 경우, 채권자가 기각·각하사유를 보완하지 않으면, 같은 집행권원으로 다시 명시신청을 할 수 없다(제69조).

2) 이의신청

채무자는 명시명령을 송달받은 날부터 1주일 내에 이의신청을 할 수 있다(제63조 1항). 이의신청은 구술로도 할 수 있다는 견해가 있으나,[1] 이때의 이의는 집행절차상의 이의로서 서면으로 해야 한다.[2] 이의신청이 있으면 법원은 이의신청사유를 조사할 기일을 정하고 채권자와 채무자에게 이를 통지해야 한다(동조 2항).

이의사유는 명시신청의 형식적 요건과 집행개시요건의 흠결과 같이 형식적·절차적 사유라야 하지만, 변제나 면제와 같은 실체법상의 채무소멸사유로도 이의신청이 가능하다고 본다.[3] 왜냐 하면 채무자는 변제가능성을 소명하여 명시기일의 연기를 신청할 수 있기 때문이다(제64조 4항).

이의신청에 정당한 이유가 있으면 법원은 명시명령을 취소하는 결정을 하고(제

1) 박두환, 244면.
2) 이시윤, 207면.
3) 이시윤, 207면.

63조 3항), 이의신청에 정당한 이유가 없거나 채무자가 정당한 사유 없이 기일에 출석하지 않으면 이의신청을 기각하는 결정을 한다. 이의신청을 받아들이거나 배척하는 결정에 대해서는 즉시항고를 할 수 있다(동조 5항).

3) 명시기일의 실시

명시명령에 대해 채무자의 이의신청이 없거나 이를 기각한 때에는 법원은 재산명시기일(간단히 명시기일이라고 함)을 정하여 채무자에게 출석하도록 요구해야 하고, 이 기일은 채권자에게도 통지해야 한다(제64조 1항). 채무자는 명시기일에 현재 보유하고 있는 재산과 일정한 과거의 재산에 대한 처분을 명시한 재산목록을 제출해야 하는데(동조 2항), 재산목록에 적을 사항과 범위는 대법원규칙에서 따로 정한다(동조 3항). 과거의 재산에 대한 처분을 기재하도록 한 것은 채무자가 집행면탈을 목적으로 재산을 은닉했는지를 가리기 위해서다.

만약 채무자가 3월 안에 변제할 수 있음을 소명한 때에는 법원은 명시기일을 3월의 범위 안에서 연기할 수 있으며, 채무자가 새 기일에 채무액의 3분의 2 이상을 변제했음을 서류로 증명한 때에는 다시 1월의 범위 안에서 연기할 수 있다(동조 4항). 명시명령을 받은 채무자라도 재산목록의 제출은 채무자의 명예와 신용에 좋지 못한 영향을 줄 수 있으므로 채무자에게 이와 같은 연기신청을 허용한 것이다.

재산명시기일에는 반드시 채무자 본인이 출석해야 하고 대리출석은 허용되지 않는다. 출석한 채무자는 재산목록이 진실하다는 것을 선서해야 한다(제65조). 그리고 채무자는 명시기일에 제출한 재산목록에 형식적인 흠이 있거나 불명확한 점이 있는 때에는 선서를 한 뒤라도 법원의 허가결정을 받아서 이미 제출한 재산목록을 정정할 수 있으며, 이때 법원의 허가결정에 대해서는 즉시항고로써 다툴 수 있다(제66조 2항).

4) 재산목록의 열람·복사

채무자에 대해 '강제집행을 개시할 수 있는' 채권자는 재산목록을 보거나 복사할 것을 신청할 수 있다(제67조). '강제집행을 개시할 수 있는' 채권자란 제61조의 집행권원이 있는 채권자를 말한다.

5) 감치

정당한 이유 없이 채무자가 명시기일에 출석하지 않거나, 재산목록을 제출하지 않거나, 선서를 거부하거나 하면(제68조 1항), 법원의 명령에 따라 20일 이내에 감치시설에 가둘 수 있다. 이 감치결정에 대해 채무자는 즉시항고를 할 수 있다(동조 4항). 채무자가 법인이거나 민사소송법 제52조의 형식적 당사자능력자일 때에는 그 대표자 또는 관리인을 감치에 처한다(동조 2항). 법원은 감치재판기일을 열어서 채무자를 심리해야 한다(동조 3항). 감치처분을 받고 있는 채무자가 재산명시명령을 이행하겠다고 신청하면 법원은 바로 명시기일을 열어야 하는데(동조 5항), 명시기일에 출석한 채무자가 재산목록을 내고 선서하거나, 신청채권자에게 변제하고 이를 증명하는 서면을 낸 때에는, 법원은 바로 감치결정을 취소하고 그 채무자를 석방하도록 명해야 한다(동조 6항). 감치제도는 채무자에게 형벌을 가하는 제도가 아니라 어디까지나 채권자의 권리실현을 위한 제도라는 점에서, 이러한 사유가 있으면 더 이상 감치를 유지할 필요가 없기 때문이다.

6) 벌칙

채무자가 거짓의 재산목록을 낸 때에는 3년 이하의 징역 또는 500만원 이하의 벌금에 처한다(제68조 9항). 채무자가 법인이나 형식적 당사자능력자인 경우에는, 대표자 또는 관리인은 3년 이하의 징역이나 500만원 이하의 벌금에 처하고, 채무자는 500만원 이하의 벌금에 처하도록 하는 양벌규정을 두고 있다(동조 10항).

3. 재산조회제도

1) 의의

재산조회제도란 채권자가 명시절차에서 소기의 목적을 달성할 수 없게 된 경우, 채권자가 채무자의 재산관계를 조회기관에 조회신청할 수 있는 제도이다. 정보화기술의 발달과 관련제도의 정비로 사인간의 거래 및 재산현황을 쉽게 파악할 수 있게 되어 가능하게 된 제도다. 그러나 이 제도가 남용이나 오용되면 개인의 신용정보가 별다른 여과장치 없이 유출될 수도 있으므로, 민사집행법에서는 명문규정으로 이에 대비하고 있다.

2) 내용

재산명시절차의 관할법원(실제로는 사법보좌관, 사보규 제2조 1항 6호)은 ① 재산명시명령이 채무자에게 송달되지 아니하여 채권자가 주소보정명령을 받고도 채무자의 주소불명으로 이를 이행할 수 없었던 경우(제74조 1항 1호), ② 재산명시절차에서 채무자가 제출한 재산목록만으로는 집행채권의 만족을 얻기에 부족한 경우(동조 동항 2호), ③ 채무자가 정당한 이유 없이 명시기일에 불출석하거나 재산목록의 제출이나 선서를 거부하거나 허위의 재산목록을 제출한 경우(동조 동항 3호)에, 채권자의 신청에 따라 일정한 공공기관 등에 채무자명의의 재산에 관해 조회할 수 있다. 위 ①의 경우는 2005년 개정법에서 신설한 내용으로서, 도주한 채무자의 재산에 대해서도 재산조회를 할 수 있도록 길을 열어 놓았다. 채권자가 재산조회 신청을 할 경우에는 조회할 기관·단체를 특정해야 하며, 조회에 드는 비용을 미리 내야 한다(동조 2항). 법원이 재산조회를 할 경우에는 채무자의 인적 사항을 적은 문서에 의하여 해당 기관·단체의 장에게 채무자의 재산 및 신용에 관해 그 기관·단체가 보유하고 있는 자료를 한꺼번에 모아 제출하도록 요구할 수 있다(동조 3항). 공공기관 등은 정당한 사유 없이 재산조회를 거부하지 못한다(동조 4항).

사법보좌관은 재산조회결과를 재산목록에 준해서 관리해야 한다(제75조 1항, 사보규 제2조 1항 6호). 조회를 받은 기관·단체의 장이 정당한 사유 없이 거짓 자료를 제출하거나 자료제출을 거부한 때에는 결정으로 500만원 이하의 과태료에 처한다(동조 2항). 이 과태료 결정에 대해서는 즉시항고를 할 수 있다(동조 3항). 누구든지 재산조회의 결과를 강제집행 이외의 목적으로 사용해서는 아니 되고(제76조 1항), 이에 위반한 사람은 2년 이하의 징역 또는 500만원 이하의 벌금에 처한다(동조 2항).

Ⅱ. 채무불이행자명부제도

1. 의의

채무불이행자명부제도란 명시절차에 비협조적인 채무자를 채무불이행자명부(이하 간단히 '명부'라고만 한다)에 등재하고, 일반인들이 열람할 수 있도록 하는 제도를 말한다. 이러한 채무자를 일반인들에게 공개함으로써, 심리적인 압박을 받은 채무자로 하여금 자발적으로 채무를 변제하거나 명시의무를 이행하도록 하는 제도이다. 또한 불성실한 채무자를 널리 일반에게 알림으로써 신용사회를 유지하고 거래의 안전을 도모하기 위한 제도이기도 하다. 명시제도가 장래의 집행가능성을 전제로 하는 제도인데 비해, 명부제도는 반드시 채권의 만족을 목적으로 하지는 않다는 점에서 양자는 구별된다. 그러나 양 제도는 채무자에 대한 간접강제라는 점에 공통성이 있다.

2. 등재신청절차

1) 등재의 신청

채무자가 금전의 지급을 명한 집행권원이 확정된 뒤 또는 집행권원을 작성한 뒤 6월 내에 채무를 이행하지 않는 때, 혹은 명시의무위반으로 감치나 벌칙을 받을 사유가 있는 때에 채권자가 명부에 등재신청을 할 수 있다(제70조 1항). 등재신청은 서면으로 해야 한다. 6월의 기산점은 보통은 집행권원이 확정되거나 성립한 날이겠으나, 집행권원이 정지조건부나 기한부일 때에는 그 조건이 성취된 날 또는 기한이 도래한 날이 기산점이 되고, 대상적 집행의 경우에는 본래적 집행이 불능으로 된 때가 기산점이 될 것이다. 감치나 벌칙을 받아서 등재신청을 할 때에는 6월의 기간을 기다릴 필요가 없다. 등재신청을 할 때에는 그 사유를 소명해야 한다(동조 2항). 채무불이행을 사유로 하는 때에는 집행권원이 중요한 소명자료가 될 것이고, 감치나 벌칙에 해당하는 사유로 신청할 때에는 집행권원과 명시기일조서, 재산목록이 거짓임을 소명하는 자료 등을 제출하면 될 것이다. 그리고 집행이 조건부나 기한부인 경우, 대상집행의 경우 등에는 집행개시요건을 구비했음을 소명해야 할 것이다.

2) 관할

채무불이행을 사유로 등재신청을 하는 경우에는 채무자의 보통재판적이 있는 곳의 법원소속 사법보좌관이 관할하고, 감치나 벌칙에 해당하는 행위를 사유로 등재신청을 하는 경우에는 명시절차를 실시한 법원의 사법보좌관이 관할한다(제70조 3항, 사보규 제2조 1항 5호).

3) 등재신청에 대한 재판

등재신청에 정당한 이유가 있는 때에는 사법보좌관은 채무자를 명부에 올리는 결정을 해야 한다. 그러나 등재신청에 정당한 이유가 없거나 쉽게 강제집행할 수 있다고 인정할 만한 명백한 사유가 있는 때에는 사법보좌관은 기각결정을 해야 한다. 등재신청에 대한 인용결정이나 기각결정에 대해서는 즉시항고를 할 수 있다(제71조 3항). 등재결정에 즉시항고가 있더라도 등재를 막을 수는 없다. 왜냐 하면 이때의 즉시항고는 민사집행법상의 즉시항고로서 집행정지효력이 없기 때문이다(제71조 3항 후단, 제15조 6항).

명부제도도 간접강제의 일종이기 때문에 쉽게 강제집행할 수 있다고 인정할 만한 명백한 사유가 있을 때에는, 채권자가 직접 강제집행에 나서서 목적을 달성할 수 있으므로 굳이 등재신청을 허용할 필요가 없다(제71조 2항). "쉽게 강제집행할 수 있다"는 의미는 "재산을 쉽게 찾을 수 있다"는 의미보다 좁게 해석해야 한다. 즉, 쉽게 재산을 찾을 수 있지만, 집행에 많은 비용이나 시간이 걸린다면 "쉽게 강제집행을 할 수 없다"고 해석하여, 등재신청을 할 수 있다고 본다.[1] 감치나 벌칙을 이유로 등재신청을 할 때에는 이 요건은 필요없다.

3. 명부의 비치

명부는 등재결정을 한 법원에 비치한다. 사법보좌관은 명부의 부본을 채무자 주소지의 시・구・읍・면의 장에게 보내야 한다(제72조 1항, 2항). 그리고 사법보좌관은 명부의 부본을 일정한 금융기관의 장이나 금융기관 관련단체의 장에게 보내어 채무자에 대한 신용정보로 활용하게 할 수 있다(동조 3항). 명부나 그 부본은 누구나 열람・복사를 신청할 수 있는데(동조 4항), 열람까지는 몰라도 복사까지 허용하는 것은 곤란하다고 본다. 등재결정 후 항고심에서 등재결정이 취소되거나 등재신청이 취하되거나 혹은 등재가 말소된 경우(제73조) 등에도 복사본은 그대로 남아 채무자에게 불리하게 작용할 염려가 있기 때문이다. 그리고 명부는 인쇄물 등으로 공표할 수 없다(제72조 5항). 현대사회에서 인쇄물 등에 의해 명부가 공표되면, 채무자의 신용에 결정적인 타격이 될 수 있기 때문이다.

---

1) 동지 ; 이시윤, 215면.

4. 명부등재의 말소

변제나 그 밖의 사유로 채무가 소멸되었음이 증명된 때에는 사법보좌관은 채무자의 신청에 따라 명부에서 그 이름을 말소하는 결정을 해야 한다(제73조 1항). 채무의 소멸사유에 대해서는 채무자가 소명이 아니라 증명해야 한다. 채권자는 이 말소결정에 대해 즉시항고를 할 수 있다(동조 2항). 이 즉시항고도 집행절차상의 즉시항고이므로 집행정지의 효력이 없음은 당연하다. 그리고 말소신청이 기각된 채무자는 다음에 다시 말소신청을 할 수 있다. 이는 채권자의 명시신청이 기각된 경우에 동일한 집행권원으로 명시의 재신청을 할 수 없는 것과 다른 점이다(제69조 참조).

명부에 오른 다음 해부터 10년이 지난 때에는 사법보좌관은 직권으로 등재말소결정을 해야 한다(제73조 3항). 다만, 입법상으로는 현대 신용사회에서 이 10년 이상의 기간은 너무 긴 느낌이 들어 단축할 필요가 있다고 본다. 사법보좌관이 말소결정을 한 때에는 그 취지를 채무자의 주소지 시·구·읍·면의 장에게, 그리고 명부의 부본을 보낸 금융기관의 장 및 금융관련단체의 장에게 통지해야 하고(동조 4항), 이 통지를 받은 기관의 장은 그 명부에 오른 이름을 역시 말소해야 한다(동조 5항).

제3절 부동산에 대한 강제집행

제1관 총 설

I. 부동산집행의 의의

집행대상재산으로서 부동산은 동산이나 채권에 비해 채권자들이 가장 선호하는 재산이라 할 수 있다. 이는 부동산이 동산이나 채권에 비해 대체로 고가이고 발견하기 쉽다는 점에서도 그러하거니와, 동산은 은닉하기가 쉽고, 채권은 당사자 아닌 제3자로서는 그 실체를 제대로 파악하기 곤란한 재산이라는 점에서 보더라도 그러하다. 그리고 부동산집행절차에는 대체로 이해관계를 가지는 복수의 주체가 등장하는 경우가 많으므로, 다른 재산에 대한 집행절차보다 상세하고 치밀하게 규정할 필요가 있다. 따라서 민사집행법은 다른 재산에 대한 집행절차에 앞서 부동산집행절차에 가장 많은 수의 조문(제78조 내지 제171조)을 두고 있다.

그런데 집행절차상 부동산이란 말은 민법상의 부동산개념과 일치하지 않는 경우가 있다. 그리고 법률로 일정한 부동산에 대한 압류를 허용하지 않는 경우도 있고,[1] 농지 같은 경우는 관청의 허가가 있어야 매각허가결정을 받을 수 있도록 제한이 가해지는 경우도 있다.[2] 요컨대, 강제집행절차상 모든 부동산을 같이 취급하는 것은 아니라는 점을 미리 말해 둔다.

Ⅱ. 집행대상으로서의 부동산

1. 토지

토지가 부동산집행대상으로 됨은 당연하다. 지번 없는 토지도 즉시 채무자 명의로 등기할 수 있으면 집행대상이 된다.

2. 토지의 정착물

토지의 본질적 구성부분인 정착물(예, 도랑이나 돌담 등)은 독립하여 거래의 객체가 되지 않으므로 토지와 법적 운명을 같이 한다. 농작물, 입목법에 따르지 않는 수목, 건물 이외의 공작물 등에 대해서는 부합의 정도를 기준으로 처리한다. 즉, 민법 제256조 본문의 적용을 받을 물건은 토지와 일체를 이루어서 부동산집행으로, 동조 단서의 적용을 받을 물건은 부합된 재산에 상응하는 집행으로 처리한다. 그리고 공장재단을 구성하고 있는 물건은 공장재단을 하나의 부동산으로 처리한

---

1) 학교교육에 직접 사용되는 학교법인의 재산 중 일정한 것(사립학교법 제28조 2항), 전통사찰의 소유에 속하는 경내지의 건조물 및 토지(전통사찰법 제14조), 향교건물 및 대지로서 일정한 것(향교재산법 제10조) 등은 강제집행이 허용되지 않는다.

2) 농지법 제8조, 사립학교법 제28조 1항, 전통사찰법 제9조 2항, 향교재산법 제8조, 공익법인법 제11조 3항 등.

다(공장저당법 제12조 1항, 14조). 등기할 수 없는 토지의 정착물로서 독립하여 거래의 객체가 될 수 있는 것은 유체동산으로 처리한다(제189조 2항). 토지의 정착물 중 건물에 대해서는 아래에서 보도록 한다.

3. 건물

부동산등기법은 토지의 정착물 중 건물만을 등기할 수 있도록 규정하고 있다(부등 제14조). 집행대상으로서의 건물이라는 측면에서 다음의 사항들이 문제가 된다.

먼저 건물이란 토지에 정착된 것이어야 한다. 따라서 일시적으로 혹은 단기간의 필요에 따라 설치한 콘테이너 박스라든지 조립식 건물 등은 정착성이 없어서 건물이라 보기 어렵다. 그러나 조립식 건물이라도 철근콘크리트 등으로 기초공사를 한 위에 설치하여 토지로부터 쉽게 분리・이동하기 어려운 구조물은 집행법상 건물로 본다. 그리고 건물이라고 하기 위해서는 어느 정도 내구성이 있는 지붕이나 벽 등을 구비한 구조물이어야 하므로,[1] 비닐하우스 정도의 벽이나 지붕을 갖춘 구조물은 건물로 보지 않는다.

건축 중의 구조물 중에서 사회통념상 아직 건물이라고 할 수 없는 단계에 있는 물건은 유체동산으로 처리한다. 그러나 사회통념상 건물로 볼 수 있는 건축 중인 구조물은 장래에 토지로부터 분리될 예정이 없는 물건으로서, 독립된 거래의 객체로 될 여지도 없으므로 부동산으로 취급한다. 미등기 건물은 실체법상은 물론 집행법상으로도 부동산으로 처리한다. 그런데 건축 중인 건물이나 미등기 건물은 보존등기가 되어 있지 않으므로 압류등기를 할 수 없다는 문제가 있는데, 민사집행법은 이를 부동산집행으로 처리하도록 입법적으로 해결하고 있다(제81조 2항).

---

1) 네 개의 나무기둥을 세우고 유지로 만든 지붕을 얹고 송판만 띄엄띄엄 가로질러 놓았을 뿐, 벽이라고 볼 만한 시설이 되어 있지 아니한 물건은 이를 쉽게 해체 이동할 수 있는 것이어서 이를 건물, 즉 부동산이라고 볼 수 없다(대판, 1966.5.31. 66다551). 그리고 신축중인 건물의 지상층 부분이 골조공사만 진행되었을 뿐이라고 하더라도 지하층 부분만으로도 독립된 건물로서의 요건을 갖추었다고 본 판례도 있다(대판, 2003.5.30. 2002다21592,21608).

4. 그 밖의 부동산집행의 대상

그 밖에 입목(입목법 제2조, 제3조), 공장저당목적물이 된 유체동산의 집합물(공장저당법 제3조), 광업재단(동법 제54조), 광업권(광업법 제10조), 조광권(동법 제47조), 어업권(수산업법 제16조 2항), 댐사용권(댐건설법 제29조) 등도 부동산집행방법으로 집행한다. 그리고 토지를 목적으로 하는 지상권 및 전세권도 부동산집행방법에 따르면 된다(규칙 제40조 참조).[1)]

Ⅲ. 집행방법

1. 강제경매와 강제관리

부동산집행방법에는 강제경매와 강제관리 두 가지가 있다(제78조 2항). 강제경매는 부동산을 매각하여 그 대금으로 채권의 만족을 얻는 방법이고, 강제관리는 법원이 선임한 관리인이 부동산을 관리하여 생기는 천연과실이나 법정과실 등의 수익을 채권자에게 제공함으로써 채권의 만족을 얻도록 하는 방법이다. 그러니까 강제경매는 부동산의 교환가치를 대상으로 하는 집행방법이고, 강제관리는 그 사용가치를 대상으로 하는 집행방법이다. 채권자는 이 두 가지 중 어느 하나를 선택할 수 있으며, 양자를 같이 쓸 수도 있다(제78조 3항). 그러나 실무상 강제관리는 거의 이용되지 않고, 대부분 강제경매가 이용되고 있다. 그리고 강제경매에 의하면 결과적으로 채무자가 부동산의 소유권을 잃게 되므로, 권리관계가 아직 확정되지 않은 가압류단계에서는 강제경매가 허용되지 않는다. 하지만 강제관리로는 소유권의 귀속에 영향을 주지 않으므로 가압류집행에는 강제관리가 허용된다(제78조 4항).

1) 박두환, 267면.

2. 강제경매의 개요

강제경매절차는 채권자가 법원에 강제경매신청을 함으로써 개시되는데(제78조 1항), 크게 3단계로 구분할 수 있다. 첫째는 압류의 단계이다. 압류란 채무자의 부동산에 대한 처분권을 제한하고 경매신청 당시의 부동산에 관한 권리관계를 그대로 묶어 두는 단계이다. 구체적으로는 부동산등기부에 압류등기를 함으로써 한다. 둘째는 매각의 단계이다. 매각하는 방법으로는 호가경매, 기일입찰, 기간입찰의 방법이 있다(제103조). 셋째는 배당의 단계이다. 배당절차에서는 채권자들에게 배당금을 공평하게 배분하는 일이 중요하다.

3. 강제관리의 개요

강제관리는 채권자의 강제관리신청에 의해 개시된다(제163조, 80조). 법원의 강제관리개시결정이 있으면, 채무자는 관리사무에 간섭할 수 없고 부동산 수익을 처분할 수도 없게 된다. 그리고 부동산 수익을 채무자에게 지급해야 할 제3자는 그 수익을 관리인에게 지급해야 한다(제164조 1항). 관리인은 채권자들의 협의에 따라 수익을 배당하지만, 협의가 성립되지 않으면 강제경매의 배당절차에 준해서 처리한다. 채권자가 배당받은 수익으로 채권전부를 변제받으면 법원은 강제관리 취소결정을 하고 강제관리절차는 끝난다.

Ⅳ. 집행기관

원래 부동산강제경매절차는 그 부동산이 있는 곳의 지방법원이 집행법원으로서 관할하지만(제79조 1항), 2005년 사법보좌관제도가 도입된 이후 거의 대부분 사법보좌관이 관할하게 되었다. 다만, 경매개시결정에 대한 이의신청재판과 부동산인도명령 및 관리명령의 사무는 종전과 같이 집행법원이 관할한다(사보규 제2조 1항 7호). 강제관리사무는 여전히 지방법원 단독판사가 관할한다.

부동산이 여러 지방법원의 관할구역에 있는 때에는 각 지방법원에 관할권이 있고, 이 경우에 사법보좌관이 필요하다고 인정한 때에는 사건을 다른 관할 지방법원에 이송할 수 있다(제79조 2항). 민사집행법상의 토지관할은 전속관할이지만 이송을 인정하고 있는 것이다. 실제로는 부동산이 여러 지방법원의 관할구역에 걸쳐 있는 경우는 거의 없을 것이다.

제2관 강제경매

제1항 이해관계인

부동산경매절차에서는 경매신청채권자나 채무자 외에도 제한물권자, 임차인, 그 밖의 채권자 등 이해관계를 가지는 자가 다수 등장할 것이 예상된다. 그런데 신속한 집행절차의 구현을 위해, 민사집행법은 이들 모두를 이해관계인으로 하지 않고 일정한 자로 한정하고 있다(제90조). 그러니까 부동산강제경매절차에서 사용하는 이해관계인이라는 용어는 일반적으로 사용하는 경우와 차이가 있다.

Ⅰ. 이해관계인의 권리

이해관계인은 ① 부동산침해행위방지신청(제83조 3항), ② 경매개시결정에 대한 이의신청(제86조 1항)을 할 수 있고, ③ 각종 통지를 받을 수 있으며(제89조, 146조), ④ 매각조건변경의 합의(제110조), ⑤ 매각기일에의 출석(제116조 2항), ⑥ 매각허가에 관한 의견진술(제120조 1항), ⑦ 매각허가여부결정에 대한 즉시항고(제129조 1항), ⑧ 배당표에 대한 이의(제151조) 등을 할 수 있다.

Ⅱ. 이해관계인의 범위

1. 배당요구채권자(제90조 1호)

압류채권자와 집행정본으로 배당요구를 한 채권자이다. 집행정본에 의하지 않고 배당요구를 한 채권자는 이해관계인이 아니고 단지 배당절차에 참가할 수 있을 뿐이다.

2. 채무자 및 소유자(동조 2호)

여기의 채무자는 집행채무자를 말하고, 소유자는 경매개시결정 당시의 소유자를 말한다.

3. 등기부에 기입된 부동산 위의 권리자(동조 3호)

경매개시결정등기시에 이미 등기부에 기입된 권리자를 말한다. 따라서 경매개시결정이 있기 전에 소유권이전등기를 마친 제3취득자는 당연히 여기의 이해관계인이 된다. 그리고 가압류등기 뒤에 부동산소유권이 제3자에게 이전되고, 그 뒤에 본압류의 기입등기가 된 경우에도 제3취득자는 여기의 이해관계인이 된다.

경매개시결정 당시 부동산 위의 용익물권자나 담보물권자, 환매권자(민법 제592조), 등기된 임차권자 등이 여기에서 말하는 대표적인 예이다. 소유권이전에 관한 가등기권리자도 이해관계인으로 취급하고 있다(가담법 제16조 3항). 가압류채권자나 가처분채권자에 대해서 판례는 일관하여 이해관계인으로 보지 않지만,[1] 이들

---

1) 여기서 이해관계인이라 함은 압류채권자와 집행력 있는 정본에 의하여 배당을 요구한 채권자, 채무자 및 소유자, 등기부에 기입된 부동산 위의 권리자, 부동산 위의 권리자로서 그 권리를 증명한 자를 말하는 것이고, 경매절차에 관하여 사실상의 이해관계를 가진 자라 하더라도, 동 조항에서 열거한 자에 해당하지 아니한 경우에는 경매절차에 있어서의 이해관계인이라고 할 수 없으므로, 가압류를 한 자는 위 조항에서 말하는 이해관계인이라고 할 수 없고, 배당을 요구하지 않은 집행력 있는 정본을 가진 채권자도 역시 위 조항에서 말하는 이해관계인이 아님은 문언상 명백하다(대판, 2004.7.22. 2002다52312). 동지; 대결, 1968.5.13. 68마367; 대결, 2005.5.19. 2005마59.

은 가등기권리자와 비슷한 지위에 있으므로 여기의 이해관계인으로 보아도 좋겠다.[1)]

4. 부동산 위의 권리자로서 그 권리를 증명한 사람(동조 4호)

유치권자, 점유권자, 주택임대차보호법상의 우선변제권자(동법 제3조의2) 등과 같이 등기가 없어도 대항할 수 있는 권리를 가진 자를 말한다. 그리고 민법 제622조의 토지임차권자도 이에 해당한다. 다만, 이들은 사법보좌관에게 그들의 권리를 증명하고 신고해야 비로소 이해관계인이 될 따름이지, 권리가 존재한다고 당연히 이해관계인으로 되는 것은 아니다.

제2항 압 류

부동산압류는 채권자의 강제경매신청에 의해 집행기관이 내리는 부동산에 대한 강제적인 조치이다. 압류를 위해서는 먼저 강제경매신청이 있어야 한다.

I. 강제경매신청

1. 신청서기재사항

신청은 서면으로 해야 하고(제4조), 다음의 사항을 적어야 한다(제80조).

1) 채권자 · 채무자와 법원의 표시(제80조 1호)

채권자 · 채무자는 집행문에 표시되어 있는 채권자와 채무자를 말하는데, 집행권원의 기재와 다를 수도 있다. 대리신청을 하는 경우에는 대리인도 적어야 하고, 채무자가 미성년자인 경우에는 그 법정대리인도 적어야 한다. 승계가 있는 경우

---

1) 이재성, 앞의 주석(Ⅲ), 68면.

에는 승계인의 명의를 적어야 한다. 채무자가 사망했음에도 그러한 사실을 모르는 채권자가 사망한 자에 대해 경매신청을 하여 내려진 경매개시결정에 따라 진행된 경매절차는 무효이다.[1)]

2) 부동산의 표시(동조 2호)

신청서에 부동산을 적을 때에는 동일성을 알 수 있을 정도로 적어야 한다. 보통은 부동산등기부의 표시대로 적으면 되겠지만, 부동산의 현황이 등기부의 기재사항과 다를 경우에는 현황도 함께 적으면 된다. 미등기부동산에 대해서는 토지대장이나 건축물관리대장 등 채무자의 명의로 등기할 수 있음을 증명할 서류에 기재된 대로 적으면 되고, 건축 중인 건물에 대해서는 건축허가나 건축신고를 증명할 서류에 기재된 대로 적으면 된다(제81조 1항 2호 참조).

3) 집행채권과 집행권원(동조 3호)

경매의 이유가 된 일정한 채권, 즉 집행채권과 집행할 수 있는 일정한 집행권원을 적어야 한다. 채권자가 채권의 일부만을 변제받기 위해 경매신청을 할 때에는, 집행채권액이 집행권원에 나타나 있는 채권액 중의 일부라는 취지를 밝혀야 한다. 그리고 정기금채권이나 이자채권 등의 경우에는 계산이 가능하도록 기간이나 이율 등을 적으면 되고, 반드시 채권액을 적어야 하는 것은 아니다. '집행할 수 있는 일정한' 집행권원이라 함은 가령, 집행권원에 조건이나 기한이 붙어 있는 경우에는 그 조건이 성취되었다거나 기한이 도래해서 즉시 집행할 수 있는 집행권원이라야 한다는 뜻이다.

2. 첨부서류

강제경매를 신청할 때에는 집행정본 외에 집행개시요건을 증명하는 서류(제39조, 제40조, 제41조 참조)도 당연히 첨부해야 한다. 그 밖에도 부동산의 소유관계나

---

1) 대판, 1966.10.21. 66다1584. 그러나 채권집행에서 제3채무자의 사망사실을 모르고 압류명령 및 전부명령을 신청한 경우에는 제3채무자의 표시를 그 상속인으로 경정할 수 있다는 판례(대판, 1998.2.13. 95다15667)가 있다.

기타 법률관계를 쉽게 파악할 수 있도록 ① 등기부등본(제81조 1항 1호), ② 미등기부동산의 경우는 즉시 채무자명의로 등기할 수 있음을 증명할 서류(동조 동항 2호 본문), ③ 미등기건물인 경우에는 그 건물이 채무자의 소유임을 증명할 서류, 그 건물의 지번·구조·면적을 증명할 서류 및 그 건물에 관한 건축허가 또는 건축신고를 증명할 서류(동조 동항 2호 단서)를 첨부해야 한다.

3. 경매신청에 대한 재판

경매신청이 적법하면 경매개시결정을 하고, 신청이 이유 없거나 부적법하면 신청기각이나 각하결정을 한다. 신청기각이나 각하결정에 대해서는 사법보좌관에 대한 이의신청을 거쳐 즉시항고할 수 있다(제83조 5항, 사보규 제4조). 경매개시결정에 대해 이해관계인은 즉시항고는 할 수 없고 이의신청을 할 수 있다(제86조 1항).

Ⅱ. 경매개시결정

1. 의의

경매신청이 적법하면 사법보좌관은 경매개시결정의 재판을 한다. 변론은 임의적이다. 경매개시결정에는 경매절차를 개시한다는 취지와 그 부동산의 압류를 명해야 한다(제83조 1항). 경매개시결정으로 채무자의 부동산에 대한 처분권이 집행기관으로 귀속된다.

2. 송달 및 통지

경매개시결정은 압류의 효력이 발생하는 중요한 결정이기 때문에 반드시 채무자에게 송달해야 한다. 일반적으로 집행절차에 있어서 채무자가 외국에 있거나 있는 곳이 분명하지 않은 때에는 송달이나 통지를 생략할 수 있지만(제12조), 경매개시결정을 송달하지 않고 진행한 경매절차는 무효이다.[1] 다만 외국송달의 경우에는 특례가 있다(제13조).

경매개시결정은 압류채권자에게도 고지해야 한다. 부동산공유지분을 경매하는 경우에는 다른 공유자에게 그 경매개시결정이 있다는 것을 통지해야 하는데, 상당한 이유가 있는 때에는 통지를 생략할 수 있다(제139조 1항).

3. 현황조사

집행기관으로서는 부동산에 대한 정확한 정보가 있어야만 적정한 매각조건을 결정할 수 있을 것이고, 매수를 희망하는 사람은 적정한 매수희망가격을 정할 수 있을 것이다. 이런 이유로 사법보좌관은 경매개시결정을 한 뒤에 바로 집행관에게 부동산의 현상, 점유관계, 차임 또는 보증금의 액수, 그 밖의 현황에 관해 조사하도록 하는(제85조 1항) 현황조사제도를 두고 있다. 현황조사명령을 받은 집행관은 집행보조기관으로서 현황조사보고서를 사법보좌관에게 제출해야 한다.

4. 압류의 등기

사법보좌관이 경매개시결정을 하면 법원사무관 등은 즉시 그 사유를 등기부에 기입하도록 등기관에게 촉탁해야 하고, 등기관은 경매개시결정사유를 기입해야 한다(제94조 1항, 2항). 미등기부동산인 경우에는 직권으로 먼저 보존등기를 한 뒤에(부등법 제66조 참조) 압류등기를 한다. 부동산공유지분을 경매하는 경우에는 채무자의 지분에 대한 경매개시결정이 있음을 등기부에 기입한다(제139조 1항). 등기관이 기입등기를 한 뒤에는 등기사항증명서를 법원에 보내야 한다(제95조). 그러나 이 규정은 훈시규정이다.

압류는 채무자에게 경매개시결정이 송달된 때 또는 경매개시결정사유가 등기부에 등기된 때에 효력이 생기는 것으로 규정하고 있지만(제83조 4항), 실무상으로는

---

1) 경매개시결정은 비단 압류의 효력을 발생시키는 것일 뿐만 아니라 경매절차의 기초가 되는 재판이어서 그것이 당사자에게 고지되지 않으면 효력이 있다고 할 수 없고 따라서 따로 압류의 효력이 발생하였는지 여부에 관계없이 경매개시결정의 고지없이는 유효하게 경매절차를 속행할 수 없다(대결, 1991.12.16. 91마239). 그러나 송달이나 통지여부는 직권조사사항은 아니고 당사자의 항변사항이라는 판례로 대결, 1998.8.21. 98마1569이 있다.

경매개시결정의 기입등기 후 송달하므로, 기입등기시에 압류의 효력이 발생한다.

5. 배당요구의 종기결정

사법보좌관은 매각기일 1주일 전까지 매각물건명세서를 법원에 비치해야 하는데(규칙 제55조), 집행관이 명세서를 작성하는 기간 등을 감안해서 배당요구종기를 적어도 첫 매각기일 이전의 어느 날로 정하도록 하고 있다(제84조 1항). 배당요구종기를 앞당기면 앞당길수록 우선주의의 효과를 거둘 수 있다는 점에서 평등주의의 보완책으로 이용할만한 제도라 할 수 있다.[1)]

사법보좌관은 경매개시결정을 한 취지 및 배당요구종기를 공고하고, 매각으로 소멸하는 전세권을 가진 전세권자 및 배당요구를 할 수 있는 채권자 중에서 사법보좌관이 알고 있는 자에게 이를 고지해야 한다(제84조 2항). 이 종기결정 및 공고는 압류의 효력이 생긴 때로부터 1주일 안에 해야 한다(동조 3항).

법원사무관 등은 첫 경매개시결정등기 전에 등기된 가압류채권자, 저당권・전세권 또는 그 밖의 우선변제청구권으로서 첫 경매개시결정등기 전에 등기되었고 매각으로 소멸하는 것을 가진 채권자, 조세, 그 밖의 공과금을 주관하는 공공기관에 대해 채권의 유무, 그 원인 및 액수(원금·이자·비용, 그 밖의 부대청구를 포함한다)를 배당요구종기까지 법원에 신고하도록 최고해야 한다(동조 4항). 만약 이러한 채권자가 신고를 하지 않으면 그 채권자의 채권액은 등기부등본 등 집행기록에 있는 서류와 증빙에 따라 계산하되, 다시 채권액을 추가하지 못한다(동조 5항). 조세, 그 밖의 공과금을 주관하는 공공기관에 최고하도록 한 이유는 교부청구의 특례 때문이다.

사법보좌관은 특별히 필요하다고 인정하는 경우에는 배당요구종기를 연기할 수 있으며(동조 6항), 연기를 할 때에는 역시 위의 고지나 최고를 해야 하는데, 이미 배당요구 또는 채권신고를 한 사람에게는 고지나 최고를 하지 않는다(동조 7항).

---

1) 배당요구종기는 통상 첫 매각기일 1개월 이내로 정하고 있다고 한다{법원실무제요 임시판, 민사집행(상), (법원행정처, 2002), 474면}.

6. 경매개시결정에 대한 이의신청

1) 의의

집행절차 일반에 대해 집행이의로 따질 수 있는 것(제16조)과 별도로 경매개시결정에 대해 이의신청을 할 수 있다(제86조). 경매개시결정이 경매절차에서 차지하는 중요성을 감안하여, 매각대금을 완납하기 전까지 개시결정에 대한 이의신청을 할 수 있도록 한 것이지만, 입법기술상으로는 문제가 있다고 본다.

2) 당사자

이해관계인이 이의신청을 할 수 있다(제86조, 90조). 제3자도 부동산에 대한 소유권을 주장하여 제3자이의의 소를 제기하고 승소판결을 얻으면 이의신청을 할 수 있다.[1)]

3) 이의사유

경매개시결정에 형식적 · 절차적 흠이 있음을 이유로 해야 한다. 집행이의사유(제16조)와 동일하다.

4) 절 차

(1) 관할법원

부동산경매절차의 대부분은 사법보좌관의 직무지만, 여기의 이의신청사건은 실질적인 쟁송사건이므로 집행법원이 관할한다(사보규 제2조 1항 7호 가목).

(2) 신청시기

이해관계인은 매각대금이 완납될 때까지 이의신청을 할 수 있다(제86조 1항). 그러나 경매절차의 각 단계마다 별도로 마련되어 있는 불복방법이 있으면,[2)] 그에

---

1) 박두환, 283면.
2) 예컨대, 매각결정기일에서 하는 매각허가에 대한 이의진술(제120조), 매각허부결정에 대한 즉시항고(제129조) 등.

따라야지 여기의 이의신청을 허용할 것은 아니다.

(3) 잠정처분

이의신청이 있더라도 경매절차는 정지되지 않고 진행되므로, 사법보좌관은 이의신청에 대한 재판에 앞서 잠정처분을 할 수 있다(제86조 2항, 제16조 2항).

(4) 불복방법

이의신청에 관한 재판에 대해 이해관계인은 즉시항고로써 불복할 수 있다(제86조 3항). 법원이 이의신청을 인용하면 경매개시결정을 취소하는 결정을 하고, 이 결정은 확정되어야 효력을 가진다(제17조 2항).

Ⅲ. 압류의 효력

1. 서설

압류란 부동산에 대한 처분권을 채무자로부터 빼앗아 집행기관에 귀속시키는 집행처분이다. 따라서 부동산이 압류되면 채무자는 부동산을 양도하거나 제한물권을 설정하는 등의 처분행위를 할 수 없다. 이를 압류의 처분제한적 효력이라고 한다. 채무자가 처분행위를 할 수 없다는 의미는, 압류 뒤의 채무자의 처분행위를 절대적으로 무효로 본다는 뜻은 아니고, 또 처분행위의 상대방과의 사이에서도 언제나 무효로 한다는 취지도 아니다. 그런 의미에서 압류에 위반한 처분행위의 효력은 상대적 무효에 그치는데 불과하다. 이에 관해 이설은 없다. 이렇게 해석하는 이유는 가령, 경매절차가 취하나 취소되어서 소멸하는 경우에는 압류 뒤의 처분행위를 완전히 유효한 것으로 인정해야 할 필요가 있기 때문이다.

압류가 되어도 압류물에 대한 채무자의 사용권이나 관리권은 원칙적으로 제한을 받지 않지만, 예외적으로 사용권이 제한되는 경우가 있다. 이를 압류의 사용제한적 효력이라고 한다. 그 밖에도 부수적으로 실체법상 일정한 효과가 발생하기도 한다.

2. 처분제한적 효력

처분제한적 효력의 구체적 내용에 관해 학설은 크게 절차상대효설과 개별상대효설로 나누어지고 있다.

1) 절차상대효설

압류 뒤의 채무자의 처분행위는 집행절차상 무효이므로, 처분행위 전의 압류채권자는 물론이고 처분행위 뒤의 압류채권자나 배당요구채권자에 대해서도 대항할 수 없다고 하는 견해이다. 집행의 '절차상' 상대적 무효라는 의미에서 절차상대효설이라 한다.

2) 개별상대효설

압류 이후의 처분행위의 효력을 개별적으로 파악하여, 처분행위 이전의 압류채권자나 배당요구채권자에 대해서는 대항할 수 없지만, 처분행위 이후에 새로 등장한 압류채권자나 배당요구채권자에 대해서는 대항할 수 있다고 하는 견해이다. 처분행위의 효력을 '개별적'으로 파악한다는 의미에서 개별상대효설이라고 하는데 다수설 및 판례의 입장이다.[1]

3) 검토

절차상대효설은 처분행위의 전후를 불문하고 채권자들을 평등하게 취급하므로 평등주의에 충실한 해석인데 반해, 개별상대효설은 처분행위를 기준으로 채권자들의 우열을 인정한다는 점에서 우선주의에 어울리는 해석이다.

양 이론이 적용되는 구체적인 모습을 예를 들어 살펴본다. 채권자 A가 1,000만원의 판결채권으로 채무자 X 소유부동산에 대해 압류한 다음, B가 2,000만원

---

1) 박두환, 289면; 이시윤, 222면; 김정현, 신고 경매실무요론(상), 162면; 석호철, "경매개시결정의 효력", 강제집행임의경매에 관한 제문제(상)(1987), 630면; 민일영, "가압류의 상대적 효력", 저스티스 32권2호(1999.6), 88면 이하. 특히 가압류의 경우에 개별상대효설이 타당하다고 하는 견해로는 유남석, "가압류의 처분금지적 효력", 대법원판례해설 31호, 346면. 대결, 1994.11.29. 94마417; 대판, 1998.11.13. 97다57337; 대판, 2008.2.28. 2007다77446 등. 그런데 일본은 1980년 민사집행법을 제정하면서 개별상대효설을 버리고 절차상대효설을 명문으로 채택하였다.

의 채권을 담보하기 위해 그 부동산 위에 저당권을 취득하였고, 그 뒤에 C가 집행증서상의 3,000만원의 채권에 기해 배당요구를 한 상태에서, X 소유부동산이 매각되어 경매비용 등을 공제하고 남은 금액이 3,000만원이라면, A, B, C가 각각 배당받을 수 있는 금액을 계산해 본다. 절차상대효설에 의하면 A의 압류 뒤에 X가 저당권을 설정한 처분행위는 A뿐만 아니라 C에 대해서도 무효이기 때문에 A, B, C는 각각 채권액에 따라 평등하게 배당을 받게 된다. 따라서 A는 3,000만원×(1,000만원/1,000만원+2,000만원+3,000만원)=500만원을 배당받게 되고, 같은 방법으로 B는[1] 3,000만원×(2,000만원/1,000만원+2,000만원+3,000만원)=1,000만원, C는 3,000만원×(3,000만원/1,000만원+2,000만원+3,000만원)=1,500 만원을 배당받게 된다. 그러나 개별상대효설에 따르면 B의 저당권으로 A에게는 대항할 수 없지만 C에게는 대항할 수 있으므로, B는 절차상대효설에 따르면 배당받지 못할 1,000만원(자기 채권액 2,000만원 - 절차상대효설에 따르면 배당받을 금액 1,000만원 = 1,000만원)을 C가 배당받을 수 있는 배당액 1,500만원 중에서 흡수하여 배당받게 되어, 결국 A는 500만원, B는 2,000만원, C는 500만원을 배당받는 것으로 귀착된다.[2]

개별상대효설은 평등주의의 단점을 보완하기 위한 주장이지만, 이 학설의 치명적인 난점은 채권자들의 우선순위가 서로 맞물리는 경우의 처리문제에 있다. 예컨대, 갑의 압류 뒤에 을이 저당권설정등기를 하고, 그 뒤에 을의 저당권에 대항할 수 없는 주택임차권자 병이 배당요구를 한 경우를 보자. 을의 우선권은 갑에 대항할 수 없으므로 갑과 을은 동순위이고, 을은 병보다 선순위가 된다. 그리고 압류채권자라고 해서 일반 채권자에 비해 우선권을 주지는 않으므로 병은 갑과 동순위가 된다. 개별상대효설에 따르면 이러한 모순을 피할 방법이 어렵다.[3] 또한 개별상대효설을 따르면 압류 뒤의 처분으로 일반채권자에게 손해를 입힐 소지가 있고, 특히 압류 이후 채무자가 제3자와 통모하여 허위의 처분을 함으로써 채권자를 해할 수 있는 것도 문제이다.

---

1) B의 저당권은 무효이지만 그도 일반채권자로서는 배당요구종기까지 유효하게 배당을 요구할 수 있고 배당받을 수 있다.
2) 이러한 내용의 배당방법을 안분(후)흡수설이라 한다. A,B,C가 배당받을 몫을 1차적으로 안분한 뒤에 C에 우선하는 B는 C의 안분된 몫을 흡수하여 배당받는다는 취지에서 이러한 이름을 붙이고 있다.
3) 이들의 우열관계를 등호 및 부등호로 표시하면, 갑=을〉병=갑이라는 모순된 결과가 되는데, 이를 어찌 받아들일 수 있겠는가?

한편, 사견으로는 현행법 제91조 3항·4항과 제148조 4호의 규정은 절차상대효설의 근거규정이 된다고 본다. 그 이유는 다음과 같다. 즉, 압류 이후에 설정된 지상권·지역권·전세권, 등기된 임차권 등은 매각으로 소멸되므로(제91조 3항), 이들 권리자도 배당요구종기까지 배당요구를 할 수는 있지만, 배당요구종기 이후에는 배당요구를 할 수 없다. 이는 압류 뒤에 이들 우선변제권이나 대항력을 인정하지 않겠다는 절차상대효설의 입장을 지지하는 조문으로 볼 수 있다. 압류채권에 우선하는 전세권이라 하더라도 전세권자가 배당요구종기 이전에 배당요구를 하면 역시 매각으로 소멸하고(동조 4항 단서), 저당권은 매각으로 당연히 소멸한다(동조 2항). 따라서 매각으로 소멸하는 이들 저당권이나 전세권, 그 밖의 우선변제청구권으로서 압류 이전에 등기된 권리를 가지고 있는 자는 우선적으로 배당을 받을 수 있다(제148조 4호). 하지만 압류채권에 대항할 수 없는, 다시 말해서 압류 이후에 설정된 저당권·전세권이나 다른 우선변제청구권은[1] 배당에서 우선권을 주장할 수 없고 따라서 일반 채권자로서 평등하게 배당을 받게 되는데, 이는 절차상대효설에 따른 결과이다. 그리고 이들 조문에 따라 해석한다면 가령 압류 이후 배당요구종기 사이에 저당권이 설정된 경우, 저당권설정 이후 배당요구종기 사이에 배당을 요구한 채권자는 저당권자와 평등하게 배당을 받을 수 있으므로 즉, 압류등기 이후에 설정된 저당권으로는 압류채권자에 대하여 우선변제권을 주장할 수 없는 것은 물론이고, 저당권설정 이후의 배당요구채권자에 대해서도 저당권을 주장할 수 없다는 점에서 절차상대효설을 채택한 것으로 볼 수 있다. 결론적으로 사견으로는 절차상대효설을 따른다.[2]

4) 제3자에 대한 대항

이미 말한 바와 같이 경매개시결정의 기입등기가 되면 그 뒤에 채무자로부터 권리를 취득한 제3자는 선의·악의를 불문하고 압류의 처분제한적 효력에 대항할 수 없다. 따라서 개시결정의 기입등기 뒤에 제3취득자가 소유권을 취득하더라도 제3자이의의 소를 제기할 수 없으며 경매절차는 그대로 진행된다. 이 경우 매수

1) 이들은 압류에 위반한 처분행위로 취득한 권리인데, 이들 권리를 가지고 누구에게 대항할 수 있느냐 하는 것이 바로 여기에서 다루는 문제이다.
2) 동지 ; 김상수, 139면.

인이 매각대금을 완납하면 적법하게 소유권을 취득하게 되고 제3자명의의 등기는 직권말소된다.[1] 뿐만 아니라 개시결정의 기입등기전에 제3자가 권리를 취득했다고 하더라도 만약 그가 경매신청이나 압류가 있다는 것을 알았을 경우에도 역시 압류에 대항할 수 없다(제92조 1항). 압류의 효력이 발생하기 전이라도 제3취득자가 압류의 효력이 발생할 수 있음을 알고 있었다면, 압류의 효력을 강화 내지 확장시켜서 그러한 제3자에게 압류의 효력이 미치도록 한 것이다. 따라서 제3자가 경매신청이 있었음을 알았지만 아직 경매개시결정이 되지 않은 경우에도 그러한 제3자는 압류의 효력을 다툴 수 없다.

그리고 부동산이 압류채권을 위해 의무를 진 경우에는 압류한 뒤 소유권을 취득한 제3자가 소유권을 취득할 때에 경매신청 또는 압류가 있다는 것을 알지 못했더라도 경매절차를 계속 진행하도록 하여(제92조 2항), 압류의 효력을 더욱 확장하고 있다. 이 규정은 담보권자가 피담보채권에 관한 집행권원을 동시에 가지고 있을 때, 담보경매신청을 할 수 있음에도 집행권원을 가지고 강제경매를 신청한 경우의 특칙이다. 이와 같은 경우 채권자로서는 담보경매를 이용하면 제3취득자보다 우선변제를 받을 수 있을 터인데, 강제경매를 신청했다고 해서 그러한 우선변제권을 부인할 수 없다는 점에서 두고 있는 조치이다.

3. 사용제한적 효력

1) 원칙

경매개시결정으로 채무자는 부동산의 처분권을 제한받지만, 그렇다고 해서 관리권·이용권·수익권까지 제한받는 것은 아니다. 강제경매절차는 채권자가 부동산의 매각대금으로부터 채권액을 회수하면 목적을 달성하므로, 압류 이후 채무자의 관리권이나 이용권 등을 제한할 필요가 없는 것이다(제83조 2항). 이러한 관리·이용권은 매각대금이 완납되어서 소유권이 이전될 때까지만 허용된다.

2) 예외

채무자의 관리·이용권은 채무자가 부동산의 가치를 훼손하지 않고 원래의 용

1) 말소등기청구권이 생기는 것이 아니라 직권말소된다. 동지; 석호철, 앞의 글, 634면.

법에 따라 관리·이용하는 경우에만 인정된다. 만약에 채무자가 부동산의 가치를 훼손해서 매각대금의 저하를 초래한다면 이를 막아야 할 필요가 있다. 따라서 경매개시결정 이후 사법보좌관은 직권이나 이해관계인의 신청에 따라 부동산에 대한 침해행위를 방지하기 위한 조치를 할 수 있다(제83조 3항). 그러한 조치로 작위·부작위명령을 내릴 수 있고, 이 명령에 위반하면 부동산을 집행관에게 인도할 것을 명할 수 있다(규칙 제44조 참조).

4. 부수적 효력

1) 시효중단의 효력

압류로 시효중단의 효력이 생긴다(민법 제168조 2호). 그러나 강제경매절차가 취하나 취소 등의 사유로 종료된 때에는 시효중단의 효력이 생기지 않는다(민법 제175조).

2) 피담보채권의 확정

압류등기시에 근저당권의 피담보채권액이 확정된 것으로 볼 수 있다. 따라서 그 이전에 생긴 채권은 채권최고액에 포함되는 것으로 본다.[1] 근저당권자의 경매신청은 근저당권거래를 종료하겠다는 의사로 볼 수 있기 때문이다. 다만, 경매절차가 취하나 취소로 종료된 때에는 근저당권은 확정되지 않은 것으로 본다.

Ⅳ. 집행참가제도

이미 진행하고 있는 집행절차에 다른 채권자가 관여할 수 있는 수단을 일반적으로 집행참가제도라 한다.[2] 이에는 이중경매개시결정과 후술하는 배당요구의 두 가지가 있다. 이중경매개시결정은 참가하는 채권자가 독자적으로 경매신청을

---

1) 곽윤직, 물권법(1998), 659면; 김용한, 물권법론(1996), 587면.
2) 여러 명의 압류채권자를 위해 동시에 실시하는 경매절차를 공동경매라 하는데, 이는 집행참가와 다른 제도이다. 공동경매는 보통의 경매절차와 같이 취급한다(제162조).

하는 집행참가방법인데 대해, 배당요구는 앞의 채권자가 수행하는 집행절차에 편승하여 집행에 참가하는 방법이다.

1. 이중개시결정제도(압류의 경합)

강제경매나 담보경매가 개시된 부동산에 대해 다른 채권자가 강제경매신청을 한 때에는 사법보좌관은 다시 경매개시결정(이중개시결정)을 하고, 먼저 경매개시결정을 한 집행절차에 따라 경매한다(제87조 1항). 동일한 부동산에 대해 이중개시결정이 내려지고 압류등기도 행해진다. 이때 앞의 경매절차가 제대로 진행되고 있으면 매각절차를 이중으로 진행시킬 필요가 없으므로, 뒤의 경매개시결정에 따른 절차를 별도로 진행시키지 않고, 뒤의 경매신청채권자는 배당절차에서 배당을 받을 뿐이다. 다만, 앞의 경매절차가 취하나 취소되면 지금까지 잠재되어 있던 뒤의 경매절차를 계속 진행한다. 물론 이때에도 앞의 경매개시결정에 따라 절차를 진행할 때와 마찬가지로 잉여주의의 제한을 받게 된다(제87조 2항).

이중개시결정에 관해서는 압류의 등기, 채무자에 대한 송달, 이해관계인에 대한 통지를 하면 족하다. 배당요구종기 이전에 이중경매를 신청한 채권자는 앞의 경매절차가 진행되어 부동산이 매각되면 배당요구채권자로서 배당절차에 참가할 수 있지만(제148조 1호), 배당요구종기 이후에 이중경매신청을 한 채권자는 배당에 참가할 수 없다. 그리고 앞의 절차가 취하나 취소된 경우, 뒤의 개시결정이 배당요구종기 이후의 신청에 의한 것일 때에는 배당요구종기를 새로 정한다(제87조 3항).

2. 배당요구제도

배당요구제도는 진행되고 있는 경매절차에 편승해서 배당을 요구할 수 있는 제도이다. 이중개시결정의 경우, 앞의 경매절차가 취하나 취소되면 뒤의 절차가 전면에 등장하여 절차가 속행되는데 대해, 배당요구의 경우는 이미 진행되고 있는 경매절차에서 단순히 배당요구만을 신청하는 제도이다.[1] 배당요구를 할 수 있는

1) 배당요구종기 이전에 이중경매신청을 해서 개시결정이 된 경우, 앞의 절차가 진행되어 부동산이 매각되면 이중경매신청자도 배당요구를 한 채권자로서 배당을 받을 수 있다(제148조 1호). 이에 비해 여기서 말하는 배당요구는 앞의 경매절차가 진행 중에 단지

채권자는 민사집행법상 ① 집행정본이 있는 채권자, ② 압류등기 뒤의 가압류채권자, ③ 실체법상 우선변제청구권자에 한하고(제88조 1항), 그 밖에 ④ 국세징수법상 세무서장(국징 제57조)이다. 이들은 배당요구를 할 수 있다는 것이지, 배당요구를 하지 않더라도 당연히 배당받을 수 있다는 뜻은 아니다.

V. 경매신청의 취하 및 취소

1. 경매신청의 취하

압류채권자는 경매절차가 개시된 뒤에도 대금완납시까지 경매신청을 취하할 수 있다. 다만, 매수신고가 있은 뒤에 경매신청을 취하할 때에는 경매절차에서 새로운 이해관계를 가지게 된 최고가매수신고인 또는 매수인, 차순위매수신고인의 동의를 받아야 취하의 효력이 생긴다(제93조 2항). 경매신청취하는 경매신청을 철회하는 행위로서 판결절차에 있어서 소의 취하에 견줄 수 있으므로 이들의 동의를 요하는 것이다.

집행을 면하기 위한 담보제공증명서, 강제집행을 하지 않는다거나 취하의 취지를 적은 화해조서의 정본이나 공정증서의 정본을 제출하면 압류의 효력은 소멸하지만, 이때에도 매수신고가 있고 나서 이러한 서류를 제출한 때에는 최고가매수신고인 등의 동의를 받아야 한다(제93조 3항 전단). 그리고 집행할 판결이 있은 뒤에 채권자가 변제증서나, 의무유예증서를 매수신고 뒤에 제출하여 집행을 정지시킬 때에도 최고가매수신고인 등의 동의를 받아야 한다. 그러나 이때에는 경매절차가 정지될 따름이지 압류의 효력이 소멸되지는 않는다(제93조 3항 후단).

경매신청이 적법하게 취하되면 경매절차는 당연히 종료하고 이를 취소하는 결정을 따로 할 필요는 없으며, 법원사무관 등은 압류등기의 말소를 촉탁한다. 취하

배당요구만을 신청한 경우이므로, 앞의 경매절차가 취하나 취소되더라도 배당요구채권자는 자주적으로 경매절차를 진행할 수 있는 적극적인 지위를 가지지 않고 단지 앞의 절차에 종속하여 배당을 받는다는 점에서 이중개시결정과 구별된다. 그러한 의미에서 이중개시신청은 자주적 배당요구이고, 단순한 배당요구는 종속적 배당요구라고 할 수 있다.

에 의해 압류의 효력은 소급해서 소멸하고 압류 뒤에 한 채무자의 처분행위는 유효하게 된다.

2. 경매의 취소

부동산이 없어지거나 매각 등으로 말미암아 권리를 이전할 수 없는 사정이 명백하게 된 때에는 사법보좌관은 경매절차를 취소해야 한다(제96조 1항). 부동산의 권리를 이전할 수 없는 사정이 경매개시결정을 할 당시에 명백하면 사법보좌관은 경매신청을 각하하지만, 이때 사법보좌관은 형식적 심사를 한다. 따라서 부동산이 그러한 사정이 있는지를 알지 못한 상태에서 개시결정을 하는 수가 있고, 이를 대비해서 경매의 취소조치를 두고 있다. 권리를 이전할 수 없는 사정은 사실상의 사유든 법률상의 사유든 불문한다. ① 부동산의 멸실, ② 가등기에 기한 본등기로 인한 소유권이전, ③ 채무자회생법 등 법령에 의한 강제집행의 금지(동법 제593조 1항) 등의 사유가 있으면 사법보좌관은 경매를 취소해야 한다(제96조 1항). 이해관계인의 취소신청은 사법보좌관의 취소결정을 독촉하는 의미 밖에 없고 사법보좌관은 이에 구속되지 않는다. 취소결정에 불복하고자 할 때에는, 먼저 사법보좌관의 처분에 대한 이의신청을 한 다음 즉시항고를 할 수 있다(동조 2항, 사보규 제4조).

제3항 매 각

Ⅰ. 매각조건

압류 다음에는 매각절차(현금화절차)가 진행된다. 매각은 기일입찰, 기간입찰, 호가경매 중에서 사법보좌관이 정한 방법에 따라 하는데(제103조 1항, 2항), 보통은 기일입찰의 방법을 쓴다.

경매도 따지고 보면 매매의 일종이라 할 수 있으므로 진행과정을 사법상 매매계약의 체결과정에 대응시켜 볼 수 있다. 매각기일 및 매각결정기일의 공고는 청약의 유인, 매수신청은 청약, 매각허가결정은 승낙의 의사표시에 견줄 수 있다.

그런데 경매절차는 국가의 강제력에 의한 매매라는 점에서 경매의 요건이나 효과 등을 정형화하여 법정하고 있는데, 이들을 법정매각조건이라 한다. 그리고 경우에 따라서는 이해관계인의 합의나 사법보좌관의 직권으로 법정매각조건을 변경할 수 있는데, 이들을 특별매각조건이라 한다.

1. 법정매각조건

사법상 매매계약의 기본적인 내용들에 해당하는 사항들을 법정매각조건으로 하고 있다. 아래에서는 법정매각조건 중에서 몇 가지를 보도록 하고 나머지는 관련되는 항목에서 설명한다.

1) 잉여주의

(1) 의의

잉여주의란 매각대금으로 압류채권자의 채권에 우선하는 부동산의 부담 및 집행비용을 변제하면 잉여가 없을 것으로 인정될 때 매각을 허용하지 않는 원칙을 말한다(제91조 1항). 압류채권자가 집행을 하더라도 변제받을 가망이 전혀 없는데도 경매를 허용하는 것은 무의미하고, 우선변제권자가 원하지 않는 시기에 자기의 의사에 상관없이 투자를 회수하게 되는 결과를 막기 위한 원칙이다. 잉여주의는 우선변제권자나 압류채권자를 보호하기 위한 원칙이지 채무자를 위한 배려가 아니므로, 채무자는 이 원칙의 적용여부에 불복할 수 없다. 잉여주의는 동산경매(제188조 3항), 담보경매(제268조)에도 적용된다.

(2) 잉여가 없는 경우의 처리

사법보좌관은 최저매각가격으로 압류채권자의 채권에 우선하는 부동산의 모든 부담과 절차비용을 변제하면 남을 것이 없겠다고 인정한 때에는 압류채권자에게 이를 통지해야 한다(제102조 1항). 처음에 정해진 최저매각가격을 기준으로 할 때에는 잉여가 있었지만, 경매절차가 진행되는 중에 잉여의 가망이 없게 되어도 역시 압류채권자에게 통지를 해야 한다. 압류채권자에게 통지할 때에는 송달의 방

식에 따라야 한다.[1]

압류채권자가 잉여가 없다는 통지를 받은 날로부터 1주일 내에 우선채권과 절차비용을 변제하고 남을 만한 가격을 정하여, 만약 그 가격에 맞는 매수신고가 없을 때에는 자기가 그 가격으로 매수하겠다고 신청하면서 충분한 보증을 제공하지 않으면, 사법보좌관은 경매절차를 취소해야 한다(제102조 2항). 이때 '충분한' 보증이란 최저매각가격과 압류채권자가 신청한 가격의 차액 정도의 보증을 말하는 것으로 보면 된다.

2) 소멸주의[2]와 인수주의

(1) 의의

압류채권자의 채권에 우선하는 채권에 관한 부동산의 부담을 처리하는 방법으로 소멸주의와 인수주의가 있다. 소멸주의는 매각에 따라 그러한 부동산의 부담을 소멸시켜서 매수인이 부담없는 깨끗한 부동산을 취득하도록 하는 입법주의다. 인수주의는 그러한 부담을 매수인에게 그대로 인수시키는 입법주의다. 어느 주의를 택할지는 여러 가지 사정[3]을 고려해서 정할 정책의 문제이고 각국의 입법례도 나누어진다.

두 입법주의는 서로 장단점을 가지고 있다. 소멸주의는 한 번의 경매로 모든 부담을 소멸시키기 때문에 각 부담에 따라 경매가 되풀이되는 복잡함을 막을 수 있고, 매수인이 부동산의 소유권을 안심하고 취득할 수 있으므로 경매를 용이하게 하는 장점이 있다. 그러나 매수신청인으로서는 한꺼번에 고액의 대금을 마련해야 하므로, 이는 오히려 경매를 기피하는 사유로 작용하는 단점이 된다. 그리고 부동산의 담보권자로서도 그가 원하지 않는 시기에 담보권이 실행되어 불충분한 만족을 강요당하는 불이익을 입을 수 있다.

---

1) 동지: 박두환, 325면.

2) 소제주의(消除主義)라고도 하는데, 이는 독일법상 Löschungsprinzip이란 용어를 일본 사람들이 번역한 용어이다. 우리말로는 소제라는 용어보다 소멸이라는 용어가 보다 친숙하다고 보아서 나는 오래 전부터 소멸주의라는 용어를 쓰고 있다.

3) 부동산 위의 권리자에게 보다 많은 만족을 보장해 줄 수 있는가, 매수인의 지위를 보다 안정시킬 수 있는 방법인가, 고액의 매수신청인을 보다 쉽게 확보할 수 있는 방안인가 등을 종합적으로 검토해서 결정할 문제다.

반대로 인수주의에 따르면 매수인이 인수할 부담액이 최저매각가격에 반영되어, 매수인은 매수희망가격에서 부담액을 공제한 차액만을 지급하면 되므로, 일시에 고액의 대금을 내지 않아도 된다는 장점이 있다.[1] 그리고 부동산 위의 권리자는 매수인에 대해서도 계속하여 권리를 행사할 수 있으므로 그 법적 지위가 안정적이다. 특히 담보권자가 원하지 않는 시기에 부동산이 매각되어 불충분한 배당을 받을 위험을 피할 수 있다는 장점도 있다. 반면에 최저매각가격에 반영해야 할 부동산의 부담액을 정확하게 산정하기가 쉽지 않다는 점, 매수인이 인수받은 담보권이 행사되면 다시 경매를 실시해야 하므로, 매수인의 법적 지위가 불안하다는 점 등은 단점이다.

매수신청인의 입장에서 보면 비록 일시에 많은 대금을 납부해야 하는 부담이 있기는 하지만, 부담이 없는 깨끗한 부동산을 선호하는 경향이 있으므로, 현행법은 소멸주의를 원칙으로 하고 인수주의를 보충적으로 채택하고 있다.[2] 이하에서는 개별적인 권리 중에서 특히 그 소멸이나 인수여부가 문제되는 몇 가지 경우를 검토하도록 한다.

(2) 개별권리의 검토

모든 저당권은 매각으로 소멸된다(제91조 2항). 담보가등기권리도 매각으로 소멸한다(가담법 제15조). 지상권 · 지역권 · 전세권 및 등기된 임차권은 저당권 · 압류채권 · 가압류채권에 대항할 수 없는 경우에는 매각으로 소멸하지만(제91조 3항), 대항할 수 있는 경우에는 매수인이 인수한다(동조 4항 본문). 이때 전세권의 경우는 특칙이 있다. 전세권은 저당권이나 압류채권 등에 대항할 수 있든 없든 불문하고 전세권자가 배당요구를 하면 매각으로 소멸되도록 처리한다(동조 4항 단서). 그러니까 전세권의 경우는 전세권을 계속 가질 것인지, 아니면 배당요구를 하여 전세권을 소멸시킬 것인지의 판단을 전세권자에게 맡기고 있다.

유치권은 담보물권이지만 등기를 요하지 않으므로 유치권자는 제90조 4호에 따라 유치권을 증명해야만 경매절차에서 이해관계인으로 될 수 있다. 그리고 유

---

1) 변제기가 상당히 남아 있는 경우에는 매각대금 중에서 인수되는 부분만큼은 사실상 금융의 혜택을 받는 효과가 있어 매수인에게는 장점으로 작용한다.

2) 프랑스와 일본은 우리와 같은 입법례를 채택하고 있다. 독일, 오스트리아, 스위스는 인수주의를 원칙으로 하고, 소멸주의를 가미하는 입법례를 채택하고 있다.

치권은 우선변제청구권이 없고 변제시까지 목적물을 유치할 수 있는 정도의 권리에 지나지 않는다는 것이 민법의 원리이다. 그런데 이러한 민법의 원리에도 불구하고 민사집행법은 매수인에게 유치권으로 담보하는 채권을 변제할 책임이 있는 것으로 규정하고 있다(제91조 5항). 유치권의 사실상 우선변제적 효력을 경매절차에서 보장해 주기 위한 조치다.[1)]

3) 최저매각가격의 결정

사법보좌관은 감정인에게 부동산을 감정하게 하고 그 평가액을 참작하여 최저매각가격을 정해야 한다. 이 가격 이하로 매각을 허가해서는 안된다. 최저매각가격은 이해관계인의 합의가 있더라도 이를 변경할 수 없다(제110조 1항).

4) 매수인의 자격

매수인의 자격에는 원칙적으로 제한이 없지만 제한을 두는 경우도 있다. 예컨대 농지(농지법 제8조)나 산업용지, 공장(산업집적법 제40조) 등은 일정한 요건을 갖춘 사람만이 취득할 수 있으며, 외국인이 경매절차에서 토지소유권을 취득할 때에도 일정한 제한이 있다(외국인토지법 제5조). 그리고 채무자는 매수신청을 할 수 없다(규칙 제59조 1호).

5) 매수신청인의 보증

매수신청인은 최저매각가격의 10분의 1을 보증으로 집행관에게 제공해야 한다(제113조, 규칙 제63조 1항). 만약 매각허가를 받은 매수신청인이 매각대금을 납부하지 않으면 보증금을 몰수하여 이를 배당금액에 포함시킴으로써(제138조 4항, 제147조 1항 5호 참조), 함부로 매수신청을 하지 못하도록 예방하는 조치다.

6) 담보책임

경매에 있어서 채무자(즉, 부동산의 소유자)는 목적물의 흠으로 인한 담보책임은

---

1) 경매절차에서 유치권자가 그의 채권에 기해 배당받기 위해서는 배당요구를 해야 할 터인데, 만약 배당요구를 하면 일반 채권자와 같은 순위로 배당을 받을 수밖에 없게 되고, 이는 유치권의 본래 기능에 비추어 보아 불합리하다.

지지 않지만(민법 제580조), 권리의 흠으로 인한 담보책임은 부담한다(소위 추탈담보, 민법 제578조, 제570조 내지 제577조). 그도 사법상 매도인에 준하기 때문이다.

그런데 민법 제576조는 저당권, 전세권의 행사로 인해 매수인이 소유권을 취득할 수 없거나 취득한 소유권을 잃은 때에는 계약을 해제할 수 있도록 규정하고 있지만, 민사집행법상으로는 전술한 바와 같이 저당권과 배당요구를 한 전세권은 매각으로 소멸하므로(제91조 2항, 3항), 채무자가 담보책임을 지는 경우는 전세권이 매수인에게 인수되는 경우에 한한다(제91조 4항). 그러나 이 경우에는 대체로 매각대금에서 전세보증금을 공제하는 이해관계인의 합의[1]가 있을 것이므로, 결국 채무자가 담보책임을 지는 일은 거의 일어나지 않는다.

7) 그 밖의 소유권취득에 관한 조건

위에서 말한 법정매각조건 이외에 매수인의 소유권취득과 관련되는 법정매각조건이 더 있다. 즉, 매수인의 대금지급의무(제138조), 대금지급기한(제142조), 매수인의 소유권취득(제135조) 및 그와 관련한 등기의 시기와 방법(제144조), 부동산인도명령의 신청시기(제136조) 등도 법정매각조건이다. 이들에 대해서는 관련되는 항목에서 설명한다.

2. 특별매각조건

이해관계인의 합의나 사법보좌관의 직권으로 법정매각조건을 변경한 매각조건을 특별매각조건이라 한다. 가능하면 경매에도 사적 자치를 인정할 필요가 있고, 효율적인 절차진행을 위해 두고 있는 조치다.

1) 합의에 의한 특별매각조건

법정매각조건 중에서 최저매각가격을 제외한 매각조건은 이해관계인의 합의에 따라 바꿀 수 있다고 규정하고 있지만(제110조 1항), 최저매각가격 이외의 조건이라도 경매의 근본에 관한 매각조건이나 강행규정은 이해관계인의 합의가 있더라도 바꿀 수 없다고 보아야 한다.[2]

---

1) 이는 후술하는 특별매각조건이 된다.

매각으로 소유권이 이전된다는 사항, 최고가매수신고인이나 차순위매수신고인에게 매각을 허가해야 하는 사항, 매수신청인의 자격에 관한 사항(제108조) 등은 이해관계인의 합의로도 바꿀 수 없는 조건이다. 그러나 잉여주의나 인수주의(제91조 1항, 4항), 소멸주의(제91조 2항), 매수신청인의 보증제공(제113조) 등은 합의로 바꿀 수 있는 매각조건이라고 본다.

이해관계인의 합의는 배당요구종기까지 할 수 있다(제110조 2항). 그리고 이해관계인의 합의만으로 바로 매각조건이 변경되는 것이 아니라, 합의가 사법보좌관에게 제출되어 사법보좌관이 매각조건변경의 결정을 함으로써 비로소 매각조건이 변경된다. 만약 이해관계인의 적법한 합의가 있음에도 사법보좌관이 매각조건변경결정을 하지 않고 법정매각조건에 따라 매각허가를 하면, 이는 매각허가에 대한 이의신청사유에 해당한다(제121조 7항).

3) 직권에 의한 특별매각조건

거래의 실상을 반영하거나 경매절차를 효율적으로 진행하기 위해 필요한 경우에는, 이해관계인의 합의가 없더라도 사법보좌관은 배당요구종기까지 최저매각가격을 포함한 모든 매각조건을 바꾸거나 새로운 매각조건을 설정할 수 있다(제111조 1항). 사법보좌관의 매각조건변경이나 설정결정에 대해 이해관계인은 이의신청을 통한 즉시항고를 할 수 있으며(동조 2항, 사보규 제4조), 사법보좌관이 매각조건의 변경이나 설정을 할 때에는 집행관에게 부동산에 대하여 필요한 조사를 하게 할 수 있다(동조 3항).

거래의 실상이나 절차의 효율성을 위해 사법보좌관이 직권으로 매각조건을 변경할 때에도 어디까지나 공익상의 필요가 있을 때에 한하고, 아무 때나 직권으로 매각조건을 변경할 수는 없다. 실무적으로는 직권에 의한 매각조건의 변경은 거의 이용되지 않는다고 한다.[1)]

3) 일괄매각

경매는 개별 부동산마다 개별적으로 진행하는 것이 원칙이다. 그러나 사법보좌

2) 이설 없음. 김상원, 앞의 주석(Ⅲ), 258면; 박두환, 337면.
1) 박두환, 339면.

관은 여러 개의 부동산의 위치, 형태, 이용관계 등을 고려해서 이를 일괄매수하게 하는 것이 알맞다고 인정하는 경우에는 직권으로 또는 이해관계인의 신청에 따라 일괄매각하도록 결정할 수 있다(제98조 1항).

여러 개의 부동산 전부나 일부를 일괄매각하면 이후의 법률관계를 간명하게 처리할 수 있고, 고액의 매수신청이 기대되거나, 매수신청인을 쉽게 모을 수 있는 경우가 있다. 특히 토지와 지상건물을 개별매각한 결과 법정지상권이 성립되지 않는 경우,[1] 토지가 너무 세분되어 있는 경우 등에도 이들을 일괄매각할 실익이 있다. 금전채권을 제외한 다른 종류의 재산도 부동산과 함께 일괄매각할 수 있다(동조 2항). 다만, 일괄매각을 하기 위해서는 경제적 필요가 있고 이해관계인에게 불리하지 않아야 하며, 원칙적으로 초과경매가 되지 않아야 한다(제101조 3항). 그리고 일괄매각에는 그 적용범위를 넓히기 위해 전속관할 규정의 예외를 두어 관련재판적을 인정하고 있고(제100조), 일괄매각사건의 병합을 위해 이송도 허용하고 있다(제99조 1항, 2항).

Ⅱ. 매각의 준비

사법보좌관은 매각을 실시하기 전에 배당요구의 종기결정 및 공고(제84조), 채권자나 공공기관에 대한 최고(제84조 4항, 5항), 현황조사(제85조), 부동산의 평가와 최저매각가격의 결정(제97조), 매각기일과 매각결정기일의 지정(제104조), 매각물건명세서의 작성 및 비치(제105조), 매각기일의 공고(제106조) 등의 준비조치를 해야 한다. 이들 중 배당요구종기결정 및 공고, 채권자와 공공기관에 대한 최고, 현황조사 등은 경매신청과 관련해 이미 설명했으므로, 아래에서는 이들을 제외한 나머지 사항들을 보도록 한다.

---

1) 법정지상권이나 관습법상 법정지상권이 성립되지 않는 경우 특히 일괄매각의 필요성이 강하게 요청된다.

1. 최저매각가격의 결정

목적 부동산이 부당하게 낮은 가격으로 매각되는 일을 방지하기 위해서 최저매각가격을 정하도록 하고 있다. 사법보좌관은 감정인에게 부동산을 평가하게 하고 그 평가액을 참작하여 최저매각가격을 결정한다(제97조). 최저매각가격은 잉여주의의 판정기준이 된다. 최저매각가격에 미달하는 매수신고에 대해서는 매각허가 결정을 하지 않는다(제121조 7호).

2. 매각기일과 매각결정기일의 지정 및 통지

매각기일이란 부동산을 매각하는 기일을 말한다. 매각결정기일이란 매각이 실시되어 최고가매수신고인이 있을 때, 경매절차의 적법여부를 조사해서 매각허가 또는 불허가의 결정을 하는 기일을 말한다. 사법보좌관은 직권으로 매각기일과 매각결정기일을 정해서 일정한 방법으로 공고하고(제104조 1항, 규칙 제11조), 이해관계인에게 통지해야 한다(제104조 2항).

3. 매각물건명세서의 작성과 비치

사법보좌관은 매각물건명세서, 현황조사보고서, 평가서의 사본을 매각기일 1주일 전까지 법원에 비치하여 누구든지 볼 수 있도록 해야 한다(제105조 2항, 규칙 제55조). 부동산의 권리관계 특히, 매수인이 인수하게 될 부동산의 부담에 관해 매수희망자들이 쉽게 볼 수 있도록 하고 있는 것이다. 매각물건명세서에는 ① 부동산의 표시(제105조 1호), ② 점유관계(2호), ③ 매각으로 소멸되지 않는 부동산 위의 권리 또는 가처분(3호), ④ 지상권의 개요(4호)를 적는다.

매각물건명세서를 작성하는 행위는 단순한 사실행위에 해당하고 집행행위는 아니다. 따라서 명세서의 작성에 대해서는 집행이의신청(제16조)을 할 수는 없다. 그러나 그 작성에 중대한 흠이 있으면 매각허가에 대한 이의신청을 할 수는 있다(제121조 5호).

한편, 통설은 매각물건명세서의 기재사항에 공신력을 인정하지 않는다.[1] 따라서 명세서의 기재내용과 상관없이 부동산의 부담이 있으면 있는 대로, 없으면 없는 대로 매수인은 소유권을 취득한다고 해석한다. 명세서에 엄격한 법적 효과를 인정하는 것은 무리라고 보아 사견으로도 통설을 따른다.

4. 매각기일의 공고

사법보좌관이 매각기일과 매각결정기일을 지정하면 직권으로 이를 공고해야 하는데(제104조 1항), 공고를 할 때에는 일정한 사항을 적어야 한다(제106조). 매각기일을 공고하는 주된 목적은 매수희망자를 널리 모집하자는데 있지만, 그 밖에 등기부상의 우선변제권자가 아닌 자에게도 그 권리신고를 최고해서 이해관계인이 될 수 있도록 배려하는 목적도 있다.

Ⅲ. 매각의 실시

매각은 기일입찰, 기간입찰, 호가경매의 세 가지 방법으로 실시한다. 구체적인 방법은 사법보좌관이 정하지만(제103조 1항), 실무적으로는 거의 기일입찰로 실시하고 있다.

1. 기일입찰

기일입찰이란 매각기일에 입찰을 하게 한 다음 개찰을 하는 입찰을 말한다. 매각기일에 집행관은 일반인들이 매각물건명세서, 현황조사보고서 및 평가서의 사본 등을 볼 수 있게 하고, 특별한 매각조건이 있는 때에는 이를 고지하며, 사법보좌관이 정한 매각방법에 따라 매수가격을 신고하도록 최고해야 한다(제112조). 이는 호가경매의 경우에도 같다. 매각기일은 법원 안에서 진행해야 하지만, 집행관은 사법보좌관의 허가를 얻어 다른 장소에서 진행할 수도 있다(제107조).

---

1) 박두환, 347면; 김상원, 앞의 주석(Ⅲ), 227면. 판례는 매각물건명세서를 잘못 작성하여 결과적으로 매수인에게 손해가 발생한 경우 국가의 손해배상책임을 인정한다. 대판, 2008.1.31. 2006다913 ; 대판, 2010.6.24. 2009다40790.

매수신청인은 원칙적으로 최저매각가격의 10분의 1에 해당하는 보증을 제공해야 한다(제113조, 규칙 제63조, 64조). 매수인으로 결정된 자가 대금을 납부하지 않으면, 제공한 보증을 돌려받지 못하도록 해서 대금납부를 강제하기 위함이다.

매수를 희망하는 사람은 매각기일에 입찰표를 작성해서 집행관에게 제출해야 한다. 입찰자의 대리인은 대리권을 증명하는 문서를 집행관에게 제출해야 하고, 입찰자가 법인인 경우에는 대표자의 자격을 증명하는 문서를 집행관에게 제출해야 한다. 그리고 공동으로 입찰하는 때에는 입찰표에 각자의 지분을 분명하게 표시해야 한다(규칙 제62조).

입찰이 마감되면 집행관은 개찰을 해서 최고가매수신고인의 이름과 가격, 차순위매수신고인이 있을 때에는 그 이름과 가격을 부른 다음 매각기일을 종결한다고 고지해야 한다(제115조 1항). 차순위매수신고인제도는 매각기일에 최고가매수신고인 이외에 예비적으로 매수신고인 중 일정한 요건을 구비한 자를 차순위매수신고인으로 정해 놓고, 만약 최고가매수신고인이 대금지급기한까지 대금을 지급하지 않으면 재매각절차로 이행하지 않고, 차순위매수신고인에게 매각을 허가하는 제도이다(제114조 1항).

최고가매수신고인과 차순위매수신고인을 제외한 다른 매수신고인은 매각기일을 종결한다는 고지에 의해 매수의 책임을 벗게 되고, 즉시 매수신청의 보증을 돌려 줄 것을 신청할 수 있다(동조 3항).

매각기일을 마감할 때까지 허가할 매수가격의 신고가 없는 때에는, 집행관은 즉시 매각기일의 마감을 취소하고 같은 방법으로 매수가격을 신고하도록 최고할 수 있다(제115조 4항). 이를 1기일2회입찰제라고 한다. 매각기일이 종료되면 집행관은 일정한 사항을 기재한 매각기일조서를 작성하여 사법보좌관에게 제출해야 한다(제116조 1항).

집행관은 매각장소의 질서유지를 위해 일정한 사람을 매각장소에 들어오지 못하도록 하거나 매각장소에서 내보내거나 매수신청을 하지 못하도록 할 수 있다(제108조).

2. 기간입찰

기간입찰이란 입찰기간을 정해서 그 기간 안에 입찰을 하게 하고 별도의 개찰기일에 개찰해서 매수인을 정하는 매각방식이다. 기일입찰에서는 입찰기일에 출석한 자만이 매각허가를 받을 수 있지만, 기간입찰에서는 출석할 기일이 따로 정해져 있지 않으므로 굳이 출석을 할 필요가 없다는데 특징이 있다. 기간입찰은 기일입찰에 비해 매각방법이 다소 복잡하고 시간도 걸린다는 단점이 있지만, 널리 매수인을 모집할 수 있고 매각장소 내외에서의 담합을 막을 수 있다는 장점이 있다. 별장지를 경매하는 경우와 같이 그 소재지의 사람보다 원격지의 대도시 사람이 매수인으로 참가할 가능성이 높다든지 하는 경우에는 기일입찰보다 기간입찰이 유용한 매각방법이 될 수 있을 것이다.

3. 호가경매

호가경매란 매각기일에 매수신고가격을 경쟁적으로 올리는 방식으로 실시하는 매각방법이다. 과거에는 경매라고 부르던 이 방식이 부동산매각의 원칙적인 방법이었지만, 실무상으로는 이제 입찰에 밀려 2차적인 매각방법이 되었다. 매수신청을 한 사람은 더 높은 액의 매수신청이 있을 때까지 신청액에 구속된다(규칙 제72조 2항).

4. 매각실시 뒤의 고려사항

1) 고려해야 할 문제점

매각이 실시되어 최고가매수신고인 및 차순위매수신고인이 정해지면 이들은 매각절차에서 새로운 이해관계를 맺게 된다. 이들은 앞으로 목적 부동산의 소유권을 취득할 수 있게 되며, 제공했던 보증의 반환을 청구할 수 없게 된다. 따라서 이후 진행되는 절차에서는 이들의 지위가 존중되어야 하고, 경우에 따라서는 이들에 대한 구속(제공한 보증의 반환불가)을 풀어 줘야 할 필요도 생긴다.

2) 최고가매수신고인 및 차순위매수신고인의 지위

(1) 동의권

매수신고 이후 압류채권자가 경매신청을 취하하려면 최고가매수신고인 또는 매수인과 차순위매수신고인의 동의를 받도록 하여 이들의 절차상 지위를 보장하고 있다(제93조 2항). 다만, 압류가 경합하는 경우에는 선행 경매절차의 취하에 이들의 동의는 필요 없다. 후행 경매절차에서 이들의 법적 지위가 그대로 인정되기 때문이다.

그리고 강제집행을 면하기 위해 담보를 제공한 증명서류나, 강제집행을 하지 않는다거나 강제집행의 신청이나 위임을 취하한다는 취지를 적은 화해조서의 정본 또는 공정증서의 정본을 제출하여 강제집행을 정지시키고자 할 때에도 최고가매수신고인이나 차순위매수신고인의 동의를 받아야 한다(제93조 3항 전단). 집행할 판결이 있은 뒤에 변제증서나 변제유예증서를 제출하여 강제집행을 정지시키고자 할 때에도 이들의 동의를 받아야 한다(제93조 3항 후단).

(2) 이의신청권 및 취소신청권

최고가매수신고인 및 차순위매수신고인은 보증의 반환을 청구할 수 없지만, 일정한 경우에는 매각허가에 대한 이의신청(제121조 6호)이나 매각허가결정에 대한 취소신청(제127조)을 통해 이러한 구속을 풀어 준다.

최고가매수신고인이나 매수인[1]이 매수신고를 한 뒤 천재지변 그 밖에 자기가 책임질 수 없는 사유로 부동산이 현저하게 훼손된 사실[2] 또는 부동산에 관한 중대한 권리관계가 변동된 사실[3]이 경매절차의 진행 중에 밝혀진 때에는 매각허가에 대한 이의신청을 할 수 있다(제121조 6호). 이 이의신청이 받아들여지면 매각불허가결정을 거쳐 새 매각기일을 열면서 최저매각가격을 다시 정하는 등의 절차가 진행되므로(제125조 1항, 2항), 최고가매수신고인이나 매수인은 보증의 반환을 청

1) 차순위매수신고인은 이에 포함되지 않는다. 그가 매수인으로 되는 단계에 이 권리를 인정하면 족하기 때문이다.
2) 경미한 훼손은 이의신청사유가 아니다.
3) 담보경매절차에서 유치권의 존재가능성을 매각허가에 대한 이의신청사유로 인정한 판례가 있다. 즉, "부동산 임의경매절차에서 매수신고인이 당해 부동산에 관하여 유치권이 존재하지 않는 것으로 알고 매수신청을 하여 이미 최고가매수신고인으로 정하여졌음에도 그 이후 매각결정기일까지 사이에 유치권의 신고가 있을 뿐만 아니라 그 유치권이 성립될 여지가 없음이 명백하지 아니한 경우, 집행법원으로서는 장차 매수신고인이 인수할 매각부동산에 관한 권리의 부담이 현저히 증가하여 민사집행법 제121조 제6호가 규정하는 이의 사유가 발생된 것으로 보아 이해관계인의 이의 또는 직권으로 매각을 허가하지 아니하는 결정을 하는 것이 상당하다(대결, 2007.5.15. 2007마128)." 동지; 대결, 2005.8.8. 2005마643; 대결, 2008.6.17. 2008마459. 이들 판례는 최고가매수신고인으로 결정된 뒤에 유치권이 성립할 가능성이 있는 경우는 제121조 6호의 이의사유에 해당하고 따라서 제123조의 매각불허가결정을 해야 한다는 취지의 판례이다.

구할 수 있다. 다만, 훼손이나 권리변동 사실이 매각허가결정이 확정된 뒤에 밝혀진 경우에는 매각허가결정에 대한 이의신청을 할 수는 없고, 대금납부를 할 때까지 매각허가결정의 취소신청을 할 수 있을 따름이다(제127조 1항).[1] 그리고 매각허가결정의 취소결정은 경매절차에 중대한 영향을 미치는 사항이므로 이에 대해서는 이의신청을 거쳐 즉시항고를 할 수 있다(제127조 2항, 사보규 제4조).

5. 새 매각기일의 실시

① 허가할 매수신고가 없이 매각기일이 최종적으로 마감된 때(제119조), ② 매각불허가결정을 한 때(제123조), ③ 매각허가결정에 대한 취소결정을 한 때(제127조)에는 새 매각기일을 실시한다(제125조 1항). 새 매각기일에는 인수주의와 잉여주의가 적용되는 범위 안에서 사법보좌관은 최저매각가격을 상당히 낮추어야 한다. 매각기일이 '최종적으로' 마감된 때란 1기일2회입찰을 실시해 봐도 적법한 매수신고가 없어서 매각기일을 마감한 때라는 의미이다. '새 매각'은 매수인이 대금을 납부하지 않아서 실시하는 재매각(제138조)과 구별되는 제도임을 주의해야 한다.

1) 허가할 매수신고가 없을 경우

이때에는 사법보좌관은 최저매각가격을 상당히 낮추고 새 매각기일을 정해서 실시해야 한다(제119조). 처음의 최저매각가격에 비해 새 매각기일에서 낮추는 최저매각가격의 비율을 저감률이라 한다. 저감한 최저매각가격은 적어도 압류채권자에 우선하는 채권에 관한 부동산의 부담을 변제하고 잉여가 있는 가격이어야 한다. 만약 저감한 가격이 압류채권자에 우선하는 채권을 변제하기에 부족한 경

---

1) 부동산의 경매절차에서 근린생활시설인 매각목적물을 업무시설로 잘못 적용하여 가격평가를 하였다는 사유는 매각목적물의 평가를 실시함에 있어 부동산의 물적 상태나 그 용도 및 이에 대한 각종 규제 등을 실제와 다르게 적용하여 그 가격을 결정하였다는 것에 불과하여, 그러한 사유가 민사집행법 제121조 제5호 소정의 매각허가에 대한 이의신청 사유가 될 수 있음은 별론으로 하고, 이로써 매수인인 재항고인이 부동산의 소유권을 취득하지 못하거나 또는 부동산의 부담이 현저히 증가하여 재항고인이 인수할 권리가 중대하게 변동되었다고 할 수 없으므로, 위와 같은 사유는 민사집행법 제127조 제1항에 의한 매각허가결정의 취소사유가 되지 않는다고 한 판례가 있다. 대결, 2005.8.8. 2005마643.

우에는 사법보좌관은 이를 압류채권자에게 통지하고 경매취소의 결정을 할 수 있다(제102조 1항, 2항). 이때 통지를 받은 압류채권자가 잉여가 있을 가격으로 매수신청을 하고 충분한 보증을 제공하면 새 매각기일을 실시하지 않고 매각결정기일을 정하여 그를 매수인으로 정한다.

새 매각기일에도 허가할 매수가격의 신고가 없으면 다시 최저매각가격을 저감하여 새 매각기일을 정하고, 그 뒤로도 같은 절차를 반복한다. 절차가 이렇게 진행되다 보니 새 매각기일을 3회 정도 반복하면 최초의 최저매각가격의 절반 이하의 가격으로 매각되는 경우도 현실적으로 생길 수 있는데, 이는 경매제도가 풀어야 할 중요한 과제 중의 하나다.

2) 매각불허가결정의 경우

매각결정기일에 매각허가에 대한 이의신청이 있고 이 이의신청이 정당하다고 인정되면 사법보좌관은 매각불허가결정을 한다(제121조, 제123조 1항). 매각불허가결정이 확정되면 사법보좌관은 직권으로 새 매각기일을 정해야 한다(제125조 1항). 이때의 새 매각기일에도 역시 최저매각가격을 상당히 낮추어야 한다(제119조). 하지만 제121조 6호 사유로 매각불허가결정을 해서 새 매각기일을 열 때에는 최저매각가격을 저감하는 것이 아니라, 부동산평가를 다시 하여 경매절차가 진행된다(제125조 2항에 따른 제97조 내지 제105조의 준용).

3) 매각허가결정에 대한 취소결정의 경우

제121조 6호의 사유가 매각허가결정이 확정된 뒤에 밝혀진 때에는 매수인은 대금완납시까지 매각허가결정에 대한 취소신청을 할 수 있다(제127조). 매각허가결정을 취소한 경우에도 새 매각기일을 정해서 절차를 진행하지만, 이 경우에도 최저매각가격을 저감하는게 아니라 부동산평가부터 다시 하는 통상적인 매각절차가 진행된다(제134조에 따른 제97조 내지 105조의 준용).

[새 매각기일에서의 최저매각가격 결정방법]

사유		결정방법
허가할 매수신고가 없는 경우		저감
매각불허가 결정	제121조 1호 ~ 5호 사유	저감
	제121조 6호 사유	재평가
매각허가결정에 대한 취소결정		재평가

Ⅳ. 매각결정절차

매각의 준비나 실시는 집행기관의 보조기관으로서 집행관이 처리하지만, 매각결정절차는 매각허부를 결정하는 마무리 단계로서 집행기관이 직접 담당한다.

1. 매각결정기일

최고가매수신고인에게 매각을 허가할 것인가 아닌가는, 사법보좌관이 매각결정기일에 출석한 이해관계인으로부터 매각허가에 관한 의견의 진술을 듣고 결정한다(제120조 1항). 여기의 이해관계인에는 제90조의 이해관계인은 물론, 최고가매수신고인, 차순위매수신고인, 그 밖의 매수신고인으로서 자기가 매각허가를 받을 수 있다고 생각하는 자도 포함된다. 그리고 매각허가나 불허가결정은 그 중요성에 비추어 단순히 고지하는 것이 아니라 선고해야 하고(제126조 1항), 이 결정은 확정되어야 효력을 가진다(동조 3항). 결정을 선고하면 매각결정기일조서를 작성해야 하는데, 이때에는 변론조서에 관한 규정이 준용된다(제126조 2항).

매각결정기일은 매각기일부터 1주일 이내로 정해야 하는데(제109조 1항),[1] 매각기일과 마찬가지로 사법보좌관이 직권으로 지정·공고하고 이해관계인에게 통지해야 한다(제104조 1항, 2항).

집행관이 실시하는 매각기일은 법원 밖에서도 진행할 수 있지만(제107조 단서),

1) 이는 훈시규정이다. 박두환, 368면; 김상원, 앞의 주석(Ⅲ), 247면. 대결, 1984.8.23. 84마454.

매각결정기일은 집행기관이 실시하므로 법원안에서 진행해야 한다(제109조 2항). 매각결정기일의 엄격성이나 획일성을 위한 조치이다.

2. 매각허가에 대한 이의신청

매각허가에 대한 이의는 매각허가가 있을 때까지 신청해야 하며, 이미 신청한 이의에 대한 진술도 매각허가가 있을 때까지 해야 한다(제120조 2항). '진술'을 해야 하므로 단지 매각결정기일 전에 이의의 의견서나 진정서 등의 서면을 제출해 놓고 정작 매각결정기일에 출석하지 않은 경우에는 진술이 없는 것으로 처리한다. 진술의제로 취급하지 않는다는 말이다.

이의신청사유(제121조)는 집행이의(제16조), 경매개시결정에 대한 이의(제86조), 즉시항고(제129조, 제130조) 등의 사유와 겹치는데, 매각허가에 대한 이의신청에는 일정한 제한이 따른다(제122조). 매각허가에 대한 이의사유를 가지고 절차상 대항할 수 있는 수단이 이와 같이 다양하고, 다른 대항수단에 비해 효과면에서 미흡한 점도 있어서, 실무상으로는 매각허가에 대한 이의신청의 예가 그리 많지 않다고 한다.[1] 다만, 여기의 이의신청사유가 다른 불복수단의 사유로 원용되기도 하므로 간단히 살펴 본다.

1) 자기의 권리에 관한 이유

이의는 다른 이해관계인의 권리에 관한 이유로 신청할 수 없다(제122조). 예컨대, 다른 이해관계인에게 매각기일의 통지가 없었다는 것을 이유로 이의를 할 수 없으며,[2] 채권자에 대한 송달의 하자를 이유로 채무자나 소유자가 이의를 할 수 없다.[3] 그러나 이의사유가 자기의 권리에 관한 사항이 아니더라도, 그것이 공익에 관한 것이면 이의신청을 할 수 있다고 본다. 즉, 강제매각절차는 채무자의 의사에 관계없이 그의 재산을 보다 고가로 매각해야 할 공익이 있고, 이러한 공익에 반하는 절차상의 위법에 대해서는 자기의 권리에 관한 사유가 아니라도 이의신청을 할 수 있다.

1) 이재성, 앞의 주석(Ⅲ), 329면.
2) 대결, 1997.6.10. 97마814.
3) 대결, 1962.2.28. 4294민재항640.

2) 법정사유

이의사유가 비록 자기의 권리에 관한 것이라 하더라도 가벼운 사항일 때에는 이의신청을 할 수 없도록 제한할 필요가 있다(제121조). 절차의 지연이 염려되기 때문이다.

(1) 강제집행의 정지나 취소사유(제121조 1호)

강제집행을 허가할 수 없을 때란 강제집행의 요건이나 강제집행개시의 요건 등 절차상의 요건에 흠이 있어서 강제집행을 허가할 수 없는 경우를 말한다. 따라서 예를 들어, 채권이 변제 등으로 소멸했다는 실체법상 요건의 흠으로는 여기의 이의신청을 할 수는 없고, 청구이의의 소로 따질 문제이다.[1] 다만, 채무자가 변제증서나 변제유예증서를 매각기일종료전에 제출하면 경매절차를 정지해야 하므로(제49조 4호), 이는 이의신청사유에 해당한다.[2] 강제집행을 속행할 수 없을 때라 함은 집행정지나 취소사유가 있을 때, 경매의 취하가 있을 때와 같이 경매를 진행할 수 없게 된 경우를 말한다.

(2) 최고가매수신고인의 무능력・무자격(동조 2호)

미성년자가 법정대리인의 동의없이 매수신청을 하였거나, 농지경매에서 농지취득자격증명을 제출하지 않은 경우(농지법 제8조), 재매각절차에 처음의 매수인이 참가한 경우(제138조 4항), 채무자, 집행관, 감정인이 참가한 경우 등이 여기의 이의사유에 해당한다.

(3) 무자격자의 매수신고교사(동조 3호)

부동산을 매수할 자격이 없는 사람이 최고가매수신고인을 내세워 매수신고를 한 때에 이의신청을 할 수 있다. 여기서 '내세워'라는 의미는 무자격자가 사실상 배후의 실세로서 행세하고 최고가매수신고인은 단순한 심부름꾼의 입장에서 매수

---

1) 이재성, 앞의 주석(Ⅲ), 329면. 판례도 같은 취지이다. 강제경매의 경우에는 변제 등의 사유로 인하여 청구권이 소멸되었다 하더라도, 채무명의의 집행력은 상실되는 것이 아니므로 변제공탁의 사유만으로는 경락허가의 이의사유에 해당되지 아니한다(대결, 1979.9.12. 77마268).

2) 대결, 1960.11.30. 4293민재항298; 대결, 1965.8.26. 68마797.

신고를 한 경우를 일컫는 말로서 대리의 경우와는 다르다.[1] 따라서 최고가매수신고인의 매수자금이 무자격자로부터 조달되었다는 것만 증명되면, 무자격자로부터 매수신고의 의뢰가 있었는지 여부를 불문하고 본호의 이의사유에 해당한다고 본다.

(4) 경매장소의 질서방해(동조 4호)

최고가매수신고인, 그 대리인, 또는 최고가매수신고인을 내세워 매수신고를 한 사람이 제108조 각호의 하나에 해당되어 경매장소의 질서를 방해한 때에는 본호에 따라 이의신청을 할 수 있다.

(5) 최저매각가격결정 등의 흠(동조 5호)

① **최저매각가격의 결정에 중대한 흠이 있는 때**: 최저매각가격은 적정한 매각을 위한 중요한 전제조건의 하나이므로 이를 결정하는데 중대한 흠이 있으면 본호의 이의사유가 된다. 사법보좌관은 감정인에게 평가를 시켜서 이를 참작하여 최저매각가격을 정해야 하는데(제97조), 이러한 절차에 흠이 있으면 여기의 중대한 흠에 해당한다. 다만, 감정인의 평가액을 기초로 결정한 최저매각가격이 단순히 부당하게 저렴하다고 하는 사유는 이의사유에 해당하지 않는다.[2] 그러나 매각대상을 잘못 지정하여 최저매각가격을 결정한 경우에는 이의사유에 해당한다.[3]

② **일괄매각결정에 중대한 흠이 있는 때**: 일괄매각을 결정하는 과정에 중대한 흠이 있는 경우이다. 개별매각을 실시해야 함에도 일괄매각결정을 한 경우나[4]

---

1) 물론 그러한 대리는 2호의 사유에 해당하여 역시 이의신청사유가 된다.

2) 단순히 감정인의 평가액과 이에 의하여 결정한 최저경매가격이 매우 저렴하다는 사유는 이의사유가 될 수 없으나, 감정에 의하여 산정한 평가액이 감정평가의 일반적 기준에 현저하게 반한다거나 사회통념상 현저하게 부당하다고 인정되는 경우에는 그러한 사유만으로도 최저경매가격의 결정에 중대한 하자가 있는 것으로 보아야 한다(대결, 2004.11.9. 2004마94).

3) 경매대상 토지인 임야가 도시계획상 자연녹지지역 내에 설치된 공원으로서 그 사용·수익에 있어서 공법상의 제한이 있다고 하여도 그 지상에 식재된 수목이 경제적 가치를 가지지 않는 것은 아니므로, 경매법원으로서는 마땅히 위 수목의 가액을 포함하여 경매대상이 된 임야의 가액을 평가하여야 함에도 불구하고 위 수목의 가액을 제외시킨 채 오직 토지가격만을 평가하여 이를 그대로 최저입찰가격으로 결정한 것은 그 가격결정에 중대한 하자가 있는 경우에 해당한다(대결, 1998.10.28. 98마1817).

4) 수개의 부동산에 대하여 경매신청이 있는 경우 그 중 어느 한 개 또는 수 개의 부동산의 매득금만으로써 신청채권자의 채권과 이에 우선하는 채권자의 채권 및 경매절차 비용을 변제함에 충분할 때에는, 후순위 채권자의 채권액을 고려함이 없이 나머지 부동산

그 반대의 경우 모두 해당된다.

③ **매각물건명세서의 작성에 중대한 흠이 있는 때**: 중대한 흠이 있는지 여부는 매수희망자가 매수의사나 매수신고가격을 결정할 때 매각물건명세서의 흠으로 말미암아 영향을 받은 정도를 중심으로 판단한다. 명세서의 기재내용이 객관적인 사실과 일치하지 않더라도, 통상적인 경우 그러한 불일치를 알기 어렵고, 또 이로 인하여 불이익을 받을 자가 미리 정정신청을 할 수 있었을 경우에는 여기의 중대한 흠이라고 할 수 없다. 농지취득자격증명이 불필요함에도 필요하다고 적은 경우 이의사유가 된다고 한 판례가 있다.1)

(6) 부동산의 훼손 및 권리관계의 변동(제6호)

경매절차가 진행 중에 천재지변 기타 매수신고인이 책임질 수 없는 사유로 부동산이 현저하게 훼손된 사실 또는 부동산에 관한 중대한 권리관계가 변동된 사실이 밝혀진 때 이의신청을 할 수 있다. 부동산이 현저하게 훼손된 경우라야 하므로 그 정도가 가벼운 경우에는 이의신청을 할 수 없다. '중대한 권리관계의 변동'이라 함은 그러한 변동이 있음에도 불구하고 경매절차를 그대로 진행시키면 이해관계인에게 예상 밖의 손해를 줄 위험이 있는 정도라야 한다. 예를 들어, 선순위 근저당권의 존재로 후순위 임차권의 대항력이 소멸하는 것으로 알고 부동산을 낙찰받았으나, 그 후 근저당권의 소멸로 임차권의 대항력이 존속하게 되어 낙찰부동산의 부담이 현저히 증가한 경우도 이의사유가 된다.2)

에 대하여는 경낙을 허가할 수 없는 것이므로, 원심법원으로서는 신청채권자의 채권액과 그 지연손해금 및 경매절차비용에 충당하기에 족한 부동산을 그 재량으로 선택하고, 나머지 부동산에 대하여는 경낙을 허가하여서는 아니 될 것임에도 불구하고, 본건 부동산 전부에 대하여 경낙허가한 것을 정당하다고 판단한 원심결정은 과잉경매의 법리를 오해한 위법이 있다(대결, 1968.4.15. 67마1332).

1) 대결, 2003.12.30. 2002마1208. 그리고 입찰기일까지 임차인의 배당요구가 없어 낙찰인이 그 임대차를 승계하는 것으로 물건명세서가 작성되었으나 그 뒤 낙찰기일 전에 임차인이 배당요구를 하여 낙찰인이 그 임대차를 승계하지 않게 된 경우, 물건명세서상의 하자로 인한 경락불허가 사유가 된다는 판례가 있다. 대결, 1997. 10. 13. 97마1612.

2) 대결, 1998.8.24. 98마1031. 부동산에 관한 중대한 권리관계의 변동'이라 함은 부동산에 물리적 훼손이 없는 경우라도 선순위 근저당권의 존재로 후순위 처분금지가처분(내지 가등기)이나 대항력 있는 임차권 등이 소멸하거나 또는 부동산에 관하여 유치권이 존재하지 않는 것으로 알고 매수신청을 하여 매각허가결정까지 받았으나 그 이후 선순위 근저당권의 소멸로 인하여 처분금지가처분(내지 가등기)이나 임차권의 대항력이 존속하는 것으로 변경되거나 또는 부동산에 관하여 유치권이 존재하는 사실이 새로 밝혀지

(7) 그 밖의 중대한 잘못(제7호)

그 밖에 매각기일의 공고내용(제106조)이나[1] 공고방법에 대한 잘못(제103조 3항),[2] 법률상의 매각조건 위반 및 합의에 의하지 않은 매각조건의 변경(제110조, 제111조),[3] 매각보증금의 부족(제113조), 매각종결절차의 위반(제115조) 등의 사유가 있으면 이의신청을 할 수 있다고 본다.

3. 매각허가여부결정

최고가매수신고인이 정해지면 사법보좌관은 매각결정기일을 열어서 그에게 매각을 허가할 것인지 아닌지를 결정해야 한다. 허가여부의 결정에 사법보좌관의 재량을 인정할 것은 아니다.[4]

는 경우와 같이 매수인이 소유권을 취득하지 못하거나 또는 매각부동산의 부담이 현저히 증가하여 매수인이 인수할 권리가 중대하게 변동되는 경우를 말한다(대결, 2010.11.9. 2010마132).

1) 민사소송법 제618조가 낙찰기일을 공고함에 있어서 부동산의 표시를 요구하고 있는 이유는 낙찰 목적물의 특정과 낙찰 목적물에 대한 객관적 실가를 평가할 자료를 이해관계인으로 하여금 알 수 있게 하자는 데 있으므로, 그 부동산표시가 실제와 다른 점이 있더라도 낙찰 부동산의 동일성을 식별하는 데 지장이 없을 정도라면 모르거니와 이해관계인에게 목적물을 오인하게 하거나 평가를 그르치게 할 정도라면 그와 같은 입찰기일의 공고는 적법한 공고가 되지 못한다(대결, 1999.10.12. 99마4157). 경매법원이 이해관계인에게 통지할 의무가 있는 사항은 입찰기일과 낙찰기일에 관한 것에 한하고 최저입찰가격은 통지의무가 있는 사항이 아니므로, 당사자의 편의를 위해 통지하여 주는 것에 지나지 않는 최저입찰가격을 착오로 잘못 통지하였다고 하여도 낙찰을 허가한 경매법원의 결정을 취소할 만한 사유가 될 수 없다(대결, 1999.7.22. 99마2906).

2) 입찰기일을 공고함에 있어서 최저입찰가격을 누락한 경우는 물론 착오로 잘못 기재한 경우에도 그것이 사소한 것이 아니라면 그 입찰기일의 공고는 적법한 공고가 되지 못한다고 보아야 한다(대결, 1994.11.30. 94마1673).

3) 최저입찰가격은 입찰법원이 직권으로 변경할 수 있지만, 그 변경은 수긍할 만한 합리적인 이유가 있는 경우에 한하여 허용되고, 한편 입찰기일에 허가할 입찰신고가 없으면 입찰법원은 신기일을 정하면서 최저입찰가격을 상당히 저감할 수 있으나, 이는 어디까지나 그 입찰기일이 적법하게 열린 입찰기일이어야 하는 것이므로 입찰기일의 공고내용에 흠결사항이 있는 등 입찰기일이 적법하게 열릴 수 없는 경우라면 그 입찰기일에 허가할 입찰신고가 없더라도 최저입찰가격을 저감할 수는 없으며, 따라서 입찰기일공고 등의 위법으로 낙찰을 불허하고 다시 입찰을 하는 경우에 있어서 최저입찰가격은 당초의 최저가격에 의해야 하고 위법한 절차에 의하여 저감된 가격에 의할 수는 없다(대결, 1994.11.30. 94마1673).

4) 이시윤, 272면.

1) 매각불허가결정

(1) 이의신청에 따른 매각불허가결정

사법보좌관은 매각결정기일에 이해관계인의 이의나 반대진술을 들어서 이의신청이 정당하다고 인정한 때에는 매각불허가결정을 한다(제123조 1항).

(2) 직권에 따른 매각불허가결정

매각결정기일에 이해관계인의 이의신청이 없더라도 제121조의 사유가 있으면 사법보좌관은 직권으로 매각불허가결정을 한다. 다만, 매수무능력이나 무자격에 의한 이의신청의 경우에는 능력 또는 자격의 흠이 제거되지 않은 때에 한해 직권으로 불허가결정을 한다(제123조 2항).

(3) 과잉매각에 따른 매각불허가

여러 개의 부동산을 매각하는 경우에 한 개의 부동산의 매각대금으로 모든 채권자의 채권액과 강제집행비용을 변제하기에 충분하면 다른 부동산에 대해서는 매각불허가결정을 한다(제124조 1항 본문). 다만, 과잉매각에 해당하더라도 만약 토지와 그 위의 건물을 일괄매각하는 경우나, 재산을 분리해서 매각하면 그 경제적 효용이 현저하게 떨어지는 경우, 또는 채무자의 동의가 있는 경우에는 매각불허가결정을 하지 않는다(제124조 1항 단서, 제101조 3항 단서).

제124조 1항에서 말하는 '여러 개의 부동산을 매각하는 경우'란, 일괄매각 아닌 경우로서 채권자가 여러 개의 부동산에 대해 경매신청을 한 경우를 말한다. 그리고 '한 개의 부동산'이란 꼭 하나의 부동산을 말하는 것이 아니라 매각의 대상이 된 부동산 중에서 채권자가 충분한 만족을 얻을 수 있는 정도로 현금화될 수 있는 '일부의 부동산'이라는 의미로 본다.[1)]

그런데 부동산집행의 경우는 유체동산집행의 경우와 달리 경매신청 당시에는 과잉매각여부를 알 수 없으므로,[2)] 사법보좌관으로서는 매각결정기일에 과잉매각

---

1) 예컨대 채권자가 A, B, C 세 개의 부동산에 대해 경매신청을 하였고, 이들에 대해 매각기일에 최고가매수신고인이 정해졌다고 하자. 이들 중 A부동산만 매각되면 채권의 만족을 얻는데 충분하다면 B, C부동산에 대해서는 매각불허가결정을 하고, 만약 A, B 두 부동산을 매각해야 충분하다면 C부동산에 대해서만 매각불허가결정을 하면 된다.

2) 예를 들어 적법한 매수신고가 없어서 최저매각가격을 저감하여 매각을 실시하는 경우라

여부를 판단할 수밖에 없다. 이것은 유체동산집행의 경우 채권의 변제와 집행비용의 변상에 필요한 한도에서 압류를 허용하고(제188조 2항), 매각대금으로 채권자에게 변제하고 집행비용을 지급하기에 충분하면 매각절차를 즉시 중지시키는 것(제207조)과 다른 점이다. 그리고 과잉매각에 따른 매각불허가결정의 경우 채무자는 그 부동산 가운데 매각할 것을 지정할 수 있다(제124조 2항).

2) 매각허가결정

(1) 의의 및 법적 성질

이해관계인의 매각허가에 대한 이의신청이 이유 없거나 매각을 불허할 이유가 없으면 매각허가결정을 선고한다. 이해관계인의 이의신청이 이유 없을 때 이에 대하여 기각이나 각하의 재판을 하는 것이 아니라 바로 매각허가결정을 한다는 뜻이다.

강제경매는 당사자 및 이해관계인 사이에서는 사법상 매매계약의 성질이 있고, 집행기관과 당사자 사이에서는 일종의 공법상 처분의 성질도 있다(소위 양성설). 즉, 매각허가결정은 실체법적으로는 매매계약의 승낙의 성질이 있고, 절차법적으로는 최고가매수신고인에게 부동산의 소유권을 취득시키는 집행기관의 공법상의 처분(재판)으로서의 성질을 동시에 가지고 있는 것이다.

(2) 매각허가결정의 효력

매각허가결정이 확정되면 최고가매수신고인(매수인)은 대금지급의무를 부담하게 된다. 매수인이 대금을 납부하면 부동산의 소유권을 취득하고(제135조), 대금을 납부하지 않으면 그에 대한 매각허가결정은 효력을 상실하게 되며, 차순위매수신고인이 있는 경우에는 그에 대한 매각허부결정을 해야 한다(제137조 1항). 차순위매수신고인이 없으면 재매각절차를 행해야 한다(제138조). 이 경우 대금을 납부하지 않은 매수인은 매수신청의 보증을 돌려 줄 것을 요구하지 못한다(제137조 2항).

그리고 매각허가결정이 확정되면 지금까지의 절차상 흠은 원칙적으로 치유된

든지, 경매신청 뒤에 배당요구나 교부청구 등이 있는 경우를 생각해 보면, 경매신청 당시에 채권액이나 집행비용의 총액을 산정하기 어렵고, 최고가매수신고인이 정해져야 어느 정도 가늠할 수 있다.

다. 다만, 천재지변 그 밖에 최고가매수신고인이 책임질 수 없는 사유로 부동산이 현저하게 훼손된 사실이나 부동산에 관한 중대한 권리관계가 변동된 사실(제121조 6호)이 매각허가결정이 확정된 뒤에 밝혀진 경우에는 매수인은 대금을 낼 때까지 매각허가결정의 취소신청을 할 수 있다(제127조 1항). 대금을 납부한 뒤에는 물론 취소신청을 할 수 없다.

(3) 매각허가결정의 기재사항과 공고

매각허가결정으로 사법상 매매계약이 체결된 것과 같은 효력이 발생하고, 결정서는 대금납부를 한 뒤 소유권이전등기촉탁을 할 때 첨부서류가 되므로, 기재사항에 흠이 있으면 매각허가결정을 위법하게 하는 사유로서 항고이유가 된다. 매각허가결정에는 매각한 부동산, 매수인과 매각가격을 적고 특별한 매각조건으로 매각한 때에는 그 조건을 적어야 한다(제128조 1항).

매각허가결정은 선고하는 외에 대법원규칙에서 정하는 바에 따라 공고해야 한다(제128조 2항, 규칙 제11조). 기일에 출석하지 않은 이해관계인에게 즉시항고의 기회를 주기 위해서이다.

4. 즉시항고

매각허부결정에 대한 즉시항고는 부동산경매절차에서 가장 중요한 불복신청방법 중의 하나이지만, 집행실무상 남용이 문제로 되고 있다고 한다. 이미 여러 차례 언급한 바와 같이 즉시항고를 하기 전에 사법보좌관의 처분에 대한 이의신청 절차를 거쳐야 한다(사보규 제4조).

1) 항고권자

(1) 이해관계인의 개념

이해관계인은 매각허가여부의 결정에 따라 손해를 볼 경우에만 그 결정에 대해 즉시항고를 할 수 있다(제129조 1항). 여기의 이해관계인의 범위는 매각결정기일에서 진술할 이해관계인(제120조)의 범위와 같이 제90조의 경우보다 넓게 본다. 그렇더라도 항고의 이익이 없으면 여기의 이해관계인으로 보지 않는다. 이하 문제가 되는 경우를 나누어서 보도록 한다.

(2) 채권자

매각허가결정에 대해 압류채권자, 집행정본에 의한 배당요구채권자, 매각으로 소멸하는 담보권을 가지고 있는 채권자 등은 손해를 입은 경우에만 즉시항고를 할 수 있다.

매각불허가결정에 대해 압류채권자는 강제집행의 목적을 달성할 수 없게 되어 손해가 발생할 것이기 때문에 언제나 항고의 이익이 있다. 그러나 배당요구채권자나 매각으로 소멸할 담보권을 가지고 있는 채권자는 매각불허가결정이 되면 실체상의 채권을 그대로 유지하게 되므로 손해가 없고 따라서 항고권자가 될 수 없다.

(3) 채무자 및 소유자

채무자 및 소유자[1]는 매각허가결정으로 소유권을 상실하게 될 상태에 있으므로, 위법한 매각허가결정으로 말미암아 손해를 볼 경우에는 즉시항고를 할 수 있다. 다만, 매각가격이 시가보다 저렴하다는 이유만으로는 항고를 할 수 없다.[2] 그리고 매각기일의 공고에 대항력있는 임차권의 기재가 누락된 위법이 있으면 매각가격은 오히려 높게 평가될 것이고, 이는 채무자나 소유자에게 손해가 되지 않기 때문에 그들은 매각허가결정에 대하여 항고를 할 수 없다는 것이 판례의 입장이다.[3] 그리고 채무자 및 소유자는 매각불허가결정으로 손해를 입지는 않을 것이므로 이 경우에는 항고의 이익이 없다.

(4) 매수인

매수인은 앞의 채권자, 채무자 및 소유자의 경우와는 달리, ① 매각허가에 정당한 이유가 없거나, ② 매각허가결정에 적은 것 이외의 매각조건으로 허가해야 함을 주장하여 즉시항고를 할 수 있다(제129조 2항). ①의 경우, 매수인은 대체로

---

1) 경매목적물의 소유자의 자로서 장차 상속인이 될 것이라는 사유만으로 경매에 관한 이해관계인이라 볼 수 없다(대결, 1984.3.3. 84마63).
2) 경매법원의 경매목적물에 대한 평가절차나 그 평가액의 저감절차에 위법이 없는 한 최저가격에 의하여 경매를 실시한 결과 경낙가격이 저렴하였다 한들 그것을 그 경낙을 허가한 결정에 대한 재항고이유로 할 수는 없다(대결, 1967.9.26. 67마641).
3) 대결, 1991.2.27. 91마18.

매각허가결정을 원하는 자이기 때문에 매각허가결정에 대해 항고의 이익이 없을 것으로 예상된다. 그러나 예를 들어 무권대리인이 한 매수신고에 의해 매각허가결정이 된 경우에는 항고의 이익이 있다. ②의 경우, 매수인은 매각허가결정에 기재된 특별매각조건이 매각기일에 공고된 매각조건과 다르다는 것을 주장하거나, 매각가격이 자기의 매수신고가격보다 고액이라는 것 등을 주장하여 즉시항고를 할 수 있다고 본다. 그리고 매수인이 항고를 할 때에는 매수신고를 한 가격에 대해 구속을 받으므로 그 가격 이하로 매각허가해 줄 것을 주장할 수는 없다(제129조 3항). 제129조 3항은 매수신고인만 이 구속을 받는 것으로 규정하고 있으나, 매수인도 마찬가지다.

(5) 매수신고인

매각허가결정이든 불허가결정이든 자기에게 매각허가결정이 내려져야 함을 이유로 항고할 수 있다. 이때 매수신고인은 매수신고가격에 구속을 받는다(제129조 3항).

2) 항고이유

이해관계인은 매각허부결정으로 인해 손해를 입을 경우에만 즉시항고를 할 수 있다(제129조 1항). 다만, 매각허가결정에 대해서는 제121조 각호의 이의신청사유가 있거나, 그 결정절차에 중대한 잘못이 있다는 것을 이유로 드는 때에 한해 즉시항고가 인정된다(제130조 1항). 항고이유는 대체로 제121조의 이의신청사유와 일치하겠지만, 이의신청사유에 해당하지 않더라도 매각허부결정절차에 중대한 잘못이 있으면[1] 즉시항고를 할 수 있다. 그리고 민사소송법상의 재심사유가 있으면 매각허가 또는 불허가결정에 대한 항고의 이유로 삼을 수 있다(제130조 2항).

---

1) 예를 들어 매각결정기일을 열 일시나 장소를 공고하지 않았거나, 매각결정기일을 열지 않고 매각허가결정을 한 경우 등은 결정절차에 중대한 잘못이 있는 경우에 해당할 것이다. "근저당권의 채권최고액은 그 목적 부동산의 시가에 미치지 못함이 일반적이라 할 것임에도 그 평가 기준일로부터 5년여 전에 설정된 근저당권의 채권최고액이 이미 감정평가액을 초과하고 있고, 그 이후에도 수차에 걸쳐 그 평가액을 넘는 금액을 채권최고액으로 하는 근저당권이 추가로 설정되었으며, 개별공시지가에 따라 계산한 토지의 가격이 감정평가액의 수배에 달할 뿐 아니라, 실제 매매사례 또한 그 감정평가액을 훨씬 초과하는 점에 비추어, 그 감정평가는 객관적으로 보아 현저히 부당한 것으로서 이를 그대로 최저경매가격으로 결정한 경매법원의 결정에는 중대한 하자가 있다(대판, 1995. 7.12. 95마453)."

3) 보증의 제공

매각허가결정에 대해 항고를 하고자 하는 사람은 보증으로 매각대금의 10분의 1에 해당하는 금전 또는 법원이 인정한 유가증권을 공탁해야 한다(제130조 3항).[1] 그리고 채무자나 소유자가 한 항고가 기각된 때에는 보증으로 제공한 금전이나 유가증권을 돌려 줄 것을 요구하지 못한다(동조 6항). 채무자나 소유자 이외의 사람이 만약 매각허가결정에 대해 즉시항고를 하여 기각된 때에는 항고인은 보증으로 제공한 금전이나, 유가증권을 현금화한 금액 가운데 항고를 한 날로부터 항고기각결정이 확정된 날까지의 매각대금에 대한 대법원규칙이 정하는 이율(연 1할 5푼, 규칙 제75조)에 의한 금액(보증으로 제공한 금전이나, 유가증권을 현금화한 금액을 한도로 한다)은 반환을 청구할 수 없다. 그리고 항고인이 항고를 취하한 경우에도 같이 취급한다(동조 8항). 즉시항고의 남용을 막기 위한 조치이다. 돌려받지 못하게 된 보증은 이후 배당재단을 구성하여 채권자에게 배당된다(제147조 1항 3호, 4호).

4) 항고심의 절차

소송절차와 달리 항고심에서는 쌍방당사자의 대립을 전제로 하지 않는 편면적 불복절차를 원칙으로 한다. 따라서 변론이 꼭 필요한 것은 아니다. 그러나 경매사건에는 이해관계인이 존재할 수밖에 없고, 특히 항고이유에 따라서는 이해관계인이 달라질 수 있다. 따라서 항고법원은 필요한 경우에 반대진술을 하게 하기 위해 항고인의 상대방을 정할 수 있다(제131조 1항). 이때 상대방을 지정할 것인가의 여부, 누구를 지정할 것인가 등은 법원의 재량에 달린 문제이다.

매각허부결정에 대해서는 여러 명의 이해관계인으로부터 다양한 이유에 따른 항고가 있을 수 있고, 여러 개의 항고는 병합 심리한다(제131조 2항). 그리고 다른 이해관계인의 권리에 관한 이유로는 항고를 할 수 없다(제131조 3항에 따른 제122조의 준용).

다음, 항고법원이 원심결정을 취소하는 경우에는 매각허가여부의 결정은 항고법원이 자판을 하는 게 아니라 집행법원의 사법보좌관이 한다(제132조).

---

1) 항고인이 2인 이상인 경우 항고인별로 각각 매각대금의 10분의 1에 해당하는 금전 또는 유가증권을 공탁해야 한다(대결, 2006.11.23. 2006마513).

5. 매각허가여부결정이 확정된 뒤의 조치

매각허가결정이 확정되면 사법보좌관은 직권으로 대금지급기한을 정하고 이를 매수인과 차순위매수신고인에게 통지해야 한다(제142조 1항). 매각불허가결정을 하면 직권으로 새 매각기일을 정해야 한다(제125조 1항). 매각불허가결정이 확정된 때에는 매수인과 매각허가를 주장한 매수신고인은 매수에 관한 책임이 면제되므로(제133조), 이들이 제공한 매수신고의 보증을 반환받을 수 있다.

V. 대금의 지급

1. 대금지급기한의 지정과 통지

사법보좌관은 대금지급기한을 매각허가결정이 확정된 날부터 1월 안의 날로 정하지만, 경매사건기록이 상소법원에 있는 때에는 그 기록을 송부받은 날부터 1월 안의 날로 정해야 한다(규칙 제78조). 그리고 사법보좌관은 정해진 대금지급기한을 매수인과 차순위매수신고인에게 통지해야 한다(제142조 1항). 매수인은 기한 내에 대금을 지급하면 되므로, 기한 도래전이라도 대금을 지급해서 부동산의 소유권을 취득할 수 있다.

2. 매각대금의 지급

1) 대금지급의무

매수인은 대금지급의무를 진다(제142조 2항). 이는 공법상 의무로서 매수인이 포기할 수 없다. 따라서 대금지급기한 전에 매수인이 채무자와 매수포기약정을 하더라도 그러한 합의는 무효이고,[1] 그 합의에 따라 매수인이 대금을 지급하지 않으면 매수보증의 반환을 청구할 수 없는 등의 불이익을 받는다. 그리고 매수인이 대금을 지급하고 목적물에 대한 소유권을 취득할 수 있는 권리를 타인에게 양도

1) 대결, 1971.5.10. 71마283.

하더라도 그러한 양도합의 역시 무효이다.

2) 대금지급방법

(1) 원칙

매각허가결정에 기재된 금액을 현금으로 일시에 지급하는 것이 원칙이다. 이때 매수인이 보증으로 제공한 금전은 매각대금에 넣는다(제142조 3항). 매수신청의 보증으로 금전 이외의 것이 제공된 경우에는 따로 처리한다(동조 4항).

(2) 특별지급방법

매수인은 관계채권자의 이익을 해하지 않는 범위 안에서 채무를 인수하거나 상계의 방법으로 대금을 지급할 수도 있다. 즉, 매수인은 매각조건에 따라 부동산의 부담을 인수하는 외에 배당표의 실시에 관하여 매각대금의 한도에서 관계채권자의 승낙이 있으면 대금의 지급에 갈음하여 채무를 인수할 수 있다(제143조 1항). 이때 일부의 채권자만 승낙했다면 승낙한 채권자의 배당액만큼만 채무를 인수하면 된다.

채권자가 매수인인 경우에는 매각결정기일이 끝날 때까지 사법보좌관에게 신고하고 배당받아야 할 금액을 제외한 대금을 배당기일에 낼 수 있다(동조 2항). 채권자인 매수인이 현금으로 대금지급을 한 뒤 다시 배당금을 받도록 할 필요 없이, 매각대금과 배당액을 간편하게 상계할 수 있게 하였다. 이때 배당받을 금액이 매각대금에 미치지 못하면 물론 매각대금의 일부에 관한 상계가 인정된다.

매수인이 채무를 인수하거나 상계로 대금을 지급하는 경우에, 만약 인수한 채무액이나 배당받아야 할 금액에 대해 이의가 제기된 때에는, 매수인은 배당기일이 끝날 때까지 이에 해당하는 대금을 내야 한다(동조 3항).

3. 대금지급의 효과

1) 권리의 취득

매수인은 매각대금을 다 낸 때에 매각의 목적인 권리를 취득한다(제135조). 이때 매수인은 승계취득을 한 것으로 본다.[1] 취득하는 권리의 범위는 압류의 효력

---

1) 원소유자가 토지를 도로로 제공하여 사용수익권을 포기한 후 그 토지의 소유권을 특정

이 미치는 범위와 같다. 매각허가결정에 표시된 부동산과 실제의 부동산이 일치하지 않을 때는 실제의 부동산이 취득대상이 된다. 매수인은 부동산의 종물에 대해서도 권리를 취득하는 것이 원칙이지만(민법 제100조 2항), 압류 이후에 새로 부가된 종물은 취득대상에서 제외되는 것이 오히려 원칙이다. 다음 과실에 대해 보면, 부동산에 대한 압류가 있은 뒤에도 채무자는 종전대로 부동산을 관리·이용할 수 있으므로(제83조 2항), 천연과실이든 법정과실이든 모두 채무자가 계속 수취권을 가진다. 그러나 매수인이 대금을 납부한 때에는 부동산의 소유권이 매수인에게 넘어 가므로 이후 과실수취권은 매수인에게 귀속된다.

압류 당시[1] 건물과 토지가 모두 채무자소유였으나 그 중 하나에 대해 경매절차가 진행되어 매각으로 소유자가 각각 달라지면, 건물소유자는 토지에 대해 관습법상 법정지상권을 취득하게 된다.

2) 대금지급 뒤의 조치

매각대금이 지급되면 법원사무관 등은 매각허가결정의 등본을 붙여 직권으로 일정한 사항의 등기를 촉탁해야 한다(제144조 1항). 이때 등기비용은 매수인이 부담한다(동조 3항).

(1) 소유권이전등기

매수인이 대금을 지급하면 등기가 없어도 소유권을 취득한다(제144조 1항 1호, 민법 제187조 본문). 그런데 매각대금을 지급한 뒤에 매수인이 사망한 경우에 매수인과 상속인 중 누구 명의로 등기를 할 것인지 의문이 있다. 매각허가결정이 확정된 이상 대금을 지급하고 소유권을 취득할 수 있는 매수인의 지위 자체가 상속인

승계한 자가 승계 당시 그러한 사정을 알고 있었다면 지방자치단체가 이미 도로로 제공된 그 토지에 대하여 도로개설을 완성하고 이를 점유·관리하고 있다 하더라도 부당이득이 성립하지 않으며, 그러한 토지가 경낙된 경우 경낙인은 그러한 부담 있는 토지를 매수한 것이라는 판례(대판, 1994.9.30. 94다20013)가 있다.

1) "강제경매의 목적이 된 토지 또는 그 지상 건물의 소유권이 강제경매로 인하여 그 절차상의 매수인에게 이전된 경우에 건물의 소유를 위한 관습상 법정지상권이 성립하는가 하는 문제에 있어서는 그 매수인이 소유권을 취득하는 매각대금의 완납시가 아니라 그 압류의 효력이 발생하는 때를 기준으로 하여 토지와 그 지상 건물이 동일인에 속하였는지 여부가 판단되어야 한다(대판, 2012.10.18. 2010다52140 전원합의체 판결)."

에게 포괄승계되는 것으로 보아, 채무자로부터 상속인에게로 직접 이전등기할 수 있다고 본다.

(2) 말소등기

매수인이 인수하지 않는 부동산의 부담을 말소하는 등기를 해야 한다(제144조 1항 2호). '매수인이 인수하지 않는 부동산의 부담'이라 함은 법정매각조건대로 매각한 경우에 소멸하게 되는 부동산 위의 권리를 말한다.

가압류등기는 매수인에게 대항할 수 있는지 여부에 상관없이 말소등기의 대상이 된다. 압류의 효력발생 전에 가압류등기를 한 채권자는 당연히 매각대금으로부터 배당을 받으므로(실제로는 공탁이 됨. 제148조 3호, 제160조 1항 2호) 가압류등기를 존속시킬 필요가 없고, 압류의 효력발생 뒤의 가압류등기는 매수인에게 대항할 수 없으므로 역시 소멸한다. 그리고 대금지급 이후는 압류등기를 남겨둘 이유가 없어졌으므로 역시 말소등기를 한다(제144조 1항 3호).

Ⅵ. 재매각

재매각은 대금지급기한까지 매수인이 대금을 지급하지 않는 경우, 사법보좌관이 직권으로 재매각명령을 내려서 진행되는 절차이다(제138조 1항). 재매각은 허가할 매수신고가 없을 때(제119조)나, 매각불허가결정(제125조)을 할 때 실시하는 새 매각절차와 다르고, 매각허가결정의 취소(제127조, 제134조 참조) 등으로 여는 매각절차와도 구별된다.

1. 재매각명령

1) 요건

(1) 대금지급의무의 불이행

매수인이 매각대금을 완납하지 않아야 한다. 일괄매각의 경우 매각허가를 받은 매수인이 부동산의 일부에 해당하는 대금만 지급한 때에는 목적 부동산 전부가 재매각절차로 넘어간다.[1] 또한 공동매수인의 일부가 자기 몫에 해당하는 매각대금을 지급했더라도 나머지 사람이 대금을 지급하지 않은 이상, 부동산전부에 대해 재매각을 해야 하며, 이 경우에는 자기 몫을 낸 매수인도 재매각절차에서의 매수신청이나 보증반환에 제재를 받는다(제138조 4항).

(2) 차순위매수신고인의 부재

매수인이 대금을 지급하지 않았더라도 차순위매수신고인이 있는 경우에는, 재매각명령을 내리는 것이 아니라 차순위매수신고인에 대한 매각허부결정을 해야 한다(제137조). 만약 차순위매수신고인에 대한 매각불허가결정이 확정되거나, 차순위매수신고인에 대한 매각허가결정이 확정되었지만 그가 대금을 지급하지 않으면 재매각명령을 내려준다.

(3) 의무불이행의 존속

매수인은 대금지급기한이 지난 뒤라도 재매각기일의 3일 전까지는 대금과 지연이자(연 1할 5푼, 규칙 제75조) 및 절차비용을 지급하여 매수인의 지위를 유효하게 보유할 수 있다(제138조 3항). 그러니까 재매각명령이 있었다고 곧 바로 재매각절차로 들어가는 것은 아니다.

2) 효과

재매각명령이 내려지면 확정되었던 매각허가결정은 당연히 그 효력을 상실한다. 마치 매수인의 채무불이행(대금지급의무불이행)으로 인한 매매계약의 해제가 있는 것과 같다. 따라서 매수인의 대금지급의무는 소멸한다.

재매각은 종전의 경매절차를 속행하는 절차이므로 사법보좌관으로서는 다시 배당요구종기를 정할 필요는 없다. 그러니까 앞의 경매절차에서 배당요구를 한 채권자는 다시 배당요구를 할 필요가 없다. 그리고 앞의 매각절차에서 배당요구종기까지 배당요구를 하지 않은 채권자는 재매각절차에서도 역시 배당요구를 할 수

---

1) 그러나 여러 개의 부동산을 각각 경매한 경우에, 동일한 매수인이 이들 모두에 대해 매각허가결정을 받았지만, 그 중 일부 부동산의 가격에 상당하는 대금만 지급하였다면, 그에 상당한 부동산에 대해서는 매각절차가 적법하게 완료되었고, 대금을 지급하지 않은 부동산만 재매각절차로 넘어간다.

없다.

재매각기일에 매수신고가 있기 전까지는 집행채권자는 자유로이 경매신청을 취하할 수 있고, 재매각절차에서 매수신고가 있은 뒤에는 최고가매수신고인 및 차순위매수신고인의 동의를 받아서 경매신청을 취하할 수 있다. 이때 재매각절차를 초래한 처음의 매수인으로부터는 동의를 받지 않아도 된다고 본다.[1)]

2. 재매각의 취소

매수인이 재매각기일 3일 전까지[2)] 대금 등을 지급하면 재매각절차를 취소해야 한다(제138조 3항 전문). 차순위매수신고인이 매각허가결정을 받은 상태에서는 먼저 대금을 지급한 쪽이 목적물의 권리를 취득하고(제138조 3항 후문), 그때 재매각을 취소한다.

매수인이 매각대금 등을 완납하려고 하면 재매각절차를 반복하기보다 대금 등을 수령하여 매각절차를 신속히 종결시키는 것이 더 효율적이라서 두고 있는 제도이다. 매수인의 입장에서 보면 다시 소유권을 취득할 수 있게 되는데, 이는 재매각의 취소로 얻는 반사적 효과에 불과하지, 적극적으로 그러한 매수인을 보호하기 위한 것이 아니다.

3. 재매각의 절차

재매각절차는 앞의 매각절차의 속행이기 때문에, 앞의 절차에서 정한 최저매각가격, 그 밖의 매각조건을 적용한다(제138조 2항). 여기서 말하는 최저매각가격이나 그 밖의 매각조건은 앞의 매각허가결정시의 그것을 말한다. 재매각기일에 관해서는 제138조의 규정이 적용되는 외에는 보통의 매각기일에 관한 규정이 적용된다.

전의 매수인은 재매각절차에 참가할 수 없고, 보증반환도 청구할 수 없는 제재를 받는다(동조 4항). 참가가 배제되는 매수인은 스스로 대금 등을 지급하지 않은

---

1) 동지: 박우동, 앞의 주석(Ⅲ), 526면; 박두환, 395면; 대결, 1999.5.31. 99마468.

2) 이 기간을 넘기더라도 재매각취소제도의 취지에 비추어 보면, 재매각절차에서 새로운 매수신고인이 있기 전에 매수인이 대금 등을 지급했다면, 그것이 다른 이해관계인의 이익을 침해하는 일도 아니고, 또한 신속한 매각절차의 처리라는 측면에서도 문제될 게 없으므로, 이 기간은 완화해서 적용할 필요가 있다.

매수인을 말하고, 이해관계인의 항고로 말미암아 매각허가결정이 취소된 결과 대금을 지급하지 못하게 된 매수인은 재매각절차에 참가할 수 있다. 몰수된 보증은 배당절차에서 배당할 금액에 산입된다(제147조 1항 5호).

[새 매각과 재매각]

구분	새 매각	재매각
사유	매수신고의 부존재 내지 부적격	대금 부지급 (차순위매수신고인이 있으면 불실시)
저감여부	○	×
배당요구종기재지정	○	×

Ⅶ. 인도명령

1. 의의

매수인이 대금을 완납해서 소유권을 취득했지만, 목적물을 점유하고 있는 자가 정당한 이유없이 점유를 내놓지 않는 경우, 통상적인 방법으로 치자면 매수인은 소유권에 기한 목적물인도청구소송을 통해 인도를 받을 수 있다. 하지만 이는 점유이전을 고대하고 있던 매수인에게 먼 길이 될 것이므로, 보다 간편하게 매수인이 점유를 확보할 수 있도록 도와주는 제도로 인도명령제도(제136조)가 있다. 경매절차에서 매수인에게 주는 일종의 애프터 서비스라고 할 수 있다.

인도명령은 항고로만 불복할 수 있는 재판(제56조 1호)에 해당하는 집행권원의 일종이다. 매수인이 인도명령을 신청할 수 있음에도 그러한 편의를 버리고 통상의 인도청구소송을 제기할 수 있음은 물론이다.

2. 당사자

1) 신청인

대금을 모두 낸 매수인 및 그와 같이 취급할 압류채권자(제102조 2항 참조), 매수인의 포괄승계인이 신청권자이다. 매수인과의 매매계약 등으로 소유권을 양수한 '특정승계인'은 제외된다. 그런 자를 위해서까지 인도명령제도의 편의를 줄 필요는 없기 때문이다.

2) 상대방

(1) 채무자

채무자가 집행이의나 즉시항고 등으로 불복할 수 있는 경우에도 상대방이 될 수 있다. 채무자와 동거하는 가족,[1] 채무자의 피용인이나 점유보조자 등 채무자와 같이 취급할 자도 인도명령의 상대방이 될 수 있다.

(2) 소유자

실체법상 진정한 소유자가 아니라도 경매개시결정 당시에 등기부상 소유자로 표시되어 있는 자이면 상대방이 될 수 있다.

(3) 점유자

압류의 전후를 불문하고 점유자는 상대방이 될 수 있다. 그리고 여기서 점유자란 직접점유자만을 말하고 간접점유자는 포함되지 않는다. 왜냐하면 인도명령의 집행은 부동산의 점유를 빼앗아 매수인에게 주는 방법으로 하는데(제258조), 간접점유의 경우에는 이러한 집행방법을 사용할 수 없기 때문이다. 그러나 매수인에게 대항할 수 있는 권원에 의한 점유자는 인도명령의 상대방으로 할 수 없다(제136조 1항 단서).

3. 인도명령의 절차

인도명령의 신청은 대금을 낸 뒤 6개월 안에 해야 한다(제136조 1항). 이 기간이 지나도록 신속한 인도를 원하지 않는 매수인에게 굳이 편의를 베풀 필요가 없다는 뜻이다. 심리에 변론을 반드시 거칠 필요는 없으나, 상대방이 점유자인 경우에

1) 대판, 1998.4.24. 96다30786.

는 그를 심문해야 한다(제136조 4항 본문). 점유권원을 확인하기 위한 조치다. 그러나 물건명세서나 집행기록에 의해 점유권원 없음이 명백한 경우, 혹은 이미 그 점유자를 심문한 때에는 별도로 심문할 필요가 없다(제136조 4항 단서).

4. 인도명령에 대한 불복방법

1) 즉시항고

인도명령의 신청에 대한 인용이나 기각결정에 대해 즉시항고로써 따질 수 있다(제136조 5항). 항고사유는 '인도명령'에 직접 관련되는 사항[1])에 한하고, '매각절차' 자체에 관련한 사유로는 즉시항고를 할 수 없다. 즉시항고가 있더라도 집행정지의 효력이 없으므로 인도명령에 따른 집행을 막을 수는 없다. 인도명령이 '확정되어야만 효력이 발생하는 재판'이지도 않기 때문이다.

2) 청구이의의 소

인도명령도 집행권원인 이상 청구이의의 소로써 다툴 수 있음은 물론이다(제44조 참조). 다만, 인도명령은 기판력이 있는 재판은 아니므로 시적 제한은 받지 않는다(제44조 2항). 대금미납 상태에서 인도명령이 발령된 경우[2]), 인도명령신청권이 소멸한 경우[3]) 등에는 인도명령의 실질적 요건에 흠이 있는 경우로서 이 소를 제기할 수 있다.

3) 제3자이의의 소

부동산인도를 막을 수 있는 권리를 주장하는 제3자는 제3자이의의 소로써 인도명령에 대항할 수 있다(제48조 참조).

---

1) 예를 들어 관할위반이나 대금미납 등 인도명령 자체에 관련한 사유라야 한다.
2) 대금을 완납하지 않은 매수인에게 내려준 인도명령은 발령요건에 위반한 절차상 위법이므로 즉시항고로 따질 수도 있고, 동시에 인도명령이 갖추어야 할 실질적 요건에 흠이 있는 경우이기도 하므로 청구이의의 소로써도 다툴 수 있다.
3) 인도명령이 발령된 뒤에 채무자가 매수인으로부터 부동산을 다시 매수하기로 하면서 대금을 변제공탁한 경우에는 매수인의 인도명령신청권이 소멸한 것으로 볼 것이다.

5. 인도명령의 집행

채무자 · 소유자 또는 점유자가 인도명령에 따르지 않을 때에는 매수인 또는 채권자는 집행관에게 그 집행을 위임할 수 있다(제136조 6항). 인도명령의 집행을 집행관에게 위임하기 위해서는 상대방이 직접점유를 하고 있는 경우에 한한다. 상대방이 간접점유를 하고 있는 경우에는 부동산인도청구권의 이부에 의한 집행(제259조)만이 허용될 뿐이다. 인도명령도 집행권원이므로 집행을 위해서는 집행문이 있어야 한다. 당사자의 승계가 있으면 승계집행문도 역시 필요하다.

6. 관리명령

매수인이 대금을 납부하기 전에 채무자 · 소유자 · 점유자 등이 목적물을 훼손하거나, 관리를 소홀히 함으로써 매수인이 손해를 입을 염려가 있을 때, 응급조치의 일종으로 관리명령제도가 있다. 즉, 매수인 또는 채권자[1]는 매각허가가 결정된 뒤 인도할 때까지 관리인에게 부동산을 관리하게 하도록 법원에 관리명령을 신청할 수 있다(제136조 2항). 상대방은 인도명령의 상대방과 같다. 관리명령에 따라 법원이 선임한 관리인은 매수인이 대금을 완납할 때까지 목적물을 관리한다(제136조 2항).

관리명령이 제대로 실시되지 않으면 준인도명령(관리인도명령이라고도 한다)을 내릴 수 있는데(동조 3항), 관리명령과 준인도명령도 집행권원이다. 다만, 이들은 가처분과 비슷한 성질이 있으므로 집행할 때 집행문을 요하지 않는다. 그러나 승계가 있는 경우에는 승계집행문이 있어야 집행할 수 있다.

관리명령 및 준인도명령의 비용은 집행비용에 포함되지 않고 신청인이 부담한다. 이들 절차는 매각절차에 직접 관련된 절차가 아니라 파생된 절차이기 때문이다.

---

1) 여기의 채권자는 집행채권자만을 말하고 매각대금으로부터 배당받을 것을 주목적으로 하는 배당요구채권자는 제외된다.

Ⅷ. 공유물지분에 대한 경매

부동산의 공유지분도 당연히 경매의 대상이 될 수 있지만, 이에는 공유관계의 특성상 특칙을 두고 있다(제139조, 제140조). 등기할 수 있는 선박에 대한 강제집행은 특별한 규정이 없으면 원칙적으로 부동산강제경매규정이 적용되지만(제172조), 선박의 공유지분에 대한 강제집행은 제251조의 '그 밖의 재산권에 대한 집행'의 예에 따른다(제185조 1항). 자동차 · 건설기계 · 소형선박 · 항공기의 공유지분에 대한 강제집행도 제251조의 적용을 받는다(제187조, 251조, 규칙 제129조, 130조).[1)]

1. 절차

부동산의 공유지분에 대해 강제경매를 신청할 때에는 부동산 전체와 집행할 공유지분을 함께 표시해야 한다. 공유지분에 대한 경매신청이 적법하면 사법보좌관은 경매개시결정을 하고 이를 촉탁등기한다. 공유관계에 남아 있는 다른 공유자로서는 공유자가 변경되는 일에 이해관계를 가지고 있으므로, 공유지분에 대한 압류는 다른 공유자에게 통지하도록 하고 있다.[2)] 그러나 상당한 이유가 있는 때에는 통지를 생략할 수 있다(제139조 1항). 통지를 생략할 수 있는 경우로 아파트나 상가건물 등에 관한 공유지분경매를 예로 들 수 있다. 이들 경우 공유지분은 지극히 형식적인 것에 지나지 않고, 공유자의 수가 많아서 송달이 번거로울 뿐만 아니라, 다른 공유자들은 관심이 없는 경우가 대부분일 것이므로 통지를 생략해도 무방할 것이다.

최저매각가격은 공유물 전부의 평가액을 기본으로 채무자의 지분에 관해 정해

---

1) 합유지분은 조합원 전원의 동의 없이 처분할 수 없으므로(민법 제273조 1항), 조합재산인 부동산에 대한 합유지분에 대한 집행절차 역시 '그 밖의 재산권에 대한 집행'의 예에 따라야 하고, 이때 압류는 그 조합원의 장래의 이익배당 및 지분반환청구권에 대해 효력이 있다(민법 제714조). 총유의 경우에는 지분이라는 개념이 없으므로 강제집행 자체가 가능하지 않다.

2) 공유자는 지분의 비율로 공유물의 관리비용 기타 의무를 부담하고, 만약 공유자가 1년 이상 이러한 의무를 지체한 때에는 다른 공유자는 상당한 가액으로 지분을 매수할 수 있도록 하고 있는 등(민법 제266조)은 다른 공유자의 이해를 고려한 조치이다. 공유자에 대한 통지를 누락한 매각허가결정에 따른 대금납부는 적법하지 않다는 판례가 있다. 대판, 2007.12.27. 2005다62747.

야 한다(제139조 2항). 공유지분만을 평가대상으로 해서 최저매각가격을 산정하면 평가액이 감소될 수 있음을 염려해서 두고 있는 조치이다.

2. 공유자의 우선매수권

공유는 단독소유로의 전환이 자유롭고 독립성이 강한 공동소유형태지만, 공유물의 관리·이용이라는 측면에서 보면 공유자들끼리의 인적 유대관계 또한 중요하다. 따라서 채무자 아닌 공유자가 공유지분 매수인과 원치 않는 인적 유대를 강요받지 않도록 할 필요가 있고, 이를 위해 공유자 우선매수권제도를 두고 있다.

공유자는 매각기일까지 일반의 매수신고인과 마찬가지로 보증을 제공하고 최고매수신고가격과 같은 가격으로 채무자의 지분을 우선매수하겠다는 신고를 할 수 있다(제140조 1항). 공유자의 우선매수신고가 있으면 사법보좌관은 최고가매수신고가 있더라도 그 공유자에게 매각을 허가해야 하는데(동조 2항), 이때 최고가매수신고인은 차순위매수신고인으로 본다(동조 4항). 여러 명의 공유자가 우선매수신고를 한 때에는 특별한 협의가 없으면 공유지분의 비율로 채무자의 지분을 매수하게 한다(동조 3항).

제4항 배 당

매각대금이 지급되면 배당절차로 넘어간다(제145조 1항). 채권자가 한 명이든 여러 명이든 매각대금으로 채권액과 집행비용을 모두 변제할 수 있으면, 채권자에게 대금을 단순히 교부함으로써 배당절차는 종료된다. 이 경우를 넓은 의미의 배당절차라 한다. 넓은 의미의 배당절차는 크게 문제될 게 없지만, 뒤에 채권자와 채무자 사이에 채권의 소멸을 둘러싼 다툼이 있을 수 있으므로 배당표는 작성해 두어야 한다. 이에 비해 채권자가 여러 명이고 매각대금으로써 총채권액을 충당할 수 없는 경우에는, 채권자들의 이해관계를 원만하게 조정하여 배당하는 절차가 필요한데, 이를 좁은 의미의 배당절차라 한다.

배당절차는 매각대금을 채권자들이 원만하게 분배받는 게 중요하므로, 그들이 배당받을 몫에 관해 스스로 합의를 하면 존중해 준다(제150조 2항 참조). 법에 의한 획일적인 배당절차에 따른 처리보다 오히려 합목적적이라고 할 수 있기 때문이다. 배당절차에서 채권자들의 자주적·적극적 개입이 허용된다는 점은 획일성을 중시하는 압류나 매각절차와 다른 점이다.

Ⅰ. 배당실시절차

1. 배당의 준비

매수인이 대금을 지급하면 사법보좌관은 배당기일을 지정하고 이해관계인과 배당요구채권자에게 통지해야 한다(146조). 배당기일이 지정되면 법원사무관 등은 각 채권자에게 채권의 원금, 이자 등의 계산서를 제출하도록 최고해야 하는데(규칙 제81조), 사법보좌관은 이들을 기초로 배당표원안을 작성해서 채권자와 채무자에게 보여주기 위해 배당기일 3일 전에 비치해야 한다(제149조 1항).

2. 배당표의 확정

사법보좌관은 배당기일에 출석한 이해관계인과 배당을 요구한 채권자를 심문하여, 배당표를 확정할 때에는 배당표에 매각대금, 채권자의 채권의 원금, 이자, 비용, 배당순위와 배당비율을 적어야 한다(제150조 1항). 출석한 이해관계인과 배당을 요구한 채권자가 합의한 때에는 이에 따라 배당표를 작성해야 한다(제150조 2항).

판례는 배당표가 확정되었다고 해서 실체법상 권리가 확정된 것은 아니라고 하면서, 배당실시 뒤에 배당받지 못한 채권자는 배당받은 채권자를 상대로 부당이득반환을 청구할 수 있고, 이때 배당이의를 신청했는지 여부는 불문한다고 한다.[1)]

3. 배당표에 대한 이의신청

배당기일에 출석한 채무자나 채권자는 배당표의 작성, 그 기재내용, 기타 배당

1) 대판, 2008.6.26. 2008다19966.

실시 등과 관련하여 이의할 수 있다(제151조). 이의는 절차상의 이유를 들 수도 있고, 다른 채권자의 배당수령권에 관한 실체상의 이유도 들 수 있다.

이 이의신청은 배당표의 확정을 차단하기 위해 인정되는 조치이기 때문에, 배당기일에 출석하지 않은 채권자는, 다른 채권자의 이의제기에 관계된 경우를 제외하고는, 배당표와 같이 배당을 실시하는 데 동의한 것으로 본다(제153조 1항, 2항). 채무자도 배당기일에 출석하여 채권자의 채권 또는 그 채권의 순위에 대해 이의할 수 있다(제151조 1항).

이의신청이 있으면 사법보좌관은 관계된 채권자의 이의를 진술시키고, 관계인의 이의가 정당하다고 인정하거나 다른 방법으로 합의한 때에는, 이에 따라 배당표를 경정하여 배당을 실시해야 한다(제152조 1항, 2항, 사보규 제5조 4항 1호). 앞의 절차를 진행하지 못할 경우에는 배당기일을 중지한 뒤 이의신청사건을 지체없이 소속법원의 판사에게 송부한다(사보규 제5조 4항 2호). 배당절차를 신중히 처리하기 위해 일정한 경우 판사가 관여하도록 한 것이다.

채무자나 채권자가 한 이의가 완결되지 않은 때에는 이의가 없는 부분에 한해서 배당을 실시하되(제152조 3항), 완결되지 않은 이의에 대해서는 배당절차 내에서는 재판을 하지 못하고 결국 배당이의의 소(제154조 1항)나 청구이의의 소(동조 2항)로써 당부를 가린다.

4. 배당실시방법

1) 배당액지급증의 교부

사법보좌관은 채권 전부의 배당을 받을 채권자에게는 배당액지급증을 교부하는 동시에 그가 가진 집행정본 또는 채권증서를 받아 채무자에게 교부해야 한다(제159조 2항). 채권 일부의 배당을 받을 채권자에게는 집행정본 또는 채권증서를 제출하게 한 뒤, 배당액을 적어서 돌려주고, 배당액지급증을 교부하는 동시에 영수증을 받아 채무자에게 교부해야 한다(동조 3항). 배당액지급증 등을 교부하고 나면 배당실시절차는 조서에 명확히 적어야 한다(동조 4항). 배당액지급증을 받은 채권자는 이를 공탁공무원이나 법원의 보관금담당공무원에게 제출하여 돈으로 지급받는다.

2) 배당금액의 공탁

배당을 받을 채권자의 채권이 배당을 실시할 당시에 아직 미정이거나 아니면 앞으로 그 채권의 운명이나 금액 등에 변동이 예상되는 등 다음의 사유가 있으면 배당액지급증을 주지 않고 배당액을 공탁하고 별도로 처리한다(제160조 1항 각호).

① 채권에 정지조건 또는 불확정기한이 붙어 있는 때(1호)
② 가압류채권자의 채권인 때(2호)
③ 집행의 일시정지나 담보권실행절차의 일시정지를 위한 문서가 제출되어 있는 때(3호)
④ 저당권설정의 가등기가 마쳐져 있는 때(4호)
⑤ 배당이의의 소가 제기되어 있는 때(5호)
⑥ 담보물 이외의 물건으로부터 담보권자가 변제를 받을 경우에 다른 채권자가 배당금액의 공탁을 청구한 때(6호)
⑦ 채권자가 배당기일에 출석하지 않은 때(제160조 2항)

3) 공탁금에 대한 배당

배당금을 공탁한 뒤 정지조건의 성취, 가압류채권자의 승소판결확정 등으로 공탁사유가 소멸하면 사법보좌관은 공탁금을 채권자에게 지급하거나 공탁금에 대한 배당을 실시해야 한다(제161조 1항). 그러나 가압류채권자의 패소와 같이 채권자에게 배당을 실시할 수 없게 된 때(동조 2항 1호), 채권자가 채무자로부터 제기당한 배당이의의 소에서 진 때(동조 동항 2호), 저당물의 매각대가로부터 배당을 받은 때(동조 동항 3호), 공탁금의 수령을 포기하는 의사를 표시한 때(동조 3항)에는, 배당이의를 하지 않았던 채권자의 배당받을 채권액에 변동이 생기므로 배당표를 바꾸어서 추가로 배당해야 한다(동조 1항, 2항). 추가 배당기일에 이의를 하고자 할 때에는 종전의 배당기일에서 주장할 수 없었던 사유만을 주장할 수 있도록 제한을 받는다(동조 4항).

Ⅱ. 배당받을 채권자와 배당순위

1. 배당받을 채권자

배당받을 채권자의 범위는 제148조에서 법정하고 있다.

1) 압류채권자(1호)

배당요구종기까지 경매신청을 한 압류채권자를 말한다. 배당요구종기까지 이중경매를 신청한 채권자도 포함한다.

2) 배당요구채권자(2호)

배당요구종기까지 배당요구를 한 채권자(제88조 1항 참조)를 말한다.

3) 가압류채권자(3호)

첫 경매개시결정등기 전에 등기된 가압류채권자를 말한다. 첫 경매개시결정등기 이후의 가압류채권자는 당연히 배당을 받을 수 있는 채권자가 아니라, '배당요구'를 할 수 있는 채권자에 불과하다(제88조 1항). 만약 배당요구를 하면 그는 가압류채권자로서가 아니라 배당요구채권자로서 배당을 받을 수 있다.

4) 우선변제청구권자(4호)

저당권 · 전세권, 그 밖의 우선변제청구권으로서 첫 경매개시결정등기 전에 등기되었고 매각으로 소멸하는 것을 가진 채권자도 배당을 받을 수 있는 채권자이다. 이들은 배당요구를 하지 않더라도 당연히 배당받을 채권자가 된다는 뜻이다. 반면에 압류등기 이후에 전세권이나 우선변제청구권을 가진 채권자는 압류채권자에게는 물론이고 다른 배당요구채권자에 대해서도 우선변제권을 주장할 수 없다. 그들은 단지 배당요구종기까지 배당요구를 하여 다른 배당요구채권자들과 평등하게 배당을 받게 되는데 불과하다. 압류의 효력에 관한 절차상대효설의 입장이다.

담보가등기권리는 매각으로 인해 원칙적으로 소멸하므로(가담법 제15조) 그 권리자는 배당을 받을 수 있다. 그러나 담보가등기권리가 소멸하지 않는 경우에는(동법 제14조), 담보가등기권리자는 배당을 받는 것이 아니라 가등기에 기한 본등기를 하게 된다.

5) 교부청구권자 등

제148조에서 규정하고 있지는 않지만 조세나 기타 공과금에 대해 교부청구를 한 국가 또는 지방자치단체도 당연히 배당을 받을 수 있는 채권자이다.

2. 배당순위

매각대금으로 배당에 참가한 모든 채권자를 만족하게 할 수 없는 때에는 사법보좌관은 민법·상법, 그 밖의 법률에 의한 우선순위에 따라 배당해야 한다(제145조 2항). 배당의 순위를 개략적으로 보면 다음과 같다.

① **1순위** : 최종 3개월 분의 임금, 최종 3년간의 퇴직금 및 재해보상금(근기 제38조 2항, 퇴직급여법 제12조 2항), 주택 및 상가건물의 소액보증금(주택 제8조 1항, 상가 제14조 1항).

② **2순위** : 당해 부동산에 부과된 증여세, 상속세 등의 소위 당해세

③ **3순위** : 담보권에 우선하는 조세 및 동순위의 징수금

④ **4순위** : 조세에 뒤지는 담보권(체납 이후에 설정된 저당권, 전세권, 확정일자 있는 주택임대차보증금, 상가건물임대차보증금 등)

⑤ **5순위** : 1순위 이외의 일반 임금, 퇴직금, 재해보상금, 기타 근로채권(근기 제38조 1항, 퇴직급여법 제12조 1항)

⑥ **6순위** : 담보권에 뒤지는 조세(담보권설정 이후에 납부기한이 도래한 조세)

⑦ **7순위** : 의료보험료채권 등 각종 공익보험료채권

⑧ **8순위** : 일반채권

그러나 위의 순위는 목적물에 담보권이 설정되어 있는지 여부, 담보권과 조세채권 사이의 우열여부 등에 따라 순위가 변동될 수 있다. 집행비용은 매각대금에서 공제되므로 최우선순위이다(제53조 1항).

Ⅲ. 배당이의의 소

1. 의의

배당이의의 소는 배당표에 대해 이의를 진술한 채무자나 채권자가 그 이의를 관철하기 위해 배당표에 기재된 채권의 존부·금액·순위 등을 다투면서 배당표의 변경을 구하는 소이다. 배당이의의 소는 배당표에 대한 실체상 이의를 완결지우고자 하는 경우에만 허용되고, 절차상 이유로는 이 소를 제기할 수 없다.[1] 제157조는 실체상 이의사유를 들어서 배당이의의 소를 제기할 수 있다는 것을 간접적으로 규정한 조문이다.

이 소의 법적 성질에 관해 학설상 대립이 있는데, 사견으로는 실체법상 청구권의 확인과 동시에 배당표의 변경을 구하는 구제소송으로 본다. 청구이의의 소나 제3자이의의 소를 구제소송으로 보는 것과 같은 맥락이다.

2. 당사자적격

원고는 배당기일에 배당표의 기재에 대해 이의를 진술한 채무자 및 채권자이다. 피고는 그 이의의 내용대로 배당을 하면 불이익을 입게 되는 채권자로서 이의에 동의를 하지 않는 자이다. 다만, 채무자가 집행력 있는 집행권원의 정본을 가진 채권자에 대해 이의하고자 할 때에는 이 소를 제기할 수는 없고 청구이의의 소를 제기해야 한다(제154조 2항).

3. 관할

채무자가 집행력 있는 집행권원의 정본을 가지지 않은 채권자(가압류채권자를 제외한다)에 대해 이 소를 제기할 때와, 채권자가 다른 채권자를 상대로 이 소를 제기할 때에는 배당을 실시한 집행법원이 속한 지방법원의 관할로 한다. 다만, 소송물이 단독판사의 관할에 속하지 아니할 경우에는 지방법원의 합의부가 관할한다

1) 정호영, "배당이의의 소", 재판자료 제36집(1987), 463면.

(제156조 1항, 제154조 1항). 여러 개의 배당이의의 소가 제기된 경우에 한 개의 소를 합의부가 관할하는 때에는 그 밖의 소도 합의부가 함께 관할하지만(제156조 2항), 이의의 당사자가 합의하면 단독판사가 관할할 수도 있다(동조 3항).

4. 소송절차

별도의 규정이 있는 경우를 제외하고는 원칙적으로 통상의 소송절차와 다르지 않다. 따라서 변론을 열어야 한다. 특별규정이 있는 경우만 보기로 한다. 이의한 사람이 배당이의소송의 첫 변론기일에 불출석한 때에는 소를 취하한 것으로 본다(제158조). 통상의 소에 비해 간결하게 처리한다(민소 제268조 참조). 피고가 출석하였는지 여부는 묻지 않는다. 집행절차의 신속한 종결을 위한 조치이다(민소 제268조의 예외).

배당이의의 소에 대한 판결에서는 배당액에 대한 다툼이 있는 부분에 관해 배당을 받을 채권자와 그 액수를 정해야 한다. 이를 정하는 것이 적당하지 않다고 인정한 때에는 판결에서 배당표를 다시 만들고 다른 배당절차를 밟도록 명해야 한다(제157조). 즉, 청구를 인용할 때에는 채권자와 배당금액을 구체적으로 표시해야 한다. 그러나 이를 정하는 것이 적당하지 않다고 인정한 때에는 단순히 청구의 인용범위만을 밝히고 별도의 배당절차로 넘어가도록 한다는 뜻이다.[1)]

1) 배당이의소송의 원고가 구하는 청구의 양적 범위를 넘어 판단함으로써 당사자처분권주의에 반하고, 배당이의가 없는 부분에 관하여 배당표를 변경한 것은 잘못이라고 한 판례가 있다(대판, 2000.6.9. 99다70983).

● 부동산강제경매절차도

경매신청(§80)

↓

경매개시결정(§83) ← 경매개시결정에 대한 이의신청(§86)

↓

경매개시결정의 기입등기(§94)

↓

매각의 준비
- 채무자 등에 대한 고지 · 통지
- 배당요구종기 결정 · 공고 · 고지(§84 ①, ②)
- 현황조사(§85)
- 최저매각가격의 결정(§97)
- 매각물건명세서의 작성 · 비치(§105)
- 매각기일과 매각결정기일의 지정 · 통지(§104)

↓

배당요구종기 — 배당요구(§88)

↓

매각기일의 실시
- 최고가매수신고인 · 차순위매수신고인의 지정(§115)
- 새매각기일의 실시(§119)

↓

매각결정기일의 실시
- 매각허가에 대한 진술 및 이의신청(§120, 121)
- 매각허부결정에 대한 즉시항고(§130)

↓

매각허가결정의 확정 — 대금지급기한의 지정 · 통지(§142 ①)

↓

대금납부 — 미납시 재매각(§138)
- 인도명령(§136)

↓

배당의 실시
- 배당표원안의 작성 · 비치(§149 ①)
- 배당표에 대한 이의(§151)
- 배당표의 확정(§149 ②)
- 배당이의의 소 · 청구이의의 소(§154 ①, ②)

↓

배당금의 지급 · 공탁 (§159, 160)

↓

이전등기의 촉탁 (§144)

제3관 강제관리

I. 의의

강제관리는 채무자로부터 부동산의 관리・수익권을 빼앗아서 이를 법원이 임명한 관리인에게 맡기고, 부동산으로부터 생기는 천연과실이나 법정과실 등 수익을 가지고 채권자의 채권을 만족시켜 주는 집행방법으로, 일명 수익집행이라고도 한다. 원래 부동산의 수익이 천연과실이면 유체동산집행의 방법으로, 법정과실이면 채권집행의 방법으로 집행할 수 있겠지만, 강제관리는 이러한 수익을 일체로서 파악하여 이들로부터 채권의 만족을 얻도록 하는 집행방법이다.

강제관리에는 매각절차를 제외한 부동산경매절차가 준용된다(제163조). 강제관리는 강제집행절차에만 적용되고, 담보경매에는 적용되지 않는다(제268조 참조). 사법보좌관제도의 도입에도 불구하고 강제관리절차는 집행법원이 관할한다.

II. 강제관리의 개시

수익이 생길 수 있는 부동산이나 부동산을 목적으로 하는 지상권이나 전세권 등의 용익물권이 대상이 된다. 수익이란 부동산 등으로부터 생기는 천연과실과 법정과실이다.[1] 수확하였거나 수확할 천연과실과 이행기에 이르렀거나 이르게 될 법정과실도 여기의 수익에 포함된다(제164조 2항).

강제관리도 강제경매와 마찬가지로 채권자의 서면에 의한 신청이 있어야 한다(제163조, 제80조). 신청서에 적어야 할 사항이나 첨부서류도 경매신청에 준한다(제163조, 제81조). 그 밖에 제3자가 수익의 지급의무를 지고 있을 때에는 신청서에 그 제3자를 표시하고 그가 부담하는 지급의무의 내용도 적어야 한다.

강제관리개시결정에는 강제경매와 마찬가지로 그 부동산의 압류를 명해야 한다(제163조, 제83조 1항). 그리고 채무자에게는 관리사무에 간섭해서는 안되고 부동산

1) 영업상의 이익은 여기의 수익에 포함되지 않는다. 따라서 예를 들어, 채무자가 극장이나 목욕탕을 운영하여 얻는 수익은 영업상의 이익으로서 여기의 수익이 아니다.

의 수익을 처분해서도 안된다고 명해야 하며, 수익을 채무자에게 지급할 제3자에게는 관리인에게 이를 지급하도록 명해야 한다(제164조 1항). 개시결정은 등기하고 채무자에게 송달해야 하는데(제163조, 제83조 4항), 제3자에게는 결정서를 송달해야 효력이 생긴다(제164조 3항). 강제관리개시결정에 대해서는 이의신청을 할 수 있다(제163조, 제86조).

Ⅲ. 관리인

관리인은 법원이 임명하되, 채권자는 적당한 사람을 추천할 수 있다(제166조 1항). 관리인이 될 자격에는 원칙적으로 제한이 없어 채권자도 관리인이 될 수 있다. 관리인에게 관리를 계속할 수 없는 사유가 생긴 경우에는 법원은 직권으로 또는 이해관계인의 신청에 따라 관리인을 해임할 수 있고 이 경우에는 관리인을 심문해야 한다(제167조 3항).

관리인은 관리와 수익을 하기 위해 부동산을 점유할 수 있다. 이때 저항을 받으면 집행관에게 원조를 요구할 수 있다(제166조 2항). 관리인은 제3자가 채무자에게 지급할 수익을 추심할 권한이 있다(동조 3항).

관리의 구체적인 방법은 관리인에게 일임되어 있다. 다만, 관리인은 선량한 관리자의 주의의무를 부담한다. 법원은 관리에 필요한 사항을 정하고 관리인을 지휘 감독한다(제167조 1항). 그러나 관리인이 직무와 관련해서 다른 사람에게 손해를 끼친 경우에는 자신의 책임으로 배상해야 한다. 이러한 손해배상책임의 담보를 위해 법원은 관리인에게 보증을 제공하도록 명할 수 있다(제167조 2항).

관리인은 매년 채권자·채무자와 법원에 계산서를 제출해야 하고, 업무를 마친 뒤에도 또한 같다(제170조 1항). 채권자와 채무자는 계산서를 송달받은 날부터 1주일 내에 집행법원에 이의신청을 할 수 있는데(동조 2항), 만약 이 기간 내에 이의신청이 없는 때에는 관리인의 책임이 면제된 것으로 본다(동조 3항).

Ⅳ. 배당

배당받을 수 있는 채권자는 강제관리를 신청한 채권자와 강제관리개시결정등기 전의 가압류채권자 및 배당요구채권자이다. 배당할 금액은 부동산수익에서 그 부동산이 부담하는 조세 그 밖의 공과금을 뺀 뒤에 관리비용을 변제하고 남은 금액이다(제169조 1항). 부동산의 수익이 금전이 아닌 경우, 배당할 금액의 산정방법에 관해 법규정이 없어서 문제가 있다. 이때에는 법원이 적절한 현금화방법을 통해(제167조 1항)[1] 공제할 것은 공제하고 배당을 할 수 있다고 본다.

배당할 금액으로 모든 채권자를 만족시킬 수 없는 때에는 관리인은 채권자사이의 배당협의에 따라 배당을 실시해야 한다(제169조 2항). 채권자 사이에 배당협의가 이루어지지 못한 경우에 관리인은 그 사유를 법원에 신고해야 하며(동조 3항), 그러면 이후의 배당절차는 사법보좌관이 관장하게 된다.

제4절 선박 등에 대한 강제집행

Ⅰ. 서언

여기에서는 민법상으로는 동산이지만 부동산에 준해 취급하는 선박・항공기・자동차・건설기계・소형선박(특정동산저당법 제3조 2호에 따른 소형선박을 말한다. 이하 같다.) 등에 대한 강제집행의 문제를 다룬다. 이들에 대한 강제집행은 공시방법의 측면에서는 부동산집행방법을, 재산의 이동성이라는 측면에서는 유체동산집행방법을 고려해야 하는, 말하자면 특수한 집행방법을 필요로 한다.

민사집행법은 이들 중 등기할 수 있는 선박에 대한 강제집행을 먼저 규정해 놓고 이를 다른 재산에 준용하는 형식을 취하되, 선박집행에 대해서는 사물의 성질

1) 수의매각도 가능할 것임.

상 차이가 있는 경우나 별도의 규정이 있는 경우를 제외하고는 부동산집행방법을 준용하는 형식을 취하고 있다(규칙 제105조). 강제관리는 인정되지 않는다.[1] 항공기에 대한 강제집행은 선박에 대한 강제집행의 예에 따라 실시한다(규칙 제106조). 자동차에 대한 강제집행은 원칙적으로 부동산에 대한 강제경매의 규정을 따른다(규칙 제108조). 건설기계와 소형선박에 대한 강제집행에는 자동차에 대한 집행규정을 준용한다(규칙 제130조).

Ⅱ. 선박집행의 대상과 관할

1. 대상

여기서 선박이라 함은 등기할 수 있는 선박(제172조) 즉, 총톤수 20톤 이상의 선박을 말한다(선박법 제8조, 선박등기법 제2조). 건조 중인 선박도 등기할 수 있으므로(선박등기법 제5조, 선박등기규칙 제8조의3 및 제8조의4), 제172조 이하의 선박집행규정을 적용할 것이다.[2]

항해준비를 완료한 선박과 그 속구는 강제집행하지 못한다(상법 제744조). 다만, 항해준비를 위해 생긴 채무의 경우에는 압류나 가압류를 할 수 있다(동조 단서).

2. 관할

선박집행은 현재 있는 장소에서 바로 실시하는 게 효과적이라는 뜻에서, 압류 당시에 그 선박이 있는 곳의 지방법원이 관할하도록 하고 있다(제173조). 선적지를 기준으로 관할을 정하는게 아니다. 따라서 압류 당시 선박이 그 법원의 관할 안에 없었음이 판명된 때에는 집행절차를 취소해야 하며(제180조), 일단 압류된 선박이 관할구역 밖으로 떠난 때에는 집행법원은 선박이 있는 곳을 관할하는 법원으로

1) 통설임. 박두환, 449면; 이시윤, 305면.
2) 이는 건축 중인 건물에 대해 부동산집행방법에 따라 집행할 수 있는 것(제81조 1항 2호)과 같은 맥락이다.

사건을 이송할 수 있고, 이 이송결정에 대해서는 불복할 수 없다(제182조). 선박이 있는 곳을 잘못 알고 경매신청을 한 때에는 신청을 각하할 것이 아니라 관할권 있는 법원으로 이송할 수 있을 것이다(민소 제34조 1항의 준용).

Ⅲ. 선박의 압류

1. 신청

경매신청서에는 채권자 · 채무자 · 법원 · 선박을 표시하고 경매의 이유가 된 일정한 채권과 집행할 수 있는 일정한 집행권원을 적어야 하고(제80조), 선박의 정박항 및 선장의 이름과 현재지를 적어야 한다(규칙 제95조 1항). 그리고 채무자가 선박의 소유자인 경우에는 소유자로서 선박을 점유하고 있다는 것을, 선장인 경우에는 선장으로서 선박을 지휘하고 있다는 것을 소명할 수 있는 증서(제177조 1항 1호), 선박에 관한 등기사항을 포함한 등기부의 초본 또는 등본(제177조 1항 2호)을 첨부해야 한다.

2. 경매개시결정

1) 등기·송달·정박명령

경매개시결정을 한 법원은 선박등기부에 기입등기의 촉탁을 하고 그 결정을 채무자에게 송달한다(제172조, 제83조, 제94조). 외국선박에 대한 집행의 경우에는, 선박등기부가 우리나라에는 없을 것이기 때문에 등기부에 기입할 방법이 없다(제186조). 하지만 외국선박이 우리나라의 영해에 있거나 우리나라의 항구에 정박하고 있을 때에는 우리나라의 집행권이 그 선박에 미치는 것이고, 그 집행절차에 관해서도 법정지법인 우리 민사집행법이 적용된다.[1] 따라서 외국선박에 대한 강제경매신청을 할 때에도 선박에 관한 등기사항을 포함한 등기부의 초본이나 등본을

1) 권오곤, 외국선박 집행상의 몇 가지 문제점, 섭외사법의 제문제, 재판자료 34집(하), 626면.

첨부해야 한다.[1)]

선박은 언제든지 이동할 가능성이 있는 재산이므로 실효성 있는 압류를 위해서는 등기라는 관념적인 조치만으로는 부족하고, 선박의 이동을 막는 사실상의 조치가 뒷받침되어야 한다. 그러한 조치로 법원은 집행절차를 행하는 동안 선박이 압류 당시의 장소에 계속 머무르도록 정박명령을 해야 한다(제176조 1항). 그리고 매각기일을 공고할 때에는 선박의 표시와 그 정박한 장소를 적어야 한다(제184조). 법원은 경매개시결정을 내리면서 정박명령도 같이 내려 주면 되지만 개시결정 뒤에 발령해도 상관없다.

2) 선박국적증서 등의 제출

법원이 정박명령을 내려주더라도 이를 강제할 수단이 강구되어야 한다. 따라서 법원이 경매개시결정을 한 때에는 집행관에게 선박국적증서나 그 밖에 선박운행에 필요한 문서(이하 '선박국적증서 등'이라 함)를 선장으로부터 받아 법원에 제출하도록 명하는 별도의 조치를 두고 있다(제174조 1항).[2)]

3. 압류의 효력

1) 효력의 주관적 범위

압류의 효력이 채무자인 선박의 소유자에게 미치는 것은 당연하다. 그런데 선

---

1) 대판, 2004.10.28, 2002다25693.

2) 한국선박의 소유자는 선박의 등기를 한 후 선적항을 관할하는 지방해양항만청장에게 당해 선박의 등록을 신청해야 하고(선박법 제8조 1항), 등록신청을 받은 지방해양항만청장은 이를 선박원부에 등록하고 신청인에게 선박국적증서를 교부해야 한다(동조 2항). 그리고 만약 국내에서 선박을 취득한 자가 그 취득지를 관할하는 지방해양항만청장의 관할구역내에 선적항을 정하지 아니할 때에는 그 취득지를 관할하는 지방해양항만청장에게 임시선박국적증서의 교부를 신청할 수 있다(동조 제9조 1항). 그런데 한국선박은 선박국적증서 또는 임시선박국적증서를 선박 안에 비치하지 아니하고는 원칙적으로 대한민국국기를 게양하거나 항행할 수 없도록 되어 있다(동조 제10조). 만약 이들 문서를 거짓으로 작성하여 갖추어 두었을 때에는 선장은 1년 이하의 징역 또는 1천만원 이하의 벌금에 처하도록 되어 있다(선원법 제20조 1항, 제164조 8호). 그 밖에 선박운행에 필요한 문서란 선원명부, 항해일지, 화물에 관한 서류 등을 말하는데, 선박을 운항하기 위해서는 이들 서류를 선내에 반드시 비치해야 한다(선원법 제20조 1항). 따라서 이들 서류를 법원에 제출하게 하면 선박을 운항할 수 없게 되는 것이다.

박집행의 경우에는 선장이 집행채무자로 되는 경우가 있어서 주의를 해야 한다. 해양사고구조료청구사건에서 선장이 채무자로 되어 패소판결을 받았을 때에는(상법 제894조) 그가 재직하고 있는 동안에는 소유자에 갈음하여 채무자로서 집행을 당하게 된다. 이 경우 집행의 효력은 당연히 소유자에 대해서도 미친다(제179조 1항). 만일 판결이 있은 뒤에 선장이 교체되어 바뀐 선장에 대해 집행할 경우나 선박소유자에 대해 집행하기 위해서는 이들에 대한 승계집행문이 있어야 한다(제25조, 제31조). 그러나 압류한 뒤에 소유자나 선장이 바뀐 경우에는 집행절차에 영향을 미치지 않으므로(제179조 2항), 바뀐 선장만이 이해관계인이 되고(동조 3항), 바뀌기 전의 선장은 책임을 면한다.

2) 효력의 발생시기

선박의 압류는 ① 경매개시결정의 송달이나 ② 기입등기를 한 때(제83조 4항), ③ 선박국적증서 등을 받은 때(제174조 2항), ④ 곧 뒤에서 보겠지만 보전처분의 일환으로서 선박국적증서 등의 인도명령에 따라 이들을 받은 때(제175조 1항), ⑤ 그리고 감수・보존처분을 한 때(제178조 2항) 등 효력이 발생하는 시점이 다양해서 어느 시점에 압류의 효력이 발생하는지 의문이 생긴다. 이들 중에서 가장 빠른 시점에 압류의 효력이 발생하는 것으로 해석할 수밖에 없다.

4. 보전처분

선박집행에는 일반적인 보전처분인 가압류・가처분 외에 선박이라는 특성에 기해 별도의 보전처분이 인정되고 있다.

1) 집행신청전의 선박국적증서 등의 인도명령

선박집행의 집행법원은 선박의 소재지를 관할하는 법원이다(제173조). 경매신청을 할 때에 선박이 법원의 관할구역 안에 반드시 있어야 할 필요까지는 없지만, 경매개시결정을 할 때에는 선박이 집행법원의 관할구역 안에 있어야 한다. 그런데 경매를 신청하는 채권자로서는 사전에 선박이 있는 곳을 알기 어려운 경우가 많다. 요즈음은 기술의 발달로 선박의 하역작업이 단시일내에 끝나는 경우가 많아서, 경매신청후 경매개시결정전에 선박이 출항해버려 집행이 곤란할 경우도 있다. 이런 사정 때문에 집행신청전에도 일정한 요건을 갖추면 선박국적증서 등을 법원에 제출하게 해서 선박의 이동을 막을 수 있도록 하고 있다.

선박집행을 신청하기 전에 선박국적증서 등을 받지 않으면 집행이 매우 곤란할 염려가 있을 경우에는 선적이 있는 곳을 관할하는 지방법원(선적이 없는 때에는[1] 대법원규칙이 정하는 법원)은 신청에 따라 채무자에게 선박국적증서 등을 집행관에게 인도하도록 명할 수 있다. 그리고 급박한 경우에는 선박이 있는 곳을 관할하는 지방법원도 이 명령을 할 수 있다(제175조 1항). 이 명령은 일종의 보전처분으로서 그 자체 집행권원이 된다. 따라서 채권자에게 재판을 고지한 날로부터 2주일 안에 집행해야 하며, 이때 집행은 채무자에게 재판을 송달하기 전에도 할 수 있다(제175조 4항, 제292조 2항, 3항). 그리고 이 재판에 대해서는 즉시항고를 할 수 있다(제175조 3항). 만약 집행관이 선박국적증서 등을 인도받은 날로부터 5일 내에 채권자로부터 선박집행신청을 증명하는 문서를 제출받지 못한 때에는 집행관은 선박국적증서 등을 채무자에게 돌려주어야 한다(동조 2항).

2) 감수·보존처분

법원은 채권자의 신청에 따라 선박을 감수하고 보존하기 위해 필요한 처분을 할 수 있다(제178조 1항). 감수라 함은 주로 선박 및 그 속구를 옮길 수 없도록 하는 조치를 말하고, 보존이라 함은 주로 선박 및 그 속구의 효용이나 경제적 가치를 유지하기 위한 조치를 말한다. 따라서 감수처분의 경우는 성질상 감수인이 직접 선박과 속구를 점유할 필요가 있으나, 보존처분의 경우에는 반드시 보존인이 선박을 점유할 필요는 없다. 선박의 소재를 분명히 해두기 위해, 그리고 채무자가 선박에 가할 수도 있는 침해를 방지하기 위해서 두고 있는 보전처분의 일종이다.

감수·보존처분은 긴급함을 요하므로 경매개시결정 전에도 할 수 있고(규칙 제102조), 이 처분을 하면 경매개시결정이 송달되기 전에도 압류의 효력이 생긴다(제178조 2항). 이 처분의 종기에 관해서는 명문규정이 없어서 문제이다. 사견으로는 다음과 같이 생각한다. 먼저 감수·보존처분이란 어디까지나 선박과 그 속구를 제대로 매각하기 위해 필요한 조치이므로 될 수 있는 한 이를 허용하는 범위를 좁

1) 선적이 없는 때라 함은 미등기선박의 경우와 외국선박의 경우를 말한다.

게 한정할 필요가 있다. 그리고 부동산관리명령(제136조 2항)은 선박집행의 경우에도 준용되고(제172조) 매각허가결정 이후에는 제136조 2항의 준용에 따라 관리인이 선박을 관리할 수 있으므로 그 이후에는 감수·보존처분이 필요 없다. 따라서 감수·보존처분은 매각허가결정이 선고될 때까지만 할 수 있다고 해석한다.[1)]

5. 압류선박의 운행허가

경매개시결정에 따라 선박국적증서 등을 법원에 제출했거나 감수·보존처분에 들어간 선박은 운행을 할 수 없게 되는데, 이때부터 매각이 완료될 때까지는 대체로 상당한 시일이 걸리게 되어 있다. 그런데 선박이 출항을 할 수 없으면 커다란 경제적 손해를 입을 수 있으므로 일정한 요건 아래에서 선박의 운행을 허가해 줄 필요가 있다.[2)] 이에 따라 법원은 영업상의 필요, 그 밖에 상당한 이유가 있다고 인정할 경우에는 채무자의 신청에 따라 선박의 운행을 허가할 수 있도록(제176조 2항 전단) 하고 있다. 이때 영업상의 필요란 하나의 예시에 불과하고,[3)] 상당한 이유라 함은 운행을 허가한 경우가 집행을 속행한 경우의 경제적 이익보다 크다고 판단되는 경우를 말한다.

그러나 운행허가를 한 뒤에 집행이 곤란해질 수도 있으므로 허가를 해줄 때에는 채권자·최고가매수신고인·차순위매수신고인 및 매수인의 동의가 있어야 한다(동조 2항 후단). 이중압류채권자와 배당요구채권자의 동의도 받아야 한다. 선박운행허가결정에 대해서는 즉시항고를 할 수 있다(동조 3항). 그리고 운행허가결정은 확정되어야 효력이 생긴다(동조 4항). 실무적으로 운행허가제도는 이해관계인 모두의 동의를 얻기가 쉽지 않다는 이유에서 이용이 잘 되지 않는다고 한다.

---

1) 대금지급시까지로 보는 견해로 박두환, 459면; 이시윤, 308면.

2) 가령 어선이 성어기에 압류되어 있다면 우선 일시적으로 운행을 허용하여 채무자로 하여금 경제적 이익을 얻도록 한 뒤에 다시 집행절차를 계속 진행해도 무방할 것이다. 그러나 이러한 운행허가는 자칫 집행절차의 취소로 오인될 염려가 있고, 또한 채무자가 이를 기화로 선박을 도피시킬 염려도 있으므로 운행허가의 요건을 엄격히 할 필요가 있다.

3) 상선이 아닌 선박이 압류된 경우에도 운행허가를 해 줄 필요가 있으므로 반드시 영업상의 필요가 있어야 운행허가를 해주는 것은 아니다.

6. 압류의 취소

채무자가 강제집행의 일시정지를 명한 재판의 정본, 변제증서 혹은 변제유예증서 등을 제출하고, 압류채권자 및 배당을 요구한 채권자의 채권과 집행비용에 해당하는 보증을 매수신고전에 제공한 때에는, 법원은 신청에 따라 배당절차를 제외한 절차를 취소하도록 하고 있다(제181조 1항). 앞에서 본 운행허가제도가 실무상 활발하게 이용이 되지 않아서 이에 대한 타개책으로 일정한 집행정지문서와 보증을 제공하여 경매절차의 취소를 구할 수 있도록 하였다. 가압류해방공탁금제도와 그 취지가 닮았다.

채권자로서는 집행정지의 효력이 소멸하면 채무자가 제공한 보증으로부터 배당을 받을 수 있으므로(동조 2항) 아무런 손해가 없고, 채무자로서도 청구이의의 소등에서 승소하면 보증금을 회수할 수 있으므로 당장 보증금을 내야 하는 부담 외에는 달리 손해가 없다. 따라서 이 취소결정은 확정을 기다릴 필요없이 즉시 효력이 발생하며(동조 4항), 취소결정에 대해서는 즉시항고를 할 수 없고 취소신청을 기각한 결정에 대해서만 즉시항고를 할 수 있다(동조 3항).

그리고 경매개시결정이 있은 날로부터 2월이 지나기까지 집행관이 선박국적증서 등을 넘겨받지 못하고, 선박이 있는 곳이 분명하지 않은 때에도 법원은 강제경매절차를 취소할 수 있다(제183조).

7. 선박지분의 압류명령

선박지분에 대한 강제집행은 부동산공유지분에 대한 강제집행의 예에 따라 하지 않고, 제251조의 그 밖의 재산권에 대한 집행으로 처리하고 있다(제185조 1항). 채권자가 선박의 지분에 대한 강제집행을 신청하기 위해서는 채무자가 선박지분을 소유하고 있다는 사실을 증명할 수 있는 선박등기부등본이나 그 밖의 증명서를 내야 하고(동조 2항), 압류명령은 채무자 외에 상법상의 선박관리인(상법 제764조)에게도 송달해야 한다(제185조 3항). 이때 압류명령이 앞의 선박관리인에게 송달되면 채무자에게 송달된 것과 같은 효력이 있다(동조 4항). 선박지분에 대한 강제집행에서는 선박국적증서 등의 제출명령이나 인도명령, 감수・보존처분 등에 관한 규정 등(제174조, 제175조, 제178조)은 성질상 그 적용이 없다.

Ⅳ. 매각 및 배당

매각 및 배당에 관해서는 대체로 부동산강제경매절차의 규정이 준용된다(제172조). 매각기일의 공고에는 제106조의 기재사항 외에 선박의 표시와 그 정박한 장소를 적어야 한다(제184조).

Ⅴ. 자동차 등에 대한 강제집행

1. 자동차에 대한 강제집행

자동차집행에는 원칙적으로 부동산경매규정이 적용된다(규칙 제108조). 이는 선박의 경우와 비슷하다. 그런데 자동차는 선박보다 이동이 쉬우므로 집행절차에 유체동산집행의 요소를 폭 넓게 가미하고 있다(규칙 제111조 1항, 제114조, 제115조, 제128조 등). 기간입찰에 관한 규정(규칙 제68조 내지 제71조), 부동산인도명령제도(제136조) 등은 자동차집행에 준용되지 않다(규칙 제128조 2항).

1) 대상 및 관할

자동차관리법에 따라 등록된 자동차를 대상으로 하고, 이 법에 따라 등록할 수 없는 자동차나 등록을 하지 않은 자동차는 유체동산집행방법에 따라 집행한다. 자동차의 공유지분에 대한 강제집행은 제251조의 그 밖의 재산권에 관한 강제집행으로 처리한다(규칙 제129조).

원칙적으로 자동차등록원부에 기재된 사용본거지 지방법원의 사법보좌관이 관할한다(규칙 제109조 1항, 사보규 제2조 1항 7호). 보전처분의 일환으로서 집행관이 강제경매신청전의 자동차인도명령에 따라 자동차를 인도받은 경우에는 자동차 소재지 지방법원의 사법보좌관이 관할한다(규칙 제109조 2항, 동 제113조 1항).

2) 압류

경매개시결정에는 자동차의 압류를 명하면서 동시에 채무자에 대해 자동차를 집행관에게 인도할 것을 명해야 한다(규칙 제111조 1항). 다만, 경매개시결정을 할 때 집행관이 자동차를 이미 인도받았을 경우 등에는 별도로 자동차인도명령을 할 필요가 없다(동조 1항 단서).

경매신청 전에 자동차를 집행관에게 인도하지 않으면 강제집행이 매우 곤란할 염려가 있는 때에는 그 자동차가 있는 곳을 관할하는 지방법원의 사법보좌관은 신청에 따라 채무자에게 자동차를 그 소속 집행관에게 인도할 것을 명할 수 있다(규칙 제113조 1항). 이는 선박집행에서 집행신청 전의 선박국적증서 등의 인도명령(제175조)과 같은 취지의 제도이다.

만약 경매개시결정이 있은 날부터 2월이 지나기까지 집행관이 자동차를 인도받지 못한 때에는 사법보좌관은 집행절차를 취소해야 한다(규칙 제116조). 사법보좌관은 영업상의 필요나 그 밖의 상당한 이유가 있다고 인정하는 때에는 이해관계를 가진 사람의 신청에 따라 자동차의 운행을 허가할 수 있다(규칙 제117조 1항). 자동차운행허가의 경우는 선박운행허가보다 요건을 완화해서 이해관계인의 동의를 요하지 않는다.

압류는 강제경매개시결정의 송달시(제83조 3항, 규칙 제108조), 강제경매개시결정의 기입등록시(제94조, 규칙 제108조), 자동차인도명령에 따라 집행관이 자동차를 인도받은 때(규칙 제111조 1항, 3항) 중에서 가장 빠른 시기에 효력이 발생한다.

3) 매각절차의 특례

(1) 최저매각가격결정의 특례

사법보좌관은 상당하다고 인정하는 때에는 감정인의 평가를 거치지 않고 집행관으로 하여금 거래소에 자동차의 시세를 조회하거나 그 밖의 상당한 방법으로 매각할 자동차를 평가하게 하고, 그 평가액을 참작하여 최저매각가격을 정할 수 있다(규칙 제121조 1항). 자동차는 대개의 경우 종류물로서 그 객관적 시세를 쉽게 파악할 수 있다는 점에서 두고 있는 특례이다.

(2) 매각방법의 특례

원칙적으로 기일입찰과 호가경매의 방법에 따라 매각하고, 기간입찰은 허용되지 않는다(규칙 제68조 내지 71조의 준용제외, 규칙 제128조 2항). 그 외에 특별한 매각 방법이 허용된다(규칙 제123조 1항). 뿐만 아니라 사법보좌관은 상당하다고 인정하는 때에는 압류채권자의 매수신청에 따라 그에게 자동차의 매각을 허가하는 양도명령을 내릴 수도 있다(규칙 제124조 1항).

(3) 집행정지 중의 매각

제49조 2호나 4호의 서류가 제출되면 집행절차는 일시정지되지만(제50조 1항), 자동차집행절차 중에 이들 서류가 제출된 경우에도 자동차의 가격이 크게 떨어질 염려가 있거나 보관비용이 지나치게 많이 들 때에는 매각절차를 그대로 진행할 수 있는 예외가 있다(규칙 제126조). 부동산에 비해 자동차는 상대적으로 가격이 저렴하고 또 시장가격의 변화가 클 뿐만 아니라 보관의 어려움도 예상되기 때문에 두고 있는 조치이다.

2. 항공기 등에 대한 강제집행

항공법에 따라 등록된 항공기에 대한 강제집행은 선박에 대한 강제집행의 예에 따라 실시한다. 다만, 선박과 항공기의 차이에 따라 용어를 다르게 쓰는 경우에는 용어를 적절하게 바꾸어 적용한다(규칙 제106조). 건설기계관리법에 따라 등록된 건설기계 및 소형선박집행에는 자동차집행규정을 준용한다(규칙 제130조).

제5절 동산에 대한 강제집행

민사집행법은 금전채권에 기초한 강제집행 중에서 부동산집행을 먼저 규정한 다음, 부동산에 준해서 취급할 선박 등에 대한 집행을 규정하고, 동산집행절차에서 유체동산집행과 채권 및 그 밖의 재산권에 대한 집행을 규정하고 있다.

동산집행에서 압류는 집행정본에 적은 청구금액의 변제와 집행비용의 변상에 필요한 한도 안에서 해야 한다(초과압류금지의 원칙, 제188조 2항). 다만, 그 물건이나 권리 외에 압류할 다른 재산이 없다면, 초과압류가 되더라도 부득이 압류를 허용하는 경우가 있다. 그리고 압류물을 현금화해도 집행비용 외에 남을 것이 없는 경우에는 집행하지 못한다(무익한 압류금지의 원칙, 제188조 3항).

제1관 유체동산에 대한 강제집행

Ⅰ. 유체동산의 개념

유체동산이란 민법상 동산을 포함해서, 동산은 아니지만 집행관의 압류라는 사실적 행위로 집행을 실시하는 편이 적당하다고 판단되는 재산을 집행법상 일컫는 말이다. 구체적으로 다음의 재산이다.

① 민법상의 동산(민법 제99조 2항, 제98조) : 무기명채권도 성질상으로는 유체동산으로 본다(민법 제523조). 그러나 등기할 수 있는 선박이나 자동차・건설기계・항공기 등에는 부동산집행 절차가 준용되므로 여기에서 제외된다. 부동산의 종물인 유체동산도 주물인 부동산과 함께 부동산집행에 따라야 하므로 여기에서 제외된다.

② 등기할 수 없는 토지의 정착물로서 독립하여 거래의 객체가 될 수 있는 것(제189조 2항 1호) : 그러한 정착물 중에서 독립하여 거래의 객체가 될 수 있는 것이란, 현금화한 뒤에 토지로부터 분리하여 개별적으로 거래의 대상으로 삼을 수 있는 것이라는 뜻이다. 예를 들면 철탑, 등기되지 아니한 수목, 주유소의 주유기, 저유탱크, 정원석, 석등 같은 것들을 들 수 있다.[1)]

③ 토지에서 분리하기 전의 과실로서 1월 내에 수확할 수 있는 것(제189조 2항

1) 등기할 수 없는 토지의 정착물로서 독립하여 거래의 객체가 될 수 있는 것은 토지에의 정착성은 있으나 환가한 후 토지로부터 분리하는 것을 전제로 하여 거래의 대상으로서의 가치를 가지는 것이고(대결, 1995.11.27. 95마820), 독립하여 거래의 객체가 될 수 있는 것인지의 여부는 그 물건의 경제적 가치 및 일반적인 거래의 실정이나 관념에 비추어 판단하여야 한다(대판, 2003.9.26. 2001다52773).

2호) : 미분리 천연과실 중에서 1월 내에 수확할 수 있는 것이라야 한다. 따라서 수확의 시기가 정해져 있지 않은 광물이나 산림의 수목 등은 해당사항이 없다. 결국 여기에 해당하는 것은 대체로 곡식이나 채소, 과일 등의 농산물에 한한다. 이 과실에 대한 매각은 과실이 충분히 익은 다음에 해야 한다(제213조 1항).

④ 유가증권으로서 배서가 금지되지 아니한 것(제189조 2항 3호) : 어음・수표・화물상환증・선하증권・창고증권과 같은 지시증권도 유체동산으로 취급한다. 이론상으로 따지자면 이러한 지시증권은 지시채권이 표창된 것이기 때문에 채권집행의 예에 따라야 하고, 그렇다면 사법보좌관의 압류명령으로 압류하고 현금화하는 방식으로 진행해야 할 것이다. 그러나 지시증권은 증권으로서 존재하고 있으므로 다른 동산과 마찬가지로 집행관이 압류하고, 현금화의 특칙을 두고 있다(제210조 내지 제212조). 그러나 유가증권으로서 배서가 금지된 것은 기명증권 내지 지명증권이므로 민법상의 지명채권양도의 방식에 따라 권리이전을 해야 하고, 그 증권에 표창된 채권에 대한 집행방법으로 집행한다.

Ⅱ. 압류

1. 압류의 신청

유체동산에 대한 강제집행은 압류로부터 개시되고 압류는 유체동산이 있는 곳의 집행관에게 신청해야 한다. 압류를 신청하는 채권자는 집행장소만 지정하면 되지 압류물까지 특정할 필요는 없고, 집행관이 압류물을 재량으로 선택한다.

2. 압류의 실시와 부속조치

1) 압류의 실시

(1) 채무자점유물의 압류

압류는 집행관이 목적물을 점유함으로써 한다(제189조 1항). 집행관은 외관을 기준으로 점유 유무를 판단하고 압류여부를 결정한다. 따라서 제3자 소유물을 채무자가 점유하고 있는 경우, 그 점유의 외관에 기해 집행관이 압류를 실시했더라도 위법하지 않고, 제3자는 제3자이의의 소로 구제받을 수 있을 뿐이다.

(2) 채권자점유물의 압류

채권자가 유치권이나 질권 등에 따라 채무자 소유의 물건을 점유하고 있는 경우에는 채권자가 그 물건을 집행관에게 제출한 경우에 한해 압류를 신청할 수 있다(제191조). 채권자가 임의로 물건을 제출하여 압류가 되면 채무자의 다른 채권자도 집행에 참여할 수 있다.

(3) 제3자점유물의 압류

제3자가 점유하고 있는 물건은 그 제3자가 제출한 경우에 한해 압류할 수 있다(제191조). 비록 채무자가 집행을 회피할 목적으로 제3자에게 점유를 이전시켜 놓은 상태라 하더라도, 그러한 제3자가 목적물을 제출하지 않으면 집행관으로서는 압류할 수 없다. 이때 채무자의 제3자에 대한 물건인도청구권에 대해 채권집행방법에 따라 집행할 수는 있다(제242조).

(4) 부부공유 유체동산의 압류

채무자와 그 배우자의 공유로서 채무자가 점유하거나 그 배우자와 공동으로 점유하고 있는 유체동산도 압류할 수 있다(제190조). 원래 동산의 공유지분은 제251조의 그 밖의 재산권에 대한 집행방법으로 집행해야 하지만, 부부공유 유체동산에는 특칙을 두고 있는 것이다. 부부공유 유체동산집행에도 부동산공유지분의 집행과 마찬가지로 배우자의 우선매수권이 인정된다(206조). 물론 채무자 아닌 배우자가 단독으로 점유하고 있는 물건은 압류에서 제외된다.

2) 압류물의 보관

압류물은 원칙적으로 집행관 자신이 보관해야 한다. 그러나 채권자의 승낙이 있거나 운반이 곤란한 때에는 봉인, 그 밖의 방법으로 압류물임을 명확히 하여 채무자에게 보관시킬 수 있다(제189조 1항 단서). 금전이나 귀금속·골동품·유가증권 등과 같이 채무자가 쉽게 은닉할 수 있는 물건은 집행관이 직접 보관하는 편이 좋겠으나, 그 외의 일반적인 유체동산은 봉인해서 채무자에게 보관시키는 편이 무방하고 또 실제로도 그렇게 많이 하고 있다. 민사집행법은 채무자에게 보관시키는 경우만을 규정하고 있으나 집행관이 상당하다고 인정하는 경우에는 채권자나 제3자에게 보관시킬 수도 있다. 이 경우에도 봉인 등의 방법으로 압류물임을 명확히 하는 조치가 필요하다.[1] 봉인이나 그 밖에 압류물임을 명확히 하는 압류의 표시는 단순히 그 압류물의 공시방법에 그치는 것이 아니라, 이 표시가 있는 시점을 기준으로 압류가 성립되고, 효력이 발생된다는 중요한 의미가 있으며, 이를 훼손한 경우에는 공무상비밀표시무효죄(형법 제140조)를 구성한다.

3) 압류의 부속조치

(1) 압류조서의 작성

집행관이 압류를 실시한 때에는 일정한 사항을 적은 압류조서를 작성하고 집행관이 기명날인 또는 서명을 해야 한다(제10조).

(2) 압류의 통지

집행관은 채무자에게 압류의 사유를 통지해야 하고(제189조 3항), 채무자가 압류에 참여한 경우에는(제6조) 구술로 통지하면 된다(규칙 제8조 1항). 채무자로 하여금 임의변제나 이의신청 등 적절한 조치를 할 기회를 주기 위해서다.

(3) 유가증권의 권리보전 등

집행관은 어음·수표 그 밖의 금전의 지급을 목적으로 하는 유가증권으로서 일정한 기간 안에 인수 또는 지급을 위한 제시 또는 지급의 청구를 필요로 하는 것을 압류했을 경우에 그 기간이 개시되면 채무자에 갈음하여 필요한 행위를 해야 한다(제212조 1항). 증권상의 권리보전조치를 해야 할 의무를 말한다(어음법 제43조·제77조, 수표법 제39조).

4) 압류의 취소

압류가 초과압류나 무익한 압류에 해당하거나, 제49조나 제50조에 따라 집행을

---

1) 대판, 1991.10.11. 91다8951.

취소할 경우 등에는 집행관은 압류를 취소한다. 그 외에 법원은 당사자의 신청에 따라 채권자와 채무자의 생활형편, 그 밖의 사정을 고려하여 유체동산의 전부 또는 일부에 대한 압류를 취소하도록 명할 수 있다(제196조 1항). 취소하는 구체적인 방법이나 절차 등에 관해서는 대법원규칙에서 정하고 있다(규칙 제140조 내지 제142조).

3. 압류물의 보존

압류물을 보존하기 위해 필요한 때에는 집행관은 적당한 처분을 해야 한다(제198조 1항). 적당한 처분이란 예컨대 생선이나 채소와 같이 부패하기 쉬운 물건을 창고업자에게 보관시킨다든가, 압류된 가축을 전문 축산업자에게 맡겨 키우게 하는 등의 조치 등이다. 이러한 경우에 드는 비용은 채권자로 하여금 미리 내게 해야 한다(동조 2항).

제49조 2호 또는 4호의 문서가 제출된 경우에 압류물을 즉시 매각하지 않으면 값이 크게 내릴 염려가 있거나, 보관에 지나치게 많은 비용이 드는 때에는 집행관은 그 물건을 매각할 수 있다(동조 3항). 집행이 일시정지 중에라도 압류물을 매각하지 않으면 손해를 입는다든지, 비용이 과다하게 들 염려가 있으면 압류물을 즉시 매각처분할 수 있도록 한 것이다. 이때 매각대금은 공탁해야 한다(동조 4항).

4. 압류의 제한과 금지

1) 국고금의 압류

국가에 대한 강제집행은 국고금을 압류함으로써 한다(제192조). 국고금이라 함은 국가에 속하는 현금 및 현금과 동일한 가치를 가지는 것으로서 대통령령이 정한 것 등을 말하는데(국고금관리법 제2조), 국고금 이외의 국유재산은 강제집행할 수 없다.

2) 압류금지물

채무자나 그 가족의 최저생활보장이라는 인도적인 차원, 그리고 문화적 · 정책적 관점에서 압류할 수 없는 물건을 법정하고 있다(제195조). 그러나 일정한 경우에는 법원은 압류금지물에 대해서도 압류를 명할 수 있다(제196조 1항).

5. 압류의 효력

1) 처분제한적 효력

압류재산에 대해 채무자는 처분권을 상실하게 된다. 따라서 압류를 위반한 채무자의 처분행위는 실체법상으로 무효인데, 이때의 무효는 절대적 무효가 아니라 상대적 무효이다. 이는 부동산압류의 경우와 다를 바 없다. 그리고 사견으로는 유체동산압류의 효력에 대해서도 부동산의 경우와 마찬가지로 절차상대효설에 따라 해석한다. 이 압류의 효력은 압류물에서 생기는 천연물에도 미친다(제194조). 따라서 압류가 되면 채무자는 압류물로부터 생기는 천연물에 대하여도 수취권을 상실한다.[1]

2) 집행관점유의 성질

압류물에 대해 집행관은 점유권을 가진다. 이때 집행관이 압류물을 보관하면 집행관이 직접점유, 채무자가 간접점유[2]를 하는 것이고, 채무자에게 보관시키면 채무자가 직접점유, 집행관이 간접점유를 하는 것이다. 따라서 압류가 되더라도 채무자는 압류물에 대한 취득시효의 진행을 계속 주장할 수 있고, 권리의 적법추정도 받으며(민법 제200조), 점유보호청구권(민법 제204조 내지 제206조)도 그대로 인정받는다.

6. 압류물의 인도명령

압류 중에 제3자가 압류물을 점유한 경우,[3] 집행관이 자력구제로 이를 회복할 수 없음은 현대법의 체계상 당연하다. 이때 사법보좌관은 채권자의 신청에 따라 그 제3자에 대해 압류물을 집행관에게 인도하도록 명할 수 있다(제193조 1항, 사보규 제2조 1항 8호). 이를 압류물의 인도명령제라 한다.

---

1) 채무자는 압류가축이 낳은 새끼에 대해 수취권이 없다.
2) 압류가 취소되면 집행관으로부터 압류물을 반환받을 수 있다는 의미에서 채무자는 간접점유를 하고 있다.
3) 압류물을 보관하고 있던 채무자가 봉인이나 압류표시를 없애고 제3자에게 양도해 준 경우를 생각할 수 있다.

압류하기 전부터 제3자가 점유하고 있는 물건에 대해서는 여기의 인도명령으로 점유를 회복할 수 없다. 왜냐하면 그러한 제3자가 자발적으로 점유를 제출하지 않는 한 압류를 할 수 없기 때문이다(제191조 참조). 집행관은 이 인도명령을 집행권원으로 하여(제56조 1호 참조), 강제집행의 방법으로 점유를 회복할 수 있다. 이 때에는 집행문이 필요없다.[1)]

7. 채권자의 경합

유체동산의 집행절차에서 채권자가 경합하는 모습은 공동집행, 압류의 경합, 배당요구의 세 가지가 있다. 공동집행이란 집행관이 여러 명의 채권자를 위해 하나의 유체동산을 처음부터 압류해서 진행하는 집행절차이다. 이 경우는 보통의 단독집행과 특별히 다르게 취급할 문제는 없다. 압류의 경합이란 압류가 된 뒤에 다른 채권자가 다시 압류신청을 한 경우이다. 배당요구란 기왕의 집행절차에 다른 채권자가 배당을 요구해서 매각대금 중에서 채권의 만족을 얻는 방법이다. 압류의 경합과 배당요구의 경우에는 배당에 참가하는 채권자상호간과 채무자, 이해관계인 사이의 이해가 얽히므로 이에 대한 대비책이 필요하다.

그런데 유체동산집행에서는 집행정본을 가지고 있는 채권자는 압류의 경합을 신청할 수는 있어도 배당요구는 할 수 없도록 배당요구를 제한하고 있다(제217조, 부동산경매의 경우에 적용되는 제88조와 비교해 볼 것). 압류물을 특정하지 않고 신청하는 유체동산집행에서는 초과압류금지의 원칙이 엄격히 적용되기 때문에 이러한 제한이 있는 것이다.

1) 압류의 경합

유체동산을 압류하거나 가압류한 뒤 매각기일에 이르기 전에 다른 강제집행이 신청된 때에는 집행관은 집행신청서를 먼저 압류한 집행관에게 교부해야 한다. 이 경우에 더 압류할 물건이 있으면 이를 압류한 뒤에 추가압류조서를 교부해야 한다(제215조 1항). 추가압류한 물건도 선행 집행관에게 넘긴다. 후행집행신청서를 교부받은 선행압류의 집행관은 후행압류채권자를 위해 다시 압류한다는 취지를

1) 방순원 · 김광년, 272면; 박두환, 501면.

선행압류조서에 덧붙여 적어서 압류의 경합이 있음을 명백히 해야 한다(동조 4항). 그리고 집행관은 이러한 사유를 배당에 참가한 채권자와 채무자에게 통지해야 한다(제219조). 선행압류가 취소되거나 집행이 정지되면 후행압류에 따라 절차를 계속한다.

압류가 경합한 경우에 각 압류한 물건은 강제집행을 신청한 모든 채권자를 위해 압류한 것으로 본다(제215조 3항). 따라서 선행압류가 취소되어 소멸하더라도 선행압류물은 추가압류된 물건과 일체를 이루어 집행목적물이 된다.

2) 배당요구

민법・상법, 그 밖의 법률에 따라 우선변제청구권이 있는 채권자는 매각대금의 배당을 요구할 수 있다(제217조). 그리고 부부공유의 유체동산에 대한 집행에서 목적물이 매각된 경우에 공유지분을 주장하는 배우자는 매각대금의 지급을 요구할 수 있는데(제221조 1항), 이는 배당요구에 준하는 것이다. 그 이외의 채권자는 집행정본을 가지고 있더라도 배당요구를 할 수 없음은 이미 본 바와 같다.

배당요구를 할 때에는 우선변제청구권이 발생하게 된 법률관계를 밝혀 집행관에게 해야 한다(제218조 1항). 배당요구를 받은 집행관은 그 사유를 배당에 참가한 각 채권자와 채무자에게 통지해야 한다(제219조).

배당요구를 할 수 있는 시기에는 제한이 있다. 즉, ① 집행관이 금전을 압류한 때 또는 매각대금을 영수한 때(제220조 1항 1호), ② 집행관이 어음・수표 그 밖의 금전의 지급을 목적으로 한 유가증권에 대해 그 금전을 지급받은 때(제220조 1항 2호), ③ 집행이 일시정지 중일 때 손해방지를 위해 압류물을 매각한 대금이 공탁된 경우(제198조 4항)에는 동산집행을 계속하여 진행할 수 있게 된 때(제220조 2항 전단), ④ 가압류물에 대한 손해방지를 위해 가압류물을 매각한 대금이 공탁된 경우(제296조 5항 단서)에는 압류신청을 한 때까지(제220조 2항 후단) 배당요구를 할 수 있다.

Ⅲ. 매각

압류물이 금전이면 별도의 매각절차가 필요 없지만, 금전 이외의 물건은 현금화하는 조치가 따라야 한다. 매각은 원칙적으로 입찰 또는 호가경매의 방법으로 한다(제199조). 다만, 사법보좌관이 필요하다고 인정하면 특별현금화방법에 따라 매각할 수도 있다(제214조, 사보규 제2조 1항 8호).

1. 압류금전의 처리

압류한 금전은 바로 채권자에게 인도하면 된다(제201조 1항). 집행관이 금전을 추심한 때에는 채무자가 지급한 것으로 본다(동조 2항 본문). 따라서 그 금전이 채권자에게 인도되기 전이라도 집행채권은 그 금액의 한도에서 소멸한다. 다만, 담보나 공탁으로 제공한 금전은 지급으로 보지 않는다(동조 2항 단서).

2. 매각방법

1) 매각의 준비

집행관은 압류를 하고 나서 매각일자와 장소를 지정하여 대법원규칙이 정하는 방법으로 공고하는데(규칙 제146조, 제151조), 공고에는 매각할 물건을 표시해야 한다(제203조 2항). 압류일과 매각일 사이에는 1주일 이상 기간을 두어야 한다(제202조 본문). 채무자나 제3자에게 임의변제 및 이의신청의 기회를 주는 동시에, 될 수 있으면 많은 매수신고인을 모으기 위해서다. 다만, 압류물을 보관하는 데 지나치게 많은 비용이 들거나, 시일이 지나면 그 물건의 값이 크게 내릴 염려가 있는 때에는 1주일의 기간을 두지 않아도 된다(제202조 단서). 매각장소는 유체동산이 있는 시·구·읍·면이지만, 압류채권자와 채무자가 합의로 바꿀 수 있다(제203조 1항).

상당한 기간이 지나도 집행관이 매각하지 않으면 압류채권자는 집행관에게 일정한 기간내에 매각하도록 최고할 수 있다(제216조 1항). 만약 집행관이 이 최고에 따르지 않으면 압류채권자는 법원에 필요한 명령을 신청할 수 있다(동조 2항).

고가물은 집행관이 적당한 감정인에게 이를 평가하게 해야 한다(제200조). 감정을 하지 않고 고가물을 매각하면 집행이의를 신청할 수 있다. 집행관이 토지에서 분리하기 전에 압류한 과실은 충분히 익은 다음에 매각해야 하지만, 매각을 위해 수확하게 할 수도 있다(제213조 1항, 2항).

2) 매각의 실시

압류한 유체동산은 주로 호가경매의 방법으로 매각을 실시하지만 입찰에 붙일 수도 있다(제199조). 부동산의 경우와 달리 최저매각가격을 정하지 않고 집행관이 적정한 가격으로 매각하면 된다. 호가경매에 있어서 경매신청은 그보다 높은 값의 경매신청이 있으면 당연히 효력을 상실한다. 집행관은 최고가매수신고인의 성명과 가격을 말한 뒤 매각을 허가한다(제205조 1항). 더 높은 가격의 경매신청이 없다는 것을 확인시켜주기 위함이다.

매각물은 대금과 서로 맞바꾸어 인도해야 한다(동조 2항). 대금지급을 게을리 한 때에는 재매각을 하게 된다(동조 3항). 전의 매수인은 재매각절차에 참가하지 못하며, 뒤의 매각대금이 처음의 매각대금보다 적은 때에는 그 부족한 액수를 부담해야 한다(동조 4항).

집행관은 여러 개의 유체동산의 형태, 이용관계 등을 고려하여 일괄매수하게 하는 것이 알맞다고 인정하는 때에는 직권으로 또는 이해관계인의 신청에 따라 일괄매각할 수 있고, 이에는 부동산의 일괄매각에 관한 규정이 준용된다(제197조 1항, 2항).

매각은 매각대금으로 채권자에게 변제하고 강제집행비용을 지급하기에 충분하게 되면 즉시 중지해야 한다. 다만, 일괄매각하는 경우에는 그러하지 아니하다(제207조).

금·은붙이는 시장가격 이상으로 매각하되, 매수신고인이 없으면 그 시장가격에 따라 적당한 방법으로 매각할 수 있다(제209조). 유가증권은 매각하는 날의 시장가격에 따라 적당한 방법으로 매각하고,[1] 시장가격이 형성되지 않는 것은 일반 현금화방식, 즉 경매나 입찰로 매각해야 한다(제210조).

사법보좌관은 필요하다고 인정하면 직권으로 또는 압류채권자, 배당요구채권자 또는 채무자의 신청에 따라 일반 현금화의 규정에 의하지 않고 다른 방법이나 다른 장소에서 압류물을 매각하게 할 수 있다(제214조 1항 전문). 또한 집행관에게 위

---

1) 상장주식은 매각하는 날 주식시장의 가격에 따라 적당한 방법으로 매각할 수 있다.

임하지 않고 다른 사람이 매각하도록 명할 수도 있다(제214조 1항 후문). 이를 특별 현금화방식이라 하는데, 총포·도검·마약 등과 같이 소유에 제한을 받는 물건을 매각하는 경우에는 이 방식이 필요할 것이다.

Ⅳ. 배당

매각대금으로 배당에 참가한 모든 채권자를 만족시킬 수 있으면 집행관은 채권자들에게 채권액을 교부하고 나머지가 있으면 채무자에게 교부함으로써 배당절차는 끝이 난다(제222조 1항의 반대해석, 규칙 제155조 1항). 그리고 채권자가 한 사람일 때에는 매각대금이 채권액에 모자라더라도 매각대금을 그에게 교부하고 배당절차를 종료한다.

매각대금으로 채권자 모두를 만족시킬 수 없더라도 채권자 사이에 매각허가일로부터 2주일내에 배당협의가 이루어진 경우에는 협의의 내용에 따라 집행관이 배당금을 교부함으로써 배당절차는 종료한다(제222조 1항의 반대해석). 매각허가일이란 보통 대금지급일을 말한다(제205조 2항 참조).

그러나 매각대금으로 배당에 참가한 모든 채권자를 만족시킬 수 없고 매각허가일로부터 2주일 내에 배당협의가 되지 않으면 매각대금을 공탁하고(제222조 1항), 집행관은 사법보좌관에게 사유신고를 하고(동조 3항), 이후 배당절차는 사법보좌관이 담당한다(제252조 내지 제256조, 사보규 제2조 1항 10호). 이는 마치 부동산강제관리절차에서 수익을 배당할 때 관리인이 일정한 단계까지는 배당절차를 실시하지만, 배당협의가 되지 못한 경우에는 사법보좌관이 배당절차를 실시하는 경우(제169조)와 비슷한 모습이다.

채권자 중 일부에 대해 제49조 각호의 집행정지문서가 제출되어 있으면, 집행관은 정지문서가 제출되어 있지 않은 나머지 채권자에 대해서만 배당을 실시한다. 이때 집행정지문서의 종류에 따라 처리를 달리 한다. 집행취소문서(제49조 1, 3, 5, 6호)가 제출된 경우에는 그 채권액을 채무자에게 교부하면 된다. 집행의 일시정지 문서(제49조 2, 4호)가 제출된 경우에는 채권액을 공탁하고 집행법원에 사유신고를 하고(제222조 3항 참조), 이후 배당절차는 사법보좌관이 담당한다(사보규 제2조 1항 10호).

제2관 채권과 그 밖의 재산권에 대한 강제집행

여기에서는 채무자가 제3자에 대해 가지고 있는 금전채권과 유체물의 권리이전이나 인도를 목적으로 한 채권을 대상으로 하는 강제집행을 다룬다(제223조 이하). 민사집행법은 금전채권에 관해 여러 규정을 둔 다음(제223조 내지 제241조), 인도청구권에 대한 집행에 관해서는 네 개의 조문(제242조 내지 제245조)으로 간단하게 처리하고, 그 밖의 재산권에 관해서는 이를 준용하는 형식을 취하고 있다(제251조).

제1항 개 설

Ⅰ. 집행의 대상

1. 독립된 재산적 가치가 있을 것

취소권·해제권과 같이 독립된 재산적 가치가 없는 형성권은 집행의 대상이 될 수 없다. 다만, 채권자대위권에 기초하여 이러한 형성권을 행사한 결과 발생한 재산권은 별도의 집행대상이 될 수 있다. 기한부나 조건부 채권은 권리발생의 기초인 법률관계가 확정되어 있으면 비록 현재 그 경제적 가치를 확정할 수 없더라도 압류할 수 있다. 재산적 가치와 독립성이 있는 채권인 이상 그 발생원인이 사법상의 권리이건 공법상의 권리이건 상관없다.

2. 양도가능할 것

성질상 양도할 수 없는 채권은 압류할 수 없다. 부양청구권(민법 제979조), 상속권 등과 같은 일신전속권은 집행할 수 없다. 그리고 채권의 성질이 반드시 특정의 채권자에게만 변제해야 하는 경우에도 역시 집행할 수 없다. 그러나 양도금지특약이 있는 채권은 특약과 상관없이 집행할 수 있다고 본다. 이와 달리 해석하면 사인간의 특약으로 압류금지채권규정을 무색하게 할 뿐만 아니라, 거래행위가 아닌 강제집행절차에서 이러한 특약을 존중해줄 이유가 없기 때문이다.[1)]

3. 압류금지채권이 아닐 것

채무자나 그 가족의 최저생활을 보장하고 사회적·경제적 약자를 보호해야 한다는 고려에서 일정한 채권에 대한 압류를 금하고 있다. 또한 사회정책적인 고려에서 일정한 채권은 반드시 채권자에게 변제하도록 법률로 압류를 금지하는 경우도 있다.

1) 민사집행법상 압류금지채권

압류금지채권을 법정하고 있다(제246조 1항). 그러나 법원은 당사자가 신청하면 채권자와 채무자의 생활형편, 그 밖의 사정을 고려하여 압류명령의 전부 또는 일부를 취소하거나 압류금지채권에 대한 압류명령을 할 수 있다(동조 2항). 압류금지채권의 범위변경에는 압류금지물의 범위변경에 관한 절차가 준용된다(동조 3항). 채권집행에 관한 대부분의 사무는 사법보좌관이 담당하지만, 압류금지채권의 범위변경에 관한 사무는 법원이 관할한다(사보규 제2조 1항 9호 다목).

2) 개별법상 압류금지채권

공무원연금법 제32조, 국가배상법 제4조,[2)] 군인연금법 제7조, 국가유공자 등 예우 및 지원에 관한 법률 제19조, 국가보훈기본법 제21조, 건설산업기본법 제88조, 근로기준법 제43조[3)] 및 제86조, 형사보상법 제22조, 아동복지법 제36조, 국민기초생활보장법 제35조 등 개별단행법에서 압류금지채권을 규정하고 있는

---

1) 당사자 사이에 양도금지의 특약이 있는 채권이라도 압류 및 전부명령에 의하여 이전할 수 있고, 양도금지의 특약이 있는 사실에 관하여 압류채권자가 선의인가 악의인가는 전부명령의 효력에 영향을 미치지 못한다(대판, 1976.10.29. 76다1623). 대판, 2003.12.11. 2001다3771.

2) 그러나 국가배상청구권을 압류할 수 있다는 다음의 판례가 있다. "피해자를 치료한 의료인이 동 피해자에 대한 치료비청구권을 보전하기 위하여 피해자의 국가에 대한 국가배상(치료비) 청구권을 압류하거나 대위행사하는 것은 국가배상법 제4조에 위반되지 아니한다(대판, 1981.6.23. 80다1351)." 이 판례는 자력 없는 피해자가 상해를 치료받을 수 있도록 하기 위해 국가배상청구권을 압류할 수 있다는 취지이다.

3) 대판, 1988.12.13. 87다카2803

경우가 대단히 많다.

4. 제3채무자가 치외법권자가 아닐 것

채권도 우리나라의 집행권이 미치는 것이라야 한다. 따라서 외교관이나 외국군인 등 치외법권자가 제3채무자인 경우의 채권은 원칙적으로 집행할 수 없다. 그러나 이들이 치외법권을 포기하면 그때는 물론 집행이 가능하다.

5. 집행대상이 아닌 채권에 대한 집행

채권이 집행대상인지 여부는 사법보좌관이 직권으로 조사한다. 집행대상이 아닌 채권에 대한 집행신청은 기각한다. 집행대상이 아닌 채권임에도 이를 모르고 한 압류명령도 당연무효는 아니고, 즉시항고로 따질 수 있을 뿐이다(제227조 4항).

Ⅱ. 채권집행의 특징과 관할

채권집행의 대상이 되는 권리들은 무형의 것들이어서, 유체물을 대상으로 하는 집행과는 달리 관념적인 방법이 어느 정도 필요하다. 채권집행을 할 때에는 유체동산의 압류나, 부동산 압류등기와 같이 외부에서 인식할 수 있는 방법으로 압류나 현금화를 할 수 없다. 이러한 사정으로 고안한 것이 압류명령 및 추심명령·전부명령이라는 재판의 형식에 의한 압류 및 현금화이다.

채권과 그 밖의 재산권에 대한 강제집행은 집행법원의 사법보좌관이 담당한다. 집행법원은 채무자의 보통재판적이 있는 곳의 지방법원으로 한다(제224조 1항). 이때 만약 이러한 지방법원이 없는 경우 집행법원은 제3채무자의 보통재판적이 있는 곳의 지방법원으로 한다. 다만, 이 경우에 물건의 인도를 목적으로 하는 채권과 물적 담보권이 있는 채권에 대한 집행법원은 그 물건이 있는 곳의 지방법원으로 한다(동조 2항). 그러나 부동산인도청구권에 대한 압류의 경우에는 부동산 소재지 지방법원의 사법보좌관이 관할한다(제244조 1항).

가압류에서 이전되는 채권압류의 경우에 집행기관은 가압류를 명한 법원이 있는 곳을 관할하는 지방법원의 사법보좌관이 관할한다(제224조 3항, 사보규 제2조 1항 9호). 이 규정은 민사집행법에서 신설한 조문이다. 동일한 채무자에 대해 채권자들이 각각 별개의 관할법원에 가압류신청을 하고 나중에 본안판결을 받아서 본압류를 신청하는 경우에 관할기관의 충돌이 일어날 수 있다.[1] 그와 같은 경우에는 제100조의 규정을 유추적용하여 관련재판적을 인정할 수 있을 것이다.

제2항 금전채권에 대한 집행

Ⅰ. 압류

1. 집행신청과 압류명령

1) 집행신청

채권집행도 서면으로 신청해야 한다(제4조). 신청서에는 압류할 채권의 종류와 액수를 밝혀서 압류채권을 특정해야 한다(제225조). 만약 집행권원에 나타나 있는 청구권의 일부를 위해 압류명령을 신청하거나, 압류하고자 하는 채권의 일부에 대해서만 압류명령을 신청하는 때에는 그 취지와 범위를 명시해야 한다.

2) 압류명령

(1) 심리

압류명령은 제3채무자와 채무자를 심문하지 않고 한다(제226조). 만약 이들을

---

1) 가압류는 가압류할 물건이 있는 곳을 관할하는 지방법원이나 본안의 관할법원이 관할한다(제278조). 그렇다면 예컨대 A채권자는 채무자 주소지 관할법원인 X지법에서, B채권자는 채권자 주소지 관할법원인 Y지법에서 각각 채무자의 금전채권을 가압류한 경우에, 제224조 3항에 따라서 가압류법원에서만 본압류를 할 수 있다고 하면, 나중에 본안판결을 받은 A는 X지법에, B는 Y지법에 본압류를 각각 신청해야 할 것이다. 그렇게 되면 동일한 채권에 대한 집행기관의 관할에 충돌이 생기게 된다. 따라서 이와 같은 경우에는 제100조의 규정을 유추적용할 수 밖에 다른 도리가 없다고 본다.

심문하면 채무자가 압류될 채권을 양도하거나 처분할 수 있는 기회를 주는 꼴이 되어 집행의 실효를 거둘 수 없게 되기 때문이다. 실제로 압류될 채권이 존재하지 않으면 압류명령은 무효다.[1)]

(2) 내용

압류명령에는 제3채무자에게 채무자에 대한 지급을 금지하고, 채무자에게 채권의 처분과 영수를 금지해야 한다(제227조 1항).

(3) 송달과 통지

압류명령은 제3채무자와 채무자에게 송달해야 한다(제227조 2항). 압류명령이 제3채무자에게 송달되면 압류의 효력이 생긴다(동조 3항). 제3채무자가 여럿일 때에는 마지막 제3채무자에게 송달된 때에 압류의 효력이 발생하는 것으로 본다. 채무자에 대한 송달은 압류의 효력과는 상관없다. 그러나 어음·수표 그 밖에 배서로 이전할 수 있는 증권으로서 배서가 금지된 증권채권의 압류는, 법원의 압류명령에다가 집행관의 점유가 있어야 압류의 효력이 발생한다(제233조).[2)]

(4) 불복방법

압류신청을 인용하거나 기각한 재판에 대해서는 이의신청을 거쳐 즉시항고를 할 수 있다(제227조 4항, 사보규 제4조). 이때 즉시항고는 절차상의 이유로 할 수 있을 따름이고, 변제 등 실체법상의 이유로는 할 수 없다.[3)]

---

1) 채권압류 통지 당시에 압류할 채권이 존재하지 아니하면 그 압류의 효력은 발생하지 아니한다(대판, 1980.2.12. 79다1615).

2) 어음·수표 등 배서가 금지되지 아니한 유가증권을 압류할 경우 유체동산에 대한 압류방법에 따라 집행관이 그 증권을 점유해야 하며, 배서가 금지된 유가증권의 압류의 경우에도 법원의 압류명령 외에 집행관의 점유를 요한다(대판, 1997.11.14. 97다38145). 배서가 금지되지 않은 유가증권은 유체동산집행방법이 적용됨은 이미 본 바이다.

3) 대결, 1996.11.25. 95마601.

2. 압류의 효력

1) 채권자의 지위

압류명령만으로 채권자가 채권에 대한 추심권이나 처분권을 취득하는 것은 아니고, 별도로 추심명령이나 전부명령이 있어야 이들 권리를 취득하게 된다. 채권자는 압류신청의 취하나 포기를 해서 압류의 효력을 소멸시킬 수 있다. 이때 압류의 효력이 소멸하는 시기는 제227조 3항을 유추적용하여 포기서의 부본이 제3채무자에게 송달된 때라고 본다.[1)]

2) 채무자의 지위

압류명령이 있으면 채무자는 피압류채권에 관한 추심권 및 처분권을 잃게 된다(제227조 1항). 그러나 아직도 피압류채권의 채권자이다. 따라서 가령 제3채무자에게 파산이나 회사정리절차가 개시된 경우에는 채권의 신고(채무자회생법 제447조)나 시효중단을 위한 소송제기 등과 같은 보존행위는 할 수 있다.[2)] 채무자에게 미치는 압류의 효력은 상대적이라서, 채무자가 피압류채권을 추심이나 처분하더라도 이는 압류채권자에게 대항할 수 없을 뿐이다. 그리고 압류가 있다 해도 피압류채권을 발생시킨 기본적 법률관계의 처분까지 금지되는 것도 아니다. 따라서 가령 임금채권이 압류된 경우에 퇴직을 한다거나, 차임채권이 압류된 경우에 임대차계약을 해지하는 데에는 지장이 없다.[3)]

---

1) 박두환, 542면.

2) "채권가압류가 된 경우 ...(중략) ... 채무자가 제3채무자를 상대로 이행의 소를 제기하여 채무명의를 얻더라도 이에 기하여 제3채무자에 대하여 강제집행을 할 수는 없다고 볼 수 있을 뿐이고 그 채무명의를 얻는 것까지 금하는 것은 아니라고 할 것이다(대판, 1989.11.24. 88다카25038)." 이 판례는 채권이 가압류된 경우인데 채권압류의 경우에도 판시사항은 유용할 것이다. 동지; 대판, 2002.4.26. 2001다59033.

3) 채권이 가압류되면 그 효력으로 채무자가 가압류채권을 처분하더라도 채권자에게 대항할 수 없고, 또 채무자는 가압류채권에 관하여 제3채무자로부터 변제를 받을 수 없으므로, 제3채무자인 임차인이 가압류채무자인 임대인에게 임차보증금 잔금을 지급한 것은 가압류결정의 효력에 의하여 가압류채권자에게 대항할 수 없으나, 임차인으로서는 임차보증금 잔금채권이 압류되어 있다고 하더라도 그 채권을 발생시킨 기본적 계약관계인 임대차계약 자체를 해지할 수 있고, 따라서 임차인과 임대인 사이의 임대차계약이 해지된 이상 그 임대차계약에 의하여 발생한 임차보증금 잔금채권은 소멸하게 되고, 이를 대상으로 한 압류 및 추심명령 또한 실효될 수밖에 없다(대판, 1997.4.25. 96다10867). 동지; 대판, 2006.1.26. 2003다29456; 대판, 2013.7.12. 2012다105161.

3) 제3채무자의 지위

(1) 일반적 지위

채무자에 대한 지급이 금지된다(제227조 1항). 압류의 본질적 내용이다. 이를 위반하여 채무자에게 변제하더라도 압류채권자에게는 대항할 수 없으므로, 압류채권자가 추심명령을 받아서 청구하면 다시 변제를 해야 한다. 이런 이중변제의 위험은 제3자가 자초한 것으로서 이후 채무자에 대해 부당이득반환을 청구할 수 있음은 별도의 문제다.

(2) 제3채무자의 권리공탁

피압류채권의 변제기가 도래했음에도 압류채권자가 추심을 하지 않거나, 추심할 수 없는 사정[1]이 생긴 경우에는, 제3채무자는 피압류채권의 전액을 공탁해서 채무의 구속으로부터 벗어날 수 있다(제248조 1항). 제3채무자가 공탁할 권리를 가진다는 의미에서 이를 권리공탁[2]이라 한다.

(3) 항변사항

제3채무자는 압류당시 채무자에게 주장할 수 있는 항변사유로써 채권자에게 대항할 수 있다. 동시이행의 항변이나 해제조건의 성취 등을 주장할 수 있으며, 선택권도 행사할 수 있다. 항변의 사유가 압류 전의 법률적 기초에 따라 성립하고 있었다면, 실제로 발생한 시기가 압류 이후라도 항변을 하는데 지장은 없다. 예컨대, 압류채권에 관한 해제조건이 압류 이후에 성취되었더라도 항변할 수 있다는 뜻이다.

그러나 상계항변의 경우, 민법 제498조에 의하면 압류명령을 받은 제3채무자는 그 후에 취득한 채권을 자동채권으로 하는 상계로 압류채권자에게 대항하지 못하도록 하고 있다.[3] 그러니까 이 조문을 반대해석하면 압류되기 전에 자동채권

---

1) 예를 들어, 압류채권자에게 집행정지의 사유가 발생하였거나, 압류의 기초가 되었던 금전채권이 가압류되었으면 추심권을 행사할 수 없게 된다.
2) 금전채권에 관해 배당요구가 있는 경우 채권자의 청구에 의하여 제3채무자가 의무적으로 공탁해야 하는 경우(제248조 2항, 3항)를 의무공탁이라 한다.
3) 대판, 2001.3.27. 2000다43819.

을 취득한 경우에는 상계를 할 수 있는 것으로 된다. 상계의 의사표시는 채무자에게 해도 되고 압류채권자가 추심명령이나 전부명령을 받은 때에는 압류채권자에게 해도 된다. 채무자에게 상계의 의사표시를 한 때에는 채권자에게 이를 통지해 주어야 한다.

(4) 즉시항고

제3채무자는 압류명령의 흠에 대해 이의신청을 거쳐 즉시항고로써 따질 수 있다(제227조 4항, 사보규 제4조). 이때 채무자가 주장할 수 있는 사유로는 즉시항고를 할 수 없다. 예컨대, 집행채권이 존재하지 않는다든지 하는 사유와 같이 채무자가 주장할 수 있는 사유로는 제3채무자는 즉시항고를 할 수 없다. 제3채무자는 외형상 존재하는 압류명령에 따라 변제를 하면 채권의 준점유자에 대한 변제(민법 제470조)로서 면책이 된다.

(5) 진술의무

압류채권자는 제3채무자로 하여금 압류명령을 송달받은 날로부터 1주일 내에 서면으로 다음의 사항을 진술하게 하도록 사법보좌관에게 신청할 수 있다(제237조 1항). 즉, ① 채권을 인정하는지의 여부 및 인정한다면 그 한도, ② 채권에 대해 지급할 의사가 있는지의 여부 및 의사가 있다면 그 한도, ③ 채권에 대해 다른 사람으로부터 청구가 있는지의 여부 및 청구가 있다면 그 종류, ④ 다른 채권자에게 채권을 압류당한 사실이 있는지의 여부 및 그 사실이 있다면 그 청구의 종류 등이다. 사법보좌관은 이 진술을 명하는 서면을 제3채무자에게 송달해야 하고(동조 2항), 만약 제3채무자가 진술을 게을리 한 때에는 사법보좌관은 제3채무자에게 위의 진술할 사항에 대해 심문할 수 있다(동조 3항).

4) 압류의 객관적 효력범위

. 채권압류의 효력은 특히 금액을 제한하지 않았으면 그 전액에 미친다(제232조 1항 본문). 다만, 채무자는 압류액수를 채권자의 요구액수로 제한하는 명령을 신청할 수 있다(제232조 1항 단서). 국세징수법상 급료나 임금 그 밖의 계속적 급여에 관한 채권을 압류한 때에는 압류채권자의 채권과 집행비용을 한도로 하여 압류

뒤에 받을 금액에도 압류의 효력이 미친다(동법 제44조). 민사집행법상으로도 마찬가지로 해석한다. 압류의 효력은 압류채권의 종된 권리인 담보권이나 이자, 지연손해금에도 미친다.

3. 압류에 따르는 조치

압류명령을 제3채무자와 채무자에게 송달하면서 이와 함께 일정한 조치가 뒤따르는 경우가 있다. 압류의 실효성을 확보하기 위해 그리고 공시할 필요가 있어서 두고 있는 조치다.

1) 채권증서의 인도

채무자는 채권증서가 있으면 압류채권자에게 인도해야 한다(제234조 1항). 압류채권자가 압류채권을 행사할 때에 채권증서가 필요하기 때문이다. 채권자는 압류명령을 집행권원으로 하여 강제집행의 방법으로 이 증서를 인도받을 수 있다(동조 2항). 이때의 집행은 채권집행의 부수집행이므로 별도로 집행문을 붙일 필요는 없다. 강제집행방법은 동산인도청구집행의 예에 따른다(제257조). 배서가 금지된 유가증권에 표창된 채권에 대한 집행은 유체동산집행이 아니라 채권집행에 따르지만, 이때에도 집행관이 증권을 점유함으로써 압류의 효력이 발생한다(제233조).[1]

2) 저당권 있는 채권의 압류등기

저당권 있는 채권을 압류할 경우 채권자는 채권압류사실을 등기부에 기입해 줄 것을 법원사무관 등에게 신청할 수 있다. 이 신청은 채무자의 승낙 없이 압류명령의 신청과 함께 할 수 있다(제228조 1항). 등기신청이 있으면 법원사무관 등은 압류명령이 송달된 뒤에 신청에 따른 등기를 촉탁해야 한다(동조 2항). 피담보채권에 대한 압류명령은 종된 권리인 저당권에도 효력이 미치지만, 이를 공시할 필요 때

1) 갑이 자기를 위하여 압류된 주식에 대하여 추심에 갈음한 양도명령을 받아 그 양도명령이 제3채무자인 병에게 송달되었다면 설사 을을 위하여 한 위 주식에 대한 압류명령이 갑이 받은 양도명령과 동시에 제3채무자인 병에게 송달되었다고 하더라도 집달관이 위 주식을 점유하지 않는 한 그 압류명령의 송달자체만으로는 법률상 아무런 효력이 없다고 할 것이므로 갑에 대한 위 양도명령은 을의 압류로 인하여 그 효력에 아무런 지장이 없다(대판, 1988. 6.14. 87다카2599, 2600).

문에 두고 있는 조치다.

4. 채권자의 경합

채권집행에서도 채권자가 경합할 수 있고 이는 다른 재산에 대한 집행과 같다. 경합하는 모습으로 압류의 경합과 배당요구 두 가지가 있다.

1) 압류의 경합(이중압류)

압류의 경합이란 어떤 채권자를 위해 압류명령이 있은 뒤에 다른 채권자를 위해 동일한 피압류채권에 다시 압류명령을 내려주는 경우로 이중압류라고도 한다. 이를 직접 언급한 규정은 없지만, 이중압류를 전제로 한 규정은 여러 곳에서 볼 수 있다(제229조 5항, 제235조, 제236조 2항 등).

(1) 이중압류의 종기

이중압류는 피압류채권이 현금화되어 소멸하던가 다른 사람에게 이전될 때까지 할 수 있다. 압류채권자가 추심명령에 따라서 채권추심을 종료하면 그 뒤로는 이중압류를 신청할 여지가 없다. 또 제3채무자가 채무액을 공탁한 뒤에는 이중압류를 신청할 수 없다. 결국 이중압류를 신청할 수 있는 종기는 배당요구종기를 정한 제247조 1항 각호의 시기까지다.

(2) 이중압류의 범위

채권 일부가 압류된 뒤에 그 나머지 부분을 초과해서 다시 압류명령이 내려진 때에는 각 압류의 효력은 그 채권 전부에 미친다(제235조 1항). 채권 전부가 압류된 뒤에 그 채권 일부에 대해 다시 압류명령이 내려진 때 그 압류의 효력 역시 채권 전부에 미친다(동조 2항).

(3) 이중압류의 관할

이중압류로 관할법원이 복수가 되는 경우,[1] 이에 관해 명문규정이 없어서 문제

---

1) 관할의 기준이 되는 채무자나 제3채무자의 주소가 여러 개라든지, 압류가 있은 뒤에 이사를 가서 바뀐 주소를 표준으로 새로운 압류가 있다든지 하는 경우 등을 생각해 볼 수

다. 부동산집행에서의 이송규정(제79조 2항)을 준용해서 처리할 것이다.

2) 배당요구

채권집행에서는 유체동산집행에 비해 초과압류금지의 원칙을 엄격하게 적용하지 않는다. 그만큼 배당요구를 제한할 필요성도 적다. 따라서 집행정본을 가진 채권자는 기왕에 진행되고 있는 집행절차에 편승하여 배당요구를 할 수 있다(제247조 1항). 유체동산집행에서 집행정본을 가진 채권자가 배당요구를 할 수 없는 점(제217조)과 비교가 된다. 그리고 채권집행에서는 압류된 채권에 담보물권을 가진 채권자라도 배당요구를 해야 배당받을 수 있다. 부동산집행에서 압류에 우선하는 담보물권자가 당연히 배당받도록 하는 경우(제148조 4호)와 다른 점이다.

민법·상법, 그 밖의 법률에 의하여 우선변제청구권이 있는 채권자와 집행정본을 가진 채권자만이 배당요구를 할 수 있다(제247조 1항). 집행정본이 없는 일반채권자의 배당요구는 허용하지 않는다.

보통의 경우 배당요구는 다음의 시기까지만 할 수 있다(제247조 1항 각호). 그 시기는 ① 제3채무자가 공탁의 신고를 한 때(제248조 4항), ② 채권자가 추심의 신고를 한 때(제236조), ③ 집행관이 지급제시나 특별현금화 등으로 얻은 금전을 법원에 제출한 때(제233조, 241조)까지다. 그러나 전부명령이 제3채무자에게 송달된 뒤에는 배당요구를 할 수 없다(제247조 2항).

배당요구의 절차에 관해서는 유체동산집행에서의 배당요구절차에 관한 규정이 준용된다(제247조 3항). 따라서 배당요구는 이유를 밝혀 사법보좌관에게 해야 하고(제218조의 준용), 배당요구를 받은 사법보좌관은 그 사유를 배당에 참가한 채권자와 채무자 및 제3채무자에게 통지해야 한다(제219조의 준용, 제247조 4항).

3) 제3채무자의 공탁

(1) 제도의 취지

채권자가 경합할 때 제3채무자는 어느 채권자에게 변제를 해야 하는지 판단하기 어려울 수 있다. 따라서 일정한 경우에는 그러한 판단을 할 필요 없이 제3채무

있다.

자가 공탁을 하여 채무의 구속으로부터 벗어날 수 있도록 하고 있다. 반대로 배당요구채권자나 압류・가압류채권자의 청구에 따라 제3채무자가 의무적으로 공탁을 해야 하는 경우도 있다.

제3채무자의 공탁제도는 반드시 압류의 경합이나 배당요구의 경우에만 한정하여 적용되는 제도가 아니라, 압류와 가압류, 국세징수와 압류 등이 경합하는 경우에도 인정된다. 권리공탁에 관해서는 압류명령의 효력과 관련하여 이미 앞에서 소개한 바 있다. 압류의 경우에도 가압류의 경우와 마찬가지로 제3채무자가 공탁을 하면 채무자가 공탁금액에 대해 가지는 출급청구권에 압류의 효력이 존속하는 것으로 본다(제297조 참조).

(2) 권리공탁

제3채무자는 피압류채권전액을 공탁해서 채무의 구속으로부터 벗어 날 수 있음(제248조 1항)은 이미 본 바와 같다.

(3) 의무공탁

금전채권에 관하여 배당요구서를 송달받은 제3채무자는 배당에 참가한 채권자의 청구가 있으면 압류된 부분에 해당하는 금액을 공탁해야 한다(동조 2항). 금전채권 중 압류되지 않은 부분을 초과하여 이중압류명령 또는 가압류명령이 내려진 경우에 그 명령을 송달받은 제3채무자는 압류 또는 가압류채권자의 청구가 있으면 그 채권전액에 해당하는 금액을 공탁해야 한다(동조 3항). 압류채권자・배당요구채권자・가압류채권자 등의 청구로 제3채무자에게 공탁의무가 발생한 뒤에는, 추심명령을 받은 채권자일지라도 제3채무자에게 공탁을 청구할 수 있을 따름이고, 직접 자기에게 지급할 것을 청구할 수는 없다. 물론 공탁청구가 없는 경우에는 제3채무자는 추심채권자에게 직접 변제해도 된다.

(4) 사유신고

제3채무자가 채무액을 공탁한 때에는 그 사유를 사법보좌관에게 신고해야 한다(동조 4항 본문). 다만, 상당한 기간 내에 신고가 없으면 압류채권자, 가압류채권자, 배당에 참가한 채권자, 채무자, 그 밖의 이해관계인이 그 사유를 사법보좌관에게 신고할 수 있다(동조 4항 단서). 사유신고는 사법보좌관이 배당절차를 개시하는 시점 중 하나가 된다(제252조 2호, 사보규 제2조 1항 10호).

Ⅱ. 현금화

금전채권은 이부명령이란 방법으로 현금화한다. 이부명령이란 압류에 따라서 채무자로부터 이전받은 채권의 처분권을 압류채권자에게 주는 처분으로서, 채권의 추심권능을 압류채권자에게 주는 추심명령과, 집행채권의 변제에 갈음하여 피압류채권을 압류채권자에게 이전하는 전부명령(제229조 1항), 그리고 이들의 변형인 특별현금화방법(제241조)이 있다.

원칙적 현금화 방법인 추심명령과 전부명령 중 어느 방법을 택할 것인지는 전적으로 압류채권자가 정한다. 특별현금화방법에는 구체적으로 양도명령・매각명령・관리명령・그 밖의 방법 등 네 가지가 있는데(제241조 1항), 어느 방법에 의할지는 채권자의 신청에 따라 법원이 정한다. 이부명령은 압류명령 뒤에 따로 신청할 수도 있지만, 실무적으로는 압류명령과 동시에 신청하는 경우가 많다.

1. 추심명령

추심명령은 압류채권자에게 피압류채권을 추심할 수 있는 권능을 주는 이부명령이다. 압류명령에 따라 국가가 수취한 피압류채권의 추심권을 국가가 스스로 행사하지 않고 압류채권자에게 맡기는 조치다. 채권자는 채무자의 권리를 채권자대위권에 따라 행사할 수도 있지만(민법 제404조), 추심명령은 그러한 대위절차 없이 채권자가 압류채권을 직접 추심할 수 있는 방법이다(제229조 2항).

추심명령은 채권집행의 원칙적인 현금화방법이다. 금전채권뿐만 아니라 유체물의 인도나 권리이전청구권에 대해서도 추심명령을 내릴 수 있고(제245조 참조), 또 권면액이 없는 금전채권에 대해서도 인정된다. 그리고 압류나 가압류가 경합하거나 배당요구가 있는 등 채권자가 경합할 때에도 인정된다. 다만, 채권이 조건부 또는 기한부이거나 반대의무의 이행과 관련되어 있는 등 추심하기 곤란한 때에는 특별현금화방법에 따른다(제241조).

1) 추심명령의 효력

(1) 추심권의 범위

추심명령은 원칙적으로 채권전액에 미친다(제232조 1항 본문). 집행채권액에 한정되는 것이 아니다. 다른 채권자의 배당요구에 대한 대비이다. 다만, 법원은 채무자의 신청에 따라 압류채권자를 심문하여 압류액수를 그 채권자의 요구액수로 제한하고, 채무자에게 그 초과된 액수의 처분과 영수를 허가할 수 있다(동조 1항 단서). 이 사무는 사법보좌관이 아니라 법원이 담당한다(사보규 제2조 1항 9호 가목). 이 제한부분에 대해 다른 채권자는 배당요구를 할 수 없다(동조 2항). 그리고 추심제한을 허가하는 재판은 제3채무자와 채권자에게 통지해야 한다(동조 3항).

(2) 채권자의 지위

① **일반적 지위** : 채권자는 채권추심을 위한 채무자의 모든 권리를 자기의 이름으로 행사할 수 있다. 추심권은 재판상은 물론 재판 밖에서도 행사할 수 있다. 그러니까 이행을 최고할 수도 있고, 선택권 · 해제권 · 취소권 등을 행사할 수 있으며, 담보권을 실행할 수도 있다. 그러나 상계나 화해 등은 추심의 목적을 벗어난 행위로서 허용되지 않는다. 왜냐하면 다른 채권자들이 경합할 수 있기 때문에 추심채권자의 독점적 만족을 위한 이러한 행위는 허용되지 않는 것이다.

② **추심의 신고와 공탁** : 압류채권자는 제3채무자로부터 변제를 수령하여 이를 집행채권의 만족을 위해 충당할 수 있으며, 잔액이 있으면 채무자에게 반환해야 한다. 이때 채권자가 추심한 채권액은 사법보좌관에게 신고해야 한다(제236조 1항). 이 추심신고를 함으로써 현금화 절차는 종료된다. 그러나 앞의 추심신고 전에 다른 압류나 가압류 또는 배당요구가 있었을 때에는 채권자는 자기의 채권의 만족에 충당할 수 없고 추심한 금액을 바로 공탁하고 사유신고를 해야 한다(동조 2항). 압류채권은 추심채권자에게 변제함으로써 소멸된다. 따라서 제3채무자가 무자력이어서 완전한 지급을 받지 못하면 채무자에 대한 원래의 채권은 그대로 존속한다. 전부명령과 다른 점이다.

채권자는 제3채무자에게 현실의 지급을 청구할 수 있으나 제3채무자는 권리공탁을 할 수 있다(제248조 1항). 제3채무자가 경합채권자로부터 공탁의 청구를 받아 의무공탁을 하기 전에(제248조 2항 참조) 추심명령을 받은 채권자에게 변제하면 면책된다.

③ **추심의 소홀** : 추심명령으로 채권자는 추심권을 가지지만 한편, 채무자의 이익을 위해 적당한 방법으로 추심해야 할 의무도 부담한다. 채권자가 추심할 채권의 행사를 게을리 한 때에는 이로써 생긴 채무자의 손해를 부담한다(제239조). 또 압류채권자가 추심절차를 게을리 한 때에는 집행정본으로 배당을 요구한 채권자는 일정한 기간 내에 추심하도록 최고하고, 최고에 따르지 않으면 사법보좌관의 허가를 얻어 직접 추심할 수 있다(제250조).

④ **추심권의 포기** : 채권자는 추심명령에 따라 얻은 권리를 포기할 수 있다(제240조 1항). 추심권을 포기하더라도 기본채권에는 영향이 없다(동조 1항 후단). 따라서 추심권을 포기한 뒤에 같은 집행권원으로 다시 전부명령을 신청할 수도 있다. 추심권은 일부 포기할 수도 있다. 추심권의 포기는 동시에 압류의 포기이기도 하므로 추심권을 포기한 범위에서 압류의 효력도 소멸한다. 추심권의 포기는 사법보좌관에게 서면으로 신고해야 하고, 법원사무관 등은 그 등본을 제3채무자와 채무자에게 송달해야 한다(동조 2항).

(3) 채무자의 지위

추심명령으로 채무자는 채권에 대한 처분권을 잃어 버렸지만 그래도 아직은 피압류채권의 채권자이다. 그리고 집행채권자의 권리를 침해하지 않는 범위내에서는 피압류채권의 채권자로서 권리를 행사할 수 있다. 압류채권자가 제3채무자의 무자력으로 추심받지 못한 때에는 채무자가 변제의 책임을 계속 진다.

(4) 제3채무자의 지위

추심명령으로 제3채무자는 채권자에 대해 채무자와 비슷한 지위에 서게 된다. 따라서 채권자에게 이행할 의무가 있고, 채무자에게 할 수 있는 이의나 항변으로 채권자에게 대항할 수 있다. 제3채무자도 추심명령의 효력을 다툴 수는 있으나 그 유·무효를 조사할 의무는 없으므로, 추심채권자에게 지급하면 채무자에 대해서도 면책된다(민법 제470조 참조).

2) 추심의 소

(1) 의의

채권자의 추심에 제3채무자가 복종하지 않으면 그를 상대로 소를 제기할 수 있고, 이 소를 추심의 소라 한다. 그러나 이중압류나 배당요구가 있는 때에는 압류채권자는 제3채무자에게 금전의 지급을 소구할 수는 없고 공탁을 청구할 수 있을 뿐이다.

법조문의 형식을 보면 제238조에서 '추심의 소제기'라는 제목의 규정을, 제249조에서는 '추심의 소'라는 제목의 규정을 두어 양 조문의 관계가 문제다. 제238조의 규정은 추심의 소에 관한 일반규정이고, 제249조는 채권자가 경합하는 경우의 특칙으로 보면 된다. 입법론적으로는 하나의 규정으로 통합하는 편이 좋겠다.

(2) 추심소송의 특칙

압류채권자가 소를 제기한 때에는 채무자에게 소송고지를 해야 한다(제238조, 민소 제84조 이하). 제3채무자는 추심의 소에서 채무자에게 할 수 있는 항변사유를 주장할 수 있다. 그러나 집행채권의 소멸이나 부존재를 이유로 항변할 수는 없다. 이들 사유는 채무자가 청구이의의 소의 사유로 삼을 것이기 때문이다.[1)]

집행정본을 가진 모든 채권자는 공동소송인으로 원고 쪽에 참가할 권리가 있다(자발참가, 제249조 2항). 소를 제기당한 제3채무자는 원고에 참가하지 않은 채권자를 원고 쪽에 공동소송참가를 하도록 명할 것을 첫 변론기일까지 신청할 수 있다(강제참가, 제249조 3항). 자발참가든 강제참가든 채권자측에 참가가 있으면 이들은 공동소송참가를 한 것으로서 판결은 합일확정되어야 한다(민소 제83조, 67조 참조). 이러한 특칙을 두고 있는 이유는 채권자들 사이의 판결의 충돌을 예방하려는데 있다. 따라서 추심의 소에 참가하지 않고 별소를 제기하는 것은 중복제소에 해당한다(민소 제259조).

추심명령이 내려진 상태에서는 채권자대위소송은 가능하지 않다. 왜냐하면 채

---

1) 대판, 1994.11.11. 94다34012.

무자의 추심권이 압류채권자에게로 넘어 갔으므로 대위소송을 제기할 근거가 없어졌기 때문이다. 한편 대위소송이 제기되어 있는 상태에서 채무자의 다른 채권자가 추심의 소를 제기하면 대위소송은 각하될 것으로 본다.[1)]

2. 전부명령

1) 의의

전부명령은 압류된 금전채권을 집행채권의 변제에 갈음하여 권면액으로 압류채권자에게 이전시키는 사법보좌관의 명령이다(제229조 3항). 피압류채권을 가지고 대물변제의 형식으로 압류채권을 결제하는 셈이다. 전부명령이 확정된 경우에는 제3채무자에게 송달된 때에 채무자가 채무를 변제한 것으로 본다(제231조). 따라서 제3채무자가 무자력이어서 채권자가 실제로 변제를 받지 못하게 되었더라도 압류채권자의 집행채권은 그대로 소멸해 버린다. 그러나 전부명령이 확정될 때까지 다른 채권자의 집행참가가 극히 제한되어 있으므로, 전부명령이 확정되면 압류채권자는 거의 독점적 만족을 얻게 되는 이점이 있어서, 실무상 압류채권자들이 추심명령보다는 전부명령을 선호한다.

2) 전부명령의 요건

(1) 권면액이 있을 것

전부명령은 대물변제의 기능을 하므로, 권면액이 없는 채권은 전부명령의 대상이 될 수 없다(제245조 참조). 금전채권이라도 조건부채권이거나, 반대이행의 제공에 걸려 있는 채권 등은 권면액이 있기는 하지만, 현재 권면액이 정해져 있지 않으므로 전부명령의 대상이 될 수 있는지 의문이 든다. 판례는 권면액의 요건에 대해 상당히 너그러운 입장인 것 같다.[2)] 예컨대 건물임대차보증금반환청구권,[3)] 근로자가 퇴직하기 전의 퇴직금급여청구권,[4)] 공사완성전의 도급계약에 따른 공사

1) 박두환, 579면; 이시윤, 352면.
2) 판례의 입장을 지지하는 견해로는 이시윤, 356면.
3) 대판, 1981.11.10. 81다378.
4) 대판, 1975.7.22. 74다1840; 대판, 2007.3.30. 2004다8333.

금채권[1] 등에 대해 전부명령을 할 수 있다고 한다. 그리고 다수설은 정지조건부 채권도 권면액을 정할 수 있으면 전부명령을 할 수 있다고 한다.[2]

그러나 사견으로는 정지조건부 채권에 대해 전부명령을 인정하는 해석론에 의문을 가지고 있다. 왜냐하면 정지조건이 성취되기 전이면 채권이 아직 발생하지 않은 상태이고, 이는 제231조 단서의 '채권이 존재하지 아니한 때'에 해당하여, 전부명령이 대물변제의 효과를 낳지 않기 때문이다. 결국 정지조건부 채권이나 반대의무의 이행에 걸려 있는 채권 등은 양도명령(제241조 1항 1호)으로 현금화해야 할 것으로 본다.

(2) 양도성이 있을 것

양도성이 없는 채권은 원칙적으로 압류도 불가능하므로 전부명령의 대상이 될 수 없다. 그러나 이미 말한 바와 같이 양도금지특약이 있는 채권은 전부명령이 가능하다.

(3) 채권자의 경합이 없을 것

동일한 채권에 대하여 채권자가 경합한 경우에는 어느 한 채권자에게만 독점적 만족을 주는 전부명령을 내릴 수 없다. 따라서 전부명령이 제3채무자에게 송달될 때까지 그 금전채권에 관해 다른 채권자가 압류・가압류 또는 배당요구를 한 경우에는 전부명령은 효력을 가지지 않는 것으로 처리한다(제229조 5항).

3) 전부명령의 절차

전부명령에는 당사자, 피전부채권, 지급에 갈음하여 압류채권자에게 전부한다는 취지의 선언, 발령일자, 집행법원을 표시한다. 그리고 전부명령은 이를 채무자와 제3채무자에게 송달해야 한다(제229조 4항, 제227조 2항). 저당권이 있는 채권을 전부한 경우에는 법원사무관 등은 이 사유를 등기하도록 촉탁해야 한다(제230조,

---

1) 대판, 1962.4.4. 62다63.
2) 박두환, 562면; 김상수, 307면. 판례도 같은 입장이다. "매매계약이 해제되는 경우 발생하는 매수인의 매도인에 대한 기지급 매매대금의 반환채권은 매매계약이 해제되기 전까지는 채권 발생의 기초가 있을 뿐 아직 권리로서 발생하지 아니한 것이기는 하지만 일정한 권면액을 갖는 금전채권이라 할 것이므로 전부명령의 대상이 될 수 있다(대판, 2000.10.6. 2000다31526)."

제228조). 전부채권자로 하여금 담보권실행에 편의를 주기 위한 조치이다. 이때 기입등기는 전부명령이 확정된 뒤에 촉탁해야 한다. 전부명령의 신청에 관한 재판에 대해서는 이의신청을 거쳐 즉시항고할 수 있다(제229조 6항, 사보규 제4조). 그리고 전부명령은 확정되어야 효력이 있다(동조 7항). 전부명령이 있은 뒤에 제49조 2호 또는 4호의 일시정지서류를 제출한 것을 이유로 전부명령에 대한 즉시항고가 제기된 경우에는, 항고법원은 다른 이유로 전부명령을 취소하는 경우를 제외하고는, 항고에 관한 재판을 정지해야 한다(제229조 8항).

4) 전부명령의 효과

(1) 집행채권의 소멸

전부명령이 확정된 경우에는 전부명령이 제3채무자에게 송달된 때에 소급하여 채무자가 채무를 변제한 것으로 본다(제231조 본문). 집행채권이 소멸하는 시기를 전부명령확정시가 아니라 제3채무자에의 송달시로 소급하는 이유는, 압류채권자에게 독점적 만족을 보장해주기 위해서다. 즉, 전부명령확정시에 집행채권이 소멸하도록 하면, 전부명령에 대해 이의신청이나 즉시항고 등이 있어서 전부명령이 아직 확정되기 전에 다른 채권자들이 경합할 수 있고, 그렇게 되면 전부명령의 실효성이 보장될 수 없기 때문이다. 그러나 이러한 변제의 효과는 피전부채권이 존재하지 않은 때에는 생기지 않는다(동조 단서). 소멸하는 채권의 범위는 권면액에 상당하는 금액이다. 이 효과는 확정적이어서 당사자가 집행채권의 소멸을 인정하지 않는다는 합의를 하더라도 그러한 합의는 효력이 없다.

제3채무자는 채권양도의 경우와 마찬가지로 채무자에 대해 가지는 항변사유로써 압류채권자에게 대항할 수 있다. 따라서 제3채무자가 채무자에 대해 취소권이나 해제권을 행사한 결과 피압류채권이 존재하지 않을 수도 있다. 그런데 피전부채권에 대해 제3채무자가 상계권을 행사하는 경우에는 사정이 나누어진다. 먼저, 전부명령이 제3채무자에게 송달되기 전에 상계적상이 있어서 제3채무자가 상계권을 행사한 경우에는, 피전부채권이 소멸해 버렸으므로 전부명령에 따라 채무변제의 효과가 생기지 않고, 압류채권도 그대로 존속하는 것으로 된다(동조 단서). 그러나 만약 제3채무자에게 전부명령이 송달되고 나서 상계적상이 생기고 이후 전부명령이 확정된 경우에는, 제3채무자는 압류채권자에게 상계로 대항할 수 없게 된다. 제3채무자에게 전부명령이 송달된 때에 이미 피전부채권으로 채무변제의 효과가 발생하여 제3채무자가 상계권을 행사할 여지가 없게 되기 때문이다(동조 본문).

(2) 피전부채권의 이전

전부명령에 따라 피전부채권은 채무자로부터 채권자에게로 동일성을 유지한 채 그대로 이전된다. 이전되는 모습은 마치 민법상 채권양도와 비슷하지만 국가의 집행행위를 바탕으로 이전되는 것이므로 채권양도에서 요구되는 대항요건은 필요 없다. 이전된 뒤부터 채권자는 자기의 책임으로 추심하거나 처분하거나 포기하는 등 권리를 행사할 수 있다. 만약 압류채권자가 제3채무자에 대해 피전부채권에 기한 이행을 최고했으나 제3채무자가 복종하지 않으면, 압류채권자로서는 제3채무자를 상대로 소를 제기할 수 있을 것인데, 이때의 소를 실무상 전부금청구의 소라 부른다.

(3) 집행의 종료

전부명령이 확정되면 피압류채권은 그 명령이 제3채무자에게 송달된 때에 소급하여 집행채권의 범위 안에서 당연히 전부채권자에게 이전되고 동시에 집행채권이 소멸하면서 집행은 종료된다.[1] 전부채권자가 전부된 채권을 실제로 지급받았는지는 묻지 않는다.

3. 특별현금화방법

1) 개설

압류된 채권이 조건부 내지 기한부이거나, 반대의무의 이행에 달려 있거나, 그 밖의 이유로 추심하기 곤란할 때에는 법원은 채권자의 신청에 따라 특별현금화방법을 명할 수 있다(제241조 1항). 특별현금화의 각 명령은 사법보좌관의 업무가 아니라 법원이 담당하는 업무다(사보규 제2조 1항 9호 나목).

제241조는 금전채권에 관한 규정이지만 그 밖의 재산권에 대한 강제집행이나, 담보경매절차에도 준용된다(제251조 1항, 제273조 3항). 실무상으로는 금전채권에

1) 대판, 2000.10.6. 2000다31526; 대판, 2004.9.23. 2004다29354.

관하여 특별현금화명령이 신청되는 예는 극히 드물고, 오히려 그 밖의 재산권에 대한 집행에 활용되는 일이 많다. 특히 요즈음 들어서 예전에 생각하지 못했던 새로운 유형의 재산권이 등장함으로써 특별현금화 방법에 관한 규정은 갈수록 중요한 규정으로 인식되고 있다.

특별현금화방법은 예외적인 방법이고 관련되는 당사자들의 이해관계에 중요한 영향을 미칠 수 있으므로 신중하게 결정해야 한다. 따라서 법원은 특별현금화 신청을 허가하는 결정을 하기 전에 채무자를 심문해야 한다. 다만, 채무자가 외국에 있거나 있는 곳이 분명하지 아니한 때에는 심문할 필요가 없다(제241조 2항). 그리고 특별현금화명령의 신청을 인용하는 재판이든 기각하는 재판이든 관계없이 즉시항고를 할 수 있고(동조 3항), 이 재판은 전부명령의 경우와 마찬가지로 확정되어야 효력이 있다(동조 4항).

2) 양도명령

압류된 채권을 법원이 정한 값으로 지급에 갈음하여 압류채권자에게 양도하는 명령이다(동조 1항 1호). 재판에 의해 대물변제의 효과가 발생한다는 점에서 전부명령과 비슷하다. 따라서 양도명령에는 전부명령의 규정이 준용된다. 양도명령은 제3채무자와 채무자에게 송달해야 한다(제241조 6항에 따라 제227조 2항의 준용). 압류채권자에게 독점적인 만족을 주게 되므로 양도명령이 제3채무자에게 송달될 때까지 그 금전채권에 관해 다른 채권자가 압류・가압류 또는 배당요구를 한 때에는 양도명령은 효력이 없다(제229조 5항의 준용). 저당권 있는 채권에 관해 양도명령이 있는 경우에는 채권자의 신청에 의해 법원이 그 사유를 등기부에 기입할 것을 촉탁한다(제230조, 제228조의 준용).

양도명령이 확정된 경우에는 그 평가액으로 양도명령이 제3채무자에게 송달된 때에 채무를 변제한 것으로 본다(제231조의 준용). 그리고 명문의 규정은 없지만 전부명령의 경우와 마찬가지로 양도명령이 발령된 후 집행의 일시정지서류를 제출하여 즉시항고가 된 경우에는, 항고법원은 다른 이유로 양도명령을 취소하는 경우를 제외하고는 항고에 관한 재판을 정지해야 한다(제229조 8항의 유추).[1)]

---

1) 박두환, 582면.

3) 매각명령

매각명령은 추심에 갈음하여 법원이 정한 방법으로 압류된 채권을 매각하도록 집행관에게 명하는 명령이다(제241조 1항 2호). 집행관에 의한 매각이라는 점에서 유체동산의 매각과 공통성이 있다. 따라서 매각장소의 질서유지에 관한 제108조의 규정이 준용된다(제241조 6항). 압류된 채권을 매각한 경우에는 집행관은 채무자를 대신하여 제3채무자에게 서면으로 양도의 통지를 해야 한다(제241조 5항). 제3채무자 및 제3자에 대한 대항요건 때문이다. 따라서 이때 서면은 확정일자 있는 증서라야 한다(민법 제450조 2항 참조).

4) 관리명령

관리명령은 관리인을 선임하여 압류된 채권의 관리를 명하는 특별현금화방법이다(제241조 1항 3호). 관리를 통해 발생하는 수익으로 채권의 변제에 충당하는 방법이다. 마치 부동산강제관리의 경우와 비슷하다. 부동산강제관리제도가 거의 이용되지 않는 것과 비슷한 이유로 관리명령이 이용되는 예는 극히 드물다. 그러나 관리명령은 오히려 그 밖의 재산권에 대한 집행(제251조)이나 유체물의 인도나 권리이전청구권(제242조)에 대한 집행에는 유용한 현금화 방법이 될 가능성이 있다.

관리명령을 제3채무자와 채무자에게 송달해야 하는 점은 전부명령과 같으나(제241조 6항에 의한 제227조 2항의 준용) 관리명령에 의한 관리에는 부동산강제관리의 규정이 준용된다. 따라서 법원에 의한 관리인의 지휘감독(제167조의 준용), 관리인에 의한 수익의 처리방법(제169조의 준용), 관리인의 법원에 대한 계산보고(제170조의 준용), 관리명령의 취소(제171조의 준용) 규정 등이 준용된다.

5) 그 밖의 방법

그 밖에 법원이 정하는 적당한 방법으로도 현금화할 수 있다(제241조 1항 4호). 구체적으로는 수의매각하는 방법, 집행관 아닌 전문가에게 매각을 의뢰하여 실시하는 방법 등을 생각할 수 있겠다.

제3항 유체물인도청구권 등에 대한 집행

채무자가 제3자에 대해 가지고 있는 유체물인도청구권이나 권리이전청구권을 강제집행의 대상으로 삼는 경우이다(제242조). 채권자는 먼저 이들 권리에 대해 압류명령을 받아 추심한 뒤, 그 유체물이 동산이면 동산집행의 예에 따라, 부동산이면 부동산집행의 예에 따라 압류하고 현금화하는 단계로 절차가 진행된다. 즉, 유체물인도청구권 등에 대한 집행은 1단계로 채권집행이 진행된 다음에, 2단계로 동산집행 또는 부동산집행이 진행된다.

목적물을 제조하거나 가공하여 인도하기로 하는 청구권은, 단순히 물건의 인도를 구하는 청구권이 아니라 일정한 작위를 목적으로 하는 청구권이므로, 이 방법에 따라 집행할 수 없고 제251조의 그 밖의 재산권에 대한 집행방법에 따라야 한다. 그리고 유체물인도청구권 등에 대한 강제집행은 그 물건이 있는 곳의 지방법원소속의 사법보좌관이 관할한다(제224조 2항 단서, 사보규 제2조 1항 9호). 유체물인도청구권 등에 대한 강제집행에는 제243조 내지 제245조의 유체동산청구권 및 부동산청구권의 특칙을 제외하고는 대체로 금전채권집행의 규정이 준용된다(제242조).

Ⅰ. 유체동산청구권에 대한 집행

1. 압류

압류명령은 제3채무자에게 채무자에 대한 인도를 금지하고, 채무자에 대해서는 그 청구권의 처분과 수령을 금지하면서(제227조 1항), 특히 제3채무자에 대해 그 동산을 채권자의 위임을 받은 집행관에게 인도하도록 명한다(제243조 1항). 이 인도명령은 제2단계에서 진행될 유체동산집행에서 현금화하기 쉽도록 하기 위해, 그리고 제3채무자로서도 유체동산의 수령권자를 쉽게 알 수 있도록 하기 위해 두고 있는 편의적인 조치다. 따라서 이러한 인도명령에 흠이 있더라도 압류명령 자체가 영향을 받는 것은 아니고, 그러한 흠은 나중에 보정하면 된다. 배서가 금지된 증권채권의 인도를 내용으로 하는 청구권의 경우는, 집행관이 그 증권을 점유하면 압류가 되므로(제233조) 별도로 인도명령이 필요 없다.

2. 현금화

인도명령으로 집행관에게 유체동산의 수령권이 인정되므로 제3채무자는 집행관에게 유체동산을 인도하여 면책을 받을 수 있다. 채권자는 제3채무자에 대해 인도명령의 이행을 구하기 위해서 추심명령을 신청할 수 있다(제243조 2항). 인도청구권에는 권면액이 없을 것이므로 전부명령은 당연히 허용되지 않는다(제245조). 그 청구권이 조건부 내지 기한부이거나, 반대의무의 이행과 관련되어 있거나, 그 밖의 이유로 추심하기 곤란할 때에도 제241조의 특별현금화방법이 아니라 추심명령이나 추심의 소로 처리할 것이다. 왜냐 하면 제242조는 제241조를 준용하지 않기 때문이다.[1)]

제3채무자가 임의로 인도하지 않으면 채권자는 추심명령에 따라서 제3채무자로 하여금 목적물을 집행관에게 인도하도록 추심의 소(제238조)를 제기할 수 있다. 이 소에서 집행권원을 얻어 제257조에 따라 인도집행을 하면 된다. 집행관이 목적물을 인도받으면 유체동산매각방법에 따라 매각하고 매각대금을 집행법원에 제출해야 한다.

Ⅱ. 부동산청구권에 대한 집행

채무자가 제3채무자에 대해 가지고 있는 부동산인도청구권이나 소유권이전청구권을 대상으로 강제집행하는 경우로서, 이때도 집행은 2단계로 진행된다. 먼저 1단계로 그 청구권을 채권집행방법에 따라 압류한 뒤에 임의변제를 받거나 강제로 실현시켜서 채무자의 책임재산으로 만든다. 다음 2단계로 부동산집행방법에 따라 다시 압류하고 매각하는 절차가 진행된다.

---

1) 동지; 이시윤, 367면. 그러나 제241조의 특별현금화방법을 적용할 것이라는 견해로는 박두환, 587면.

부동산인도청구권이나 권리이전청구권에 대한 강제집행은 실제로는 거의 이용되지 않는다고 한다. 채권자대위권제도를 통해 같은 목적을 달성할 수 있기 때문이다. 입법론적으로는 선박에 관한 인도청구권만 두고 부동산에 관한 권리이전청구권은 제251조의 그 밖의 재산권에 대한 집행방법에 따르도록 하는 편이 낫다는 주장이 있다.[1] 그리고 부동산청구권이 조건부 내지 기한부이거나, 반대이행과 관련되어 있거나, 그 밖의 이유로 추심하기 곤란할 때에도 유체동산청구권의 경우와 마찬가지 이유에서 특별현금화방법은 허용되지 않는다고 본다.[2]

1. 압류

권리이전청구권이라 함은 그 청구권을 실현한 결과 부동산이 채무자의 책임재산이 되는 그러한 청구권을 말한다. 대표적으로 소유권이전청구권을 들 수 있다. 전세권이나 지상권 또는 임차권 등의 이전청구권은 여기에 해당하지 않고 제251조의 그 밖의 재산권에 대한 집행방법에 따라야 한다.

부동산에 관한 권리이전청구권에 대한 압류명령은 제3채무자에게 채무자에 대한 소유권이전채무의 이행을 금지시키고, 채무자에게 그 청구권의 처분과 영수를 금지시킨다(제242조에 의한 제227조 1항의 준용). 그리고 채권자 또는 제3채무자의 신청에 의해 보관인을 정하고 제3채무자에 대하여 그 부동산에 관한 채무자명의의 권리이전등기절차를 보관인에게 이행할 것을 명해야 한다(제244조 2항). 보관인은 청구권의 이행을 받는 수령자가 되며 채무자명의의 권리이전등기신청에 관해 채무자의 대리인이 된다(제244조 3항).

부동산인도청구권의 압류도 권리이전청구권의 압류와 마찬가지로 제3채무자와 채무자에 대하여 변제와 수령 및 처분을 금지시키면서(제242조에 의한 제227조 1항의 준용), 보관인에게 인도를 명한다(제244조 1항).

그리고 선박 또는 항공기의 인도청구권에 대한 압류에 관해서는 부동산인도청구권의 압류에 관한 규정(제244조 1항, 4항)을, 선박 · 항공기 · 자동차 또는 건설기

1) 박두환, 585면.

2) 대결, 1999.12.9. 98마2934. 이 판례는 부동산청구권에 관한 판례이지만, 유체동산청구권에 대한 강제집행의 경우에도 원용할 수 있다고 본다.

계의 권리이전청구권에 대한 압류에 관해서는 부동산에 관한 권리이전청구권의 압류에 관한 규정(제244조 2항 내지 4항)을 준용한다(규칙 제171조 1항).

2. 현금화

제3채무자가 임의로 이행하지 않으면 채권자는 추심명령을 받은 뒤에(제244조 4항), 제238조에 의한 추심의 소를 제기하여 집행권원을 얻은 다음, 인도청구권일 때에는 제258조에 따라서, 권리이전청구권일 때에는 제263조의 규정에 따라서 강제집행을 하면 된다. 그리고 제3채무자가 임의 또는 강제로 채무자 명의로 소유권이전등기를 경료하거나 부동산을 인도하면 이로써 부동산청구권에 대한 집행절차는 종료하고, 그 다음에는 2단계로 별도의 부동산집행절차가 진행된다.

제4항 그 밖의 재산권에 대한 강제집행

여기서 그 밖의 재산권이라 함은 부동산, 유체동산, 채권을 제외한 재산권을 말하는데, 그 모습은 매우 다양하다. 종전에는 유체동산의 공유지분, 특허권, 상표권, 저작권, 각종 회원권 등이 여기의 대표적인 재산권들이었으나, 최근 과학기술의 발달에 따른 경제활동의 변화나 새로운 거래유형에 따라 새로운 형태의 재산권이 계속 등장하고 있다. 이들 재산권 중에는 그 경제적 가치가 고가인 경우도 적지 않다. 그런데 각 재산권의 내용이 매우 다양해서 그에 맞는 강제집행절차를 일일이 규정할 수 없는 한계가 있다. 민사집행법은 이에 관해 단 하나의 조문으로 대처하고 있다. 결국 새로운 유형의 재산권에 대한 강제집행은 그 권리의 법률관계를 규정한 단행법률에서 별도로 정할 수밖에 없을 것이다.

민사집행법은 이들 재산권이 공통적으로 무형의 재산이라는 점에 착안하여 채권집행방법을 적용하되(제251조 1항), 제3채무자가 없는 경우에 압류는 채무자에게 권리처분을 금지하는 명령을 송달한 때에 효력이 생기도록 하고 있다(동조 2항).

이들 재산권에 대해서는 압류명령을 통하여 압류를 하되, 권리의 변동에 관한 공시방법이 있는 경우에는 그에 따라 압류의 공시도 해야 할 것이다. 이들 재산권은 대체로 권면액이 없는 경우가 많을 것이므로, 현금화방법으로 전부명령은 허용할 수 없을 것이다. 또한 현금화방법으로 추심명령을 허용하더라도, 현실적으로 목적을 이루기 어려운 경우도 예상된다. 그럴 경우 결국 특별현금화방법에 따른 양도명령이나 매각명령, 관리명령, 그 밖의 적당한 방법으로 현금화할 수밖에 없을 것이다.

그리고 자본시장법 제309조 2항의 규정에 따라 한국예탁결제원에 예탁된 예탁유가증권에 대한 강제집행은 예탁유가증권에 관한 공유지분(이를 예탁유가증권지분이라고 한다)에 대한 강제집행으로 실시한다(규칙 제176조). 이 경우의 압류는 예탁유가증권에 대한 사법보좌관의 압류명령으로 한다(사보규 제2조 1항 9호).

제3관 배당절차

다른 채권자가 경합하지 않은 상태에서 압류채권자가 추심명령에 따른 추심신고를 하였거나(제236조 1항), 전부명령이나 양도명령이 제3채무자에게 송달되면(제231조), 변제의 효과가 생기므로 따로 배당절차는 생각할 필요가 없다. 그러나 ① 추심채권자가 추심한 금액을 공탁한 때(제236조 2항, 252조 2호 전단), ② 제3채무자가 권리공탁이나 의무공탁을 한 때(제248조, 252조 2호 후단), ③ 특별현금화명령으로 현금화된 금전을 법원에 제출한 때(제241조, 252조 3호)에는 배당절차가 개시된다. 배당절차에는 부동산강제경매절차가 준용된다(제256조).

제2장 금전채권 외의 채권에 기초한 강제집행

제1절 유체물인도청구의 집행

유체물인도청구의 집행(보통 '인도집행'이라고도 함)이라 함은, 채권자가 채무자에 대해 가지고 있는 유체물인도청구권을 강제로 실현하기 위한 강제집행절차를 말한다. 이 집행은 비교적 단순하고 또 직접강제로 목적을 쉽게 달성할 수 있으므로 집행관이 관할한다. 여기서 유체물의 인도라 함은 목적물에 대한 채무자의 '직접점유'를 채권자나 제3자에게 이전시키는 것을 말한다. 목적물에 대한 채무자의 간접점유를 이전시키는 강제집행은 의사표시의무의 집행방법(제263조, 민법 제189조·제190조 참조)에 따라 집행한다. 간접점유는 점유를 이전한다는 의사표시만 있으면 점유가 이전되기 때문이다.

유체물을 제조하거나 가공해서 인도해야 할 의무는 채무자의 일정한 행위도 집행의 대상이 되므로, 아직 제조나 가공행위가 완료되기 전에는 대체집행이나 간접강제에 따라 그 행위를 완료시킨 다음에 유체물의 인도집행을 한다. 토지를 인도할 채무를 집행할 때에 토지 위에 집행대상이 아닌 건물이 있으면 먼저 그 건물을 철거하고 토지를 인도하는 것도 마찬가지 경우이다.

유체물이라도 가스나 수돗물의 공급과 같이 특별한 장치나 방법이 있어야만 인도할 수 있는 의무는, 집행관이 실력으로 이에 대한 채무자의 지배를 배제하는 것만으로는 채권자에게 만족을 줄 수 없으므로, 여기의 인도집행대상이 되지 않고 대체집행으로 처리한다. 또 전기나 열 등 관리할 수 있는 자연력은 민법상으로는 물건이지만(민법 제98조), 그 공급을 위해서는 역시 특별한 장치나 조작이 있어야 한다는 점에서 수도나 가스와 사정이 같다. 그리고 인도청구의 원인이 물권적 청구권이든 채권적 청구권이든 상관하지 않는다.

Ⅰ. 동산인도청구의 집행

특정한 동산이나 대체물의 일정한 수량을 대상으로 한다(제257조). 선박은 부동산과 같이 취급되므로 제외된다(제258조). 대체물일 경우에는 수량만 특정되어 있으면 되고 반드시 물건이 특정되어 있을 필요까지는 없다. 집행관이 일정 수량을 수취만 하면 된다.[1]

채무자의 점유를 배제하는 방법으로 집행한다는 점에서 유체동산집행과 비슷한 점이 있다. 그러나 현금화할 필요가 없다는 점에서 서로 차이가 있다. 따라서 재산적 가치가 없는 동산이나 압류금지물도 대상이 될 수 있다.

유아인도청구권의 경우, 유아가 인도에 전혀 저항을 하지 않으면 유체동산의 예에 따라 직접강제를 할 수 있다고 본다. 그러나 유아가 인도에 저항하면 간접강제에 의할 것이다.

Ⅱ. 부동산 등의 인도청구집행

1. 대상

여기서 부동산 등이라 함은 부동산과 선박을 말한다(제258조 1항). 부동산의 인도집행은 채권자에게 일정한 장소와 공간의 지배를 확보시켜 주는 집행방법이므로, 법률상 부동산으로 보는 동산이나 권리 등은 여기의 대상이 아니다.[2] 따라서 부동산에 준하여 취급하는 자동차・건설기계・항공기 등은 여기에 해당사항이 없다.[3]

---

1) 예컨대 창고 안에 보관되어 있는 쌀 10가마니의 인도청구를 집행할 때에는 그 창고 안에 있는 쌀이면 아무 쌀이라도 10가마니만 수취하면 된다.
2) 방순원・김광년, 436면.
3) 이들의 인도집행은 동산인도집행의 예에 따라 한다.

2. 집행방법

1) 점유의 이전

집행관이 채무자로부터 점유를 빼앗아 채권자에게 인도해야 한다(제258조 1항). 부동산에 대해 직접점유와 간접점유가 나누어져 있을 경우, 직접점유만 빼앗아 오면 간접점유는 당연히 소멸한다.[1] 직접점유를 빼앗기 위해 채무자에게 퇴거를 명하고 이에 응하지 않으면 강제력을 행사할 수도 있다(제5조). 채무자로부터 점유를 빼앗아서 채권자에게 장소를 확보시켜주기 위해 집행은 채권자나 그 대리인이 출석한 때에만 한다(제258조 2항). 이는 동산인도집행과 다른 점이다.

2) 동산의 처리

목적부동산의 종물인 동산은 당연히 부동산과 함께 채권자에게 인도한다. 토지인도청구집행의 경우 토지 위의 건물이나 수목은 집행의 대상이 아니므로 이들을 그대로 두고 집행할 수는 없다.[2] 강제집행의 목적물이 아닌 동산은 집행관이 제거하여 채무자에게 인도해야 한다(제258조 3항). 이때 만약 채무자가 없는 때에는 집행관은 채무자와 같이 사는 사리를 분별할 지능이 있는 친족 또는 채무자의 대리인이나 고용인에게 그 동산을 인도해야 한다(동조 4항). 그리고 그러한 사람조차 없는 경우에는 집행관은 그 동산을 채무자의 비용으로 보관해야 하고(동조 5항), 이때에는 성년 두 사람이나 일정한 공무원 한 사람을 증인으로 참여하게 해야 한다(제6조). 채무자가 그 동산의 수취를 게을리 한 때에는 집행법원의 허가를 받아 동산에 대한 강제집행의 매각절차에 관한 규정에 따라 그 동산을 매각하고 비용

---

1) 간접점유자가 직접점유자를 통하여 부동산을 간접적으로 점유하고 있는 경우 간접점유자 및 직접점유자에 대한 채무명의를 가지고 부동산에 대한 인도청구권을 집행하는 채권자로서는 현실적으로 직접점유자에 대하여 인도집행을 함으로써 간접점유자에 대한 인도집행을 한꺼번에 할 수밖에 없으므로, 직접점유자에 대하여 부동산에 대한 인도집행을 마치면 간접점유자에 대하여도 집행을 종료한 것으로 보아야 할 것이다(대결, 2000.2.11. 99그92).

2) 토지의 인도를 명한 채무명의의 효력은 그 지상에 건립된 건물이나 식재된 수목의 인도에까지 미치는 것이 아니고 또한 위와 같은 건물이나 수목을 그대로 둔 채 토지에 대한 점유만을 풀어 채권자에게 인도할 수도 없는 것이니, 집달관으로서는 지상에 건물이 건축되어 있거나 수목이 식재되어 있는 토지에 대하여는 그 지상물의 인도, 철거 등을 명하는 채무명의가 따로 없는 이상 토지를 인도하라는 채무명의만으로는 그 인도집행을 실시할 수 없다(대결, 1986.11.18. 86마902).

을 뺀 나머지 대금을 공탁해야 한다(제258조 6항). 그 동산이 제3자의 소유일 경우라도 마찬가지다.

3) 가족이나 동거인의 지위

채무자의 가족이나 동거인 중에서 독립된 점유권에 따라 점유하고 있는 사람을 제외한 사람은 채무자와 함께 인도집행에 따라야 한다. 그러나 독립한 점유권을 가지고 채무자와 공동으로 점유하고 있는 가족이나 동거인은 인도집행에 대항할 수 있다. 따라서 부동산인도집행을 할 때에는 가족이나 동거인의 점유가 어떠한 점유인지를 파악할 필요가 있다. 이때 부동산의 소유명의, 임대차계약서상의 임차인명의, 주민등록표상의 세대주명의 등은 점유의 성질을 가려내는 기준이 될 수 있다.[1)] 잘못 파악한 집행에는 집행이의(제16조)로써 따질 수 있다.

Ⅲ. 목적물을 제3자가 점유하는 경우

인도할 물건을 제3자가 점유하고 있는 때에는 채무자의 제3자에 대한 인도청구권을 이부명령에 의해 채권자에게 넘기도록 함으로써(제259조) 채권자가 제3자로부터 점유를 취득할 수 있는 방법을 허용하고 있다. 여기에는 금전채권의 압류에 관한 규정이 적용된다. 이때 이부명령은 추심명령만 허용된다(제245조). 만약 제3채무자가 인도의 이행을 하지 않으면 추심의 소를 제기하여 집행권원을 얻은 뒤 이에 기하여 인도집행을 한다. 그런데 채권자대위권 행사로도 이러한 목적을 달성할 수 있으므로 제3자가 목적물을 점유하고 있는 경우의 인도집행은 효용성이 크지 않다.

1) 집달관의 주택명도집행시 채무명의에 표시된 채무자 아닌 전세입주자인 원고의 모가 원고들의 거주사실을 말하고 이를 뒷받침하는 전세계약서, 주민등록표등본을 제시하면서 그 집행의 부당함을 항의하였음에도 불구하고 원고와 위 채무자가 처남매부간이라 하여 그 항의를 묵살하고 명도집행을 강행하였다면 집달관은 그 명도집행에 있어 준수할 집행절차에 위배하였다고 할 것이다(대판, 1985.5.28. 84다카1924).

제2절 작위·부작위의무의 집행

주는 채무는 직접강제로 집행해도 되겠지만, 하는 채무는 채무자 자신이 직접 일정한 행위를 한다는 점이 중요한 의미가 있으므로 별도의 집행방법을 고려해야 한다. 하는 채무에 대해 현재까지 개발된 집행방법으로는 대체집행과 간접강제가 있다. 대체적 작위·부작위의무에 대한 집행에는 대체집행만을 허용하고, 비대체적 작위·부작위의무에 대해서는 간접강제를 허용한다. 간접강제의 강제수단은 사안에 따라 법원이 재량으로 정한다.

Ⅰ. 대체집행

1. 의의

대체집행이라 함은 채무자가 대체적 작위·부작위의무를 스스로 이행하지 않는 경우에 채권자의 신청에 따라, 채무자의 비용으로써 제3자에게 이를 하게 하거나(제260조 1항, 민법 제389조 2항 후단), 채무자의 비용으로써 부작위의무위반을 없애고 장래에 적당한 처분을 하게 하는 집행방법이다(제260조 1항, 민법 제389조 3항).

대체적 작위의무란 의무의 주체가 누구이냐는 중요하지 않고 그 결과가 중요한 그러한 작위의무를 말한다.[1] 작위의무가 대체적인가 비대체적인가 하는 문제는 법원이 구체적 사정을 고려해서 판단한다.[2] 그러나 판단하기 어려운 경우에도 채권자가 대체집행을 신청한 이상은 허용해도 무방하다고 본다. 왜냐하면 채권자의 의사가 채무자의 의무이행까지 바라지 않고 제3자의 이행만으로도 만족을 하겠다는 뜻이므로, 그러한 채권자의 의사는 존중되어도 무방할 것이다. 원래 부작위의

1) 건물철거의무라든가 방해물제거의무 등이 대표적인 예이다.
2) 일반적으로 기계적인 노무를 내용으로 하는 급부의무는 대체적이라고 할 수 있다. 물건의 제조나 공급의무, 담보를 제공하거나 금전채무를 면하게 하는 의무 등도 대체적이며, 본인 스스로 출석하여 사죄하는 의무는 비대체적이지만, 일정한 내용의 사죄문을 신문에 내는 의무는 대체적이라고 하겠다(방순원·김광년, 439면).

무는 비대체적이라서 간접강제로 처리해야 하지만, 그 의무위반의 결과를 제거하거나 예방을 청구하는 행위는 대체적 작위의무이므로 대체집행의 대상이 되는 것이다.

2. 집행절차

집행절차는 사법보좌관이 아니라 제1심 법원이 담당한다. 대체집행에는 법률적 재량판단을 해야 할 경우가 많고, 집행권원을 형성하는데 관여한 법원이 소송기록도 보관하고 있으므로 제1심 법원이 관할하도록 하고 있다. 소송이 상급심에 계속 중일 때 가집행선고 있는 판결에 따라 대체집행을 신청하는 경우에도 제1심 법원이 관할한다.

법원은 '민법의 규정에 의한 결정'을 해야 하는데(제260조 1항), 이는 채무자가 해야 할 의무를 채무자의 비용으로 제3자에게 시키는 결정을 말한다(민법 제389조 2항). 이 결정을 수권결정(授權決定)이라 하는데, 수권이란 말은 집행기관인 제1심 법원이 가진 강제집행권을 채권자에게 수여하였다는 뜻이다. 그러니까 수권결정에 따라 채권자는 집행기관인 제1심 법원의 집행보조기관이 되는 셈이다. 그리고 대체집행의 '대체'라고 하는 말은 채무자의 작위의무를 제3자가 대신한다는 뜻에서의 대체라는 의미도 있지만, 집행기관이 해야 할 집행행위를 채권자가 대신한다는 뜻에서의 대체라는 의미도 포함되어 있다.

수권결정에서 제3자를 특정하지 않아도 되며, 채권자가 제3자를 지정하거나 채권자 스스로 작위의무를 이행해도 된다. 물론 수권결정에서 제3자를 지정한 경우에는 채권자는 이에 구속된다. 채권자는 어디까지나 집행보조기관에 불과하기 때문이다.

수권결정은 변론 없이도 할 수 있지만 결정을 하기 전에 채무자를 심문해야 한다(제262조). 채무자에 대한 이해관계가 중대하기 때문에 그에게 진술의 기회를 주기 위해서이다. 그러나 채무자에게 통지했음에도 정당한 사유 없이 출석하지 않은 경우에는 심문을 하지 않아도 무방하다.[1)]

대체집행에 드는 비용도 집행비용에 포함되고, 수권결정을 신청하면서 채무자

1) 대결, 1977.7.8. 77마211.

로 하여금 미리 비용을 지급할 것을 신청할 수 있다. 이때 미리 내려주는 비용결정을 전불결정(前拂決定) 혹은 전급결정(前給決定)이라고 한다(제260조 2항).

Ⅱ. 간접강제

1. 의의

간접강제는 채무자에게 심리적인 압박을 가함으로써 비대체적 작위・부작위의무를 이행하도록 하는 집행방법이다. 구체적으로는 채무의 이행의무 및 이행기간을 밝히고, 채무자가 그 기간내에 이행을 하지 않으면, 늦어진 기간에 따라 일정한 배상을 하도록 명하거나, 즉시 손해배상을 하도록 명해서 채권의 만족을 얻는 방법이다(제261조 1항).

간접강제결정 자체가 또 하나의 집행권원이 된다. 직접강제나 대체집행이 가능한 경우에는 이들 방법으로 집행을 해야지, 곧 바로 간접강제의 방법으로 집행을 할 수 없는 것이 원칙이다.[1] 간접강제는 채무자의 인격에 손상을 줄 염려가 있기 때문이다.

비대체적 작위의무란 채무자 본인이 이행하지 않으면 제대로 된 이행이라 할 수 없는 그러한 의무를 말한다. 예컨대 감정이나 출연과 같이 특별한 학식이나 기예가 발휘되어야 하는 행위, 회계감사보고나 재산목록의 제출 등과 같이 본인이 작성하고 제출해야 할 법률상 책임이 있는 행위, 유가증권에 서명하는 일과 같이 본인이 해야만 법률상 효과가 발생하는 행위 등이 여기에 해당한다.

2. 적용범위

비대체적 작위의무 중에서 다음과 같은 것은 간접강제의 대상이 될 수 없다.

---

1) 그러나 간접강제의 방법을 단순히 직접강제나 대체집행의 보충적인 수단으로 적용할 것이 아니라, 확장하여 적용할 필요가 있다는 주장이 최근 주장되고 있다(이시윤, 387면 이하; 김상수, 334면 등).

첫째, 채무자의 이행에 외적인 장애가 있는 경우에는 간접강제를 할 수 없다. 예컨대 이행을 하는데 특별한 장치나 설비가 필요하고 과도한 비용이 든다거나,[1] 제3자의 협력이 필요함에도 그러한 협력을 쉽게 구하기 어려운 경우[2] 등에는 간접강제를 할 수 없다. 이때에는 간접강제를 해 보아도 채무자를 괴롭힐 뿐이고 그러한 의무가 실행되기를 기대하기 어렵다. 둘째, 채무자의 자유의사에 반하고 문화풍속에 반하는 경우에도[3] 간접강제가 가능하지 않다. 셋째, 채무자의 자유의사에 반하여 강제하면 채무의 원래 목적을 달성하기 어려운 경우에도[4] 간접강제는 가능하지 않다고 본다. 넷째, 비대체적 작위의무 중에서 의사표시를 할 채무도 간접강제의 적용에서 제외된다. 이것은 의사표시의무의 집행규정(제263조)으로 처리한다.

3. 집행절차

대체집행과 마찬가지로 제1심 법원이 전속관할한다(제261조 1항). 간접강제결정에서 채무자가 지급하기로 정해진 금전은 일종의 위약금으로서, 채권자가 입은 손해를 전보하는데 충당된다. 따라서 채권자가 실제로 입은 손해액이 법원이 정한 배상액보다 고액이면 그 차액을 별도로 소구할 수 있다. 그러나 실제로 발생한 손해액이 법원이 정한 배상액보다 적을 때에는 그 차액을 채무자에게 돌려주지 않아도 무방하다고 본다. 위약금의 성질이 있기 때문이다.

우리의 법제에서 간접강제는 최후의 강제집행방법이다. 그럼에도 간접강제의 강제수단은 결국 손해배상으로 환원되는데 불과하니, 이는 간접강제의 한계로 작용한다. 참고로 독일은 간접강제의 강제수단으로 강제구금(Zwangshaft)에 처하거나, 손해배상과는 별도로 일정금액의 강제금(Zwangsgeld)을 부과하는 강력한 강제수단을 두고 있다. 미국의 경우에는 법정모욕(contempt of court)으로 처리하고 있다. 이러한 입법례는 우리에게도 시사하는 바가 있다고 본다.

---

1) 예를 들어, 채무자가 전기나 가스・수도 등의 공급의무가 있지만 채권자가 이들을 받을 수 있는 시설이나 장비를 갖추고 있지 않을 때.
2) 예를 들어, 제3자의 협력 없이는 수술이나 촬영 등을 할 수 없을 때.
3) 부부의 동거의무나 수혈하는 의무 등의 경우.
4) 그림을 그리거나 소설을 쓰는 행위와 같은 예술가의 창작활동을 의무로 하는 경우.

Ⅲ. 부작위의무의 강제집행

부작위의무에 대한 적합한 집행방법을 찾기 위해 부작위의무를 분류해 볼 필요가 있다.

1. 부작위의무의 유형

1) 일회적 부작위와 반복적 부작위

한 번의 부작위의무위반으로 채권이 소멸하는 경우를 일회적 부작위라 하고, 일정기간 반복하여 부작위가 있을 수 있는 경우를 반복적 부작위라고 한다. 예를 들어, 특정물을 다른 사람에게 양도하지 않을 의무는 일회적 부작위이다. 한번만 양도하면 그것으로 부작위의무의 위반이 되고 이로써 채권은 소멸하고 손해배상청구권으로 전환된다. 그러나 일정기간 영업을 하지 않을 의무와 같은 부작위의무는 일정기간 계속하여 부작위의무가 있고 여러 번 의무위반이 있을 수 있다.

2) 유형적 부작위와 무형적 부작위

부작위의무를 위반한 결과가 일정한 형태로 남는가 아닌가에 따른 분류이다. 건축을 하지 않을 의무는 이를 위반하면 건물이 남는 유형적 부작위이다. 이에 비하여 소음을 내지 않을 의무는 이를 위반하더라도 형태가 남지 않는 무형적 부작위이다.

3) 금지적 부작위와 수인적 부작위

채무자의 적극적인 행위를 금지하는 부작위인지 아니면 채권자나 제3자의 행위를 방해하지 않고 단순히 참아야 할 부작위인지에 따른 분류이다. 건축을 하지 않을 부작위는 전자의 금지적 부작위에 해당한다. 이에 비해 통행을 방해하지 않을 의무 같은 경우는 수인적 부작위에 해당한다.

2. 집행방법

일회적 부작위의무에 대해서는 강제집행을 할 방법이 없다. 한 번의 의무위반으로 원래의 채권은 소멸해 버리기 때문이다. 따라서 일회적 부작위에 대해서는 손해배상으로 바꾸어서 대상집행을 할 수밖에 없다. 그 외의 부작위의무에 대하여는 물적 설비의 설치나, 손해배상의 담보제공, 배상지급명령 등 대체집행의 방법으로 강제집행을 할 수 있다(제260조 1항). 유형적 부작위의무의 경우 의무위반의 결과물에 대하여 대상집행이 가능하나, 이는 엄밀히 말하자면 부작위의무에 대한 집행이 아니라 유형적 상태의 제거라는 작위의무의 집행이다. 무형적 부작위의무에 대해서는 간접강제의 방법이 가능하다. 즉, 위반하는 횟수에 따라 일정한 손해배상을 명하는 것이다. 수인적 부작위의무위반에 대하여는 그 의무위반이 물리적인 힘에 의한 것이면, 이를 제거하기 위해 집행관의 원조(제5조)를 받아서 직접 배제시킬 수 있다고 본다.

제3절 의사표시의무의 집행

채무자가 일정한 의사표시를 할 의무는 비대체적 작위의무의 일종이므로 간접강제의 방법에 따라 집행할 수도 있다. 그러나 이런 종류의 채무는 법률관계의 발생을 목적으로 하고 있으므로 우회적 방법인 간접강제에 따라 집행하지 않고 별도의 집행방법을 고안해 두고 있다.

Ⅰ. 적용범위

의사표시의무의 집행방법으로 집행하기 위해서는 일정한 법률효과의 발생을 목적으로 하는 표현행위를 대상으로 해야 한다. 따라서 반드시 의사표시에 한할 필요는 없고 채권양도의 통지와 같은 관념의 통지라도 좋고, 최고와 같은 의사의 통지라도 무방하다. 사실행위인 선점 · 습득 · 가공 등은 이 집행방법으로 집행할 수 없다. 그리고 권리관계의 성립에 관계되지 않는 단순한 사죄 등도 해당사항이 없다.

제263조에서 말하는 인낙은 법률행위의 성립에 필요한 동의나 승낙 등을 의미한다. 의사표시의 상대방은 채권자뿐만 아니라 제3자나 관공서라도 무방하다.[1] 따라서 소유권이전등기를 명하는 이행판결이 있으면 등기권리자는 단독으로 등기신청을 할 수 있다. 이와 같은 경우에는 이행판결이 마치 형성판결과 같은 기능을 하는 셈이다. 의사표시는 공법상의 행위라도 상관없으며, 소의 취하나 고소의 취하와 같은 소송행위도 이 집행방법으로 집행할 수 있다고 본다.[2]

확정된 이행판결 또는 이와 같은 효력이 있는 화해조서, 인낙조서, 조정조서 등이 집행권원이 된다. 이들이 확정되거나 조서로 성립한 때에 의사를 진술한 것으로 혹은 권리관계의 성립을 인낙한 것으로 되기 때문에, 여기에는 가집행선고를 붙일 수 없다.

Ⅱ. 의사진술의 의제

1. 단순한 의사표시

채무자가 권리관계의 성립을 인낙한 때에는 그 조서로, 의사의 진술을 명한 판결이 확정된 때에는 그 판결로 권리관계의 성립을 인낙하거나 의사를 진술한 것으로 본다(제263조 1항). 이때 의사표시가 요식행위이면 방식을 갖춘 의사표시로 되고, 채무자가 제한능력자인 때에는 제한능력의 흠이 보정된 의사표시를 한 것으로 본다. 따라서 채권자는 조서나 판결이 있으면 별도의 방식이나 절차를 거칠 필요 없이 바로 법률효과를 주장할 수 있다. 따라서 집행기관이나 집행문 등도 필요하지 않다. 다만, 당사자의 승계가 있는 경우에는 승계집행문이 있어야 한다.

---

1) 부재자 재산관리인이 권한초과행위에 대하여 허가신청절차를 이행하기로 약정하였음에도 이를 태만히 할 경우, 상대방은 허가신청절차의 이행을 소구할 수 있고, 이러한 의사 진술을 명하는 판결이 확정되면 민사소송법 제695조 1항(민사집행법 제263조 1항에 해당)에 의하여 허가신청의 진술이 있는 것으로 간주된다(대판, 2000.12.26. 99다19278).

2) 동지: 박두환, 635면. 반대: 이시윤, 393면.

2. 조건부 의사표시

반대의무가 이행된 뒤에 권리관계의 성립을 인낙하거나 의사를 진술할 것인 경우에는 조건성취증명서를 제출하여 사법보좌관의 명령에 따라 집행문을 내어 준 때에 그 효력이 생긴다(제263조 2항). 채권자가 집행문부여의 소를 제기한 경우에는 그 승소판결이 확정된 때에 의사표시의 효과가 생긴다.

Ⅲ. 집행정지여부

의사표시의무의 집행은 현실의 집행이 실시되는 것이 아니라 판결이 확정되거나 조서가 성립되면 그것으로 집행도 끝이 나버린다. 따라서 집행정지라는 개념도 원칙적으로 인정할 여지가 없다. 다만, 조건부 의사표시의무의 경우는 집행문이 부여될 때까지 집행정지를 신청할 이익이 있다.

제3편 담보권실행 등을 위한 경매

제1장 부동산경매

제1절 서 설

담보권실행 등을 위한 경매절차는 담보물권의 피담보채권을 실현하는 담보권실행경매(줄여서 담보경매라 함)절차와 유치권 등의 경매절차로 구성되고, 후자는 다시 민법・상법 등의 법률에서 규정하고 있는 경매(이를 형식적 경매라고 함)절차와 유치권경매절차로 구성되어 있다.[1] 그런데 유치권 등의 경매절차에는 담보경매절차가 준용되므로(제274조 1항), 결국 피담보채권을 실현하기 위한 담보경매절차가 주를 이룬다.

담보대상재산은 부동산, 유체동산, 채권 등 다양하고, 이들 재산마다 담보경매절차도 다르지만, 대체로 대상재산에 대한 강제경매절차를 준용하고 있다(제268조 내지 제272조, 제273조 3항, 제275조 등).

제2절 부동산담보경매

부동산담보경매절차에는 강제관리규정을 제외한 부동산강제경매에 관한 규정이 거의 준용된다(제268조). 2005년 이후 사법보좌관의 업무로 되었다.

---

1) 유치권경매를 넓은 의미의 형식적 경매로 보기도 한다(이시윤, 424면, 김홍엽, 377면). 민사집행법은 형식적 경매와 유치권경매를 합해서 '유치권 등에 의한 경매'라 표현하고 있다(제274조).

Ⅰ. 경매의 신청

서면에 의한 신청에 따라 경매절차가 개시된다(제4조). 경매신청을 할 때에는 일정한 사항을 적어야 하고 담보권을 증명하는 서류도 붙여야 한다.

1. 기재사항

경매신청서에는 제80조의 준용에 따라 채권자・채무자 및 소유자・대리인・법원・부동산을 표시하는 외에, 담보권과 피담보채권도 표시해야 하고, 만약 피담보채권의 일부에 대해서만 경매를 신청할 때에는 그러한 취지와 범위를 적어야 한다(규칙 제192조).

2. 첨부서류

1) 담보권증명서류

담보경매신청에는 집행권원을 요구하지 않는 대신 담보권증명서류를 내도록 하고 있다(제264조 1항). 여기서 담보권이라 함은 저당권・전세권・가등기담보권(가담법 제12조 1항) 등을 말한다. 담보권을 증명하는 서류라 함은 주로 등기부등본이 될 것이다. 따라서 보통의 경우에는 담보경매에 준용되는 제81조에 따라 등기부등본을 첨부하면 되고 별도로 첨부할 서류는 없다. 그러나 저당권・전세권・가등기담보권 등이 실제로는 존재하고 있지만 등기부에 말소되어 있는 경우에는 그 말소등기가 무효라는 것을 증명할 서류를 첨부해야 한다. 그러한 서류로는 위의 담보권존재확인소송의 승소판결이나, 말소등기회복등기청구소송의 승소판결 등을 예로 들 수 있다.

경매신청서가 제대로 작성되어 있고 담보권을 증명하는 서류도 제대로 첨부되어 있으면, 집행기관으로서는 등기의 유효여부나 실체적 권리관계에 대해 심사하지 않고 경매개시결정을 해야 한다. 피담보채권의 존재여부에 대해서도 심사할 필요가 없다. 마치 집행정본이 제출되면 집행기관으로서는 실체관계에 관해 심사

하지 않고 집행을 개시하는 것과 비슷하다.[1)]

2) 승계증명서

담보권을 승계한 경우에는 승계를 증명하는 서류를 내야 한다(제264조 2항). 부동산등기부에 담보권이전의 부기등기까지 할 필요는 없고 경매신청서에 첨부해서 내면 된다. 부동산경매절차에 있어서 승계집행문(제31조)과 비슷한 서류다. 승계는 포괄승계든 특정승계든 상관없고, 첨부서류가 공문서든 사문서든 불문한다. 경매개시결정 이후 승계가 있는 경우에도 마찬가지다. 포괄승계의 경우는 보통 가족관계증명서나 법인등기부등본, 유산분할협의서 등을 첨부하면 될 것이다.[2)] 특정승계의 경우에는 채권양도증서, 채권양도의 통지나 승인을 증명할 문서, 추심명령서, 전부명령서 또는 양도명령서 등을 첨부하면 될 것이다.

3. 승계증명서의 송달

경매개시결정을 한 때에는 부동산 소유자에게 송달해야 하고 위 증명서류의 등본도 같이 송달해야 한다(제264조 3항). 강제경매에 있어서 승계집행문 및 승계증명서의 송달(제39조 2항, 3항)과 비슷한 조치이다. 다만, 경매개시 전에 송달할 필요는 없고 경매개시결정과 동시에 송달하면 된다. 소유자에게 송달을 하게 한 이유는 경매개시가 되었다는 사실을 알려 주고 이에 불복할 수 있는 기회(제265조)를 주기 위해서다. 따라서 송달을 하지 않았다고 해서 압류의 효력에 영향을 주는 것은 아니다.

---

1) 담보경매절차의 개시요건으로서 피담보채권의 존재를 증명하도록 요구하고 있는 것은 아니므로, 경매개시결정을 할 때 채권자가 피담보채권의 존부를 입증할 것은 아니라는 판례로 대결, 2000.10.25. 2000마5110.

2) 부동산에 대한 근저당권의 실행을 위한 경매는 그 근저당권 설정등기에 표시된 채무자 및 저당 부동산의 소유자와의 관계에서 그 절차가 진행되는 것이므로, 그 절차의 개시 전 또는 진행중에 채무자나 소유자가 사망하였다고 하더라도 그 재산상속인들이 경매법원에 대하여 그 사망 사실을 밝히고 자신을 이해관계인으로 취급하여 줄 것을 신청하지 아니한 이상 그 절차를 속행하여 저당 부동산의 낙찰을 허가하였다고 하더라도 그 허가결정에 위법이 있다고 할 수 없다(대결, 1998.12.23. 98마2509, 2510).

4. 신청의 범위

경매신청채권자는 신청서에 피담보채권액을 적어야 하는데, 피담보채권 중 일부를 위한 경매신청도 가능하다(규칙 제192조 4호). 다만, 일부청구를 한 경우에는 다른 채권자와의 배당문제가 있기 때문에 뒤에 가서 배당요구액을 증액할 수는 없다. 증액을 원하면 나머지 피담보채권을 청구금액으로 해서 이중압류를 하거나 배당요구종기까지 일반채권자로서 배당요구를 할 수밖에 없다.

Ⅱ. 경매개시결정에 대한 이의신청

1. 의의

경매개시결정에 대해서는 이의신청을 할 수 있다(제265조). 경매신청을 기각하거나 각하하는 결정에 대하여는 이의신청을 거쳐 즉시항고를 할 수 있다(제268조, 제83조 5항의 준용). 절차상의 위법을 이유로 개시결정에 대한 이의신청을 할 수 있음은 물론이고, 더 나아가 담보권의 부존재나 소멸이라는 실체법상의 이유로도 이의신청할 수 있다(제265조). 집행권원 없이 경매신청이 가능하다는 점 때문에 이와 같은 특칙을 두고 있는데, 강제경매개시결정에는 절차상의 이유로만 이의신청할 수 있는 것과 비교되는 점이다.

2. 요건

절차상의 흠은 물론 담보권의 부존재나 소멸, 변제기의 미도래, 담보권승계사실의 부존재 등 담보권실행의 실체적 요건에 흠이 있더라도 여기의 이의신청을 할 수 있다. 그러나 경매신청서에 적힌 채권액이 실제 채권액보다 과다한 경우에는 청구이의의 소나 배당이의절차에서 시정을 구할 수는 있어도 경매개시결정에 대한 이의신청사유는 되지 않는다.[1] 경매개시결정으로 경매신청서에 기재된 채

---

1) 대결, 1969.3.18. 69마88.

무액이 확정되는 것은 아니기 때문이다.

피담보채권의 일부가 남아 있더라도 담보물 전부에 대해 경매신청을 할 수 있다. 담보권의 불가분성이 적용되기 때문이다. 이의신청은 매수인이 대금을 완납할 때까지 할 수 있다고 본다.[1] 그리고 실체법상의 이유로 개시결정에 대한 이의신청을 할 수 있는 이상, 그러한 이유는 매각허가결정에 대한 이의사유(제121조 1호)에 해당된다.[2]

Ⅲ. 채권자의 경합

강제경매개시결정이 된 부동산에 대해 담보경매신청이 있는 경우, 또는 담보경매개시결정이 된 부동산에 다시 강제경매신청이나 담보경매신청이 있으면 이중경매개시결정을 하고 압류등기도 이중으로 한다(제87조의 준용). 이중경매개시결정이 있는 경우, 뒤의 경매절차는 앞의 경매절차가 진행되고 있는 이상, 진행할 필요가 없이 그대로 있다가, 앞의 경매절차가 취하나 정지・취소되면 그때 가서 속행한다. 이는 강제경매의 경우와 다를 바가 없다. 다만, 뒤에서 보겠지만 유치권경매절차 진행 중에 후행경매신청이 있으면 유치권경매절차를 정지하는 예외가 있다.

그리고 담보경매절차에서도 배당요구를 할 수 있다(제88조의 준용). 배당요구를 할 수 있는 채권자, 배당요구의 절차, 배당받을 채권자의 범위 등에 대해서는 모두 강제경매의 규정이 준용된다.

Ⅳ. 경매절차의 정지・취소

담보경매절차에도 강제경매절차와 같이 정지・취소제도가 있지만 강제경매절차의 규정을 준용하지 않고 별도의 규정을 두고 있다(제266조). 집행권원을 요하지 않는 담보경매의 특성 때문이다. 담보경매절차의 정지・취소 및 일시유지에 관한

1) 방순원・김광년, 460면.
2) 박두환, 653면; 김상수, 354면.

업무는 사법보좌관이 담당한다(사보규 제2조 1항 14호 다목).

1. 정지 · 취소문서(제266조)

① 담보권등기가 말소된 등기사항증명서(1호)
② 담보권등기를 말소하도록 명한 확정판결의 정본(2호)
③ 담보권의 부존재나 소멸 취지의 확정판결의 정본(3호)
④ 담보권불실행서류 · 경매신청취하서 · 변제증서 · 변제유예증서(4호)
⑤ 담보권실행일시정지를 명한 재판의 정본(5호)

2. 정지 · 취소의 실시

위의 문서 중 어느 하나가 경매법원에 제출되면 경매절차를 정지해야 한다(제266조 1항). 1호 내지 3호의 문서와, 4호 문서 중 화해조서정본이나 공정증서정본이 제출되면 사법보좌관은 이미 실시한 경매절차를 취소해야 한다(제266조 2항 전단). 이 취소결정에 대해 즉시항고를 할 수 없는 것은 강제경매의 경우와 같다(제266조 3항). 따라서 취소결정에 대한 불복은 집행이의신청(제16조)으로 해야 한다. 4호 문서 중 화해조서정본이나 공정증서정본 이외의 문서와 5호의 일시정지문서가 제출되면 이미 실시한 경매절차를 일시 유지하되,[1] 정지기간은 2월로 한다(제51조 1항의 준용).[2]

3. 문서제출의 시기 등

정지 · 취소문서는 매각대금을 지급할 때까지 제출할 수 있다. 대금을 지급하고 나면 소유권이 매수인에게 넘어가기 때문에(제135조), 이 시점 이후에 문서를 제출

1) 담보권실행을 일시정지하도록 명한 재판이란 판례가 인정하는 채무에 관한 이의의 소에 있어서 집행정지결정의 잠정처분(제86조 2항의 준용), 집행이의신청에 따르는 집행정지결정의 잠정처분(제16조 2항의 준용), 담보권부존재확인의 소나 채무부존재확인의 소, 담보권설정등기말소의 소 등에서 경매절차정지가처분(제300조)이 있는 경우 등을 생각할 수 있다.
2) 박두환, 657면.

해 봐도 소유권이 이전되는 것을 막을 수가 없으며 단지, 배당절차에서 채권자에게 돌아 갈 배당액이 공탁될 뿐이기 때문이다(제160조 1항 3호).

그런데 매수신고가 있은 뒤 4호 문서로써 경매절차의 취소를 구할 때에는 최고가매수신고인이나 차순위매수신고인이 있으면 이들의 동의를 받아야만 효력이 생긴다고 할 것이다(제93조 2항, 3항의 준용).[1)]

V. 매수인의 소유권취득

매수인의 부동산 취득은 담보권 소멸로 영향을 받지 않는다(제267조). 제267조는 담보권의 소멸만을 규정하고 있으나 부존재도 같이 취급할 것이다. 경매개시결정에 대한 이의신청사유로서 담보권의 소멸과 부존재를 같이 취급한 이상 여기서도 같이 취급해야 하기 때문이다. 경매절차에서 매수인의 법적 지위를 안정시키기 위한 조치다. 그리고 채무자나 소유자가 각종의 저항수단을 가지고 있었음에도 매수인이 대금을 완납할 때까지 이를 주장하지 않았다면, 일종의 실권효를 인정하자는 뜻이다.[2)]

1) 그러나 담보경매의 경우 매수신고가 있은 뒤, 경매개시결정에 대한 이의신청을 하여 경매절차를 정지·취소시키기 위해 최고가매수신고인의 동의를 필요로 한다는 규정이 없는 이상, 이들의 동의는 불필요하다고 한 판례가 있다(대결, 2000.6.28. 99마7385). 사견으로는 강제경매절차와 담보경매절차의 정지·취소에 관한 법적 성질을 달리 보지 않으므로 이 판례의 취지를 이해하기 어렵다. 동지; 박두환, 658면; 이시윤, 416면.

2) 채무자가 경낙인의 대금완납 이전에 채무를 변제하여 담보권을 소멸시켰다 하더라도 이를 근거로 이의신청을 하고 나아가 경매절차를 정지시키지 아니하여 경낙인이 경낙대금을 납부하기에 이르렀다면 이로써 경낙인은 경매목적물의 소유권을 유효하게 취득한다(대결, 1992.11. 11. 92마719). 동지; 대결, 2010.7.23. 2008마247

제2장 그 밖의 재산에 대한 담보경매

I. 선박 등의 경매

1. 선박경매

선박에 대한 담보경매에는 선박에 대한 강제경매규정과 부동산담보경매에 관한 규정이 준용된다(제269조). 따라서 선박에 대한 담보경매에서도 선박국적증서 등의 수취나 감수·보존처분 등 특수한 보전처분이 필요하다. 이러한 보전처분을 하지 못하여 선박의 소재가 파악되지 않으면 법원이 경매절차를 취소할 수 있고 이는 강제경매의 경우와 같다.

선박담보경매에서는 그 담보권으로 제3자에게 대항할 수 있는 경우, 즉 제3자가 대항할 수 있는 점유권원을 가지고 있지 않는 경우에는, 설사 제3자가 선박을 점유하고 있더라도 경매가 가능하다. 이때 점유자에 대해서도 선박국적증서 등의 인도명령이나 감수·보존처분을 내릴 수 있다고 본다.[1] 건조중인 선박에 대한 저당권실행절차도 같이 처리한다(상법 제787조, 제790조).[2]

2. 자동차 등에 대한 경매

자동차·건설기계·소형선박 및 항공기를 목적으로 하는 담보경매절차는 부동산과 선박에 대한 담보경매의 규정과 유체동산에 대한 담보경매규정에 준하여 대법원규칙으로 정하고 있다(제270조, 규칙 제196조 내지 제198조).

---

1) 방순원·김광년, 465면; 박두환, 660면.
2) 건조중인 선박을 선박으로 보지 않는 입장에서는 건조중인 선박에 대한 저당권의 실행은 유체동산집행방법에 따라야 한다고 주장한다(박두환, 661면).

Ⅱ. 유체동산경매

1. 경매개시요건

유체동산담보경매[1]는 채권자가 그 목적물을 제출하거나, 목적물의 점유자가 압류를 승낙한 때에 개시한다(제271조). 유치권과 질권은 물건에 대한 점유를 요건으로 하는 권리이므로(민법 제320조, 제329조), 유치권자나 질권자가 목적물을 제출하거나 목적물의 점유자가 압류를 승낙한 때에 경매를 개시하도록 한 것이다.

유체동산에 대한 담보경매에는 유체동산에 대한 강제경매규정과 부동산담보경매에 관한 제265조와 제266조의 규정이 준용된다(제272조). 그러나 부동산담보경매규정 중에서 경매신청에 관한 제264조는 준용이 되지 않는다. 그 이유는 유체동산담보권을 증명할 서류라는 것이 거의 없기 때문이다. 따라서 유체동산담보경매를 신청할 때에는 담보권이 존재한다는 증명을 붙이지 않아도 된다.

2. 절차

유체동산강제경매절차의 규정이 준용되므로 집행관이 집행기관이 되어 압류 및 매각절차로 진행되고, 배당절차는 집행관이 배당 내지 교부하는 경우와 사법보좌관이 배당절차를 주도하는 경우로 나누어진다는 점 등은 모두 강제경매와 같다.

유체동산담보경매절차에서는 압류의 경합은 원칙적으로 허용되지 않는다.[2] 형식적으로는 유체동산담보경매에도 제215조가 준용되므로(제272조), 압류의 경합을 인정해야 할 것으로 보이지만, 만약 이 경우 압류의 경합을 인정한다면 선행압류의 효력이 담보목적물 이외의 물건에도 미칠 수 있음을 인정해야 하는데, 이는 실체법의 원리와 맞지 않는다. 따라서 다른 채권자는 압류되지 않은 물건에 대해 별도의 압류신청을 할 것이다. 그러나 더 압류할 물건이 없고 담보물의 가액에

---

1) 동산·채권 등의 담보에 관한 법률(법률 제10629호, 2011.5.19)에 따른 동산담보권의 실행에는 부동산담보경매, 유체동산담보경매규정 등이 준용된다(동법 제21조 1항). 그리고 담보권설정자가 담보목적물을 점유하는 경우에 경매절차는 압류에 의하여 개시한다(동조 2항).

2) 다만 유치권의 경우에는 특칙이 있다(제274조 2항, 3항).

나머지가 있을 것으로 예상되는 경우, 또는 선행 담보권실행절차가 취소될 가능성이 있는 경우 등에는 강제경매신청을 인정해도 무방하다고 생각한다.[1)]

3. 집행에 관한 이의신청

유체동산경매절차에는 제265조가 준용되므로(제272조), 경매개시결정에 대한 이의신청을 할 수 있는 듯이 보인다. 그러나 유체동산경매에서는 집행관이 목적물에 대한 점유를 확보하는 것이 바로 경매개시에 해당하므로 이에 대해서는 집행이의신청(제16조)으로 족하고, 경매개시결정에 대한 이의신청이라는 개념은 불필요하다. 그럼에도 불구하고 제265조를 준용한다는 뜻은 경매개시결정에 대한 이의신청을 인정한다는 취지가 아니라, 담보권의 부존재나 소멸과 같은 실체법상의 이의사유로도 집행이의신청을 할 수 있다는 뜻으로 보아야 한다. 원래 강제경매절차에서는 실체법상의 이의사유로 집행이의를 신청할 수 없는 데 비해 예외를 인정한다는 취지다.

4. 그 밖의 문제

유체동산담보경매절차에는 부동산담보경매절차의 정지에 관한 제266조가 준용된다(제272조). 하지만 매수인의 부동산취득에 담보권의 소멸이 영향을 미치지 않는다는 제267조는 준용되지 않음을 주의해야 한다. 따라서 매각대금을 완납하더라도 담보권의 소멸을 이유로 매수인이 소유권을 취득할 수 없는 경우가 생길 수도 있다. 물론 선의취득의 요건을 갖추고 있으면 소유권을 취득하겠지만 이는 별도의 문제이다. 즉, 부동산담보경매의 경우에는 담보권소멸이 매수인의 소유권취득에 영향을 미치지 않는 것으로 하면서, 동산의 경우에는 매수인이 소유권을 취득하지 못할 수도 있도록 다르게 처리하고 있다. 매수인의 법적 지위를 보호함으로써 경매를 활성화시킬 필요가 있다는 측면에서 보면 이러한 입법은 문제가 있다고 본다.[2)]

---

1) 동지; 박두환, 664면. 압류의 경합을 인정하는 견해로는 이시윤, 419면.
2) 동지; 박두환, 665면. 반대; 이시윤, 419면.

Ⅲ. 채권과 그 밖의 재산권에 대한 경매

1. 질권의 실행

채권을 담보권의 대상으로 삼을 수 있는 경우는 민법상 권리질권과 동산·채권 등의 담보에 관한 법률상 채권담보권이 있다. 권리질권 중 채권질권의 행사방법으로는 질권자가 질권의 목적인 채권을 직접 추심하는 방법(민법 제353조 1항)과 민사집행법 제273조에 따라 담보권실행을 하는 방법(민법 제354조)이 있다. 채권질권 이외에 특허권·저작권·예탁유가증권 등에 관한 질권의 실행방법은 직접청구는 가능하지 않고 제273조의 집행방법에 따른다.

채권과 그 밖의 재산권을 목적으로 하는 담보권의 실행은 담보권의 존재를 증명하는 서류가 제출된 때에 개시한다. 특허권이나 저작권 등과 같이 권리의 이전에 관하여 등기나 등록을 필요로 하는 경우에는 그 등기부 또는 등록원부의 등본을 제출한 때에 개시한다(제273조 1항). 그리고 이 질권의 실행절차에는 채권과 그 밖의 재산권에 대한 강제집행규정이 준용된다(동조 3항). 채권질권의 경우 질권자의 직접청구가 가능하므로(민법 제353조) 질권자의 승낙 없이 제3채무자는 공탁을 할 수 없다고 보아야 한다. 권리공탁이나 의무공탁이나 마찬가지다.

한편, 동산·채권 등의 담보에 관한 법률상 채권담보권의 실행방법으로는 채권의 직접청구 내지 제3채무자에의 변제공탁청구 외에 민사집행법상 제273조의 집행방법으로도 실행할 수 있다(동법 제36조).

2. 물상대위

민법 제342조에 따라 담보권설정자가 받을 금전이나 그 밖의 물건에 대해서도 물상대위성에 따라 담보권은 그 금전이나 물건에 그대로 존속하게 된다. 이때의 담보권도 채권과 그 밖의 재산권에 대한 담보권실행방법으로 실행한다(제273조 3항). 다만, 이 경우 직접청구는 가능하지 않다고 본다.

Ⅳ. 유치권 등에 의한 경매

1. 유치권경매

유치권자는 우선변제적 효력을 위해서는 아니지만, 목적물을 계속 유치하는데 따르는 불편을 없애기 위해 경매를 신청할 수 있고, 이때에는 담보경매의 예에 따라 실시한다(제274조). 따라서 유치권경매신청을 할 때에는 유치권이 있다는 것을 증명하는 서류를 내야 한다. 그러한 서류는 예가 많지 않겠지만, 유치권항변을 인용한 판결 등을 생각할 수 있겠다.

유치권경매의 경우는 배당절차가 필요 없다. 형식적 경매와 같이 단순히 목적물을 현금화하기만 하면 되기 때문이다.[1] 그리고 저당권이나 다른 담보권은 경매에 따라 원칙적으로 소멸하지만(제91조 2항, 3항), 유치권은 매수인에게 인수되는 것이 원칙이다(제91조 5항).

유치권경매가 진행되는 중에 다른 채권자가 동일한 목적물에 대해 신청한 강제경매나 담보경매가 개시된 경우에는, 유치권경매절차를 정지하고 후행경매절차를 계속 진행한다(제274조 2항). 다만, 강제경매나 담보경매가 취소되면 유치권경매를 진행한다(동조 3항). 강제경매나 담보경매의 경우 압류가 경합되면 보통 후행경매는 압류만 하고 절차를 진행시키지 않다가, 선행경매절차가 정지나 취소되면 비로소 후행경매절차가 진행되는 것인데, 유치권경매에 후행경매절차가 경합하면 선행 유치권경매절차를 정지시킨다는 점이 특징이다. 이렇게 하는 이유도 유치권경매는 단지 매각하는데 목적이 있기 때문이다. 그리고 경매가 경합된 경우에 유치권경매를 정지하더라도 유치권자의 권리가 침해되는 것도 아니기 때문이다. 그 이유는 다음과 같다. 먼저, 목적물이 부동산인 경우에는 유치권은 매수인에게 인수되므로 유치권자가 권리침해를 당하는 일은 생기지 않는다. 다음, 목적물이 동산인 경우에는 유치권자가 동산에 대한 점유를 집행관에게 이전해주거나 압류를 승낙하지 않는 이상 경매가 개시될 여지가 없다(제271조). 즉, 다른 채권자가 유체

1) 유치권경매로 얻어지는 매각대금은 어디까지나 채무자의 재산이다. 따라서 유치권자는 매각대금을 채무자에게 반환할 의무를 부담한다. 그러나 유치권자는 자기의 채무자에 대한 채권과 채무자의 유치권자에 대한 매각대금반환청구권을 상계함으로써 사실상 우선적으로 변제받게 된다.

동산유치권자와 사전 협의 없이 목적물에 대한 경매신청을 할 수 있는 방법이 봉쇄되어 있는 것이다. 제274조 2항은 바로 이러한 사정을 감안해서 두고 있는 규정이다.

2. 형식적 경매

1) 형식적 경매의 의의

형식적 경매란 민법이나 상법 그 밖의 법률이 규정하고 있는 경매를 말한다. 이러한 경매는 오로지 목적물을 현금화하는데 그 목적이 있다는 점이 특징이다. 현금화 과정에서 형식적으로 경매가 필요하다는 의미에서 이를 형식적 경매라는 용어로 부르고 있다.[1)]

형식적 경매는 대체로 두 가지로 나누어 볼 수 있다. 하나는 청산을 목적으로 하는 형식적 경매이다. 대표적인 경우로 한정승인의 경우에 하는 경매(민법 제1037조), 상속재산을 분리하는 경우의 경매(동법 제1051조 3항), 상속재산관리인이 하는 경매(동법 제1056조 2항) 등이 대표적인 예이다. 또 한 부류는 오로지 매각을 목적으로 하는 형식적 경매의 경우이다. 공유물의 분할(동법 제269조 2항), 변제공탁(동법 제490조), 상법에서의 각종 경매(상법 제67조, 제70조, 제71조, 제109조, 제142조, 제145조, 제149조 2항, 제443조, 제760조, 제808조) 등이 대표적인 예이다. 편의상 전자의 경우를 청산형 형식적 경매라 부르고, 후자의 경우를 매각형 형식적 경매라 부른다.

2) 형식적 경매의 절차

담보경매의 예에 따른다. 형식적 경매의 경우에도 압류는 처분제한적 효력을 갖는다. 특히 공유물분할의 경우에 압류의 처분제한적 효력을 인정하지 않으면, 다른 공유자의 지분에 대한 처분이 있을 경우, 경매절차의 진행이 불가능하게 될

1) 민법이나 상법 그 밖의 법률에서 정하고 있는 경매와 유치권경매를 합해서 형식적 경매라고 하는 용례도 있다(박두환, 671면 이하). 이들 경매 사이에는 실질적인 차이가 없다는 점에서 그러한 용례도 수긍이 간다. 그러나 유치권에는 비록 우선변제적 효력이 없긴 하지만, 그래도 엄연히 담보권이라는 점에 중점을 두어서 사견으로는 유치권경매와 형식적 경매를 구분하여 사용하기로 한다(동지: 방순원·김광년, 469면 이하).

염려도 있으므로 처분제한적 효력을 인정하지 않을 수 없다.

부동산에 대한 형식적 경매의 경우 목적물 위의 부담 예컨대, 저당권이나 전세권 등은 경우를 나누어서 처리한다. 즉, 매각형의 경우에는 목적물을 매각하는 절차에 불과하므로, 환언하면 배당요구나 배당절차 등이 필요하지 않으므로, 인수주의가 적용된다. 그러나 청산형의 경우는 목적이 청산에 있으므로 배당요구나 배당절차가 필요하게 된다. 따라서 목적물 위에 있는 부담은 소멸시키고 부동산 위의 권리자가 배당요구를 할 수 있도록 할 필요가 있다. 다만, 배당요구는 배당요구종기안에 해야 할 것이다(제84조, 제220조 참조).

제4편 보전처분

제1장 총　설

I. 보전처분의 개념

1. 보전처분의 의의

강제집행을 위해서는 집행권원이 있어야 하지만, 집행권원을 얻는데는 대개의 경우 상당한 기간이 걸리게 되어 있다. 그 사이에 채무자가 집행을 불가능하게 하거나 곤란하게 하는 조치를 취할 위험이 있다. 이러한 일은 집행권원이 조건부나 기한부일 경우에도 마찬가지로 생길 수 있다. 따라서 채권자로서는 장래의 집행방해행위를 미리 방지해서 강제집행에 대비할 필요가 있고, 그러한 조치가 바로 보전처분이다. 보전처분은 앞으로 있을 강제집행이 불가능 내지 곤란해지는 것을 막기 위해 채무자의 재산관계나 사실상태를 현재의 상태대로 묶어 두는 처분이다.

보전처분에는 가압류와 가처분 두 가지가 있다. 가처분에는 다시 다툼의 대상에 대한 가처분과 임시의 지위를 정하기 위한 가처분이 있다. 가압류는 금전채권을 위한 보전처분으로서 앞으로 집행의 대상이 될 수 있는 재산을 임시로 압류해 두는 조치다. 다툼의 대상에 관한 가처분은 비금전채권의 집행을 보전하기 위해 현재의 상태를 유지시키도록 하는 보전처분이다. 임시의 지위를 정하기 위한 가처분은 권리관계에 관하여 다툼이 있는 경우, 다툼이 해결될 때까지 현재의 권리관계를 유지해서 지금 당장의 위험을 방지하고자 하는 보전처분이다.

2. 보전처분의 구조

보전처분절차는 강제집행의 부수절차이다. 보전처분은 절차상 보전소송절차와 보전집행절차의 2단계로 나누어진다. 보전소송절차는 보전처분신청에 대해 법원이 그 당부를 판단하는 절차다. 신청이 이유 있으면 가압류명령이나 가처분명령을 내려준다. 이를 보전명령이라 하는데, 이름은 명령이지만 실질은 결정이다.

보전명령이 내려지면 이것을 집행권원으로 하여 보전집행절차가 다음 단계로 진행된다. 보전처분을 구체적으로 실현시키는 절차다. 마치 강제집행절차와 비슷하다. 따라서 여기에는 원칙적으로 강제집행규정이 준용된다(제291조). 그러니까 보전소송절차는 통상의 소송절차에, 보전집행절차는 통상의 강제집행절차에 상응하는 절차라고 보면 된다. 그런데 보전소송과 보전집행 사이의 관계는 통상의 민사소송과 강제집행 사이의 관계보다 훨씬 밀접하다. 왜냐하면 보전처분은 즉시 집행하지 않으면 목적을 달성할 수가 없기 때문이다.

보전소송에는 성질에 반하지 않는 한 통상의 소송절차에 관한 규정이 준용된다. 명문의 규정은 없지만 이렇게 해석하는데 이설은 보이지 않는다.[1] 보전소송에서 능동적 당사자를 채권자 또는 신청인, 수동적 당사자를 채무자 또는 피신청인이라고 한다.

보전집행은 가압류명령이나 가처분명령을 집행권원으로 하여 진행하는 집행절차이다. 여기에는 특별한 규정이 없으면 본집행에 관한 규정이 준용된다(제291조, 제301조). 보전집행은 강제집행과 달리 보전의 한도에서만 허용된다. 따라서 원칙적으로 압류단계까지만 허용되고, 그 이후의 단계는 보전의 필요를 넘어서는 조치이기 때문에 허용되지 않는다. 강제집행과 구별되는 보전집행의 특징이다.

Ⅱ. 보전처분의 법적 성질

보전처분 중에서 가압류와 다툼의 대상에 관한 가처분의 법적 성질을 소송사건으로 보는데에 이론은 없다. 그러나 임시의 지위를 정하는 가처분의 법적 성질에 대해서는 소송사건설과 비송사건설의 다툼이 있다. 이 가처분의 원래 목적은 현재의 위험을 방지하고 제거하는데 있으므로 사견으로는 비송사건으로 본다.[2]

보전소송의 소송물은 채권자가 주장하는 권리(피보전권리)의 보전에 대한 다툼이

1) 방순원·김광년, 491면; 박두환, 687면.
2) 동지; 방순원·김광년, 481면; 김연, 민사보전법, (법문사, 2010), 11면.

다. 보전소송의 소송물은 '피보전권리'와 '보전의 필요성' 두 가지 개념으로 구성된다. 따라서 피보전권리가 같더라도 보전의 필요성이 다르면 별개의 보전소송이 된다. 그리고 보전소송은 피보전권리 자체를 확정하기 위한 소송이 아니고, 임의적 변론이 원칙이므로(제280조, 제301조), 보전명령에 기판력이 인정되지 않는다.

Ⅲ. 보전처분의 특성

1. 잠정성

보전처분은 권리 내지 법률관계의 최종적인 형성을 목적으로 하는 제도가 아니라, 현재의 권리 내지 법률관계에 대한 잠정적 내지 임시적 처분이다. 따라서 보전처분은 뒤에 있을 본안소송에서 얼마든지 번복될 수 있다. 가압류・가처분의 '가'라는 수식어는 바로 '임시의' 라는 의미로 사용되는 용례이다.

2. 긴급성

보전처분은 앞으로 있을 권리의 실현을 위해 긴급하게 하는 처분이다. 지금 보전처분을 하지 않으면 앞으로 있을 권리실현이 보장이 안 될 정도로 급한 사정이 있어야 한다. 그러나 실제로 긴급성이 있는지 여부에 대한 판단은 보전의 필요와 관련하여 쉽지가 않다. 임의적 변론(제280조 1항), 소명(제279조 2항), 소명에 갈음 내지 보충하는 담보제공(제280조 2항, 3항), 재판장의 재판(제312조), 집행문의 불필요(제292조 1항), 집행기간의 제한(제292조 2항) 등은 모두 긴급성의 필요 때문에 두고 있는 조치다.

3. 밀행성

보전처분은 또한 채무자가 집행을 방해하기 전에 비밀리에 해야 할 필요가 있다. 이를 보전처분의 밀행성이라 한다. 이러한 밀행성은 긴급성의 한 가지 이유에 불과할 뿐이고, 이를 강조하면 밀행재판으로 흐를 염려가 있어서, 밀행성을 독립적인 특성으로 인정하지 않는 견해도 있다.[1] 하지만 아무리 보전처분을 신속히 하더라도 밀행성이 보장되지 않으면 보전처분의 원래 목적을 달성하지 못할 수도 있으므로, 밀행성을 보전처분의 또 하나의 특성으로 보는 것이 좋겠다. 보전명령을 송달하기 전에도 보전집행을 할 수 있도록 한 것(제292조 3항)은 보전처분의 밀행성을 반영한 제도의 한 예이다.

4. 부수성

보전처분은 발령되어서부터 소멸되기까지 전과정을 통하여 본안소송과 연계되어 있고 본안소송에 부수하는 조치이다. 채무자의 제소명령신청(제287조 1항)이라든지, 일정기간 본안의 제소가 없으면 보전처분을 취소하는 조치(제288조 1항) 등은 보전처분의 부수성을 표현한 제도이다.

---

1) 박두환, 691면.

제 2 장 가압류

제1절 가압류의 개념

Ⅰ. 의의

가압류라 함은 금전채권자가 장래의 강제집행을 보전하기 위해, 채무자의 책임재산을 잠정적으로 압류하고 그 처분권을 박탈하는 보전처분이다. 판례는 부동산소유권이전등기청구권도 가압류할 수 있다고 한다.[1] 가압류는 금전채권을 '보전'하는데 목적이 있는 제도이므로, 목적물을 압류만 해 둘 뿐이고 매각이나 배당절차로 진행하지는 않는다.

Ⅱ. 요건

1. 피보전권리

피보전권리는 금전채권이나 금전으로 환산할 수 있는 채권이다(제276조 1항). 금전으로 환산할 수 있는 채권이란 예를 들어, 특정물인도청구권과 같이 현재는 금

---

1) 대결, 1978.12.18. 76마381. 이 판례는 제244조에서 말하는 부동산에 관한 청구권은 문리상 당연히 부동산의 인도나 권리이전의 청구권을 총칭하는 것으로 보고, 부동산소유권이전등기청구권도 당연히 여기에 속한다는 점, 가압류는 본집행이 이룩되기 전에 그 집행에 장애가 될 일이 생기는 것을 미리 막기 위하여 하는 앞잡이 집행이라는 점 등을 이유로, 부동산소유권이전등기청구권을 가압류할 수 있다고 한다. 전원합의체에서

전채권이 아니지만 뒤에 가서 손해배상청구권으로 전환될 수 있는 채권과 같은 경우이다.

피보전권리가 조건부나 기한부라도 상관없다(동조 2항).[1] 예를 들어, 보증인의 주채무자에 대한 구상권과 같은 장래에 발생할 청구권도 그 기초가 된 법률관계가 존재하면 피보전권리가 될 수 있다.[2] 반대이행에 걸려 있는 채권도 피보전권리가 될 수 있다. 하지만 성공하면 갚는다는 것과 같이 조건의 성취나 기한의 도래를 현재로서는 거의 기대할 수 없는 경우에는 재산적 가치가 없는 청구권으로서 피보전권리가 될 수 없다.[3]

금전으로 환산할 수 없는 가족법상의 청구권은 당연히 피보전권리가 될 수 없다. 그러나 가사소송사건 또는 마류 가사비송사건을 본안사건으로 하여 가압류 또는 가처분을 할 수 있으므로(가소 제63조) 예컨대, 부양료지급청구권이나 상속재산분할청구권 등 금전채권은 피보전권리가 될 수 있다.

2. 보전의 필요

가압류는 이를 하지 아니하면 판결을 집행할 수 없거나 판결을 집행하는 것이 매우 곤란할 염려가 있을 경우에 할 수 있다(제277조). 채무자가 그의 책임재산을 훼손·은닉·낭비함으로써 재산적 가치를 떨어뜨리는 경우, 빈번한 이사나 도주 등으로 강제집행을 불가능하게 하는 경우 등에는 보전의 필요가 있다고 본다. 집행불능이나 집행곤란의 원인이 채무자의 행위이든 다른 사람의 행위이든 자연적인 사고이든 불문하고 보전의 필요가 인정된다. 다만, 집행불능 내지 집행곤란여부는 채권자가 주관적으로 판단할 것이 아니고, 객관적으로 판단할 문제이다.

그리고 채권자가 충분한 담보권을 가지고 있다든지 즉시 강제집행을 할 수 있는 집행권원을 가지고 있는 경우, 또는 별도로 충분한 가압류집행을 해 놓은 경우

종전의 판례를 변경한 것이다. 판례는 이후 일관된 입장이다. 대판, 1999.6.11. 98다22963; 대판, 2000.4.11. 99다51685.

1) 장래 경매가 취하될 것을 조건으로 한 경매보증금의 반환청구권은 그 채권액이 확정된 것이므로 이에 대한 전부명령은 유효하다(대판, 1976.2.24. 75다1596).

2) 대판, 1993. 7.13. 92다33251.

3) 피보전권리는 현재 그 권리의 특정이 가능하고 가까운 장래에 발생할 것임이 상당정도 기대되어야 한다(대판, 1982.10.26. 82다카508). 동지 ; 대판, 2010.2.25. 2009다76799.

등에도 보전의 필요는 인정되지 않는다.[1] 가령 선박우선특권 있는 채권자는 선박 소유자의 변동에 관계없이 그 선박에 대해 집행권원 없이도 경매청구권을 행사할 수 있으므로 보전의 필요가 없다.[2] 그러나 인적 담보가 있는 정도의 사정은 보전의 필요를 인정할 수 있다.

제2절 가압류소송절차

Ⅰ. 관할

가압류할 물건이 있는 곳을 관할하는 지방법원이나 본안의 관할법원이 전속관할한다(제278조, 제21조). 채권자는 어느 한 쪽을 선택하여 신청하면 된다.

1. 목적물 소재지의 지방법원

목적물이 유체물이면 그 물건이 있는 곳의 지방법원이 관할법원이 된다. 절차의 신속을 위함이다. 그런데 물건이 있는 곳을 어떻게 증명할지 문제이다. 부동산의 경우에는 등기부 등에 그 소재지가 분명하므로 별 문제가 없다. 유체동산의 경우에는 한 개 이상의 물건을 표시하여 그 소재지를 밝히거나, 아니면 채무자의 주소나 거소 또는 영업소 등이 법원의 관할구역 안에 있다는 것을 입증하면 될 것이다. 채권의 경우는 채권집행의 예를 유추적용할 수밖에 없다. 원칙적으로 채무자의 보통재판적이 있는 곳의 지방법원이 관할법원이 된다(제224조 1항). 그것이 없으면 제3채무자의 보통재판적이 있는 곳, 물건의 인도를 목적으로 하는 채권과 물적 담보권 있는 채권은 그 물건이 있는 곳의 지방법원이 관할법원으로 된다고 본다(동조 2항). 가압류의 목적물이 여러 지방법원의 관할구역 내에 흩어져 있는 경우에는 그 중

1) 대판, 1990.11.23. 90다카25246. ; 대결, 2007.7.26. 2007마340.
2) 대판, 1988.11.22. 87다카1671.

어느 법원에 신청을 해도 좋다(민소 제25조의 관련재판적 유추적용). 그리고 관할법원은 가압류를 신청하는 시점을 기준으로 정한다(제23조, 민소 제33조).

2. 본안의 관할법원

본안이라 함은 가압류명령으로 보전될 채권에 관한 판결절차를 말한다. 본안의 소를 제기하기 전에도 가압류신청이 가능하므로(제287조 3항 참조), 본안의 관할법원을 정하기 위해서는 본안의 계속을 전후하여 따로 살펴보아야 한다. 가압류를 신청할 때 아직 본안계속 전이면 채권자가 제기할 본안소송에 관해 토지 및 사물관할이 있는 지방법원이 본안의 관할법원이 된다. 본안에 관해 합의관할이 있으면 그에 따라 관할법원을 정한다. 그리고 본안의 관할법원이 여럿일 때에는 채권자가 이를 선택할 수 있다.

가압류를 신청할 때에 이미 본안이 제1심 또는 상고심에 계속 중인 때에는 제1심 법원이 관할법원이 된다(제311조 본문). 본안이 제2심에 계속된 때에는 그 계속된 법원이 본안의 관할법원이 된다(제311조 단서). 그러나 보전처분의 부수성, 긴급성과 심리의 편의라는 관점에서 기록이 있는 지방법원이 관할법원이 된다는 견해가 있지만,[1] 보전처분의 관할에 관한 제311조의 규정에 반하는 해석으로서 수긍하기 어렵다. 신청 당시에 본안이 계속되어 있었으면, 그 뒤 본안소송이 취하되거나 관할위반으로 이송되어도 가압류사건의 관할은 소멸하지 않는다.[2]

3. 재판장

급박한 경우에는 재판장이 재판을 할 수 있다(제312조). 급박한 경우에 절차가 지연되는 것을 막기 위해 두고 있는 조치이다. 이 경우에는 합의부의 권한을 재판장이 대행하는 것이므로 재판의 형식은 결정이고, 합의부가 한 재판에 대한 것과 동일한 불복방법이 인정된다.

---

1) 박두환, 696면; 이시윤, 440면; 김상수, 400면; 김연, 60면.

2) "가압류와 가처분신청에 관한 관할법원을 그 신청당시를 현재로 하여 본안사건이 계속되어 있는 법원에 적법하게 계속되면 그 후에는 그 본안사건에 대한 소송계속의 존속여부는 그 가압류와 가처분에 대한 관할권에 영향을 미치지 않는다(대판, 1963.12.12. 4293민상824)."

Ⅱ. 신청

가압류신청은 서면으로 해야 한다(제279조 참조). 마치 판결절차에서 소의 제기가 있어야 하는 것과 비슷하다. 따라서 소의 방식에 관한 민사소송법 제248조와 제249조가 준용된다.

1. 기재사항

① **당사자 및 법정대리인의 표시**(민소 제249조 1항의 준용)

② **청구채권의 표시**(제279조 1항 1호) : 청구채권이란 피보전권리를 말한다. 청구하는 금액과 원인도 적어야 한다. 청구채권이 일정한 금액이 아닌 경우에는 금전으로 환산한 금액을 적어야 한다.

③ **신청취지** : 가압류를 구한다는 취지를 적어야 한다.

④ **가압류의 이유가 될 사실의 표시**(제279조 1항 2호) : 보전의 필요를 적어야 한다.

⑤ **목적재산의 표시** : 제279조는 목적재산을 표시해야 하는지에 대해 말이 없다. 따라서 이론적으로 보면 목적재산을 표시하지 않아도 무방하다. 다만, 물건이 있는 곳을 기준으로 관할법원을 정해야 하는 경우(제278조), 특히 유체동산에 대한 가압류를 신청하는 경우에는 적어도 압류될 한 개 이상의 물건을 표시해서 관할법원을 정하는 기준으로 삼아야 할 것이다.[1]

2. 소명자료의 첨부

가압류신청에 대한 재판은 보통 변론을 열지 않고 하므로(제280조 1항) 채권자는 청구채권과 가압류의 이유를 소명해야 한다(제279조 2항). 가압류의 경우는 특히 신속한 재판이 생명이므로 증명까지 요하지는 않는다.

---

1) 실무에서는 유체동산에 대한 가압류신청의 경우 단순히 유체동산이라고만 표시하고 별도로 목적물을 특정하지 않는다고 한다. 관할법원을 정할 때 목적물의 표시를 기준으로 하기보다는 채무자의 주소나 거소, 영업소 등을 기준으로 관할법원을 정하지 굳이 물건 소재지를 기준으로 하지 않는다는 것이다.

3. 신청의 효력

가압류신청은 소의 제기에 준하므로 소송계속에 준하는 효력이 발생한다. 제3자의 소송참가도 가능하고, 중복신청금지의 원칙(민소 제259조)이 준용되어 동일한 신청은 금지된다. 그리고 소멸시효중단의 효력도 생긴다(민법 제168조 2호, 제175조, 제176조).

Ⅲ. 심리

보전처분의 성질에 반하지 않는 범위 내에서 민사소송법 제1편 내지 제4편, 그리고 제7편의 규정이 적용 내지 준용된다. 다만, 다음의 내용은 판결절차와 차이가 있으므로 주의를 해야 한다.

1. 변론

1) 무변론원칙

가압류신청에 대한 재판은 변론 없이 할 수 있다(제280조 1항). 변론을 열 것인지 말 것인지는 법원이 재량으로 정할 문제이고, 당사자의 의사에 법원이 구속되지는 않는다. 변론을 열지 않을 때에는 법원은 당사자・이해관계인 그 밖의 참고인을 심문할 수 있다(민소 제134조 2항). 법원이 심문절차를 진행하다가 변론이 필요하다고 판단하면 절차를 변론으로 바꿀 수 있다. 그러나 변론으로 진행하던 절차를 심문으로 바꿀 수는 없다고 본다. 재판은 결정으로 한다(제281조 1항).

2) 보전소송의 본안화 경향

가압류소송에 변론을 요하면 그 만큼 시간이 걸리게 되고, 채무자의 집행방해행위를 막지 못할 염려가 있다. 뿐만 아니라 보전소송이나 본안소송이 다를 바가 없어진다는 점도 문제다. 그렇다고 변론을 열지 않고 가압류명령을 내리면 채무자의 보호에 미흡할 수 있다. 말하자면 보전소송에서 변론을 거칠 수도 아니 거칠 수도 없는 고민이 생기게 된다. 실무상으로 변론을 거치는 보전소송의 경향이 있는데, 이는 마치 본안소송의 모습과 비슷하다는 의미에서 보전소송의 본안화 경향이라고 한다.

보전소송의 본안화 경향은 특히 보전처분에 대한 이의신청이나 상소가 있는 경우에 두드러지게 나타나는데, 어떤 경우는 신청으로부터 몇 년이 걸려서야 보전처분의 재판이 종결되는 경우도 있다고 한다.[1] 보전처분의 잠정성 · 긴급성 · 밀행성에 비추어 보면 이러한 보전소송의 본안화 경향은 보전처분제도의 기초를 흔드는 우려할만한 일이라 본다. 보전소송의 본안화 경향은 특히 임시의 지위를 정하는 가처분의 경우 더욱 농후하게 나타나는데,[2] 법원이 문제의 심각성을 인식하여 변론을 여는데 신중을 기해야 한다고 생각한다.

2. 소명

피보전권리와 보전의 필요가 있는지 없는지에 대해, 그리고 변론을 열었을 경우 채무자가 하는 항변사실에 대해서는 소명만 하면 된다. 가압류의 잠정성 · 긴급성 때문이다. 물론 관할이나 당사자능력 등 소송요건에 관한 사항은 증명을 요한다.

3. 담보

청구채권이나 가압류의 이유를 소명하지 않은 때에도 가압류로 생길 수 있는 채무자의 손해에 대해 법원이 정한 담보를 제공한 때에는 가압류를 명할 수 있다(제280조 2항). 반대로 청구채권과 가압류의 이유를 소명한 때에도 법원은 담보를 제공하게 하고 가압류를 명할 수 있으며(동조 3항), 담보를 제공하게 한 경우에는

---

1) 보전처분의 실태를 조사한 한 연구에 의하면 가압류신청으로부터 항소심에서 변론을 거쳐 항소기각되기까지 약 2년이 걸린 사건이 있다고 한다. 김연, "보전소송의 실태에 관한 연구", 토지법학 제10호, 한국토지법학회(1994), 247면 이하 참조.

2) 현행법상 임시의 지위를 정하는 가처분의 경우 원칙적으로 변론이나 심문을 열도록 하고 있다(제304조). 그런데 2002년 민사집행법제정 이전에는 소위 명도단행가처분의 경우 필수적 변론을 거치도록 하고 있었다. 현행법은 구법에 비해 보전소송의 본안화 경향을 완화한 셈이다.

그 담보제공과 제공방법을 가압류명령에 적어야 한다(동조 4항). 이때 채권자가 제공하는 담보는 위법한 가압류명령으로 채무자가 입을 손해를 위한 담보로서, 채무자는 그 담보물에 대해 질권자와 동일한 권리가 있다(제19조 3항, 민소 제123조).

보전소송에서 담보제공을 명하는 재판은 보통 두 가지 방법으로 한다. 하나는 보전명령을 내리기 전에 일정한 기간을 정해 담보제공을 명하면서, 그때까지 담보제공을 입증하면 비로소 보전명령을 내려주는 방법이다. 다른 하나는 보전명령과 담보제공명령을 같이 발령하는 방법이다. 이 경우는 담보제공의 증명을 집행개시요건으로 하는 방법이다. 앞의 방법은 가압류명령이나 다툼의 대상에 관한 가처분에 많이 이용되고, 뒤의 방법은 임시의 지위를 정하는 가처분에 많이 이용되고 있다.

앞의 경우, 정해준 기간까지 채권자가 담보를 제공하지 않으면 법원은 가압류신청을 각하할 수 있다(민소 제124조의 유추). 그러나 그 기간이 지난 뒤 아직 각하재판이 있기 전에 담보를 제공하면 제공할 담보금액을 조정해서 추후보완할 수 있다고 본다. 추후보완을 인정하지 않는다면 채권자로서는 상소나 재신청을 통해 원래의 목적을 달성하고자 할 터이고, 그만큼 절차가 지연되기 때문이다. 하지만 이 경우에도 담보제공이 늦어진 동안에 발생한 손해나 지연이자 등은 추가해서 담보로 제공해야 한다. 왜냐하면 원래의 담보로는 담보제공지연으로 발생한 손해담보로 부족할 수 있고,[1] 지연이자부분에 대해서도 채권자가 책임을 부담해야 공평하기 때문이다.

그리고 추후보완을 인정하더라도, 기간은 길어도 가압류명령을 채권자에게 고지한 날부터 2주일을 넘길 수 없다. 왜냐하면 이 기간을 넘기면 가압류명령을 가지고 아예 가압류집행을 할 수가 없기 때문이다(제292조 2항). 담보제공을 명한 결정은 채권자에게만 고지하고 채무자에게는 고지할 필요가 없다(제281조 3항).

---

1) 대형공사에 대한 공사금지가처분의 경우 공사가 하루 지연되어도 그로부터 발생하는 손해는 거액이 되는데, 이러한 경우는 담보금액을 재산정해야 할 것이다.

Ⅳ. 재판

가압류신청에 대한 재판은 결정으로 한다(제281조 1항). 급박한 경우에 재판장이 하는 재판은 합의법원의 대행으로서 하는 것이므로 역시 재판의 형식은 결정이다(제312조). 신청이 가압류의 요건이나 일반적인 소송요건을 갖추지 못하였으면 기각 내지 각하하는 결정을 하고, 이 결정에 대해서는 즉시항고를 할 수 있다(제281조 2항). 기각할 경우와 각하할 경우에 대한 엄격한 기준은 없다.[1] 이 기각 또는 각하결정도 채권자에게만 고지하고 채무자에게는 고지할 필요가 없다(제281조 3항).

신청이 적법하고 가압류요건을 구비한 경우에는 가압류명령을 내려준다. 가압류명령은 채권자에게 고지한 때에 효력이 발생한다. 가압류명령의 집행력은 재판을 고지한 날부터 2주일 내에 가압류재판을 집행하지 않으면 소멸한다(제292조 2항).[2] 물론 가압류재판은 잠정적인 판단일 뿐이므로 기판력은 생기지 않는다.

Ⅴ. 가압류해방금액

1. 의의와 법적 성질

가압류명령에는 가압류의 집행을 정지시키거나 집행한 가압류를 취소시키기 위해 채무자가 공탁할 금액을 적어야 한다(제282조). 이를 가압류해방금액 또는 간단히 해방금이라 한다. 가압류는 금전채권의 집행보전을 위한 조치이므로 피보전채권을 담보하는데 충분한 금전이 공탁되어 있으면 굳이 가압류집행을 할 필요가 없을 것이다. 따라서 채권자의 채권을 보전하는 한편 불필요한 집행을 피하도록 채무자도 보호하기 위해 해방금공탁제도가 있다. 채무자는 가압류명령이 취소되거나 공탁원인이 소멸하면 공탁된 해방금을 회수할 수 있다.

해방금은 가압류목적물에 갈음하는 것이므로 집행의 정지나 취소의 경우에 채

1) 박두환, 706면.
2) 가처분결정이 채권자에게 고지된 날부터 2주를 지난 뒤의 간접강제 신청을 부적법하다고 한 판례로 대결, 2010.12.30. 2010마985.

권자가 입을 수 있는 손해를 위해 채무자가 제공하는 담보(예, 청구이의의 소에서 잠정처분을 위해 제공하는 담보, 제46조 2항)와는 그 성질을 달리한다. 따라서 반드시 금전을 공탁해야 하며 유가증권의 공탁은 인정하지 않는 것이 판례의 입장이다.[1)]

2. 금액의 기준

해방금의 구체적인 액수는 피보전채권액, 즉 청구금액을 기준으로 정한다. 그러나 가압류목적물의 가격이 청구금액에 비하여 현저히 낮거나, 가격이 밝혀져 있는 경우에는 목적물의 가격을 기준으로 정하면 된다. 해방금이 손해의 담보가 아니라는 사실은 이 점에서도 엿볼 수 있다.

3. 집행의 취소

해방금을 공탁한 때에는 집행법원 소속의 사법보좌관은 집행한 가압류를 취소해야 한다(제299조 1항, 사보규 제2조 1항 16호). 가압류'명령'을 취소하는게 아니라 가압류'집행'을 취소해야 한다. 여기에서 집행법원이란 구체적으로는 부동산과 채권에 대한 가압류에 있어서는 가압류재판을 한 법원이며(제293조 2항, 제296조 2항), 유체동산에 대한 가압류에 있어서는 가압류집행을 실시한 법원이다(제296조 1항, 제3조 1항). 유체동산의 경우 집행관이 집행기관이라고 해서 해방금공탁에 따른 집행취소결정을 집행관이 하는 것은 아니다. 이 경우에도 사법보좌관의 집행취소결정이 있어야 집행한 가압류가 취소된다.

집행취소결정은 즉시 집행력이 발생하고(제299조 4항), 이 결정에 대해서는 이의신청을 거쳐 즉시항고를 할 수 있다(동조 3항, 사보규 제4조).

---

1) 가압류해방금액은 채무자가 입을 수 있는 손해를 담보하는 취지의 이른바 소송상의 담보와는 달리 가압류의 목적물에 갈음하는 것으로서, 금전에 의한 공탁만이 허용되고 유가증권에 의한 공탁은 그 유가증권이 실질적 통용가치가 있는 것이라고 하더라도 허용되지 않는다(대결, 1996.10.1. 96마162. 전원합의체). 유가증권의 공탁을 인정하는 견해로는 방순원·김광년, 494면.

4. 해방공탁금에 대한 채권자의 권리

해방금이 공탁되면 가압류채권자는 채무자가 국가에 대해 가지고 있는 공탁금 회수청구권에 가압류를 한 것으로 본다.[1] 따라서 가압류채권자가 본안소송에서 승소판결을 받아서 강제집행을 할 때에는 공탁금회수청구권에 대한 집행, 즉 채권집행의 방식에 따라 해야 한다. 구체적으로 말하자면 채권자는 공탁금회수청구권에 대한 이부명령을 받아서 이를 공탁공무원에게 증명하여 공탁서를 교부받아 회수청구를 해야 한다. 사견으로도 통설을 따른다.

5. 가처분에의 준용여부

가압류해방금액에 관한 제282조를 가처분에 준용할 수 있는지 견해의 대립이 있다. 소극설은 금전채권의 보전을 목적으로 하는 가압류와 달리 가처분은 금전채권을 제외한 특정물에 대한 이행청구권 또는 다툼이 있는 권리관계의 보전에 그 본래의 목적이 있다는 점, 제307조에서 특별사정으로 인한 가처분의 취소를 별도로 규정한 점 등을 이유로 가처분에는 해방공탁금규정을 적용할 수 없다고 한다. 판례도 소극설을 취한다.[2]

이에 대해 적극설은 가처분은 본래 금전채권의 집행보전을 목적으로 하지는 않지만, 다툼의 대상에 관한 가처분 중에는 금전의 만족으로서 그 목적을 달성할 수 있는 경우도 있으므로 그러한 경우에는 해방금을 공탁할 수 있도록 하자고 주장한다. 예를 들어서, 소유권유보부매매에 있어서 할부금을 연체하여 매도인이 소유권에 기하여 점유이전금지가처분을 신청하는 경우에는, 할부금이라는 금전채권이 가처분의 실질적 목적이고 금전보상에 의해 피보전권리가 실질적으로 실현될 수 있으므로, 이러한 경우에는 가처분해방금을 인정하는 것이 채권자의 권리를 침해하지 않으면서도 채무자에게는 효율적인 경제활동을 도와주는 길이 된다는

1) 통설이다. 방순원・김광년, 494면; 박두환, 710면; 이시윤, 451면. 판례도 같다. 가압류 집행의 목적물에 갈음하여 가압류해방금이 공탁된 경우에 그 가압류의 효력은 공탁금 자체가 아니라 공탁자인 채무자의 공탁금회수청구권에 대하여 미치는 것이다(대결, 1996.11.11. 95마252).

2) 박두환, 711면. 대결, 2002.9.25. 2000마282.

주장이다.[1] 그리고 가처분집행도 일정한 금액의 공탁으로 취소될 수 있고(제307조), 가처분명령 중에 이러한 금액을 표시해도 무방하다는 주장도 적극설의 입장이다.[2]

생각건대, 해방금공탁을 가처분의 경우에 널리 적용 내지 준용하기는 무리가 있다. 그러나 적극설이 주장하는 바와 같이 오로지 금전의 지급이 목적인 가처분의 경우에 한해서 가처분해방금을 인정할 수 있다고 본다. 다만, 이러한 경우 해방금을 정할 때에는 채권자의 의견을 물어서 이를 참작하도록 하면 더욱 좋겠다.[3]

Ⅵ. 불복방법

1. 즉시항고

채권자는 가압류신청을 기각하거나 각하하는 결정에 대해 즉시항고를 할 수 있다(제281조 2항). 가압류신청에 대해 담보부가압류결정을 하였거나(제280조 2항, 3항 참조), 담보액이 지나치게 많은 경우 등에도 즉시항고를 할 수 있다.[4]

2. 이의신청

채무자는 가압류결정에 대해 이의를 신청할 수 있다(제283조 1항). 항고나 재항고를 할 수는 없다. 판례도 일관되게 가압류결정이 항고심에서 내려진 경우에도 이의신청으로 불복할 수 있지 재항고할 수는 없다고 한다.[5]

1) 이의신청권자

이의신청권자는 채무자와 그의 일반승계인이다. 특정승계인은 소송참가(민소 제

1) 법원행정처, 민사소송법(강제집행법)개정착안점(1996), 165면; 김연, 128면.
2) 방순원·김광년, 534면.
3) 동지 ; 이시윤, 503면.
4) 이시윤, 453면; 김상수, 405면.
5) 대결, 2008.5.13. 2007마573

81조)를 통해 이의신청을 할 수 있다.[1] 채무자의 채권자가 이의신청권을 대위행사할 수도 없다. 이의신청권은 채권자대위권의 대상이 아니기 때문이다.[2]

2) 관할법원

이의신청은 다시 한번 판단해 달라는 소위 재도(再度)의 고안(考案)으로서, 가압류명령을 내려준 법원에 해야 한다. 만약 항고법원이 가압류결정을 내려준 경우에는 그 항고법원에 이의신청을 해야 한다. 그리고 법원은 가압류이의신청사건에 관해 현저한 손해 또는 지연을 피하기 위한 필요가 있는 때에는 직권으로 또는 당사자의 신청에 따라 결정으로 그 가압류사건의 관할권이 있는 다른 법원에 사건을 이송할 수 있다(제284조).

가압류결정에 대한 이의신청사건은 가압류결정을 한 법원이 전속관할하므로(제21조), 본안법원으로의 이송도 원칙적으로 금지된다. 그러나 당사자가 가압류신청을 한 법원과 다른 법원에 본안의 소를 제기하거나, 재정단독사건으로서 본안법원과 이의법원이 달라지는 일이 생길 수 있다. 이러한 경우에는 본안사건과 이의사건의 결과가 상충할 염려도 있고, 당사자로서도 같은 내용의 재판을 이중으로 받아야 하는 불편이 있어서 이송을 허용하는 것이다. 따라서 이 한도에서는 전속관할의 적용이 없다.[3] 다만, 법원의 심급을 달리하는 경우의 이송은 허용되지 않는다. 그러한 경우에까지 이송을 허용한다면 심급제도가 문란해질 염려가 있기 때문이다. 이의신청사건의 이송에 관한 제284조는 가압류의 취소재판에도 준용된다(제290조 1항).

---

1) 대판, 1970.4.28. 69다2108.

2) 원래 가압류결정에 대한 이의신청은 가압류결정에 대한 소송법상의 불복방법에 불과하므로 채권자의 대위에 의하여 행사될 수 없는 권리라 할 것이다(대판, 1967.5.2. 67다267). 동지: 대판, 1970.4.28. 69다2108.

3) 민사소송절차와 달리 강제집행이나 보전처분절차에서는 전속관할이라고 하더라도 관련재판적을 인정하거나(제100조, 제156조 2항) 소송의 이송을 허용하는 경우(제79조, 제284조)가 있다. 그리고 관련재판적이나 소송의 이송을 전제한 규정도 있다(제224조 3항). 이 규정들은 모두 실제적인 필요 때문에 두고 있는 조문들이다. 즉, 전속관할을 고집하여 관련재판적이나 이송을 인정하지 않으면 이들 제도를 실제로 실시할 수 없게 되기 때문이다.

3) 이의의 시기와 방식 등

가압류결정이 유효하게 존속하고 있는 이상 기간의 제한 없이 이의신청할 수 있다.[1] 물론 가압류신청이 취하된 경우에는 이의신청을 할 수 없다. 신청이 소급적으로 실효되어 버렸으므로 이의를 할 대상이 없기 때문이다. 이의신청을 할 때에는 가압류의 취소나 변경을 신청하는 이유를 밝혀야 한다(제283조 2항).

가압류를 부당하게 하는 모든 사유를 이의의 이유로 삼을 수 있다. 피보전권리가 존재하지 않는다거나 소멸하였다는 사실, 보전의 필요성이 없다는 사실 등이 이의신청의 이유가 된다. 뿐만 아니라 사정변경 등에 따른 가압류취소(제288조)의 사유도 이의신청의 이유로 삼을 수 있다. 이의신청은 집행정지의 효력이 없다(제283조 3항).

4) 심리 및 재판

이의신청이 있으면 법원은 변론기일 또는 당사자 쌍방이 참여할 수 있는 심문기일을 정하고 당사자에게 이를 통지해야 한다(제286조 1항). 이의신청이 있으면 가압류결정을 하기 이전의 상태로 돌려서 절차를 진행하는 것이다. 따라서 가압류신청의 당부는 이의신청으로 다시 진행된 재판의 변론 종결당시를 기준으로 판단한다.[2]

법원은 심리를 종결하고자 하는 경우에는 상당한 유예기간을 두고 심리를 종결할 기일을 정해서 이를 당사자에게 고지해야 한다(동조 2항 본문). 소위 심리종결기일제도로서 2005년 개정법이 채택한 제도이다. 당사자에게 유예기간을 주어서 충분한 공격방어방법을 제출하도록 절차의 보장을 꾀하는 제도이다. 다만, 변론기일 또는 당사자 쌍방이 참여할 수 있는 심문기일에는 즉시 심리를 종결할 수 있다(동조 2항 단서).

이의신청에 대한 재판은 결정으로 한다(동조 3항). 이 결정에는 이유를 적어야

1) 가압류 또는 가처분 결정에 대한 이의사유는 그 변론종결시까지 발생한 피보전권리의 존부 및 보전의 필요성에 관한 일체의 사유를 포함하므로 동 결정 이후에 발생한, 사정변경에 의한 가압류 또는 가처분의 취소사유도 가압류 또는 가처분 이의의 사유로 삼을 수 있다(대판, 1981.9.22. 81다638).

2) 가처분에 대한 이의신청은 가처분결정의 당부의 심판을 구하는 것이지만 이에 대한 심판은 그 이의에서의 최종변론 당시의 사실을 기준으로 하여야 한다(대판, 1978.2.14. 77다938).

하지만, 변론을 거치지 않은 경우에는 이유의 요지만을 적을 수 있다(동조 4항). 법원이 결정으로 가압류의 전부나 일부를 인가・변경 또는 취소를 한 경우에는 적당한 담보를 제공하도록 명할 수 있다(동조 5항). 이 담보를 채무자가 제공하면 사정변경에 따른 가압류명령의 취소사유가 된다(제288조 1항 2호).

이의신청을 받아 들여서 가압류취소결정을 한 경우에는, 채권자가 그 고지를 받은 날부터 2주를 넘지 않는 범위에서 상당하다고 인정하는 기간이 경과해야, 그 결정의 효력이 생긴다는 뜻을 선언할 수 있다(제286조 6항). 원래 결정의 효력은 고지함으로써 당장 생기는 것이 원칙이지만(제23조, 민소 제221조), 가압류취소결정의 고지로 즉시 취소의 효력이 생기게 하는 것이 적당하지 않은 경우, 취소결정의 효력발생유예를 규정하고 있는 것이다. 2005년 개정법에서 새로이 채택한 제도로서, 가압류취소결정의 효력정지결정(제289조)을 받기도 전에 가압류취소결정이 효력을 발생하게 되는 모순을 방지하기 위함이다. 이의신청에 대한 재판에 대해 즉시항고를 할 수 있다(제286조 7항).

5) 이의신청의 취하

채무자는 가압류이의신청에 대한 재판이 있기 전까지 채권자의 동의 없이 이의신청을 취하할 수 있다(제285조 1항, 2항). 취하는 서면으로 해야 하지만, 변론 또는 심문기일에서 말로도 할 수 있다(동조 3항). 취하를 한 뒤에 다시 이의신청할 수 있는지 명문규정이 없지만, 채무자의 자의적인 의사에 절차가 영향을 받을 염려가 있으므로, 부인하는 것이 옳다고 본다.[1] 그리고 이의신청취하제도는 가압류취소신청의 취하에 준용된다(제290조 2항).

제3절 가압류명령의 취소절차

앞에서 살펴본 가압류명령에 대한 즉시항고와 이의신청으로 가압류명령이 취소

1) 반대; 이시윤, 457면.

될 수도 있지만, 가압류명령 뒤에도 일정한 사유가 있으면 가압류명령이 취소되는 경우가 있다. 제소명령제도(제287조)와 사정변경에 따른 취소제도(제288조)가 그것이다.

Ⅰ. 제소명령

1. 의의

가압류명령은 잠정적이고 부수적인 조치에 불과하다고 하지만, 가압류명령이 내려지면 채무자로서는 처분을 제한받는 구속상태에 빠지게 되므로, 될 수 있으면 빨리 본안의 종국판결을 받을 필요가 있다. 그런데 채권자가 본안소송을 제기하지 않으면 채무자가 이러한 구속으로부터 빠져 나올 수 없다. 제소명령제도는 이와 같은 경우에 채무자가 채권자에 대해 제소를 독촉했음에도 채권자가 불응하면 가압류명령의 취소를 신청할 수 있도록 하는 제도다.

2. 제소명령의 신청

가압류법원소속의 사법보좌관은 채무자의 제소명령신청에 따라 변론 없이 채권자에게 상당한 기간 내에 본안의 소를 제기하여 이를 증명하는 서류를 제출하거나, 이미 소를 제기했으면 소송계속사실을 증명하는 서류를 제출하도록 명해야 한다(제287조 1항, 사보규 제2조 1항 15호). 이때 상당한 기간은 2주일 이상으로 정해야 한다(제287조 2항).

여기에서 본안이라 함은 피보전권리의 존부를 확정할 수 있는 절차를 말한다. 대표적인 것은 소송이지만 지급명령의 신청(민소 제462조), 민사조정신청(민조 제5조), 제소전화해신청(민소 제385조)도 무방하다고 본다. 다수설은 민사조정신청이나 제소전화해신청은 당연히는 집행권원의 형성에 이르지 않기 때문에 여기의 본안에 해당하지 않는다고 본다.[1] 그러나 확정판결과 동일한 효력이 있는 집행권원의

1) 방순원・김광년, 500면; 박두환, 722면.

신청이면 굳이 구별할 필요는 없다고 본다.[1] 소의 제기나 지급명령신청으로 언제나 집행권원이 만들어지는 것은 아니라는 점에서 이들은 같이 볼 수 있다.

제기한 본안소송의 소송물과 가압류명령이 전제한 본안소송의 소송물이 동일하면 채무자의 제소명령신청권은 인정될 수 없다. 나아가 청구원인이 다른 경우에도 청구의 기초가 같다면 같은 본안소송으로 본다.[2] 청구의 기초가 같은 이상 소의 변경(민소 제262조)이 허용되는 것과 같은 이치이다. 채권자가 이미 본집행의 집행권원을 가지고 있으면 그 종류에 상관없이 채무자는 제소명령신청을 할 수 없다. 그러나 가압류명령에 대한 이의신청이나 해방금공탁을 했더라도 채무자는 제소명령을 신청할 수 있다. 제소명령신청은 취하할 수 있으며, 이때에는 가압류 이의신청의 취하에 관한 규정이 준용된다(제290조 2항에 따른 제285조의 준용).

3. 심리와 재판

채권자가 사법보좌관이 정해준 기간 안에 제소 등 증명서류를 제출하지 않으면 법원은 채무자의 신청에 따라 결정으로 가압류를 취소해야 한다(제287조 3항). 채권자가 기간 안에 제소를 했더라도 소를 취하하거나 소가 각하되었으면 기간을 넘긴 것으로 본다. 그리고 서류를 제출한 뒤에 본안의 소가 취하되거나 각하된 경우에는 그 서류를 제출하지 않은 것으로 본다(동조 4항). 그러나 기간이 지났더라도 취소소송의 사실심 변론종결시까지 제소하여 이를 증명하면 취소를 할 수 없다.[3] 취소결정에 대해 즉시항고를 할 수 있는데, 이때 즉시항고는 집행정지의 효력이 없다(제287조 5항).

---

1) 이시윤, 459면.
2) 통설임. 방순원・김광년, 500면; 박두환, 722면.
3) 제소명령 불준수에 따른 가처분취소소송에 있어서의 본안의 소는 제소명령 소정의 기간을 도과한 후이더라도 그 도과를 원인으로 하는 가처분취소소송의 사실심변론종결 당시까지 제기된 경우에는 그 가처분을 취소할 수 없다(대판, 1985.11.26. 85다카1668). 동지; 대판, 2001.4.10. 99다49170.

Ⅱ. 사정변경에 따른 취소

1. 의의

가압류명령이 인가된 뒤에도 사정변경이 있어서 가압류명령을 그대로 존속시키는 것이 부당하게 된 경우에 채무자의 신청으로 가압류명령을 취소하는 제도이다(제288조). 이는 가압류명령의 성립요건에 흠이 있음을 따지는 방법이 아니고, 가압류명령을 존속시키는 것이 적당하지 아니함을 이유로 가압류명령의 취소를 주장하는 방법이다. 하지만 통설은 이 요건을 엄격하게 적용하지 않는다. 즉, 사정변경의 이유가 가압류명령 당시에 이미 존재하고 있었더라도 채무자가 그 뒤에 이를 인식한 경우에는 사정변경의 이유로 인정한다.[1] 가압류명령이 잠정적인 재판이고 채권자와 채무자의 지위를 공평하게 처리한다는 점에서 이러한 해석론은 일리가 있다고 생각한다. 사견으로도 통설을 따른다.

또 사정변경에 따른 가압류취소신청은 가압류명령 자체의 취소를 구하는 신청이므로 해방금공탁에 의한 가압류의 집행취소(제282조, 제299조)와도 구별된다. 사정변경에 따른 가압류취소신청은 마치 본집행에 있어서 청구이의의 소(제44조)에 상응하는 제도이다. 따라서 가압류집행에는 특별한 규정이 없으면 본집행의 규정이 준용되지만(제291조 본문), 사정변경에 따른 가압류취소제도가 있으므로 청구이의의 소에 관한 제44조는 가압류에 준용되지 않는다.

2. 사정변경의 이유

1) 피보전권리에 관한 사정변경(제288조 1항 1호)

가압류명령이 내려진 뒤 피보전권리가 부존재 내지 소멸되었거나 적어도 그럴 가능성이 농후하면 사정변경이 있다고 본다. 가령 채권자가 본안소송에서 패소하고 상소심에서 취소될 가능성이 없으면 사정변경이 있다고 본다.[2] 그리고 채무자

---

1) 방순원・김광년, 503면; 박두환, 724면.

2) 가압류 후 본안소송에서 패소하고 상소심에서 변경될 것 같지 아니하면 그 가압류결정은 사정변경을 이유로 취소될 수 있다(대판, 1977.5.10. 77다471).

가 제기한 채무부존재확인의 소에서 원고승소판결을 받은 경우도 사정변경에 해당한다. 그러나 본안의 소가 부적법 각하된 경우, 관할위반으로 이송된 경우, 기한미도래나 조건미성취 등을 이유로 패소한 경우 등은 사정변경에 해당하지 않는다고 본다. 이와 같은 경우는 채권자가 승소판결을 받을 가능성이 아직 남아 있기 때문이다. 결국 피보전권리의 사정변경 여부는 구체적인 사안마다 법원이 판단할 문제다.[1)]

2) 보전의 필요에 관한 사정변경(제288조 1항 1호)

가압류명령 뒤에 피보전권리에 관하여 충분한 담보물권이 설정된 경우, 채권자가 새로운 집행권원을 얻은 경우, 가압류집행기간이 넘은 경우(제292조 2항)에는 보전의 필요가 없어져서 사정이 변경되었다고 본다. 그리고 가압류명령에 대한 이의신청을 받아들여서 법원이 담보제공을 조건으로 가압류명령을 인가해준 경우(제286조 5항)에 채권자가 담보를 제공하지 아니하면 이도 또한 가압류취소를 위한 사정변경에 해당한다고 본다.[2)]

3) 담보제공에 따른 사정변경(제288조 1항 2호)

채무자가 법원이 정한 담보를 제공한 때에도 사정변경의 한 예로 보아서 가압류의 취소를 신청할 수 있다. 가압류명령은 금전채권의 집행을 보전하기 위한 것인데, 충분한 담보제공이 있으면 가압류명령을 유지할 필요가 없어지기 때문이다. 이 담보는 해방금액과 달라서 직접 피보전권리의 담보가 된다(제19조 3항, 민소 제122조). 따라서 금전은 물론 법원이 인정하는 유가증권을 공탁해도 되고 지급보증위탁계약서를 제출해도 된다(규칙 제204조).

---

1) 가처분에 대한 본안소송을 종국판결 전에 취하하더라도 피보전권리의 존부에 영향을 주는 것이 아니며, 따라서 다시 같은 소송을 제기할 수 없는 것은 아니므로 소취하로 인하여 보전의사의 포기가 있었다고 인정되지 아니하는 이상 소취하사실 자체만으로 가처분취소의 원인으로서의 사정변경에 해당한다고 볼 수는 없다(대판, 1992.6.26. 92다9449). 동지; 대판, 1998.5.21. 97다47637.

2) 가처분채권자가 본안소송에서 승소판결을 받은 그 집행채권이 정지조건부인 경우라 할지라도 그 조건이 집행채권자의 의사에 따라 즉시 이행할 수 있는 의무의 이행인 경우 정당한 이유 없이 그 의무의 이행을 게을리하고 집행에 착수하지 않고 있다면 보전의 필요성은 소멸되었다고 보아야 한다(대판, 2000.11.14. 2000다40773).

4) 부제소에 따른 사정변경(제288조 1항 3호)

가압류가 집행된 뒤 3년간 본안의 소가 제기되지 않으면 채무자는 가압류취소를 신청할 수 있다. 이때의 신청은 이해관계인도 할 수 있다(동조 1항 후문). 이 경우도 사정변경의 한 모습이라고 할 수 있다. 장기간에 걸쳐 본안의 제소를 하지 않고 있는데도 채무자를 계속 가압류의 구속상태에 둘 필요가 없기 때문이다. 그리고 가압류란 본안의 부수적인 절차인데 채권자가 본안소송을 제기할 의도가 애초에 없으면서도 오로지 채무자의 처분권만 제한하려는 왜곡된 의도에서 가압류제도를 이용하는데 대한 대응조치이기도 하다. 등기·등록을 요하는 재산에 가압류등기나 등록이 장기간 남아 있으면, 소유자나 이해관계인의 권리행사에 지장을 줄 수 있으므로, 이들도 취소신청을 할 수 있게 한 것이다.

3. 신청

1) 당사자

채무자와 그의 포괄승계인이 가압류취소신청을 할 수 있다. 목적물의 특정승계인도 채권자대위권에 의하여 취소신청을 할 수 있다고 본다.[1] 가압류명령에 대한 이의신청을 특정승계인이 대위행사할 수 없는 것과 비교가 되는 점이다. 생각건대 가압류명령에 대한 이의신청권은 가압류명령이 내려질 때 변론의 기회가 없었던 채무자에게 변론의 기회를 주는 소송상 불복방법의 일종으로서, 가압류명령의 당부를 다시 한 번 심사하도록 하자는 데 근본취지가 있다. 따라서 원칙적으로 채무자와 그의 포괄승계인만이 이의신청을 할 수 있고 대위행사를 제한할 필요가 있다. 그러나 사정변경에 따른 가압류취소의 경우는 가압류명령제도 고유의 성질에 따라 두고 있는 조치로서 목적물의 특정승계인도 취소신청을 대위행사할 수 있다고 본다,

부제소에 따른 취소신청의 경우(제288조 1항 3호)에는 이해관계인도 취소신청을 할 수 있음(제288조 1항 후문)은 앞서 본 바이다. 그리고 보전처분의 효력이 미치는 제3자(제25조 1항)도 취소신청을 할 수 있다.[2]

---

1) 동지: 박두환, 727면.
2) 가처분의 목적되는 부동산을 가처분채무자로부터 전득한 사람은 사정변경에 인한 가처

2) 신청의 시기

가압류명령의 효력이 존속하고 있는 동안은 언제든지 신청할 수 있다. 이의신청(제283조 1항)이나 제소명령에 따른 취소신청(제287조 3항)과 병행하여 신청할 수도 있고, 이의신청에 대한 재판으로 가압류인가결정이 난 뒤에도 신청할 수 있다(제288조 1항). 또 이 신청은 가압류명령 자체의 취소를 구하는 것이기 때문에, 해방금공탁으로 가압류집행이 취소된 뒤에도 신청할 수 있다.

3) 관할

원칙적으로 가압류이의신청의 경우와 같다. 가압류를 명한 법원이 관할한다. 다만, 본안이 이미 계속된 때에는 본안법원이 한다(제288조 2항). 본안이 상고심에 계속되어 있는 경우에는 제1심 법원이 관할한다(제311조). 이 관할은 전속관할이지만(제21조), 이의신청규정의 준용에 따라서 이송이 허용된다(제290조 1항에 따른 제284조의 준용).

4) 심리와 재판

법원은 신청의 당부를 결정으로 재판한다(제288조 3항에 따른 제286조 3항의 준용). 이 결정에 대해서는 즉시항고를 할 수 있다(제288조 3항에 따른 제286조 7항의 준용). 사정변경에 따른 취소신청의 경우, 신청인이 주장하는 사정변경의 유무에 대해서만 심리하고, 피보전권리나 보전의 필요가 존재하는지 등에 대해서는 판단하지 않는다는 것이 판례의 입장이다.1)

가압류취소결정에 대한 즉시항고가 있는 경우, 그 불복이유가 법률상 정당한 사유가 있다고 인정되고 사실에 대한 소명이 있으며, 그 가압류를 취소함으로써 회복할 수 없는 손해가 생길 위험이 있다는 사정에 대한 소명이 있는 때에는, 법원은 당사자의 신청에 따라 담보를 제공하게 하거나 담보를 제공하지 아니하게 하고 가압류취소결정의 효력을 정지시킬 수 있다(제289조 1항). 이때의 소명은 보증금을 공탁하거나 주장이 진실함을 선서하는 방법으로 대신할 수 없다(동조 2항).

분명령의 취소신청을 할 수 있는 채무자의 지위에 있다(대판, 1968.1.31. 66다842). 동지; 대판, 2006.9.22. 2004다50235.

1) 대판, 1982.3.23. 81다1041.

가압류취소결정에 대한 즉시항고는 재판기록이 있는 원심법원이 관할한다(동조 3항). 그리고 원심법원의 재판이나 항고법원의 재판에 대해서는 불복을 할 수 없다(동조 5항).

제4절 가압류집행절차

가압류명령의 목적달성을 위해 집행절차가 있어야 한다. 가압류집행절차에는 특별한 규정이 있는 경우를 제외하고는 강제집행규정을 준용한다(제291조).

I. 집행개시요건

1. 집행문

보전처분은 무엇보다 신속함이 생명이다. 보전명령이 고지되면 바로 집행력이 생긴다든지, 집행기간이 정해져 있다든지 하는 조치 등은 모두 이러한 신속성의 요청에 따른 것이다. 따라서 가압류집행에는 원칙적으로 집행문이 필요 없다. 다만, 가압류에 대한 재판이 있은 뒤에 채권자나 채무자의 승계가 이루어진 경우에 가압류의 재판을 집행하려면 집행문을 덧붙여야 한다(제292조 1항).

2. 집행기간

가압류결정의 집행은 채권자에게 고지한 날부터 2주일을 넘긴 때에는 하지 못한다(제292조 2항).[1] 가압류결정을 2주일씩이나 집행하지 않으면 신속함을 요하는 보전처분의 의미가 없다고 보는 것이다. 이 기간 안에 집행에 착수만 하면 되지 집행이 완료될 필요는 없다.

---

1) 대결, 1982.7.16. 82마카50. 동지; 대결, 2010.12.30. 2010마985.

이 기간을 넘기더라도 가압류명령 자체가 당연히 실효되지는 않고 집행력만 소멸한다. 따라서 채무자는 이의신청(제283조)이나 사정변경으로 인한 취소신청(제288조)에 따라 가압류명령의 취소를 구할 수 있다. 집행기간이 지난 뒤의 집행에 대해서는 사안에 따라 즉시항고나 집행이의(제15조, 16조)로 따질 수 있다.

3. 집행권원의 송달

가압류명령의 집행은 채무자에게 재판을 송달하기 전에도 할 수 있다(제292조 3항). 가압류명령의 긴급성·밀행성을 보여주는 한 예다. 만약 채무자가 가압류명령의 집행 전에 재판의 송달을 받도록 하면, 채무자로서는 집행당할 것을 미리 알고 재산을 은닉시킬 위험이 있고, 이를 방치하면 보전의 목적을 달성하기 어려워질 염려가 있어서 두고 있는 조치다. 그러나 재판의 송달이 필요 없다는 뜻은 아니므로, 집행한 뒤 적당한 기간 안에 송달을 해야 한다. 만약 송달이 없으면 채무자는 집행이의로 따질 수 있을 것이다.

Ⅱ. 집행방법

대체로 금전채권에 기초한 강제집행의 압류에 준한다. 그리고 가압류의 성격상 원칙적으로 압류까지만 진행하고 현금화 이후의 단계로 넘어가지 않는다.

1. 부동산가압류집행

부동산가압류집행에는 가압류등기와 강제관리 두 가지 방법 중 하나를 선택할 수 있고, 이들을 같이 쓸 수도 있다(제78조 3항).

1) 가압류등기

부동산에 대한 가압류집행은 가압류결정을 등기부에 기입해야 한다(제293조 1항). 이때 집행법원은 가압류법원으로 하고(동조 2항), 법원사무관 등이 가압류등기를 촉탁한다(동조 3항). 등기가 된 뒤에 채무자에게도 송달한다(제83조 4항). 그러나 그 송달은 가압류의 효력과는 무관하다.

2) 강제관리

강제관리는 가압류를 집행할 때에도 할 수 있다(제78조 4항). 가압류의 집행으로 강제관리를 하는 경우에는 관리인이 청구채권액에 해당하는 금액을 지급받아 공탁해야 한다(제294조). 강제집행의 경우와 달리 가압류채권자가 바로 만족을 얻을 수는 없기 때문이다.

2. 선박가압류집행

등기선박에 대한 가압류집행은 선박가압류등기와 선박국적증서 등의 제출명령, 두 가지 방법에 따라 한다. 그리고 이들 방법은 함께 사용할 수 있다(제295조 1항).

1) 선박가압류등기

가압류의 기입등기를 함으로써 선박가압류의 집행방법으로 삼는다. 채권자로서는 가압류의 기입등기만 하면 가압류의 원래 목적인 처분금지의 효과를 얻을 수 있는 반면에, 채무자로서도 선박을 그대로 운행할 수 있어서 가압류의 집행방법으로 합리적이라 할 수 있다. 가압류명령을 한 법원이 관할한다(제295조 2항). 그리고 부동산가압류집행과 같이 법원사무관 등이 등기촉탁을 한다(제295조 3항).

2) 선박국적증서 등의 제출명령

선박국적증서 등을 선장으로부터 받아 법원에 제출함으로써 가압류집행의 목적을 달성할 수도 있다. 이것은 선박을 사실상 장악하는 방법이다. 이 경우 선박 정박지를 관할하는 지방법원이 관할법원이 된다(제295조 2항). 선박국적증서 등이 제출되어 선박을 운행할 수 없는 경우에도 법원의 운행허가를 받아서 운행할 수 있음은 압류의 경우와 같고(제176조 2항), 해방금공탁으로 가압류취소를 신청할 수도 있다(제291조).

3. 자동차 등의 가압류집행

자동차·건설기계 및 소형선박의 가압류집행은 부동산가압류집행 방법 중 등기부기입의 방법에 준해서 하고(규칙 제210조, 제211조), 항공기의 가압류집행은 선박가압류집행의 방법에 준해서 한다(규칙 제209조).

4. 유체동산의 가압류집행

유체동산에 대한 가압류집행은 압류와 같은 원칙에 따라 한다(제296조 1항). 집행관이 집행기관이며 집행관이 목적물을 점유함으로써 한다(제189조 1항). 본압류의 경우 금전은 바로 채권자에게 인도하여 채권만족에 제공하지만(제201조 1항), 가압류의 경우에는 집행관이 공탁해야 한다(제296조 4항). 그리고 이 경우에는 집행관이 금전을 추심한 것은 아니기 때문에 변제의 효력은 없다(제201조 2항 참조). 가압류물은 원칙적으로 현금화를 못하지만, 가압류물을 즉시 매각하지 않으면 값이 크게 떨어질 염려가 있거나, 보관에 지나치게 많은 비용이 드는 경우에는, 집행관은 그 물건을 매각하여 매각대금을 공탁해야 한다(제296조 5항). 그렇게 되면 가압류는 공탁금출급청구권 위에 존속한다.

5. 채권과 그 밖의 재산에 대한 가압류집행

채권가압류의 집행법원은 채무자나 제3채무자의 보통재판적이 있는 곳의 지방법원이 아니라 가압류법원이다(제296조 2항). 채권자가 가압류를 쉽게 집행할 수 있도록 해 주기 위해서다. 가압류의 효력은 제3채무자에게 가압류명령이 송달된 때에 생긴다(제227조 2항·3항). 채권의 가압류에는 본압류의 경우와 달리 제3채무자에 대해 채무자에게 지급해서는 아니된다는 명령만을 해야 한다(제296조 3항). 하지만 가압류에도 채무자에게 채권의 처분과 영수를 금지하는 효력이 본압류와 마찬가지로 있다고 보아야 한다(제227조 1항 참조).

그 밖의 재산권 중에서 등기나 등록을 요하는 권리에 대해 가압류집행을 할 때에는 등기부나 등록원부에 가압류의 등기나 등록을 하면 된다. 이때 만약 제3채무자가 있으면 그는 진술의무(제237조)가 있으며, 제3채무자에게 권리공탁 및 의무공탁의 규정(제248조)이 적용되는 것 등은 본압류와 같다. 다만, 제3채무자가 가압류 집행된 금전채권액을 공탁한 경우에는 그 가압류의 효력은 그 청구채권액에 해당하는 공탁금액에 대한 채무자의 출급청구권에 대하여 존속한다(제297조).

Ⅲ. 집행의 효력 등

1. 가압류집행의 효력

본압류와 마찬가지로 가압류집행으로 채무자는 목적재산에 대한 처분권을 상실한다. 이때 가압류의 처분제한적 효력은 사견으로는 절차상대효설에 따라 해석하며, 이는 압류의 효력과 관련하여 이미 말한 바와 같다. 가압류의 효력이 미치는 범위는 피보전채권액에 한한다. 그리고 평등주의를 취하는 우리의 법제에서는 가압류채권에 우선권이 인정되지 않으므로 가압류목적물에 대해 다른 채권자가 압류 내지 가압류의 경합을 신청할 수 있다(제87조, 제172조, 제187조, 제215조, 제235조).

2. 가압류집행의 취소

가압류명령이 이의신청이나 취소신청 등에 의해 취소되면 채무자는 제49조 1호 및 제50조에 따라서 집행의 취소를 구할 수 있다. 그리고 집행이의(제16조)나 제3자이의의 소(제48조)에 따라 집행이 취소되는 경우도 있고 이는 본집행의 경우와 같다. 특히 가압류집행은 해방금공탁으로 취소될 수도 있다(제299조, 제282조). 그리고 가압류는 집행에 착수하면 바로 집행이 완성되어 버리므로 가압류집행의 정지는 별 의미가 없다. 한편, 채권자도 집행취소신청을 할 수 있다. 채권자의 신청은 집행신청의 취하라고도 할 수 있는데, 실무상 집행해제신청이라고도 한다.[1] 가압류집행취소는 사법보좌관의 사무이다(사보규 제2조 1항 16호).

1) 이시윤, 472면.

3. 본집행으로의 전환

1) 의의

가압류채권자가 집행권원의 취득, 조건의 성취, 기한의 도래 등으로 본집행을 할 수 있게 되어, 본집행을 신청하면 지금까지의 가압류집행은 그대로 본집행으로 전환된다. 본집행을 위해 압류부터 다시 시작하는 게 아니라 원칙적으로 가압류가 압류로 전환되어 그 다음 단계인 매각절차로 바로 넘어가게 된다는 말이다. 구체적으로 전환되는 모습은 목적재산에 따라 차이가 있다.

2) 절차

부동산의 경우에는 가압류와 본압류의 집행기관이 일치하지 않고(제79조, 제278조 참조), 압류절차가 다르므로 경매개시결정을 새로 해야 한다. 선박・항공기・자동차・건설기계・소형선박도 마찬가지다.

유체동산의 경우에는 가압류목적물의 점유가 이미 채무자로부터 집행관에게로 이전되었으므로, 다시 압류를 할 필요 없이 그 다음 절차인 매각의 단계로 넘어간다. 다만, 채무자가 보관하고 있는 경우에는 본압류의 취지를 알릴 필요는 있다고 본다.

채권과 그 밖의 재산권의 경우에는 바로 추심명령이나 전부명령으로 넘어가지 않고, 별도로 압류명령을 받아서 전환해야 할 것이다. 왜냐하면 가압류와 본압류의 집행기관이 일치하지 않는 경우가 있고,[1] 기재사항도 다르기 때문이다(제296조 3항 참조).

3) 전환의 시기와 효과

본집행으로 전환되는 시기는 채권자가 본집행을 신청한 때라고 보아야 한다. 가압류가 본집행으로 전환되면 가압류는 본압류에 흡수되어 버리고 만다. 따라서 전환이 된 뒤에 본집행을 취하하거나 취소하면 가압류도 함께 소멸한다. 전환되고 나서는 가압류집행만 취소하라는 신청을 할 수는 없다.

---

1) 가압류의 경우는 가압류명령을 한 법원이 관할법원이지만(제296조 2항), 본압류의 경우는 채무자의 보통재판적 소재지의 지방법원 내지 제3채무자의 보통재판적 소재지의 지방법원이 관할법원이 되고(제224조), 이들 법원소속의 사법보좌관이 담당한다(사보규 제2조 1항 9호).

제3장 가처분

제1절 서 설

I. 두 종류의 가처분

가처분에는 다툼의 대상에 관한 가처분과 임시의 지위를 정하는 가처분의 두 종류가 있다함은 이미 말한 바와 같다. 다툼의 대상에 관한 가처분은 금전채권 이외의 급여청구권을 장래에 실현하기 위해 현재의 상태를 변경시키지 못하도록 하는 보전처분이다. 예를 들어, 유체물인도청구를 본안의 소로 하는 경우, 현재 채무자의 점유상태를 유지해 둘 필요에서 다툼의 대상인 유체물에 대해 점유이전금지가처분을 하는 경우가 있다. 현재 상태를 유지시키는데 목적이 있다는 점에서 가압류와 공통점이 있으나, 금전채권 이외의 급여청구권을 위한 보전처분이라는 점에서 가압류와 구별된다.

임시의 지위를 정하는 가처분은 다툼이 있는 권리관계에 대해 다툼이 종결될 때까지 원래의 권리관계를 유지하도록 하여 현재의 위험을 피하고자 하는 보전처분이다. 예를 들어, 근로자가 해고무효확인소송을 제기하면서 본안판결에 따라 권리관계가 확정될 때까지 생계를 위해 임시로 임금지급가처분명령을 받아두는 경우가 있다. 임시의 지위를 정하는 가처분은 현재의 위험을 피할 목적에서 한다는 점, 그리고 금전지급을 목적으로 하는 청구권도 피보전권리로 삼을 수 있다는 점에서, 장래에 집행할 금전채권 이외의 급여청구권을 보전할 목적으로 하는 다툼의 대상에 관한 가처분과 구별된다.

다툼의 대상에 관한 가처분이 가압류와 마찬가지로 청구권을 장래에 실현할 목적으로 현재의 권리관계를 유지하고자 하는 보전처분인데 비해, 임시의 지위를 정하는 가처분은 잠정적인 법률상태를 관념적으로 형성하거나 사실상 실현하는 보전처분으로서 그 성질은 비송사건으로 본다. 가처분에 대응하는 본안소송도 서로 차이가 있다. 즉, 다툼의 대상에 관한 가처분은 본안소송이 이행의 소로 한정된다. 이에 비해 임시의 지위를 정하는 가처분에 대응하는 본안소송은 이행의 소는 물론 확인의 소나 형성의 소라도 무방하다. 그리고 다툼의 대상에 관한 가처분은 피보전권리에 조건이나 기한이 붙어 있어도 장래에 실현할 수만 있으면 상관없다. 하지만 임시의 지위를 정하는 가처분은 피보전권리의 이행기가 반드시 도래하고 있어야 한다는 점에서도 서로 차이가 있다.

이와 같이 양자는 그 목적과 성질을 달리하지만 실무적으로는 이름을 엄격하게 구분해서 부르지는 않는다고 한다. 실제로는 가처분에 보전의 대상만 표시해서 부동산점유이전금지가처분, 공사중지가처분 하는 식으로 부르고, 법전상의 용어인 다툼의 대상에 관한 가처분이나 임시의 지위를 정하는 가처분이라는 이름으로 부르지 않고 있다.

Ⅱ. 가처분의 본안화 경향

보전소송 전반에 걸쳐 본안화 경향이 있다고 함은 이미 앞에서 본 바와 같다. 그런데 이러한 보전소송의 본안화 경향은 임시의 지위를 정하는 가처분의 경우에 더욱 짙게 나타나고 있다. 이는 임시의 지위를 정하는 가처분의 특성에서 기인하는 것이다. 즉, 본안판결이 내려지지 않은 단계에서도 임시의 지위를 정하는 가처분 명령이 내려지면 신청인은 마치 종국적인 만족을 얻는 것과 비슷한 결과가 된다. 그런 의미에서 임시의 지위를 정하는 가처분을 일명 만족적 가처분이라고도 한다. 그리고 만족적 가처분의 내용이 작위의무의 이행인 경우에는, 그러한 의무를 단행하는 가처분이라는 뜻에서 일명 단행가처분이라고도 부른다. 이러한 만족적 단행가처분이 내려지기만 하면 그 가처분으로 본안소송의 결과에 관계없이 신청인은 마치 종국판결을 받은 것과 비슷한 효과를 사실상 얻게 된다. 예를 들어본다.

예를 들어, 근로자가 해고무효확인소송을 제기하면서 임금지급가처분신청을 하여 가처분명령이 내려지면, 근로자로서는 본안소송을 기다릴 필요 없이 바로 임금을 지급받을 수 있다. 따라서 본안소송이 계속 중인 동안에도 가처분명령에 따라 근로자가 임금을 지급받고 있다가, 그 뒤 만약 해고무효확인의 본안소송에서 근로자가 패소하면 어떻게 되는가. 근로자는 당연히 가처분명령에 따라 이미 지급받은 임금을 반환해야 하지만, 그때 근로자가 무자력이라면 고용주는 결과적으로 임금을 돌려 받을 수 없게 되고 만다. 임금지급가처분명령이 고용주와 근로자 사이의 임금분쟁에 관한 실질적이고 종국적인 법적 판단으로 작용을 한 셈이다.

뿐만 아니라 본안소송이 장기간에 걸치게 되면 만족적 가처분은 더욱 실질적인 분쟁해결의 기능을 발휘하게 된다. 본안소송이 오래 걸리면 가처분채권자의 우위가 확립되어서 설사 나중에 본안판결에서 가처분채무자가 승소하더라도 그러한 판결은 분쟁의 해결에 거의 쓸모도 없는 종이조각에 불과하게 된다. 이러한 일은 특히 회사나 단체의 내분, 노동사건, 환경관련분쟁, 상린관계에 따른 공사금지사건 등에서 많이 볼 수 있다. 이와 같은 사건에서는 먼저 가처분신청을 하여 우위를 확보하기 위한 수단으로 가처분신청을 하는 경우가 많다고 한다.[1)]

사정이 이러하다 보니 법원으로서는 임시의 지위를 정하는 가처분사건에 대해 원칙적으로 변론기일 또는 심문기일을 열도록 하는 등(제304조 참조), 신중하게 대처하게 되고, 이는 가처분의 본안화 경향을 부추기는 중요한 원인이 된다. 임시의 지위를 정하는 가처분에는 신중하게 대처해야 할 필요가 있는 반면에, 가처분 본래의 신속한 처리 또한 요청되므로 이 모순된 양쪽의 요청을 한꺼번에 충족시킬 수 없는 일이 생기게 된다는 점이다. 임시의 지위를 정하기 위한 가처분 재판에 변론을 요하느냐 마느냐는 결국 법원이 판단할 문제인데(제304조 단서 참조), 법원은 가처분사건의 본안화 경향을 염두에 두고 신중하게 판단해야 할 것이다.

---

1) 가령 기업이 시공하는 공사와 관련하여 기업과 인근 주민 사이에 공사를 둘러싸고 상린관계분쟁이 있다고 치자. 그들은 법적인 우위를 확보하기 위하여 기업으로서는 공사방해금지가처분신청을, 주민은 공사금지가처분신청을 하는 등, 가처분을 가지고 경쟁을 하는 일이 생길 수 있다. 이와 같은 일이 발생하는 근본이유가 바로 임시의 지위를 정하는 가처분이 종국판결과 상관없이 사실상 분쟁의 종국적 해결방안으로 작용하고 있기 때문이다.

제2절 가처분의 요건

Ⅰ. 다툼의 대상에 관한 가처분

1. 피보전권리

금전 이외의 물건이나 권리의 급여를 목적으로 하는 청구권이다. 청구권의 원인은 묻지 않는다. 채권적 청구권 · 물권적 청구권 · 신분법상의 청구권 등을 불문하고 피보전권리가 될 수 있다. 이때 다툼의 대상으로는 동산이나 부동산 등의 유체물뿐만 아니라 채권이나 특허권, 저작권 등의 지적 재산권 등도 포함된다. 급여의 내용은 물건의 인도, 권리의 이전, 목적물에 관한 작위 또는 부작위, 의사의 진술을 요구할 수 있는 권리 등 다양하다. 예를 들면, 동산이나 부동산의 인도, 공작물의 철거, 물건에 대한 권리의 이전이나 설정 또는 이에 관한 등기 · 등록의무를 급여의 내용으로 할 수 있다. 뿐만 아니라 토지에 건물을 짓지 않는다거나 물건의 점유를 이전하지 않는다거나 하는 등의 부작위, 토지출입을 허용하는 것과 같은 단순한 수인 등도 급여의 내용이 될 수 있다. 그러나 이에 반해 물적 상태를 대상으로 하지 않는 작위청구권(예컨대, 출연이나 저술)이나 부작위청구권(예컨대 상법상의 경업금지, 상법 제41조, 제89조 등)의 경우에는 다툼의 대상에 관한 가처분을 신청할 수 없다.[1] 이 경우는 임시의 지위를 정하는 가처분을 신청할 수 있다.

2. 보전의 필요

다툼의 대상에 관한 가처분은 현상이 바뀌면 당사자가 권리를 실행하지 못하거

1) 가등기에 기한 본등기를 금지한다는 취지의 가처분은 부동산등기법 제2조에 규정된 등기할 사항에 해당하지 아니하고, 그러한 본등기금지가처분이 잘못으로 기입등기되었다 하더라도 그 기재사항은 아무런 효력을 발생할 수 없으므로, 가처분권자는 이러한 무효한 가처분결정의 기입등기로써 부동산의 적법한 전득자에게 대항할 수 없다(대판, 1992.9.25. 92다21258). 동지; 대판, 2007.2.22. 2004다59546.

나 이를 실행하는 것이 매우 곤란할 염려가 있을 경우에 한다(제300조 1항). 현상이 바뀐다는 의미란 청구권의 목적물이 훼손・멸실・은닉・변경・양도되거나 청구권의 실행비용이 증가하는 경우 등을 예로 들 수 있다. 이러한 사정이 생겨서 지금 보전처분을 하지 않으면 안 될 사정이 있어야 보전의 필요가 인정된다. 그러한 보전의 필요는 신청 당시에 이미 발생한 경우도 있겠지만, 장래에 발생할 위험이 있는 경우도 상관없다. 권리를 실행하지 못하거나 이를 실행하는 것이 매우 곤란할 염려가 있어야 한다는 의미는, 청구권을 강제집행하고자 하나 목적물이 훼손・멸실된 경우와 같이 집행의 목적을 달성할 수 없게 된 경우라든가, 집행불능까지는 아니더라도 권리를 실행하기에 중대한 장애가 있는 경우를 말한다.[1]

그리고 보전의 필요는 다툼의 대상에 관해 생긴 것이어야 하므로, 채무자의 재산상태의 악화와 같은 일반적인 이유로는 보전의 필요를 인정할 수 없다. 또 외관상 보전의 필요가 있어 보이는 경우에도 가령, 즉시 강제집행할 수 있는 집행권원이 있거나 같은 목적의 가처분명령이 이미 발령되어 있는 경우에는 보전의 필요를 인정할 수 없다.

Ⅱ. 임시의 지위를 정하는 가처분

1. 다툼이 있는 권리관계의 존재

이 경우 가처분은 특히 계속하는 권리관계에 끼칠 현저한 손해를 피하거나 급박한 위험을 막기 위하거나 그 밖의 필요한 이유가 있을 때 내려준다(제300조 2항). 권리관계에 다툼이 있다는 뜻은 재판에 의해 권리관계가 확정되지 않은 상태를 말한다. 실제로 현실의 다툼이 없더라도 상대방이 권리를 침해했다거나 의무를 이행하지 않았음을 주장하면 다툼이 있다고 본다.

---

1) 가처분채권자가 본안소송에서 승소판결을 받은 그 집행채권이 정지조건부인 경우라 할지라도 그 조건이 집행채권자의 의사에 따라 즉시 이행할 수 있는 의무의 이행인 경우 정당한 이유 없이 그 의무의 이행을 게을리하고 집행에 착수하지 않고 있다면 보전의 필요성은 소멸되었다고 보아야 한다(대판, 2000.11.14. 2000다40773). 동지; 대결, 2007.7.26. 2007마340.

다툼이 있는 권리관계는 그 종류를 묻지 않는다. 물권적 관계이든 채권적 관계이든, 또 재산권상의 관계이든 신분법상의 관계이든 상관없다. 다툼이 있는 권리관계는 주로 계속하는 권리관계에 관한 것이 많겠지만, 일회의 이행으로 소멸하는 권리관계에 대해서도 임시의 지위를 정할 필요가 있으면 이 가처분의 대상이 된다. 가령 급료·부양료의 지급청구권과 같은 계속적·반복적 지급청구권뿐만 아니라, 퇴직금이나 보험금지급청구권과 같이 일회의 이행으로 소멸하는 채권을 보전하기 위해서도 임시의 지위를 정하는 가처분을 할 수 있다. 그러니까 금전채권에 대해 다툼이 있어서 현재 만족을 얻을 수 없는 위험이 있으면 이를 막기 위해서 임시의 지위를 정하는 가처분명령을 받을 수 있다. 그리고 다툼이 있는 권리관계는 당사자 사이의 것이라야 하며 제3자에 대한 가처분은 그 제3자가 판결의 효력을 받는 자가 아니면 이를 할 수 없다.[1)]

2. 보전의 필요

보전의 필요에 관한 제300조 2항의 규정에서 '현저한 손해를 피하거나 급박한 위험을 막기 위한 경우'는 '그 밖의 필요한 이유'의 예시이다. 현저한 손해라 함은 권리관계가 미확정이기 때문에 신청인이 보통의 경우보다 큰 손해를 입을 경우를 말한다. 반드시 금전의 많고 적음으로 따질 문제는 아니고, 신청인의 지위나 권리의 성질, 당사자 쌍방의 이해득실 등을 참작하여 판단해야 한다.[2)] 급박한 위험이라 함은 명예를 훼손하는 인쇄물을 배포하려 하거나, 경작시기에 수리관개시설의

1) 갑이 을 소유의 대지에 대하여 을의 채권자인 병을 대위하여 그 처분금지가처분등기를 한 경우 그 가처분결정에서 을에 대하여 제3자에 대한 처분을 금지하였다 하여도 그 제3자 중에는 병은 포함되지 않는 것이고 위 가처분의 피보전권리는 병의 을에 대한 그 소유권이전등기청구권의 보전에 있을 뿐이고 갑의 병에 대한 그 소유권이전등기청구권의 보전까지 포함되어 있는 것이 아니다(대판, 1972.12.12. 72다1860, 1861).

2) "임시의 지위를 정하는 가처분은 ...(중략)... 응급적·잠정적인 처분이므로, 이러한 가처분이 필요한지 여부는 당해 가처분신청의 인용 여부에 따른 당사자 쌍방의 이해득실 관계, 본안소송의 승패의 예상, 기타 여러 사정을 고려하여 법원의 재량에 따라 합목적적으로 결정하여야 할 것인 바, 가처분신청을 인용하는 결정에 따라 권리의 침해가 중단되었다고 하더라도 가처분채무자들이 그 가처분의 적법 여부에 대하여 다투고 있는 이상 권리침해의 중단이라는 사정만으로 종래의 가처분이 보전의 필요성을 잃게 되는 것이라고는 할 수 없다(대판, 2007.1.25. 2005다11626)." 동지; 대결, 1997.10.14. 97마1473.

작동을 방해하려는 경우와 같이, 지금 당장 이러한 행위를 막지 않으면 신청인의 권리보호에 막대한 지장이 생기거나 권리실행이 무위로 돌아갈 경우를 말한다. 그 밖의 필요한 이유가 있는지에 대한 판단은 전적으로 법원의 재량에 맡겨져 있다.[1)]

제3절 가처분소송절차

Ⅰ. 관할법원

본안의 관할법원 또는 다툼의 대상이 있는 곳을 관할하는 지방법원이 전속관할한다(제303조, 제21조). 본안의 관할법원이라 함은 제1심 법원을 말하며 단, 본안이 제2심에 계속된 때에는 제2심 법원을 본안의 관할법원으로 한다(제311조). 그리고 급박한 경우에 재판장이 관할할 수 있는데, 이는 가압류의 경우와 같다(제312조).

---

1) ① 재건축조합의 조합장에 대하여 직무집행을 정지하고 직무대행자를 선임하는 가처분결정이 있은 후 그 직무대행자에 의하여 소집된 임시총회에서 직무집행이 정지된 종전 조합장이 다시 조합장으로 선임되었다 하더라도 위 가처분결정이 취소되지 아니한 이상 직무대행자만이 적법하게 조합을 대표할 수 있고, 다시 조합장으로 선임된 종전 조합장은 그 선임결의의 적법 여부에 관계없이 대표권을 가지지 못한다(대판, 2000.2.22. 99다62890).
② 건축회사가 상가를 건축하여 각 점포별로 권장업종을 정하여 분양한 후에 점포에 관한 수분양자의 지위를 양수한 자는 특별한 사정이 없는 한 상가의 점포 입점자들에 대한 관계에서 상호 묵시적으로 분양계약에서 약정한 업종제한 등의 의무를 수인하기로 동의하였다고 봄이 상당하므로, 상호간의 업종제한에 관한 약정을 준수할 의무가 있다고 보아 점포 수분양자의 지위를 양수한 자가 상가자치관리위원회의 동의도 없이 업종제한 약정을 위반할 경우, 이로 인하여 영업상의 이익을 침해당할 처지에 있는 자는 침해배제를 위하여 동종업종의 영업 금지를 청구할 권리가 있다고 한 사례(대판, 1997.12.26. 97다42540). 동지; 대결, 2006.7.4. 2006마164,165.

Ⅱ. 가처분의 신청

가처분신청에도 가압류신청에 관한 제279조가 준용된다(제301조). 신청서에는 당사자 및 법정대리인, 법원, 목적물을 각각 적는 외에 다음의 사항을 적어야 한다.

① **청구채권의 표시** : 피보전권리를 적어야 한다. 다툼의 대상에 관한 가처분에서는 본안소송에서 주장할 청구의 취지 및 원인에 따라 적으면 되고, 임시의 지위를 정하는 가처분에서는 본안소송에서 확정될 다툼이 있는 권리관계를 적으면 된다.

② **가처분의 이유가 될 사실의 표시** : 보전의 필요를 말한다.

③ **가처분을 구하는 신청** : 어떠한 내용 또는 방법의 가처분을 구하는지를 명시한다.

④ **다툼의 대상이 있는 곳** : 관할의 기준을 위해 다툼의 대상이 있는 곳을 적어야 한다.

Ⅲ. 심리와 재판

원칙적으로 가압류의 경우와 같다. 임의적 변론을 거쳐 재판은 결정으로 한다(제301조, 281조). 다만, 임시의 지위를 정하는 가처분의 경우에 변론을 열지 않으면 채무자가 참석할 수 있는 심문기일이라도 열어야 한다. 이 경우에도 변론기일을 열거나 심문기일을 열어서 심리하면 가처분의 목적을 달성할 수 없는 사정이 있는 때에는 변론기일은 물론 심문기일도 열지 않고 재판을 할 수 있다(제304조).

제4절 가처분의 방법

Ⅰ. 서설

가처분은 가압류와 달리 피보전권리의 내용이나 보전의 필요가 다양하고, 가처분의 내용이나 방법도 각양각색이다. 따라서 가처분의 방법에 관해 제305조 1항에서 "법원은 신청목적을 이루는 데 필요한 처분을 직권으로 정한다"는 매우 추상적이고 일반적인 규정을 두고, 동조 2항에서 "가처분으로 보관인을 정하거나, 상대방에게 어떠한 행위를 하거나 하지 말도록, 또는 급여를 지급하도록 명할 수 있다"고 규정하여 가처분의 방법에 관한 예를 들고 있다. 결국 가처분의 방법은 법원이 재량으로 정할 수 밖에 없지만, 가처분의 목적에 비추어 한계가 있으며(제301조), 이 한계를 벗어나면 위법한 가처분으로서 취소의 대상이 된다.

Ⅱ. 방법의 한계

첫째, 가처분의 방법은 가처분의 목적을 달성하기 위한 범위 내의 것이어야 한다. 가처분결정은 본안소송이 완결될 때까지의 잠정적인 재판이므로 가처분의 방법도 잠정적인 한도에 그쳐야 한다. 가처분결정으로 원상회복이 될 수 없는 상태를 초래하는 것은 가처분 원래의 목적범위를 넘어서는 것으로서 허용되지 않는다. 예를 들어, 본안소송에서 불법행위에 기한 손해배상청구를 주장하면서 가처분으로 불법행위 자체의 중지를 구하는 것은 허용되지 않는다. 다만, 본안소송에 부수하는 범위 안에서 본안판결을 실행하는 결과가 되더라도 가처분을 허용해야 하는 경우가 있을 수 있다. 가령 본안소송에서 부양료지급청구를 주장하면서 당장의 생계유지를 위해 신청인이 본안소송에서 승소할 것을 전제로 잠정적으로 부양료지급가처분을 신청할 수는 있다.[1)]

---

1) 토지의 소유자가 충분한 예방공사를 하지 아니한 채 건물의 건축을 위한 심굴굴착공사

둘째, 신청의 범위 내이어야 한다. 가처분에도 당사자처분권주의가 적용되어야 하기 때문이다. 따라서 신청범위를 넘는 가처분명령은 위법한 가처분으로서 취소의 대상이 된다. 가령 건물인도청구권을 보전하기 위해 점유이전금지가처분신청을 한 데 대해 건물명도단행가처분명령을 내려준다면 이는 신청의 범위를 넘는 명령으로서 당사자처분권주의에도 위반한다.[1]

셋째, 본안청구의 범위 내이어야 한다. 가처분은 본안청구를 보전하는데 목적이 있으므로 본안청구를 넘는 가처분이 허용될 수 없는 것은 당연하다. 따라서 판결의 효력을 받는 제3자(민소 제218조)이면 몰라도 그렇지 않은 제3자에 대해서는 가처분을 명할 수 없다.[2]

넷째, 집행이 가능한 것이어야 한다. 법정절차에 따르면 집행할 수 없는 사항에 대해 새로운 집행방법을 창설하고자 하는 가처분신청은 집행이 가능하지 않으므로 허용되지 않는다.[3] 가령 이미 존재하는 가처분의 효력을 소멸시키려는 목적으로 그 가처분의 효력정지가처분신청을 하는 것은 법에서 정한 방법이 아니므로 이는 허용되지 않는다. 이와 같은 경우에는 법정절차로서 가처분에 대한 이의신청으로 불복할 수 있을 따름이다. 그리고 가처분의 내용이나 방법이 선량한 풍속 기타 사회질서에 위반하는 경우도 역시 집행이 가능하지 않으므로 허용되지 않는다.

를 함으로써 인접대지의 일부 침하와 건물균열 등의 위험이 발생하였다고 하더라도, 나머지 공사의 대부분이 지상건물의 축조이어서 더 이상의 심굴굴착공사의 필요성이 없다고 보여지고, 침하와 균열이 더 이상 확대된다고 볼 사정이 없다면 토지심굴굴착금지청구권과 소유물방해예방 또는 방해제거청구권에 기한 공사중지가처분을 허용하여서는 아니 된다(대판, 1981.3.10. 80다2832).

1) 법원이 발하는 가처분은 가처분신청 범위 내에서 신청의 목적을 달성함에 필요하여야 하며 그 필요여부는 피보전권리의 성격내용과 가처분사유의 내용 등 제반사정을 고려하여 법원이 정하는 것이며 위의 법리는 가처분결정에 대하여 채무자의 이의가 있는 경우도 같은 것이다(대판, 1962.4.26. 4294민상1436).

2) 건축주에 대하여 명의 변경을 금지하는 가처분이 있다 하더라도 그와 같은 가처분은 결정을 송달하는 외에 현행법상 등기부에 이를 공시하는 방법이 없어 대물적 효력이 인정되지 아니하므로, 제3자가 채무자로부터 실제로 권리를 양수하여 소유권보존등기를 하였다면 가처분을 내세워 그 권리취득의 효력을 부인할 수 없다(대판, 1997.5.7. 97다1907). 동지; 대판, 2009.1.30. 2006다37465.

3) 기존 법률관계의 변경·형성을 목적으로 하는 형성의 소는 법률에 명문의 규정이 있는 경우에 한하여 제기할 수 있는 바, 조합의 이사장 및 이사가 조합업무에 관하여 위법행위 및 정관위배행위 등을 하였다는 이유로 그 해임을 청구하는 소송은 형성의 소에 해당하는데, 이를 제기할 수 있는 법적 근거가 없으므로, 조합의 이사장 및 이사 직무집행정지가처분은 허용될 수 없다(대판, 2001.1.16. 2000다45020).

Ⅲ. 대표적인 방법

1. 보관인을 정하는 경우

점유이전금지가처분의 경우가 대표적이다. 가처분의 목적이 부동산이나 동산과 같이 유체물인 경우 유체물의 인도청구권을 보전하기 위해 목적물의 점유를 법원에서 정한 보관인(대개의 경우는 집행관이 됨)에게 옮기도록 하는 가처분명령을 내릴 때 보관인을 정한다. 다툼의 대상에 관한 가처분의 전형이다. 가처분명령의 주문에 집행관에게 보관한다고 적혀 있어도 실제로 직접점유를 집행관에게 이전하는 것이 아니라 관념적으로만 목적물을 집행관에게 옮기는데 불과하고, 채무자가 직접점유를 계속하되 이러한 취지를 채무자에게 고지할 뿐이다. 집행관은 채권자의 신청에 따라 채무자가 가처분의 내용에 위반했는지를 검사할 수 있으며, 이를 실무에서는 점검이라고 한다. 점검결과 위반사실이 있으면 원상회복시킨다.

2. 작위 · 부작위명령

일정한 행위를 명하거나 금지하는 경우이다. 일정한 행위는 법률행위든 사실행위든 상관하지 않는다. 적극적으로 일정한 행위를 하도록 작위를 명하든 소극적으로 일정한 행위를 하지 못하도록 부작위를 명하든 상관없다. 예를 들어서, 해고무효확인의 본안판결 전에 명하는 임금지급가처분, 친자관계존재확인의 본안판결 전에 명하는 부양료지급가처분 등은 작위를 명하는 가처분이고, 채무자의 권리를 처분, 특히 양도하지 못하도록 하는 처분금지가처분은 부작위가처분의 예이다. 이들의 가처분은 대체로 가압류의 경우에 준하여 처리한다. 따라서 가처분으로 부동산의 양도나 저당을 금지한 때에는 부동산가압류집행의 규정을 준용하여 등기부에 그 금지한 사실을 기입하게 해야 한다(제305조 3항). 그리고 임시의 지위를 정하는 가처분의 대표적인 예인 직무집행정지가처분도 일정한 행위를 금지하는 전형적인 경우이다. 직무집행정지가처분의 경우에는 직무를 대행할 자를 선임한다.[1] 법인의 대표자나 그 밖의 임원으로 등기된 사람에 대해 직무집행정지가처분

1) 가처분에 의하여 대표이사 직무대행자로 선임된 자가 변호사에게 소송대리를 위임하고

이 있으면 법원사무관 등은 법인의 주사무소 및 분사무소 또는 본점 및 지점이 있는 곳의 등기소에 그 등기를 촉탁해야 한다. 다만, 이 사항이 등기해야 할 사항이 아닌 경우에는 그러하지 아니하다(제306조).

한편 단순한 사실행위를 명하거나 금지하는 가처분을 할 수도 있다. 주로 사실행위의 금지를 내용으로 하는 가처분이 많다. 가령, 공사금지가처분·방해금지가처분·출입금지가처분·출연금지가처분 등이 대표적인 예이다. 이러한 가처분은 가처분명령을 채무자에게 송달하면 채무자가 부작위의무를 지게 된다. 채무자가 부작위의무에 위반하면 가처분명령의 집행이 필요한데, 이때 집행하는 방법은 대체집행(제260조)이나 간접강제(제261조)에 따라 한다.

제5절 가처분명령의 취소절차

Ⅰ. 의의

가처분명령에 대하여 이의신청(제283조), 제소명령에 있어서 기간을 넘긴 경우의 취소신청(제287조 3항), 사정변경 등에 따른 취소신청(제288조) 등으로 취소할 수 있음은 가압류명령의 경우와 다를 바가 없다(제301조). 그런데 가처분의 경우는 이와 별도로 특별사정에 의한 취소를 인정하고 있다(제307조).

Ⅱ. 특별사정에 의한 가처분의 취소

특별한 사정이 있는 때에는 담보를 제공하게 하고 가처분을 취소할 수 있다(제

그 보수계약을 체결하거나 그와 관련하여 반소제기를 위임하는 행위는 회사의 상무에 속하나, 회사의 상대방 당사자의 변호인의 보수지급에 관한 약정은 회사의 상무에 속한다고 볼 수 없으므로 법원의 허가를 받지 않는 한 효력이 없다(대판, 1989.9.12. 87다카2691).

307조 1항). 가처분은 금전적 가치 이외의 것을 목적으로 하는 경우도 많으므로, 가압류의 경우와(제286조 3항, 5항, 제288조 1항 후문) 달리 특별한 사정이 있는 경우에 그것도 담보를 제공한 경우에 한해 가처분을 취소할 수 있도록 하고 있다.

여기서 특별한 사정이라고 함은 가처분을 존속시키는 것이 공평의 관념상 부당하다고 생각되는 경우를 말한다. 예를 들어, 가처분에 의해 보전되는 권리가 금전적 보상으로써 그 종국의 목적을 달성할 수 있다는 사정이 있거나, 또는 가처분집행으로 가처분채무자가 특히 현저한 손해를 받고 있는 경우를 말한다.[1] 따라서 가처분채무자가 제공하는 담보는 가처분채권자가 본안소송에서 승소했음에도 가처분의 취소로 말미암아 가처분목적물이 존재하지 않게 됨으로써 입는 손해를 담보하기 위한 것이다. 이때 가처분채권자는 그 담보에 대하여 질권자와 동일한 권리를 가지고 우선변제를 받을 수 있다(제19조, 민소 제123조).[2] 구체적으로 담보금액을 정할 때에는 가처분명령의 취소로 채권자가 입을 손해액을 기준으로 법원이 재량으로 정하면 된다.

특별사정에 따른 가처분취소재판을 할 때에도 소송의 이송이 인정되고 취소신청의 취하도 가능하다(제307조 2항에 따른 제284조와 제285조의 준용). 그리고 특별사정에 따른 취소신청에는, 가압류이의신청에 대한 심리와 재판에 관한 제286조의 규정 중에서, 가압류의 전부나 일부를 인가·변경 또는 취소할 수 있는 경우를 제외한 나머지 규정이 준용된다(제307조 2항). 그리고 사정변경에 따른 가압류취소신청에 관한 제288조의 규정도 준용된다고 보아야 한다.

---

1) 여기에서 금전보상이 가능한가의 여부는 장래 본안소송에 있어서의 청구의 내용, 당해 가처분의 목적 등 모든 사정을 참작하여 사회통념에 따라 객관적으로 판단하여야 하고, 채무자가 특히 현저한 손해를 입게 될 사정이 있는지 여부는 가처분의 종류, 내용 등 제반 사정을 종합적으로 고려하여 채무자가 입을 손해가 가처분 당시 예상된 것보다 훨씬 클 염려가 있어 가처분을 유지하는 것이 채무자에게 가혹하고 공평의 이념에 반하는지 여부에 의하여 결정된다(대결, 2006.7.4. 2006마164,165).

2) 대판, 1998.5.15. 97다58316.

Ⅲ. 원상회복재판

가처분을 명한 재판에 기초하여 채권자가 물건을 인도받거나, 금전을 지급받거나 또는 물건을 사용·보관하고 있는 경우에는, 법원은 가처분을 취소하는 재판에서 채무자의 신청에 따라 채권자에 대해 그 물건이나 금전을 반환하도록 명할 수 있다(제308조). 임금지급가처분이나 명도단행가처분과 같은 만족적 가처분의 경우에 채무자가 채권자에게 금전이나 물건을 지급 내지 인도한 뒤에 가처분이 취소되었다면, 채무자가 채권자에게 지급 내지 인도한 금전이나 물건을 반환받기 위한 별도의 절차가 없으면 채무자는 채권자에 대해 부당이득반환청구를 주장할 수밖에 없다. 이러한 점을 고려해서 민사집행법에서 제308조를 신설한 것이다. 마치 가집행선고가 실효된 경우의 처리와 비슷하지만, 손해배상까지 허용하는 것은 아니다.

Ⅳ. 취소재판에 따른 집행의 정지

제소명령에 따른 가처분의 취소(제287조 3항), 사정변경 등에 따른 가처분의 취소(제288조 1항), 특별한 사정에 따른 가처분의 취소(제307조)의 각 신청이 있는 경우에는 가처분의 집행이 정지될 수 있다(제310조).

제 6절 가처분의 집행절차

Ⅰ. 집행절차의 원칙

가처분명령의 집행에는 강제집행에 관한 규정이 준용된다(제301조에 따른 제291조의 준용). 다만, 임시의 지위를 정하는 가처분에 있어서는 관념적인 법률상태를 형성하는 것만으로 목적을 달성하고 그 이상 집행기관에 의한 집행처분이 필요 없는 경우가 있다. 가령 직무집행정지가처분, 공사금지가처분 등의 경우에는 가처분명령이 있으면 그것으로 족하고 단지 가처분명령을 위반하면 대체집행이나 간접강제에 따른 집행이 진행된다.

Ⅱ. 집행기간

가압류의 집행기간에 관한 규정(제292조 2항)도 준용된다. 따라서 금전의 지급이나 물건의 인도, 공작물의 철거 등과 같이 즉시 한 번의 집행으로 집행이 완료되는 가처분은, 제292조 2항에 따라 재판을 고지한 날로부터 2주일을 넘기면 집행을 할 수 없다. 그러나 단순한 부작위를 명한 가처분은 특별히 집행이라고 할 만한 것이 없으나, 부작위의무를 위반한 날로부터 2주일을 넘기면 집행할 수 없다고 해야 할 것이다. 다만, 부작위의 가처분명령에서 그 취지를 공시할 것을 아울러 명한 경우에는, 이 명령부분은 즉시 집행이 가능하므로, 이 부분에 관해서는 앞의 집행기간에 관한 규정이 준용된다.[1)]

Ⅲ. 가처분의 집행정지

단행가처분명령에 대해 이의신청이 있는 경우에, 이의신청으로 주장한 사유가 법률상 정당한 이유가 있다고 인정되고 사실에 대한 소명이 있으며, 그 집행에 의하여 회복할 수 없는 손해가 생길 위험이 있다는 사정에 대한 소명이 있는 때에는, 법원은 당사자의 신청에 따라 담보를 제공하게 하거나 담보를 제공하게 하지 아니하고 가처분의 집행을 정지하도록 명할 수 있고, 담보를 제공하게 하고 집행

1) 가처분에서 명하는 부대체적 작위의무가 일정 기간 계속되는 경우라면, 채무자가 성실하게 그 작위의무를 이행함으로써 강제집행을 신청할 필요 자체가 없는 동안에는 위 집행기간이 진행하지 않고, 채무자의 태도에 비추어 작위의무의 불이행으로 인하여 간접강제가 필요한 것으로 인정되는 때에 그 시점부터 위 2주의 집행기간이 기산된다(대결, 2010.12.30. 2010마985).

한 처분을 취소하도록 명할 수 있다(제309조 1항). 이때 소명은 가압류취소재판의 정지(제289조 2항)와 마찬가지로 보증금을 공탁하거나 주장이 진실함을 선서하는 방법으로 대신할 수 없다(제309조 2항). 집행정지나 취소의 재판에 대하여는 재판기록이 원심법원에 있을 때에는 원심법원이 관할하고(동조 3항), 이의신청에 대한 결정에서 가처분집행정지명령이나 취소명령을 인가 · 변경 또는 취소해야 한다(동조 4항). 그리고 가처분명령의 집행정지결정이나 취소결정(제309조 1항), 집행정지명령이나 취소명령을 인가 · 변경 또는 취소하는 결정(동조 4항) 등에 대하여는 불복을 할 수 없다(동조 5항).

그리고 제소명령에 따른 가처분취소(제287조 3항), 사정변경 등에 따른 가처분취소(제288조 1항)나 특별사정에 따른 가처분취소신청(제307조)의 경우에도 위와 같은 요건을 갖추면 집행정지가 허용된다(제310조).

판례색인

조문색인

민사집행법시행규칙

사항색인

ㄱ

ㅅ

ㅇ

ㅈ

ㅊ

□ 저자 약력 □

강대성 동아대학교 법과대학 졸업
부산대학교 대학원 수료
법학박사
영남민사소송법학회 회장 역임
미국 네브래스카주립대학 교환교수 역임
한국토지법학회 회장 역임
현, 경상대학교 법과대학 교수

신 민사집행법

2014년 8월 20일 1판 1쇄 발행
2017년 8월 20일 1판 2쇄 발행

저 자 강 대
발행인 김 광 식
조 판 아 람 기 획

07285
발행처 서울특별시 영등포구 선유로3길 10, 617호
도서출판 **탑 북 스**
등 록 2009.12.21 제 2016-000101 호
전 화 02)365-2223 팩스 02)365-2224

정가 22,000 원
ISBN 979-11-85647-22-7-93360